［図説］

食から見るスペインの歴史と文化

A History of Food in Spain

マリア・ホセ・セビージャ［著］
María José Sevilla
内田智穂子［訳］
Chihoko Uchida

原書房

[図説]食から見るスペインの歴史と文化

孫娘ソフィア・マリアに捧ぐ

目次

序章 005
第一章 見知らぬ世界の果て 010
第二章 ムーア人、ユダヤ人、キリスト教徒 036
第三章 城での生活 085
第四章 スペイン黄金世紀 129

第五章 マドリード、ヴェルサイユ、ナポリ、そしてなによりチョコレート 175
第六章 食卓での政治 223
第七章 飢餓、希望、成功 257
第八章 スペイン料理《コシーナ》 292
原注 367
参考文献 375
謝辞 381
索引 396
図版謝辞 397

序章

スペイン料理の歴史は、これまで専門家が注目してこなかった分野だ。多様性にあふれるスペインでは国のあちこちに歴史が刻まれている。ヨーロッパの他地域とひとくくりにできないこの多様性は、スペインのあらゆるものの世界を広げている――土地、国民、音楽、伝統、言語、そしてもちろん、料理も。昔から、スペイン料理は異なる文化を織り交ぜて豊かさを増してきた。一部の歴史家がイベリア半島の原住民だとみなしているバスク人やイベリア人が築いた文化だ。地中海を渡って西方へ輸送された穀物やエンドウ豆は、地中海沿岸や南部の大西洋沿岸に住むイベリア人、また、半島の北部および北西部に住むケルト人の食材となった。そして、住民は定住し、家畜を育て、土地を耕した。地中海の東側からはフェニキア人がやってきた。彼らは交易を希望し、貴重なミネラル、とりわけ魚の保存処理に使う海塩を求めていた。ギリシア人はカタルーニャにワインを持ち込み、ローマ人はオリーヴオイル、ガルム（魚醤）、穀物、金を求めて「ヒスパニア」［イベリア半島の古称］に目を向けた。ローマ人が到来する頃、すでにユダヤ人はセファラド――ユダヤ人がイベリア半島に付けた名前――の安全な場所に避難していた。

五世紀になると、ゲルマン系民族が元ローマ属州の空き地を占領しようとピレネー山脈を越えてやってきた。その後、ベルベル人やアラブ人が住み着き、半島をアル・アンダルスと名づけ、八世紀近くかけてほとんどの土地を美しく豊かな庭園に変えた。一三～一四世紀はキリスト教徒のレコンキスタ［再征服の意。イベリア半島におけるイスラム教徒からの国土回復運動］がカスティーリャで終結するまで、アラゴン、カタルーニャ、地中海沿岸のバレンシアは連合王国として勢力を振るい、イベリア半島の料理の伝統や風味にさらなる深みを持たせた――多大な影響を及ぼしたのはイタリアだ。一六世紀以降はアメリカとの食品貿易によってスペインの食材も種類が増し、料理への関心やメニューも広がりを見せた。一八世紀前半、ブルボン王朝の統治が始まると、スペインの生活や食事はフランス色が濃くなり、スペイン人の激しい反感を買うようになった。

一九世紀にはスペイン人作家やレストラン評論家が正統なスペイン料理を擁護するようになっていた。アイデンティティの喪失におびえた彼らは、「国民料理」(実際のところ、そんな料理はひとつも存在しなかったのだが)という概念をかたくなに守ろうとした。しかし、単にスペイン料理《コシーナ》を地域ごとに守ったほうがよかったのかもしれない。いまなら正しくは「スペイン自治州の料理」と呼ぶべきだろう。こうした郷土料理はそれまでいくどとなく危機に瀕してきた。一八九八年、スペインがキューバとフィリピンを失うと、スペイン人の自尊心はずたずたになり、国の経済は大打撃を受けた。おまけに、長年の飢餓や貧困、一九三〇年代の内戦による惨状が続き、農業もコシーナも深刻な被害に見舞われた。

スペイン料理の歴史を総括的にまとめた作品を書くことは至難の業だった。私はスペイン人料理作家で、国外に住み、母国やその文化に魅了されている。自分なりの調理法やおいしく食べる方法を探るうち、その答えを社会史のなかに見出した。この三〇年、私はスペイン料理やワインに惹かれてきた。生まれた土地から離れて暮らし(私の場合は自分の意思で)、だからこそ、その魅力がますます膨らんでいった。スペイン料理やワインを誰かとともに味わい、それらをテーマにして旅をしたり、料理したり、本を書いたりすることによって、スペイン料理が劇的に変化し続けるなかでも、私は自分の原点とつながっていられたように思う。

一九七一年、私がスペインを去ったとき、フランコ首相の独裁政権は終わりに近づき、すでに民主主義やあかるい経済への道が確立され始めていた。そのほんの数年前、権威あるイギリスの歴史家J・H・エリオットが『スペイン帝国の興亡』[藤田一成訳。岩波書店。一九八二年]初版(一九六三年)のなかで次のように記している。

> 乾燥して、やせた、不毛の国土——その一〇パーセントはむき出しの岩地、三五パーセントはやせた不毛の土地、四五パーセントは並みの土地、肥沃な土地はわずか一〇パーセント。ピレネー山脈の障壁によってヨーロッパ大陸から隔てられ、孤立した、辺境の半島。ピレネー山脈から南の海岸まで伸びている、高い中央台地によって分断され、その内部でいくつにも分かれている国。地勢的に中核をなすものもなければ、平坦な交通路もない。種々の人種・言語、および文明からなる、分裂した、異質のものの複合体——これが過去のスペインであったし、また、現在のスペインでもある。[★01]

一九七〇年代以降、状況は劇的に好転しているが、おそらくエリオットの見解は永遠について回るだろう。彼の言葉はスペインという国の土台のみならず、独自性、また、強烈で複雑な特徴をも表している。現在、かつてないほどスペインの多面性を認める必要が出てきた。同時に、社会における混在、共通点や相違点が融合するよう努めれば、スペイン料理それぞれの個性を理解できるはずだ。

こんにち、かなり現代的な国家となったスペインでは、詩人や画家が絶賛する壮麗な景観のなかを高速道路や急行列車が横切っている。取り残されたのは(永遠に変わらずにいてほしい部分もあるが)、国に多大な悪影響を与えてきた、長年に及ぶ地方の発展の遅れだ。スペインの農民と社会生活の大部分を何世紀にもわたって不能に陥れてきたさまざまな弊害である。

独裁者フランコの死後、一九七八年に民主主義が復活し、スペインは中世の王国を土台として行政的に一七の自治州に区分された。さまざまな地形、気候、農業、食材や料理の世界が集まった複雑なパッチワークだ。スペイン料理《コシーナ》は昔の封建制度時代の農民が作っていた料理に端を発する。しかし、現在、私たちが考えるスペイン料理《コシーナ》は、貧困層が日常的に取っていた質素な食事に基づいているとはかぎらない。中世スペインの小説家ミゲル・デ・セルバンテスの記録によると、国民のほとんどは、とりわけ聖人の日、祝祭日、結婚式に、相当の出費を覚悟して良質の材料で食事を用意していた。何世紀にもわたり、こうした料理が、地元の農作物、アメリカから入ってきた新製品、そして貴族の食事からもいくらか影響を受け、工夫されてきた。

スペインはもはや批評家が国家のアイデンティティを探し求めていた一九世紀とはちがい、「国民料理」の存在を証明する必要はない。スペイン料理《コシーナ》の存在と個性はいまやしっかりと受け入れられている。一九世紀から二〇世紀前半に流行った「国際料理」は、当時のスペイン料理批評家にかなり不安視されていたが、いまでは創造的かつ革新的な高級料理のスペイン版として認められ、進化を続ける多くのレストランでスペイン独自の秀逸な料理として提供されている。

スペインはユーロ圏第四位の経済国で、ＧＤＰ（国内総生産）は一・一兆アメリカドル、人口は四六四〇万人に達する。完全に産業化された国であり、果物、野菜、オリーヴオイル、チーズ、米、ハム、ワイン、そしてレシピやシェフさえも輸出する主要国だ。過去四〇年間、スペインは産業と経済で進化を遂げ、同時に、プロの料理人が活躍するキッチンでも創造性が花開き、革命が起こった——バスク地方を皮切りに、カタルーニャから国全体へと広まり、スペイン料理は国際舞台でもトップ水準に昇り詰めた。結果、セヴィーリャ、マドリード、バルセロナ、ビルバオで生まれた多くの若いシェフは、当初は過去数十年活躍した前衛的なスペイン人巨匠のあとを追ったが、いまでは伝統料理に立ち戻り、その個性を改良強化している。こうしたシェフたちは当世風の料理を取り入れ、必要とあらば適宜調整しながら、現在は地域の特色を損なわないよう、調理法や食材を守るべく留意している。もうひとつ変化を遂げたのは、個人で働いているシェフが仲間と連携し、別の食文化とのつながりを構築していることだ。品質を大事にしながら、世界中の優れた料理を請け合っている。こうした絆はとても強く、政治的しがらみのない人でもその存在を否定することはできない。

以前は孤立や疎遠を連想させたスペインだが、こんにちでは、毎年、数百万人に及ぶ観光客（いわゆる、新時代の一時的な侵入者）が、かなり乾燥してはいるがけっして不毛ではないこの土地にやってくる。みな、リオハワイン、マンチェゴチーズ、イベリコハム、カラスパラ米を求めているのだ。残念ながら、ファストフードも人気を呼んでいる。量産するペストリーや甘い砂糖入りのドリンクはスペインの若者も大好物だ。

スペインという国が外国の旅人や作家だけを惹きつけていた時代は遠い過去になった。彼らはドラマティックで盛り沢山の話を練るネタを探し、母国に帰ってから脚色した。つねに公正で寛大とはいえなかったが、つねに魅力的な物語だった。正統なスペイン料理に関しては、近年まで無視されたり、忘れられたり、単にフランス料理やイタリア料理と比べてけなされたりしてきたが、現在、国内外の批評家たちの意見はがらりと変わってきている。いまやスペイン料理は世界中で称賛され、伝統料理も前衛的な料理も、これまでの長い歴史に続く新たな章を綴っている。スペインの美と多様性はいまも変わらず唯一無二であり、格別な料理は世界のほぼ全域で認められているのだ。

第一章 見知らぬ世界の果て

はるか昔、イベリア半島で料理の歴史が刻まれ始めた。マドリードにある国立自然科学博物館の研究員教授ホセ・マリア・ベルムデス・デ・カストロによると、アタプエルカは居住に適した場所だったようだ。高地にあるため狩人にとって有利な場所であり、近くには川も流れていた。ベルムデス教授は旧石器時代の遺跡が残るカスティーリャ・イ・レオンのアタプエルカ山脈に言及している。この遺跡では十余名の国際的考古学者が発掘調査をおこない、八〇万年以上前に暮らしていた古代スペイン人の証拠を探した。彼ら専門家は人々の暮らしや狩猟法、食料、使用していた道具、そして、どのように死を迎え、埋葬されたのかを調査した。アタプエルカにある洞窟のひとつ、グラン・ドリーナでは、動物を叩き切る石器を発見し、さらに重要なことに、古代人が食材を調理していたという確証をつかんだ。加えて、同地で人肉嗜食《カニバリズム》を裏づける最古の証拠も発見した。また、もし本当だとしたらだが、グラン・ドリーナの発掘よりも胸躍る痕跡が見つかった。一五〇万年前にヒト科が道具を作っていた証が、グラナダにあるオルセの遺跡に記録されているのだ。スペイン人によるこうした一連の発見は、人間の進化はアフリカが起点だとする定説に当を得た疑問を投げかけている。[★01]

専門家たちは先史時代を素早く駆け抜け、オルセやアタプエルカの遺物と、最近、カタルーニャのカペリャデスで発見した紀元前八万年頃の遺物とのギャップを埋めようとしている。カペリャデスでの発見によって、多くの食品研究家がイベリア半島初期居住者が取っていた食事の実態に迫っている。同地で調理や道具作りに使われた炉のほか、石や骨で作った道具、木の食器などがいくつも見つかったのだ。

考古学者は初期居住者が狩りで仕留めた獲物の肉を食べていたことをすでに裏づけている。また、山を越え、深い森で覆われた谷を移動する途中で出会う虫類、木の根、ナッツ、野生の果物を食べていたことも事実のようだ。彼らはたいてい海の近くで暮らしていたため、貝や海の生物も獲っていた。カキ、カサガイ、ウミガイなど、生のまま、あるいは、殻が付いたまま石炉で加熱してよく口にしていた。バスク人の大好物、伝統的な魚介類のスープが、かつて田舎の洞窟で作られていた特別料理だったかどうかは誰にもわからない。だが、カトリック教司祭でバスク考古学の第一人者、バランディアランはそう信じていた。[★02] ビスカヤ県ゲルニカの近くにあるサンティマミニェ洞窟の発掘に関し、バランディアランは、炭や灰、カキやカサガイの殻数枚、大きな石で作った直径一一五センチの炉の発見について記している。もうひとりの著名なスペイン人考古学者ヴェガ・デル・セーリャ伯爵は、バランディアランに、古代人は獲った貝を力ずくでこじ開けたのではなく、直火で焼いたわけでもないと指摘した。なんらかの天然素材の道具を使って茹でていたのだ。

一八二〇年、スペイン北部カンタブリアにあるアルタミラの壮大な洞窟で一万四〇〇〇年から一万八五〇〇年前の壁画が見つかった。画家は木炭とヘマタイト（赤鉄鋼）を使って、黒や濃いオレンジ色でバイソン、馬、鹿、イノシシを描いた。また、食料を狩る男性や娯楽で踊る人々も描いている。彼らは野生の果物や葉も収集していたようだ。カンタブリアにはイベリア半島でもっともマドレーヌ文化「旧石器時代最後期の文化」の特徴が色濃く残る遺跡のひとつ、エル・フーヨ洞窟（紀元前一万三三五〇〜一万一九〇〇）もある。エル・フーヨにはマドレーヌ期における日常生活の経済面だけでなく、社会活動も記録されている。この洞窟では、鹿、山羊、ライオン、馬、イノシシ、キツネの識別可能な骨が二万二〇〇〇点以上も発見された。また、同地で発掘された殻の数を考えると、先史時代のカンタブリア人が、現在とくにアスチュリアスで高く評価されているウニを堪能していたこともまちがいない。

考古学者によると、ピレネー山脈のふもとでは、イベリア半島で陶器が作られるようになるまで、調理用にカイクという木製の食器を使っていたようだ。半島の初期住民は硬い丸太から彫り出したカイクに熱い燃え殻を入れ、湯を沸かしていた。貝の殻を開けたり木の根をやわらかくしたりするためだ。年月が経つと、同じ方法で水の代わりに牛乳や動物性レンネット［凝乳酵素］を使って、マミアやガスタンベラという贅沢なジャンケット（ミルクゼリー）を作るようになった。★03

イベリア半島の農業は、世界の他地域と比べ、二〇〇〇年ほど遅れて発展した。地理や気候の多様性によって、育てる作物は地域別に異なった。とりわけ大西洋の影響で湿気が多い北部では、小麦や大麦など穀物の栽培は難しかった。

二〇一五年、スウェーデン、ウプサラ大学のマティアス・ヤコブソンのチームが、アタプエルカで発掘された紀元前五五〇〇年から三五〇〇年の人骨八体から遺伝物質を採取し、

旧石器時代の人々は食料にするためバイソンを狩った。アルタミラ洞窟の壁画。

カイク。古代バスクの食器(現代の複製品)。

分析した。そして、現在のバスク人は半島で農業を広めたイベリア人の子孫だと結論づけた。北方に住む地元の狩猟民と共生し、その後一〇〇〇年間、孤立していたのだ。この科学者チームは初期スペインにおける狩猟と農業の情報を公開しただけでなく、バスク人の起源を理解するために貢献した。バスク人は謎の多いヨーロッパ系民族で、何世紀ものあいだスペインのみならず世界の学者を困らせてきた。ヤコブソン教授は断言した——「我々の研究により、バスク人の祖先はイベリア半島の初期農民集団であることが判明した。これは、祖先が中石器時代の狩猟民集団だとする従来の見解と矛盾する」。バスク人は、大切な、だが作物の栽培には適さない土地に落ち着き、北方の土地を征服すると、領土を襲う侵略者から身を守り、ついには敵を遠ざけたのだ。★04

バスクからさらに東方では事態がまったく異なっていた。ピレネー山脈を調査したところ、紀元前六〇〇〇年から五四〇〇年に易脱穀性「穂先の穎《えい》がやわらかくて脱穀しやすい」の小麦や大麦、エンドウ豆を栽培していたことがわかった。スペインの他地域、とりわけカタルーニャやバレンシアでは地中海式農業がすでに成功していたこともしっかりと記録されている。

イベリア半島では農業が遅れていたが、発展のスピードは速く、ヨーロッパのなかでも多様性に優れていることがあきらかになった。しかし、進化が速かった理由についてはいまも議論されている。異なる種類の作物を同じ土地で栽培したから凶作のリスクが減ったのか？　初期農民が多種の作物で実験したのか？　育てる作物の種類を、パン生地作りや藁の質など、人間の食料あるいは家畜のエサとしての最終用途で決めたのか？　理由はなんであれ、新石器時代にイベリア半島各地で収穫されていた作物の種類の多さには驚かされる。穀付き小麦、小麦粉にしたり当時のパンの材料にしたりする小麦と大麦、エンドウ豆やレンズ豆などの豆類、そして、亜麻やケシ。もうひとつ、農業の基本である畜産も初期イベリア人には欠かせない生活の一部だった。北端や北西端の地区を除き、気候や地理的特徴、新鮮な草が通年で不足することも考慮しつつ、山羊、豚、牛を飼っていた。

初期定住者と新参者

スペインの入植者にはさまざまな民族がいた。古い資料には、世界の果てで暮らす住民は奇妙な人々だと記されている。彼らは流血の儀式をおこない、他の部族と戦い、ビールを飲み、冬の長い夜は踊り続けた。また、牛、豚、羊を飼い、土地を耕した。このイベリア人こそ、永遠に名を残した半島最古の人種だろう。

イベリア人の起源については諸説ある。北アフリカのベルベル人だとする学者もいれば、紀元前六〇〇〇年の小アジア人だとする学者もいる。ギリシア人やローマ人が認識してい

紀元前1世紀、古代ケルト人居住区。ガリシア州サンタ・テクラの遺跡。

ることを考えると、イベリア人はアンダルシアの数地域だけでなく、スペインの東部や南東部にわたる広い地域で暮らしていたようだ。小麦、大麦、ライ麦、オーツ麦を栽培し、素朴なトルタを食べていた。トルタは挽いた穀粒と水を混ぜ、熱い燃え殻に直接載せて焼いたパンだ。また、彼らは雑穀やキャベツも持ち込み、肉もよく口にした（羊、山羊、雄牛、とくに豚）。スペイン南部ではイベリア人が手掛けた農業と採鉱が発達し、地中海沿岸東部から敏腕な商人を惹きつけた。イベリア人は塩、ミネラル、貴金属の価値に気づき、ヨーロッパやアフリカの文化と交流するようになった。

インド・ヨーロッパ語族を起源とするケルト人は早くも紀元前九〇〇年にピレネー山脈を越え始めていた。これは、いわゆる侵略ではない――六〇〇年以上続いた移住の延長だ。ケルト人が戦争と同じくらい自然を愛していたことは、数世紀後にローマ人が彼らを征服しようとしたときあきらかになる。ケルト人は根っからの遊牧民だった。バターや山羊の肉、北部の高地で保存したハムを好んだ。高地には、傘形の藁ぶき屋根が乗っている特徴的な円形の家を建てた。さらに東側の沿岸やピレネー山脈のふもとでは、バスク人が土地を耕し、沿岸で魚を釣った。ケルトイベリア人はケルト人の集団で、紀元前数世紀のあいだ半島の中央部と東部を占領していた。ローマ人を完膚なきまで叩きのめしたのもケルトイベリア人で、リーダーたちは永遠にこの半島にとどまると固く決意した。

✣誰からも愛されたパン

古代ギリシアの作家ストラボンは三作目の著書『ギリシア・ローマ世界地誌』〔飯尾都人訳。龍溪書舎。一九九四年〕でイベリアに言及し、第三巻第一章でケルト人が作った簡素なパンについて触れている。当時、ケルト人はイベリア半島北西部（現在のポルトガル北部とスペインのガリシア州）で暮らしていた。どんぐりを挽いた粉からパンを作るのは簡単だった。冬の数か月間で熟したどんぐりを集めておく。渋みが強ければ、まず炒るか茹でる。乾燥させたら原始的な石臼を使って粗く挽く。次に少量の水を加えて練れば生地の完成だ。

イベリア半島に住み着いたケルト人は、ガリアに住むケルト人より進化していた。生地を発酵させてパンを焼く方法を心得ていたのだ。発酵させれば生地がやわらかくなり、おいしいパンが焼けるうえ、ローストした子山羊などの肉汁をたくさん吸わせて食べることができる。トルタとしても知られるこのタイプのパンは、半島の南部や東部でよく作られた。使用したのは、雑穀などの貴重な穀物、小麦や大麦だった。オーヴンはなかったため、ひとにぎり分の生地を直接炭に載せた。ときには、大きなカエデの葉でくるんで焼いた。これはいまもガリシアやアストゥリアスの人がコーンブレッドを焼くときの方法だ。また、陶製の鍋を使って焼くこともあった。熱い炭火の上に鍋を置き、蓋を逆さまにして、そこに炭を載せるのだ。

古代の小麦スペルトはいまもトルタを作るために使われている。写真は、穀粒を含むスペルト小麦(学名 *Triticum spelta*)の小穂。

東部から移住してきた人々

はるか東方の地中海沿岸から新参者が到着し、近東が西洋に近づいた。当時、半島ではすでにブドウ栽培の歴史が数百年に及んでいた。ブドウが地中海沿岸西部の原産なのか、あるいは、人類が発酵技術を知ったさいに東方から持ち込まれたのかについては議論の的となっている。[★05] ガディル(カディスの古称)の街は、紀元前一一〇〇年、ティルス、ビブロス、トリポリの海運業者――フェニキア人――の同盟によって創設された。もともと彼らは古代カナン(現在のレバノン)北部で栄えた文明のもとで暮らしていた。腕のいい水夫であり、商人であり、織物、ガラス、陶器の売買を専門とし、さらに、杉材、オリーヴオイル、ワインも扱っていた。船は地中海を越えて西アフリカまで航海できるように造られ、つねにビジネスと利益を追い求めていた。フェニキア人はキプロス島、ロドス島、クレタ島、マルタ島、シチリア島、サルディーニャ島、マルセイユ、カルタゴ、カディスなど、行く先々で植民地を築いた。神メルカルトの神託により、彼らは未知なるこの世の果てでなにより貴重なミネラルや貴金属のほか、魚を保存する海塩も手に入ると信じていた。スペイン南部は銀、金、銅、そして、塩もマグロも豊富にあった。フェニキア人の時代はカディスも錫《すず》で商売を支配していた。半島の他地域やカシテリデス(大西洋北部にある謎めいた場所「錫の島」)で錫が採れたのだ。船はポルトガルやガリシアの沿岸を北上し、この謎めいた島々まで航行し、商人と取引をした。その場所は、おそらくガリシアの対岸ブルターニュか、さらに北方のイギリス諸島だったのだろう。

当初、フェニキア人はジブラルタルの東部と西部にたくさんの植民地を築いた。これらは海岸に沿って点在する小さな居住地で、港町の役目を果たしていた。紀元前八世紀から六世紀半ばまで、多くのフェニキア人移民がこの地に住み着いた。考古学者が発掘した墓からは何世代にもわたって繁栄した裕福な家族の遺物が見つかっている。つまり、商売を目的として一時的に訪れたわけではなく、定住していたと考えていいだろう。居住地はどこも河口近くにあり、土地を耕して、牛、山羊、羊を飼った。また、内陸にいくことも容易だったため、ミネラルや必要な日用品も購入することができた。穏やかな気候と海の恵みはもうひとつの決定打だった。アブデラ(古代のアドラ)、アルムニェーカル(セクシ)、チョレラス、モロ・デ・メスキティーリャ、トスカノス、マラガ(マラカ)はすべてフェニキア人の居住地だった。

カディスや他の沿岸地域よりかなり小規模ではあったが、入植者は最初から奥地に住む原住民相手に商売に励み、織物、美しい宝石、陶器を持ち込んだ。さらに、何世紀も使ってきた歴史ある陶製の壺アンフォラにワインを詰め、安全に輸送した。スペイン南部で当時のアンフォラの欠片が大量に見つかっているため、まちがいないだろう。アンフォラはオリーヴオイルやワインだけでなく、穀物など他の製品を輸送するさいにも完璧な容器だった。のちのローマ時代、多くの職人が古いアンフォラのデザインを自分なりに少し変えて複製している。最近の考古学的発見によると、フェニキア人の時代、イベリア半島に送る最大の輸出品はワインだったようだ。あきらかに、原住民はブドウ汁を発酵させた中東の飲み物に魅せられていた。それまでの飲み物といえば、男女問わず醸造していたビールだった。フェニキア人はマグロの保存工場や織物を紫色に染める工場も作った。カディスの町からは、マグロの柄を彫ったコインが見つかっている。当時の地元経済にとって、マグロの捕獲や魚の保存がいかに重要だったかがうかがえる。昔々、こうした時代には、原住民と持ち込まれた文化の交流が、採鉱、農業、漁業、交易、そして、ひいては地元のキッチンで作る料理に好ましい影響を与えていた。偉大な文化をもたらしたギリシア人も、地中海沿岸西部を旅してカタルーニャに交易のための植民地を築いた。

✣タルテッソス

半島南西部の海岸は古代の地理学者の好奇心をくすぐり、いまも考古学者を魅了し続けている。アンフォラや調理器具、古代の種子を探す者もいれば、一九五八年に発見されたエル・カランボロのような遺跡で財宝を探す者もいる。セヴィーリャ考古学博物館に展示されている財宝は壮麗な宝石のコレクションで、当時の洗練された文化を裏づけている。紀元前六世紀にこうした独特な宝飾品を作った職人がイベリア人だったにせよ、フェニキア人だったにせよ、発見場所がセヴィーリャから西方数キロメートルだったため、ずっとタルテッソスと関連づけられてきた。

財宝や航海の冒険譚が付いてまわったタルテッソスは、二〇世紀後半まで神話上の場所だと考えられていた。しかし、紀元前九世紀から六世紀にかけて、スペイン最南西端に実際に存在していたようだ。こんにちの考古学者は、タルテッソスは、現在、アンダルシア州西部ウエルヴァ県のドニャーナ国立公園のある場所にかつて存在していたと信じている。ドニャーナは野生動物が棲む非常に美しい地区で、渡り鳥が毎年アフリカに向かってジブラルタル海峡を越すときまで、羽を休め、エサをついばんでいる。渡り鳥の生息地は現在のエストレマドゥーラまで広がっていたのだろう。

タルテッソスはギリシア人が裕福な国家の首都と港に付けた名前で、政治的にも文化的にも発展し、極西で文明が確立された初の王国として知られるようになった。また、どこよりも早く、海の向こう、地中海東部沿岸の文化と交流した。

当時、まだ大西洋につながっていなかったグアダルキヴィル川は、ふたつに分かれて島を囲むようにラグーンを形成していた。一部の研究家はこの島こそ、タルテッソス王国が首都を置いた場所だと信じていたが、最近の学者は首都の存在自体に疑問を呈している。★06

ストラボンは『ギリシア・ローマ世界地誌Ⅰ』〔飯尾都人訳、龍渓書舎、一九九四年〕第三巻第二章で、半島の中央部と北部に住んでいた人々の貧相な生活について述べているが、興味を示したのは南部、とくにグアダルキヴィル渓谷(古代にはトゥルデタニアとして知られていた)の人々だった。ストラボンはここここそタルテッソスだと信じていた。ストラボンいわく、タルテッソスの人々は非常に洗練され、裕福だった。土地は豊かでミネラル、金属、海塩に恵まれていた。採鉱した銀や金、錫、銅は地中海地方ではどこでもかなりの高値が付いた。ストラボンは生活や土地の豊かさと彩《いろどり》を生き生きと描き、農業、漁業、採鉱など、地中海沿岸全体の発展も巧みに表現した。アンダルシアを称賛していたことはあきらかで、とくに、タルテッソスのトゥルデタニアを気に入っていたのである。

当のトゥルデタニア地方は驚くばかりの幸運に恵まれ、どんな種類の作物も育つと同時に何れも収穫が豊かだし、しかも輸出しやすいためその幸運は倍増する。余剰穀物が多数の商船を使って簡単に売りさばかれるからである。

同章でストラボンは、この地域についてさらに述べている。「トゥルデタニア地方から輸出しているのは大量の穀物と酒、それにオリーブ油。油は量もかなりのもので一番の良質油でもある。また、みつろう、蜂みつ、松やに、多量のコックス、そして赤土があり……」。また、自身が「外側の大洋」と呼ぶ大西洋の豊かさについても書いており、これがまた印象的だ。

貝では、かきなど二枚貝にもあらゆる種類があって、(ヘラクレスの柱より)外側の大洋沿岸の全域で総体的に数量、大きさ共に群を抜いている……海獣類についても事情はこれとおなじだと思う。一角いるか、くじら、まっこうくじらがすべてそうで……

アナゴ――「海獣なみ」――やヤツメウナギなど、この類のあらゆる魚の大きさも記している。ストラボンの無限リストから漏れたものはひとつもない。そのなかでマグロは最高位だ――「まぐろも脂がのって肉の厚いものが、ヘラクレスの柱より外側の沿岸のなかでもそのほかの沖合からこの地域沖へ、たくさん集まってくる。この魚はフジツボを喰べて育ち……」。また、タルテッソスの美しい土地は、ヘスペリデス［ギリシア神話に登場する妖精］が金のリンゴを育てていた果樹園にちがいないとしている。ストラボンにとって、スペインと食品の関係は神話の世界にまで達していた。タルテッソスの料理には注目していないが、さらに北方、ドウロ渓谷に住むルシタニア人が作る料理については詳細を綴っている。焼いた山羊としっかり体力を付けてくれるパン、トルタだ。★07［以上、引用部分は前述邦訳書より］

最終的にラグーンは干上がり、河口ふたつのうちひとつは消失した。紀元前五世紀、「半島でもっとも活発な文化」という称号は、西岸から東岸に移った。東岸ではイベリア人がギリシアやカルタゴと交易を続け、成功を収めていた。一八九七年、バレンシアの近くラルクディアの遺跡で興味をそそる『エルチェの貴婦人 *Dama de Elche*』が発見された。これは紀元前五世紀にイベリアで葬儀用に作られた彫像と考えられており、女性――究極の美の女神だろう――が緻密な装飾を施した儀式用の冠と首飾りをまとっている。『エルチェの貴婦人』はイベリ

「まさに海獣だ」。1世紀ギリシアの地理学者ストラボンは旨味のあるヤツメウナギを見てこういった。写真はヤツメウナギの吸盤のような口。

ア半島最古の偶像だ。

タルテッソスはおそらく政治的に分裂し、フェニキア人がそれまで交易拠点や居住地としていた場所をカルタゴに激しく攻撃されて終焉を迎え、半島の歴史は新たな章に入った。このとき初めて外国に支配され、人々の暮らしが変化した。チュニス湾に臨むフェニキアの都市国家、カルタゴがティルスからの独立を勝ち取った瞬間、地中海西部沿岸地方は、まずギリシアとカルタゴの、やがてローマとカルタゴの戦争の舞台となり、権力と領土をめぐって死闘が繰り広げられた。シチリア島、コルシカ島、サルディーニャ島、バレアレス諸島は、イベリア半島全土とともに極上の戦利品だった。

古名ヒスパニア

最終的にローマが勝利した。ローマ人はもともと地中海地方からカルタゴの存在を永遠に消滅させるという強い決意があり、イベリア半島に侵略するつもりはなかった。しかし、紀元前二一八年、ついにカルタゴがイタリア本土に向けて激しく進攻し、結局、ローマが逆襲してカルタゴを倒した［第二次ポエニ戦争］。ローマは奪える土地を予想より多く見つけ、次々と征服していった。ただ、その道は険しかった。ローマ軍がケルトイベリア人兵士の精神を制圧するまでに二〇〇年近くかかったうえ、カンタブリア人とバスク人は独立を死守し、けっして服従しなかった。

ローマ時代、抵抗と勇気にちなんで名づけられたケルトイベリア最後の地、ヌマンシアでは、考古学者がこの悲劇の街に住んでいた原住民の食料に関して動かぬ証拠を発見している。おそらく、食材の三分の二は穀物、どんぐりなどの木の実、葉野菜、木の根で、その他は肉や魚だった。

紀元前一四三年、ローマ元老院はヌマンシアを倒すため、スキピオ・アフリカヌスの孫息子スキピオ・アエミリアヌスを送った。ローマ軍は街を封鎖した。食料を欠き、一部の住人は飢餓や病気で死なないようにと、人肉を食べざるをえなかった。ついには、集団自殺さえ図った。

ギリシアの歴史家アッピアノスの『ローマ史』によると、スキピオはエブロ川をあとにし、軍を率いてヌマンシアへ向かう途中、広大な畑で育つ緑色の小麦を刈って動物のエサにするよう命じた。地元のケルトイベリア人は、貴重な小麦(デュラムやスペルト)のほか、大麦や雑穀などの穀物も栽培していた。考古学者がヌマンシアの製粉機から見つけたどんぐりは、敵に包囲されているあいだも古代の住人にとって重要な食料源だった。包囲された当初は伝統的なオリャ(調理や保存に使用する土鍋)でパンやポレンタを作り、野生のハーブやカルドン(キク科の多年草)を使った野菜料理も作っていたのだろう。

ローマが半島を征服したのは、アウグスティヌス皇帝の統治が始まってからだ。ヒスパニア(ローマが古代イベリア半島に付けた名称)はローマに金、銀、オリーヴオイル、穀物、奴隷を送るだけでなく、共和制、そしてのちにはローマ発展の支柱となるきわめて貴重な帝政を手に入れた。

ヒスパニアではローマが地元住民から徴税した。さらに、ヒスパニアはローマの穀物倉となった。大量に小麦——もっとも貴重な穀物——を栽培するローマの属州になったのだ。小麦、イースト、水とローマ製のオーヴンを使って焼いた白パンは、スペインにとってキリスト教の純潔の象徴、そして、希望や富を表す食品となった。ヒスパニアは裕福なローマ貴族やゲルマニアで戦う軍人のための食料貯蔵庫として発展した。数十年後には経済が成長し、ローマとヒスパニア各所の交易が順調に繁栄し、この新たな属州はローマの贅沢品を享受できるようになった。なかには、名家が所有するにふさわしい黒塗りの薄地陶器もあった。

ローマ支配時代にイベリア半島で作られていた料理の証拠はほとんどないが、農業に関する数多くの研究、また、医薬や考古学の視点からの考察によって補うことができる。ローマ下スペインの邸宅や別荘を飾る芸術的なモザイクや、多数の食器、調理器具、容器を調査することで、学者は一世紀から五世紀の半島の食習慣を推測している[★08]。

タラゴナ、バレンシア、サラゴサ、クエンカ、カディスの博物館には、アンフォラや瓶、すりこぎと鉢、パテラ（小皿）、パティナ（大皿）、カッカブセ（口の広いテラコッタ製調理鍋）、その他のオリャが良好な状態で保管されている。これらを見れば誰もがスペインの輝かしい歴史の一ページに思いを馳せるだろう。

ローマは初期から申し分のない農業ができる場所を見極めていた。メセタ（スペイン中央部の高原地帯《アルティプラノ》）や、バレンシア、アンダルシア、とりわけ、エブロ渓谷の肥沃な土地だ。スペインでも非常に重要なエブロ川は北部のカンタブリアとカタルーニャを結び、地中海に注いでいる。現在でいえば、リオハ、ナヴァラ、アラ

こんにちのオリーヴオイルは古代に売られていたものとはまったくちがう。数十年前のものでさえ、とくに、オリーヴの種類がストレートに現れるエキストラ・ヴァージン・オリーヴオイルはまるで別物だ。イベリア半島には数百種のオリーヴがある。一部はいまでも2500年前と同じように、土台の挽き臼の上で円錐形の花崗岩を回してオイルを抽出する。現代的な方法を使う場合もあるが、おもなちがいはオリーヴの樹や冬に収穫するときの果実の扱い方だ。オリーヴの種類は、ピクアル、オヒブランカ、コルニカブラ、マンサニーヤ、ピクード、カラスケーニャ、モリズカ、エンペルトル、アルベキーナなど数多い。現在の樹は比較的小さく、植え付けのさいに灌漑をおこなう。果実は手で摘み取る。傷を付けて質を落とさないためだ。傷を付けると香りに影響し、酸味が出てしまう。これはどんなに手間がかかっても避けなければならない。最近では古木も大切に扱っているが、大きな木ほど昔ながらの方法で収穫する必要がある。長い木の棒で枝を叩くのだ。落ちてくる実は、大きな網を広げて受けるため傷は付かない。オリーヴを慎重に挽き臼（アラビア語でアルマサラ）に移したら、まずは上質のエキストラ・ヴァージン・オリーヴオイルを抽出する。実際、圧力をかけなくてもぽたぽたと滴ってくる。単に「オリーヴオイル」として売られているものは精製され、煮込み料理や焼き料理に使われる。

ゴン、カタルーニャの各州を流れている。ローマの将軍や軍隊が半島を攻撃し始めた地点として有名な地域だ。まもなくローマ軍はイベリア半島の農業を発展させるべく、高度な灌漑設備や穀物を乾燥させたまま保管できる穀物庫に投資した。「シリアル(cereal、穀物)」という単語は、ローマの収穫と農業の女神「セレス(Ceres)」に由来する。

パニス・ミリタリス(軍隊のパン)はローマ人が穀物、とくに焼きたての温かいパンに目がないことを示す好例だ。ローマ時代、兵士は配給された穀物、いくらかの塩と油、ポスカ(水や小さな傷の消毒に用いる酢)、長い行進中に口にする乾燥ソーセージを持ち歩いていた。また、同じテントで寝る小隊ごとに、粉を挽く小さな石臼も携帯していた。そのため、各兵士がポリッジ、小さなトルタや

オリーヴの樹

子供の頃、誰もが教わった。オリーヴの枝をくわえて箱舟に飛んできた鳩を見て、ノアは洪水がおさまったことを知ったという。オリーヴの樹(聖書『士師記』では「木の王」と呼ばれている)はやがてスペイン全土のあちこちで育ち、スペインはいまでもオリーヴとオリーヴオイルの世界的な主要産地となっている。

オリーヴオイルは数千年にわたってスペインの特産品となっている。かつてはアンフォラに詰めて船でローマに輸送していた。かつてアンフォラには輸出業者の封印が付いていた。現在もイタリアではEUの規定に従っておこなわれている素敵な慣習だが、残念ながら他国では忘れ去られている。こんにち、スペインのオリーヴオイルはアンダルシア州、カスティーリャ州、エストレマドゥーラ州、カタルーニャ州、バレンシア州、バレアレス諸島州で数百万本生産され、ボトル詰めされ、世界中で販売されているが、イタリアには、毎シーズン、何千リットルものオイルを現代的なタンカーに積んで輸出している。最善の販売法とはいえないだろう。到着後、缶入りやイタリア人デザイナーのボトルに詰めて出回るが、封印はなく、実際の生産元はわからない。それでも、ビジネスはビジネスだ。イタリアは何世紀にもわたってスペインのありがたい顧客であり、優れた市場であり、また、イタリア自体もオリーヴオイルの生産国であることを忘れてはならない。

ガリェータ（ビスケット）、そしてもちろん、パン（粉が粗くて消化の悪い茶色いパン）も作ることができた。白パンは士官のために焼いた。白パンはローマでも高官の食べ物であり、茶色いパンは百姓と同義だった。ごく最近までスペインでは茶色いパンが嫌われていたことは興味深い。もともと、質が悪く黒っぽい茶色の穀粒を混ぜて作っていたため、いまでも老人はスペイン内戦（一九三六～三九）と「飢餓の時代」を思い出すのだ――「二度と食べたくないパンだよ」

大カトー（マルクス・ポルキウス・カトー・ケンソリウス）はローマの作家、政治家、軍人で、簡潔な著述やカルタゴ人との戦闘で勝利を収めたことで有名だ。大カトーはパンが大好物だった。彼が書いた農業論にはクリバヌスで焼くパンのレシピが載っている。「両手もボウルもきれいに洗うこと。ボウルに粉を入れ、少しずつ水を加え、よくこねる。生地ができたら丸めて土鍋に入れ、蓋をして焼く」。ラテン語の「クリバヌス」には多くの意味があり、オーヴン、炉、そして、パンを焼くときに使う北アフリカのタジン鍋のような円錐形の蓋が付いた皿もさす。[★09]

一世紀、皇帝アウグストゥスはヒスパニアの属州の区分をふたつから三つに再編した。バエティカ（アンダルシアとエストレマドゥーラ北部）、ルシタニア（現在のポルトガル）、残りのヒスパニア・キテリオールだ。町や都市が繁栄し、すっかりローマの生活の軸になるにつれ、ローマ人はヒスパニアを高く評価するようになった。アウグストゥスは階層を問わず人口全体に、とくに軍隊に、食料を分配する重要性を理解し、在任中は作物の生産と属州から送られてくる食料の輸送を指揮していた。ヒスパニアやアフリカの植民地のような重要な場所では、無謀な人間にこうした問題をゆだねるのはあきらかに危険だ。賢明なアウグストゥスの指揮下では農業と交易がますます繁栄した。メセタの小麦はほとんどが帝国北部の境界にいる軍隊に陸路で届けられたが、オリーヴオイルやワインは陶器のアンフォラに詰め、グアダルキヴィル川を経由してバエティカへ、それから海路でローマへと輸出された。商品の生産や輸送の方法が限られていたとしても、長距離輸送の商売を、経済政策として、また、帝国全土を政治的に支配する手段として、ローマ人が確立したことはあきらかだ。この点でオリーヴオイルはいい例である。[★10] バエティカは大量のオリーヴオイルを生産し、実際、すべてをローマに輸出していた。おかげでスペインに住むエリートローマ人の子孫がその恩恵に与かった。

ローマ人住民の多くは退役軍人で、農業経験者だった。トラヤヌス(五三〜一一七)の父親もそうだ。トラヤヌスはグアダルキヴィル川からそう遠くないセヴィーリャ郊外の飛び地で生まれ、歴史的に「五賢帝」のひとりと考えられている。トラヤヌスは効率がいい交通経路を築くことで属州とローマ間の商品輸送を円滑化した。これらの道路はいまも使用されている。当時、ワインは温めて、松やに、香草、ハチミツ、スパイスなどを足して飲んでいた。そのワインも儲かる商売になることがわかり、交易の土台となった。もともと、ヒスパニアで暮らすローマの商人はイタリアからワインを輸入していたが、属州で作るワインの質が向上すると、地元生産ワインの輸出がビジネスの中心となった。ローマだけでも年間二五〇〇万リットル以上のオイルと一〇〇万リットルのワインを消費していた。そのほとんどがヒスパニアからの輸入品で、ローマではたびたび強制的に値段が大幅に下げられた。こうしたケースでは、市場間での争いを避けるためにも生産を控えなければならなかった。先に述べたとおり、商品は商人の好む海路で輸送するか、あるいは、戦争やなんらかの不都合がある場合には川路や陸路を使った。そのため、また、皇帝を記念して、一五〇〇キロメートルに及ぶアウグスタ街道が建設された。こうして、バエティカのカディスからピレネー山脈の脇を抜け、ラングドックのドミティア街道までがつながった。

もうひとつ、新たな属州から入ってきた重要な富の源は高品質のガルムだった。ガルムは発酵させた魚から作る、強い香りを持つ魚醤で、オイル、酢、水を混ぜる。ローマ人の料理にはぴったりな調味料だった。カルタゴノヴァ(カルタヘナ)で作られたガルムは最高品質とされ、市場では高値が付いた。サラソネ・デ・ペスカド(塩漬け魚)と呼ばれる塩漬けのマグロとチョウザメは、フェニキア人がイベリア半島に持ち込んだ技術で生産され、これもまた多くの商人を豊かにした。貴重な日用品である海塩は、カディスのほか、イビザ島やカルタヘナの沿岸で採ることができた。これはイベリア種の豚（イベリコ豚）のハムやベーコンなどを作るときに使う塩で、ローマの食品専門家がたびたび話題にしている。こうした製品の主要市場はイタリアだったが、イギリスなど帝国以外の地域でも販売されていた。興味深いことに、ローマ人は商人として驚異的な成功を収めていたが、地位や富を得る源として交易や製造よりも農業を重んじていた。

ローマのオーヴンが導入されると、水と小麦粉を混ぜ合わせた瞬間からスペインの主食となっていたパンは想像を絶するほど進化した。子山羊、羊、子豚のローストを作る技術も完成した。ローマ人は動物の子の肉――しっかり火を通すととてもやわらかくなり甘味も出る――を好んだ。スペイン人はいまもそうだ。小動物の串焼きは夕食会を飾る主役になることが多かった。肉のカーヴィング［焼いた肉の塊を切り分けて供する技術］が一気に発達したのは帝国時代初期だ。カーヴィングはたいてい奴隷の仕事だった。床や家具を掃除する奴隷が兼任していたのだろう。ローマ人エリートは次々と運ばれてくる異国の料理をできるだけ口に

通行人、および、食料を含む商品の輸送。コルドバのローマ橋。

ローマ時代の魚の塩漬け工場。カディス近郊。

するため、食べたものを吐き出していた。奴隷は吐瀉物も片づけていたのだ。

　ストラボン、大プリニウス、プラトン、マルシャルはヒスパニアの暮らしに関して膨大な記録を残し、また、スペインで生まれたウァッロやコルメラはヒスパニアにおける農業の発展を幅広く書き残した。コルメラの『農業論 *De re rustica*』はスペイン農業に影響を与え、やがて啓蒙運動につながった。これでは物足りないといわんばかりに、コルメラはローマの邸宅についても多くを記した。邸宅とはもともとイタリアの上流階級のために建てられた田舎の大きな屋敷で、やがては帝国の他地域にも見られるようになり、いまでもスペインに一三軒、良好な状態で保存されている。農業はこうした邸宅の主人が広範囲に管理していた。邸宅ではプロの料理人が雇われ、『アピキウスの料理帖 *De re coquinaria*』などの料理書をもとに食事を用意した。邸宅の主食室を飾る繊細なモザイク画には、食料庫にある食材が多く描かれている。鴨、ウサギ、カルドン、新鮮な豚のリブ、さらに、夕食にジューシーなロースト肉を食べるためにイノシシを狩る場面。アンダルシアの所有地ハシエンダ《大農場》やコルティホ《農園》はスペインの他地域より生活のペースが緩やかで、ローマのラ

マラガのペリアナ近くにあるオリーヴ園のコルティホ。奥の建物はローマ時代の邸宅の現代版だろう。

ティフンディア［奴隷労働に頼った大農場］や農業用家屋の要素が詰まったスペイン版といっていい。何世紀にもわたり、こうした名称はめったに主人に使用されない大邸宅を守る数多くの契約労働者と同義になっている。ローマ時代にスペインで作られた料理に関する情報は、とりわけ帝国時代最後の二世紀は存在しないが、実際、ヒスパニアの料理はローマの料理にそっくりだったはずだ。歴史家によっては、スペインの食事はローマの並外れた基準には達していなかったと考えている。ローマにおける食の伝統は、ローマ人が他の地域や文化を征服し、世界中の製品を持ち帰るたびに発展し、豊かさを増してきた。これが特権階級の、やがては貧民の食事を進化させたグローバリゼーション初期の過程だ。

ローマが成功を収め、領土拡大が始まった頃、スペインでは都市部でも農村でもほとんどのローマ人にとって状況はまったく異なっていた。食事はプル（プルメントゥム）が主食だった。プルはポリッジに似た粥で、大麦や小麦の粒を炒ってからつぶし、水か牛乳で煮る。現在、スペインでガチャやポレアダと呼ばれている料理だ。話をローマに戻すと、最終的にパンは富裕層だけでなく、幅広い人々が口にできるようになった。ローマの慣習に従い、スペインではパンを入手できない人には配給し、彼らは不足分を生や乾燥した豆類、チャード、タマネギ、アスパラガスなどで補った。当時、これらは下級層の食材で、彼らは世間で贅沢品とされた肉はめったに食べられなかった。ローマ人は、手に入るときには、脂ののった塩漬けの魚やチーズを味わった。キノコ狩りもローマ人がスペインにもたらした慣習だ。

イベリア半島の食文化の神髄に、どこよりも貢献した外国はどこだろう？　学者の意見はさまざまだ。多くはイスラム教の影響を指摘しているが、とりわけ支配最終期のローマ帝国から多大な影響を受けたという証拠を示す学者もいる。[★11]当時すでに公用語はラテン語で、洗練された灌漑システムにより、従来は水不足で耕作不能だった地域で、農作物、野菜、果物などの栽培ができるようになっていた。数世紀後にはアラブ人によって同様の灌漑システムが完成した。学究的な資料にほとんど記載されていないため議論の余地はあるが、

ローマ人が好んだ娯楽。狩猟。バレンシアにあるローマ時代の邸宅ラ・オルメダのモザイク。

ローマ下スペイン時代におこなった森林伐採は、農業の信じがたい発展に傷を残した汚点だ。伐採はすでにフェニキア人が始めており、ローマ帝国の政策となっていた。この政策が大々的に進められたため、森林破壊につながり、ついには銀鉱山で必要な良質の木材が不足し［銀精錬には大量の木材が必要］、この貴重な金属の産出量に深刻な悪影響を与えた。

未開の世界

五世紀前半、ローマは退廃し、北部辺境の蛮族から容赦なく攻撃されたため、四七六年、ついに終焉を迎えた。ヒスパニアの地中海沿岸の豊かな食事も、破滅や不作に直面した土地と同じようにふたたび質が落ちていった。五世紀初頭、多くの蛮族がピレネー山脈を越えた。歴史を通して彼らは移住し続け、古代からの遊牧の慣習を貫き、周囲から物品を略奪し、なにひとつ返さなかった。まず、スエビ族とヴァンダル族が別の蛮族によって南方へ追われ、スペインにいたローマ人を追い出した。町や村は破壊され、国全体が荒れ果てた戦場となった。ローマ人のテーブルに並ぶ繊細な高級料理が別世界の食べ物に見えた新参者は、自分たちの慣習を守り、従来の食材を使った。かたや土着民は生活を壊され、作物も荒らされ、生き延びるだけで必死だった。[★12]

スエビ族とヴァンダル族がやってきてからオリーヴオイルは豚脂に代わり、それまでスペインで毎年数千リットル生産されていたワインはビールに代わった。蛮族が侵入してきた当初の食品についてわかっているのは、種族にかかわらず、マトン(成羊肉)より豚肉を好み、熱した石炭の上で焼いていたということだけだ。五七三年、西ゴート王国がスペインまで領土を広げ、当時はまだ栽培できる作物の種類はかなり少なかったものの、キリスト教徒、そしてユダヤ教徒の農業と食品は進化を遂げた。

西ゴート王国は、帝国東部属州のさらに奥に住んでいた初期ゴート族がローマ人の慣習や法に接し、影響を受けながら発展した。さらに、西ゴート王国のレカレド王がアリウス主義からカトリック教に改宗し、一教会のもとで半島を統一したことによって繁栄した。運悪く、同時に宗教的不寛容の嵐が吹き荒れた。シセブトが王位に就くと（在位六一二〜六二一）、ふたたびユダヤ人は苦痛を味わった。シセブトは教養があり、優れた文筆家で、信心深く、半島にいる異教徒を改宗させるか根絶するという決意を固めていた。のちの西ゴート王レケスウィントが制定した法はさらに厳しく、ユダヤの過越祭《すぎこしのまつり》［奴隷だったユダヤ人がエジプトを脱出した記念祭］ほか、祝祭や儀式をすべて禁止した。ゲルマンよりもローマの法を土台とした西ゴート王国の法、西ゴート法典の大々的な編纂が完成したのもレケスウィント統治時代だ。

　西ゴート法典を読んでも当時の食品についてはなにひとつ確認できないが、社会構成について推察するヒントは得られる。キリスト教会から、とくにセヴィーリャのイシドルスの文書から、この数世紀の生活や食料のあらゆる側面について興味深い情報が入手できる。セヴィーリャの聖イシドルスはカトリック教会の守護聖人で、権威ある学者でもあり、さまざまな分野にわたる著作は多くの学者が文献に引用している。イシドルスは五六〇年頃に生まれ、西ゴート王国の王族をカトリックに改宗し、トレドやセヴィーリャの教会会議で地域の代議政治を実施させた立役者だった。絶賛された聖イシドルス著『語源論 *Etymologiae*』は人間の全知識をまとめた百科事典で、二〇巻から成り、うち二巻を食品関係に充て、台所用品まで取り上げている。とくに第一七巻は田舎がテーマで、農業、作物全種、ブドウなどの木、ハーブ、野菜を取り上げている。第一七巻第六八項はとりわけ意義深い――「オリーヴオイル（オレウム）はオリーヴの樹（オレア）から作る。そう、オレアからその名が付いたのだ」。さらにイシドルスは、人が口にする最適なオリーヴの種類と熟し具合まで特定した。第二〇巻は「食料とさまざまな用具」というタイトルで、食卓、食材、飲料と飲料用容器、ワイン用容器、水と油、調理人やパン職人用の容器、ランプ、ベッド、椅子、運搬具、農村や庭で

ゴート族の王たちは豚肉とビールを堪能していた。マドリード、オリエンテ広場の彫像。

使う道具、乗馬用具まで、詳細に調査してまとめている。★13 イシドルスの『語源論』はきわめて総括的な著作であるため、最近ではローマ教皇がインターネットの守護聖人にしたいと希望しているという噂も耳にするほどだ！〔二〇〇三年、「インターネット利用者およびプログラマー」の守護聖人として正式に認定された〕

レカレド王に始まり、七一一年のムーア人侵攻まで、二〇〇年以上にわたってスペインを統治したゴート族と西ゴート族の王のリストには多くの名が連なった。マドリードには王宮の東側にあるオリエンテ広場にこうした王の像が建ち、その名が刻まれている。過去と現在の君主制が固くつながっていることを象徴しているのだ。

第二章

ムーア人、ユダヤ人、キリスト教徒

一四世紀前半に人気を博した騎士物語『アマディス・デ・ガウラ *Amadís de Gaula*』では、主人公アマディスがスペインをこう表現している。

シリアのように土地が肥沃で美しく、イエメンのように暖かく甘く、インドのように香りと花が豊かで、果物はヒジャーズに、豊富な金属は中国に、沿岸地域の肥沃な土地はアデンに似ている。★01

『アマディス・デ・ガウラ』が書かれる数世紀前、グラナダのアルムニエーカルに到着した王子も同じように考えていたにちがいない。当時すでに、イスラム教徒がイベリア半島のほぼ全土を支配していた。

岩場にとどまった三〇人のキリスト教徒

七一一年初夏、イスラム教戦士ターリク・イヴン・ズィヤード率いるベルベル人七〇〇〇人の強力な軍隊がイベリア半島に上陸した。軍隊を招集したのは、七一〇年に死亡した西ゴート族の王ウィティザの一族だった。一族は八世紀のスペインにはなかった権利を要求していた。父親の王国を引き継ぐ権利だ。六八一年に開かれた第一二回トレド教会会議の決定に従い、それまで西ゴート族の王は多くの司教や貴族が選出してきた。西ゴート族最後の王、トレドで王位に就くことになっていたのは、ウィティザの息子ではなく、大公、つまり軍司令官のロデリック(ロドリーゴ)だった。★02 このときの援護要請は、北アフリカのイスラムが待ち構えていた領土拡大政策をさらに進める絶好の理由となった。西ゴート族は侵入者をムーア人と呼び、ムーア人は侵入した土地をアル・アンダルスと呼んだ。これは「ヴァンダル族の土地」の意、または、ゲルマン語の「ランダラウツ(割り当てられた土地)」が由来だ。四年もしないうちに、行政が成り立っていない最後の西ゴート王国は歴史となった。八世紀近くのちにムーア人が去る頃には、アル・アンダルスは想像をはるかに超えて進化し、文学、ファッション、数学、医学、そしてなにより重要な農業と食料が発展を遂げていた。

まちがいなく、当時、侵略者は残忍な戦争をし、過度な暴力を振るい、当初から新たな秩序や宗教を押しつけていた。結果、イベリア半島の大部分の住人、とくにキリスト教徒は、けっして忘れることのできない悲しみと貧困に打ちひしがれた。キリスト教徒が半島を再征服しようとしたレコンキスタの現実と神話に、ローマカトリック教会の不寛容も重なって、スペイン人にとって重要な歴史が刻まれていくなか、彼らが幸せを感じることはなかった。しかし、イスラムのシンボル、三日月のもと、中世に彼らが受け継いだ豊かな遺産は国の複雑な個性を示す強烈な特徴だ。料理もそのひとつで、それから何世紀にもわたって受け継がれている。事実、数世紀にわたり、アフリカや中東から持ち込まれた魔法の世界は、手に入れたものを発展させ、さらに改良する能力とともに、イベリア半島に根づいている。遺された贈り物のなかには、引き継がれてきた多くの料理もある。いまでもスペインで、ムーア人の豊かな遺産としてお目にかかれる。

イスラム勢力がイベリア半島に侵入する頃には、西ゴート族支配のスペインは衰退していた。ロデリック王は北部領土で圧力にさらされていた。ナヴァラの人々がふたたび独立を求めていたのだ。また、裏切りや分裂が日常茶飯事となるなか、王は数々の前線で生き残りをかけて戦っていた。メディナ・シドニアからそう遠くないグアダレーテ河畔の戦いでは悲劇に見舞われた。制止できないほど決然としたイスラム軍がロデリックの軍を打ち倒した。七一三年には、当初、ベルベル人が大半を占めていた七〇〇〇人の部隊は、アラビアとシリアのエリート部隊によって補強されていた。数世紀前のローマ軍と同じように、彼らは不退転の決意をした。自分たちが乗ってきた船さえ焼き払った。七一一年から九二九年まで、半島はダマスクスを首都とするウマイヤ朝カリフ［イスラム社会の最高指導者］の支配下にあり、属州だった。この王国

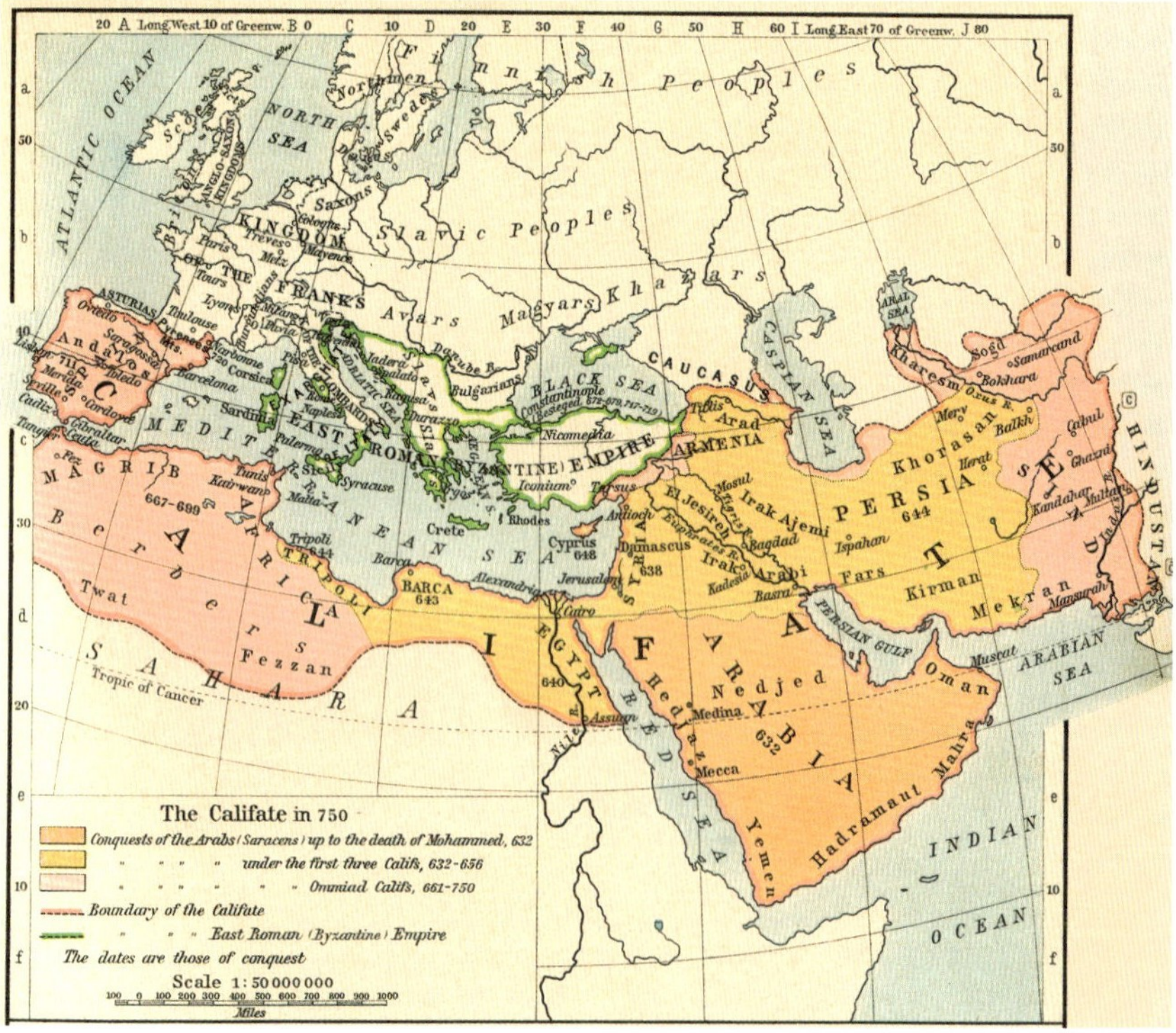

750年のイベリア半島(左端上部、赤色)。ウマイヤ朝カリフとキリスト教徒が占拠した地域を示している。

はインドの国境からジブラルタル海峡に及び、北アフリカ総督に任命された首長が統治していた。数年以内に、事実上、ムーア人はイベリア全土を占拠した。例外は、アストゥリアスの山地にあるいくつかの小さな飛び地と、西ゴート王国の貴族と地元民がなんとか抵抗して逃れたバスク人の土地だけだった。

八世紀、イスラム勢力が進攻すると、西ゴート族のエリートはアストゥリアスの僻地に避難せざるをえなくなった。ここは荒涼たる気候で、連なる山谷を風雨が襲い、ローマ時代はゲリラ戦が頻発していた。バスク人やカンタブリア人の領土と同様、いちどもローマに占領されたことのないわずかな地域だ。定住するには危険が多く、栽培に適さない山地で、侵略者にとっても魅力がなかった。イベリア半島のレコンキスタが先陣を切った場所はアストゥリアスだった。初期アル・アンダルス人の話を集めた一一世紀の「伝統誌」にはこう記されている。★03

> 王がベライ(ペラヨ)と呼んだ山に三〇〇人が避難していた。イスラム軍は攻撃を続け、ベライでは多くの避難民が餓死した。聞いたところでは、結局、他の者も降伏し、残っていたのは男性三〇人、女性は一〇人もいなかった。生き残った者は塹壕で暮らし、岩の割れ目に群がる蜂の巣を見つけ、ハチミツを食べていた。イスラム兵はそこまで行くのが困難だったため、こう口にして去っていった。「三〇人くらいなら、問題ないさ」★04

たとえキリスト教徒が早々に反撃を開始していたとしても、ムーア人相手のレコンキスタは難しく、多くのキリスト教徒の王を擁立して軍隊を組成するまでに七〇〇年もかかった。イスラム勢力の侵略はあまりに迅速だったため、イスラム流の暮らしがあっというまに基準となり、まずは土地の再分配が始まった。ムーア人は教会や西ゴート族が所有していた土地を奪取した。そして、貢物を納めるという条件を飲んで降伏した地主のみ、そのまま土地の所有を認めた。征服した土地の一部は新たな国家の管理下となり、賃借人が耕作した。残りの大部分は除隊予定の兵士に割り当てられた。アラブ人が下層民だとみなしていたベルベル人の多くは、栽培に適さない山地の狭い地域に追いやられた。彼らはふたたび北アフリカにいたときのように田舎暮らしを始め、やがてイスラム教に改宗した。現在のバレンシア州にあたる都市や豊かな土地、また、アラゴン、カタルーニャ、アンダルシア南部の川が流れる地域では、アラブ人がローマからラティフンディウム(土地所有権)を与えられた。彼らは気楽で充実した暮らしを送り、さらに、自ら持ち込んだ料理や食材で優れた伝統を確立していった。

領土拡大の時期、アラブ人はメソポタミアの、とくにペルシアの、優れた料理の伝統に触れた。それまで、遊牧民の食事は肉とパンだけの質素なものだった。「肉を食べ、放牧し、そしてまた肉を食べる」――彼らの格言だ。他の文化に接し、中東の各地域や、遠くインドや中国から入ってきた食材を利用して、アラブ本来の食事は変わった。シチリアやイベリア半島に侵攻したときには、以前の食材や日常食はすでに洗練された料理に変身していた。小麦粉を使用する消化のいい平パンやわずかに発酵させたパンは各地で作られていた。風味豊かなペストリーや卵を入れて焼くケーキ、ハチミツに浸けてシナモンをふるフリッターなど、種類も多かった。従来のアラブの味気ない羊、子山羊、ジビエなどの肉料理は、スパイスを使用して味も香りも申し分ない料理にがらりと変わり、いまでも主食であり続けている。なにより重要なのは、肉が口の中で溶けるほどやわらかくても、肉を食べることが兵士にとっても一般人にとっても勇ましいと考えられていたことだ。そして、食後にはスイーツを口にした。アラブ人はそれまでスペインにはなかったデザートの習慣も確立した。デザートは薄いパイ生地、ドライフルーツ、ナッツ、地元に咲く多くの花から採ったハチミツで作る。年月が経つうち、農民、プロの料理人、商人が独自のイスラム・アンダルシア料理を生み出した。料理の種類や調理の技術は個性豊かで、進化は止まらない。サトウキビが到来したことで、イベリア半島だけでなく、のちには南北アメリカでも、スイーツと料理が変化を遂げ、さらに磨きがかかった。

中東とアフリカの交易はイベリア半島にイスラム勢力が侵入する前から繁栄していた。イスラム教徒は海路も陸路も利用して膨大な利益を上げていた。方位磁針や三角帆船を駆使し、ペルシア湾、紅海、アラビア海、インド洋を航行した。スカンジナヴィアとロシアを結ぶ新たな通商路も開通させた。東西アフリカにも船を走らせ、金《きん》、塩、奴隷が彼らの金庫をますます豊かにした。珍しい商品やスパイスは陸路でも輸送し、隊商がサハラ砂漠の南北を渡り、黄金の国、西アフリカを目指した。奴隷が大きな岩から抽出する岩塩はもうひとつの収入源となった。スペイン南部と東部では、フェニキア人の時代以前から、塩鉱床より容易に塩が取れる塩田が貿易の要として注目を集めていた。ついに、イベリア半島の南部と東部は、水晶、絹、陶器、金の宝飾品を製造売買する中心地となった——どれも地中海両側の商人たちが高く評価した商品だ。アル・アンダルスでは、野菜、果物、花を育てる土地を耕し、商売にとどまらず暮らしや食事も向上した。彼らはこれらを難なくこなした。スペインの地中海性気候が、モロッコやレバノンの沿岸地域、メソポタミアの灌漑地域と似ていることに気づいたのだ。さらに、農業はすでにギリシア人とローマ人が発展させていた。アラブとシリアの農業開発者は、新たな土地ですぐさま仕事にとりかかった。アル・アンダルスは中東で起こっていた農業革命に便乗した。土壌のタイプを分析し、デュラム小麦、米、柑橘類、サトウキビなど、導入したい作物と土の性質をうまく組み合わせた。

もっとも重要だったのは、効率よく経費も抑えて灌漑する方法を知っていたことだ。おまけにスペインではその過程の半分をすでにローマ人が済ませていた。そこに井戸、溝、水汲みポンプを設置し、国の大部分を豊かな畑に変えた——西ゴート王国後期には荒れ地だったか、そもそもいちども開墾されていなかった土地を、だ。小麦などの新しい作物や従来の作物が栽培され、果樹園が田舎町を飾り、野菜があちこちで大量に販売された。こんにち見かける野菜、ハーブ、スパイスは、当時のムーア人が日々の食事に使っていた。もちろん、一五世紀後半以降、アメリカから持ち込まれるようになった商品は別だ。また、彼らは当時ほとんど姿を消していた品種もふたたび栽培し始めた。一世紀に初めてスペインで栽培されたと考えられているユダヤ人が好きなナスや、古代初期から知られているレタスなどの野菜だ。現在のスペイン人同様、彼らもアーティチョークやほうれんそうのほか、チャードやカルドンを好んで食べていた。これらもローマ人やユダヤ人が評価していた野菜だった。

ムーア人は調味料として果汁を使うためレモンとライムの樹を植えた。また、花の香りを求めて、あるいは食材として、そして冬の街路を飾るためにビターオレンジ(ダイダイ)を植えた。甘味のある種類のオレンジも栽培し始めたが、投資した分の見返りを得るまでには数世紀待たなければならなかった。メロンやバナナのほか、イチジク、デーツ、ザクロもあった。ザクロはカトリック女王イサベルが一五世紀に自身の権力の象徴として採用したシンボルだ。こうした野菜や果物のおかげで、八百屋、屋台、貴族の宮殿が鮮やかに彩られた。宮殿ではどれも手彫りの豪華な金属製や水晶製のボウルに入れて供され、秋には緑や黒のブドウで飾りつけた。宗教上、ワインは禁じられていたが、ブドウは新たな人気を呼んだ。晩夏には生や天日干しして乾燥させた干しブドウが販売された。まだ熟していない緑色のブドウで作ったヴェルジュやアグラスと呼ばれる果汁も料理人に好評だった。酸味が強いため、伝統的な甘酸っぱい料理にもってこいだった。ブドウは多くのノンアルコールドリンクのもとになり、ほとんどは甘く、イドュロミエル(ハチミツ酒)やヴィノ・メラド(ハチミツワイン)として販売された。いっぽう、違法ワインである発酵ワインも作られていた。アラブの作家たちが遺した豊かな詩にもあるとおり、とりわけのちのタイファ(アル・アンダルスのイスラム教諸王国)時代には、イスラム教下のスペインで厳しい禁酒法が実際に施行されることはなかった。

ビターオレンジ(ダイダイ)。

イスラム支配下スペインの社会構成は、とくに大都市において複雑だった。アラブ人には軍人や地主の貴族が多かった。下級層を占めるのはベルベル人やムワラドゥーン(ベルベル人、アラブ人、イベリア人の血が混じり合い、中世にアル・アンダルスに住んでいた人々)で、商人や職人として働き、田舎ではベルベル人の農民や羊飼いが多かった。彼らには納税の義務があったものの、モサラベ(アル・アンダルスに居残ったキリスト教徒)やユダヤ人は、とりわけイスラム支配が始まってから一世紀のあいだはそこそこ優遇されていた。奴隷貿易をはじめ、医学、哲学、金融で多大な利益を手にしたため、イスラム支配地域にかぎらず、多くのユダヤ人家族の地位が向上した。さらに下の階級となる奴隷は、支配階級の屋敷で召使や料理人として働いた。こうした流れから、すぐさま寛容な社会体制が生まれ、文化的な目標を共有するようになった。結果、民衆のための知的で洗練された独特な風習が確立され、ヨーロッパの他地域にとって羨望の的となった。すべての民に寛容や妥協の気持ちがなければ貴重な世界は終わりを告げる、という概念が広く受け入れられた。概して、社会経済の状態が飛躍的に発展し、初めて財産の個人所有が奨励された。農業は経済の中枢になりつつある建築、芸術、科学とともに進化した。イスラム首長国やのちのコルドバのカリフ時代、戦闘が永遠に続きそうな状況下でも、美、精神的静穏、なにより娯楽という新たな感覚が、大部分の人々にとって暮らしの一部となった。エリートのキッチンでは『千夜一夜物語』の料理がすでにアル・アンダルスに登場していた。

ムーア人は宗教でも文化でも目的を共有し、理論的には神や法の前で平等だったが、実際には昔からいくつかの民族に区分されていた。対立は日常茶飯事で、緊張状態だけでなく戦闘さえ起こり、ついには半島におけるイスラム世界の終焉を早めた。イスラム自治体内での不平等や内部紛争が、北部での新たなキリスト教国家建設を後押しし、その勢いは両者間で定まっていた境界線をも越えた。それまで土地を耕したり、家畜を世話したりしようとしていた何千人ものベルベル人は、南部に追いやられるか、アフリカに追い返された。キリスト教徒にとって、侵入初期にムーア人に略奪された西ゴート王国の古都トレドは手の届くところまで近づいていた。こうした事態が起こったのは、アラブ世界の反乱がウマイヤ朝王子の運命を変えた時期だった。

✣アルムニェーカルに到着した王子

七五〇年、アッバース朝が、それまでダマスクスを首都に支配権を握っていたウマイヤ朝を倒した。これを機にイベリア半島の歴史の流れが変わった。ウマイヤの若き王子は、ほとんどの親族が惨殺されるなか逃げ延び、半島の沿岸にたどり着いた。彼は雄弁家で、温和で、教養があり、戦闘だけでなく詩も楽しんでいた。意思が強く、野心家で、自分の仕事を他人に任せることはいちどもなかった。

王子はアッバース朝から死亡したと思われていたため、生存のニュースは山火事の野火のようにイスラム世界に広がった。王子は母方のベルベル人の親戚とともに逃げ込んだアフリカを経由し、グラナダのアルムニェーカルに到達した。六年後、王子――のちのアブド・アル・ラフマン一世。スペインではエル・インミグラード

アルムニェーカルの海辺で過ごす最近の移住者たち。アブド・アル・ラフマン1世がスペインに到着してから1200年後。

(移民)として知られるようになる――はなんとかしてコルドバへ進み、アル・アンダルス首長となって後ウマイヤ朝を打ち立てた。この瞬間から、アラブ人、ベルベル人、西ゴート王国のキリスト教徒、ヒスパニック系ローマ人、ユダヤ人が暮らすイベリア半島のほとんどが、新たな土地を探す数少ない生き残りのウマイヤ朝の人間だけでなく、アッバース朝と対立する反体制派にとって安息の地となった。反逆者や若き首長に歯向かう敵の土地ではなかった。王子は執念深かったのだ。イスラム世界の首都をダマスクスからバグダードへ移したことで、アッバース朝の新たな支配者には懸念材料があった。彼が滅ぼしたと考えていたウマイヤ朝の敵は、どん底から這い上がろうとしていた。はるかのち、一七一年後には、エル・インミグラードの子孫のひとり、アブド・アル・ラフマン三世が東側との関係を断ち切り、スペインのコルドバに独立した王朝を築いた。当時すでに、この首都の中心にある主要なモスク、壮大なメスキータからは礼拝への呼びかけが聞こえるようになって

「コルドバのメスキータ」周辺には食材などの商品を売る市場があった。

存在を示す純粋な生きた証だといわれている。建築物はキリスト教徒が丁寧に改築しなかったうえ、中世になると完全に破壊されてしまったが、そんな不運にもかかわらず、街を飾るビターオレンジの樹はアル・アンダルスの支配者が変わっても根絶されずに生き残った。

実際、ビターオレンジには二種類ある。ひとつはセヴィーリャオレンジで、北アフリカを通ってスペインにたどり着いた。スペインの中庭や街路で見られる。ふたつめはその二世紀後に十字軍が聖地から持ち帰ったビタースイートオレンジで、現在、南アメリカ諸国で育っている。

スペインの田舎では、さまざまなアンダルシア料理にビターオレンジを使う。いちばん有名なのは、妙な名前——カルディージョ・デ・ペッロ(犬のスープ)——が付いた魚のスープと、コクのある魚の煮つけ——ラヤ・ア・ラ・ナランハ・アマルガ(エイのビターオレンジ添え)——だ。どちらのレシピもカディスの料理と関連があり、とくにサンルカル・デ・バラメダやプエルト・デ・サンタ・マリアにある昔の小さな港町とは深いつながりがある。カルディージョ・デ・ペッロ(ペッロ《犬》はモサラベがムーア人に付けた軽蔑的な名前でもある)はアル・アンダルスでよく知られた料理だったようだ。何世紀も生き延びたこのようなレシピは、現在、ビターオレンジの果汁はじめ具材の香りがなくなっているため絶滅の危機に瀕している。作るのは簡単だ。タマネギとニンニクをみじん切りにしたら深鍋でオリーヴオイルを熱し、ゆっくり炒める。このソフリトにたっぷり水を注ぎ、塩を少々加え、沸騰させる。次に白身の魚(通常、アンダルシアでペスカダと呼ばれる中サイズのメルルーサ)を入れ、やわらかくなるまで煮る。供する前に、ビターオレンジの果汁を足す。これによってスープと魚に独特のきわだったいい香りが付く。これに添えて出すのはモリェーテだ。職人が焼く小さなやわらかい楕円形のパンで、半焼きで売られている。歴史家の一部によると、このパンはアラブ人がスペインにもたらしたらしい。いっぽう、モリェーテの起源はユダヤ人の発酵しないパンだと主張する者もいる。ちなみに、スコットランドの偉大な発明品、ダンディ・マーマレードの材料はスペインで栽培されたビターオレンジだ。

✣昔のビターオレンジ(ダイダイ)

一年を通して、ビターオレンジの樹はアンダルシアにある街路やイスラム教の重要な建物の中庭を飾っていた。いまもコルドバのモスク、セヴィーリャの大聖堂、カディス県ヘレス・デ・ラ・フロンテーラの美しい街路で見ることができる。アル・アンダルスのアラブ人が植えたビターオレンジは広東オレンジとしても知られ、学名ではシトラス・アウランチウム(*Citrus aurantium*)という広いグループに属している。シトラス・アウランチウムはインド西部、中国、ミャンマーが原産で、メソポタミアに渡り、やがてローマ、そしてのちに地中海地方のアラブ人領土に到達したようだ。ペルシアやメソポタミアのビターオレンジがシリアに、やがてイスラム時代のスペインに持ち込まれた。ビターオレンジは街路や中庭を飾るだけでなく、花の香りや果実の鮮やかな色を求めて育てられた。アンダルシアの台所では果汁のほか皮さえも利用し、砂糖と合わせてスイーツを作っていた。こんにちのビターオレンジは、ヨーロッパにおけるイスラムの歴史的

アンダルシア州セヴィーリャにある聖マリア大聖堂(セヴィーリャ大聖堂)のオレンジの樹。空撮。

いた。
スペインでは「最高の美女はコルドバ出身だ」といわれている。コルドバはアッバース朝のバグダードに匹敵するほど大きな街となった。同じように繁栄し、組織化され、はるか遠くの土地に住む商人、投資家、知識人、芸術家を魅了した。カルタゴ人が築いたコルドバに、ローマ人は当時もっとも印象的な橋のひとつを建設した。コルドバは、七五六年、若き王子アブド・アル・ラフマン、通称エル・インミグラードを納得させた刺激的な街だ。彼はコルドバの主要都市《メディナ》を訪れ、ここを首都として建国し、全盛期を迎えるのである。

❖都市の生活

オレンジの樹は、毎年、コルドバのモスクにある中庭で実を付ける。イスラムの歴史を彩る甘酸っぱい思い出の果実だ。ラ・メスキータ(モスク)は、現在まで二〇〇年近く、有事も平時もアル・アンダルスを見事に支配したシリア朝の名声を守りながらそびえている。最古となるモスクのひとつが、アル・アンダルス時代からそびえている。この壮大なモスクはかつてローマの寺院が支配していたが、のちに西ゴート王国の教会となった。イスラム勢力が押し寄せると、この教会はつつましいモスクに変わり、ウマイヤ朝の首長が所有して、「世界の不思議」に仲間入りした。入念な建築計画の一部は、七八六年、アブド・アル・ラフマン一世が着手した。その後二〇〇年以上にわたり、ウマイヤ朝で成功を収めた支配者たちが建築を引き継ぎ、モスクはイスラム下のスペインを統治する君主を眺めてきた。

アル・アンダルスのいくつかのメディナは中心部が背の高い石壁と重厚な鉄の門に囲まれ、夜になると門は閉鎖された。狭い世界で、かつてローマや西ゴート王国が支配していた街と同じように、曲がりくねった通り、街区、庭、モスク、市場があった。人口の増加に対処するため、アラバレという郊外地区が高い壁の周囲に広がっていた。アラバレで暮らしていたのは特定の人々で、ほとんどが職人、店主、農民だった。彼らが作る製品や新鮮な作物が毎日メディナの門をくぐり、スーク（通称ゾコ）と呼ばれる市場に並んだ。食品やサービスなど、想像しうるものはすべて売買や交換が可能だった。ヘアカット、ドレスやスーツの仕立て、建築契約、両替、見合い、金銀売買、土地購入。つねにムフタシブという市場監督官が鋭い目で監視していた。ゾコではいつも労働者がたむろし、屋台や小さなレストランでおいしい食事を取っていた。香りのよいラム肉、腎臓のケバブ、揚げ魚、スパイシーなソーセージ、焼いた羊の頭。そして、伝統料理、卵を添えたコリアンダー風味のアルボンディガ（ミートボール）。また、ゾコはスイーツの王国でもあった。膨らんだフリッターやおいしいアルモハバナ（アル・ムヤバナ）は、小麦粉、水、牛乳、イースト、チーズ、オリーヴオイル、ハチミツ、シナモン、パプリカを混ぜて作った。アルモハバナの生地はブニュエロの生地（シュー生地）と同じくらいの粘度だったようだ。

ゾコが姿を消してから長年が過ぎても、コルドバは詩人ラージーが「あらゆる都市の母」と表現したとおり、いまもここに住んでいる女性と同じように美しく魅力的な場所だ。イベリア、ローマ、なによりイスラムの過去が染み入った土地であり、現在の世界から消えまいと存在し続けている。

異様なほど暴力が好きだったエル・インミグラードの孫息子、アル・ハカム一世は別として、アブド・アル・ラフマン二世やアル・ハカム二世など、スペインのウマイヤ朝の支配者たちは調和や美に心を動かされた。彼らにとって、音楽、詩、美食、そして禁断の果実から作るワインでさえ、生活に欠かせなかった。いまでもコルドバの古い街並みを歩けば九〜一〇世紀の暮らしが容易に想像できる。モスク周囲の家庭生活を守っていた高くそびえる石壁もほぼなくなり、女性が料理に使っていたアナフェ（コンロ）は完全に姿を消したが、生き残っているものも多い。花を愛する心、色とりどりの涼しげな中庭、心安らぐ泉の音、アラブ馬への情熱は、いまもアンダルシアの人々が使う布地の柄に織り込まれている。

スペイン語にはアラビア語由来の単語八〇〇〇と地名二三〇〇があり、多くが農業や料理に関連している。スペイン語は、ラテン語を除き、どの言語よりもアラビア語の影響を受けている。コルドバでは、アラビア語の本や、アラビア語、ヘブライ語、ラテン語に翻訳された古代ギリシアの文書が各都市にある数百の図書館に所蔵されている。アブド・アル・ラフマン三世の息子、アル・ハカム二世は自身の図書室に四〇万点の書籍を保管していたが、残念ながらカリフ時代が幕を閉じたとき焼き払われた。カリフ政権が崩壊すると、ベルベル人反逆者の手によってコルドバやザフラー宮殿にあった多くの原稿が破棄された。この悲劇に加え、のちにキリスト教徒が都市や街を略奪したさい、今度は十字架の名にかけて多くの文書が処分された。もしいくつかの作品がラテン語に翻訳されていなかったら、初期中世のスペイン文化を啓発した知的財産の証拠はすっかり灰となっていただろう。料理は、農業や、とくに医学や栄養学に比べて重要視されていなかったため、通常、料理本が翻訳されることはなかった。料理に関する文書が大量に処分されてしまった可能性は高い。いつの日か、修道士や修道女が修道院の秘密の図書室に隠していたアラビア語の料理本の原本が見つかるときがくるかもしれない。

中世の偉大な文化的象徴のひとり、ジルヤーブは、アル・ハカム一世からコルドバの宮殿に招かれていた。ペルシア人あるいはクルド人の血を持つジルヤーブは音楽の師の妬みを買い、住んでいたバグダードを支配するアッバース朝カリフ、アル・マムンから逃げ延びた。ジルヤーブにとってアル・アンダルスは隠れ場所にもってこいだったのだろう。コルドバに着いたとき、アル・ハカムはすでに亡くなっていた。彼はパニックに陥ったが、すぐさまアブド・アル・ラフマン二世が力強い擁護者になった。才能あふれる音楽家であり歌手だったジルヤーブは、素晴らしい声でコルドバの人々を魅了するだけでなく、この首都に、従来は東洋にしかなかったある種の教養をもたらした。彼はたったひとりで人の外見に影響を与えた――ヘアカット、メイク(男性もだ)など、それまで大衆が耳にさえしなかったことまで。さらに、料理やテーブルマナーの進歩にはなによりも貢献した。斬新なレシピを考えることは好まず、すでに確立されていた料理のスタイルや内容をアレンジし、供する順番を見直した。[★05] それまで、料理でもスイーツでも、熱くても冷たくても、出す順序は決まっていなかった。中世末期まではこれが半島北部に住んでいたキリスト教徒の慣習だった。ジルヤーブが考案した新しい順番は、同じ特徴を持つ料理をグループでまとめ、出し方を決めた。最初は冷たいアペタイザー(前菜)、次にクスクス［粒状のパスタ］、スープ、パイ。軽い魚料理のあと、赤身や家禽などを使った手間のかかる肉料理を出す。肉料理はたいていガルムやヴィネグレットソースで味つけした。アーモンドやローズウォーターを使用した贅沢なスイーツは、絹や上質な綿のテーブルクロスを敷いた小さなサイドテーブルで食した。

アフリカ、中東、さらには東アジアから、新しい種子、植物、スパイスが商人によってイベリア半島に持ち込まれた。こうした食材は需要が非常に高く、料理人は中東や北アフリカの文化で祖先たちが本来作っていた料理を再現するようになった。プルーンを加えたスパイシーな鶏肉のタジン鍋、マルメロやリンゴを添えたヤマウズラ、小ナスのオムレツ、アスパラガスやほうれんそうを添えた料理、作りたてのチーズ、ミルカという挽き肉のソーセージ、鶏肉とタマネギを混ぜ、ブラックペッパー、コリアンダー、ショウガ、サフランで味つけしたパイのバルマキヤ。サフランは米料理に独特な色と香りを付けた。一〇世紀以降、水田は、スペインの田舎町に広がる景色をまるで東洋であるかのような雰囲気に変えた。早くも六世紀、イベリア半島に米を持ち込んだのはおそらく東ローマ人だが、米がスペインの伝統料理にとって重要な材料になったのはアラブ人のおかげだろう。

近年、エストレマドゥーラ州で何ヘクタールにも及ぶ水田で米が生産されているが、それ以外、スペインの米は一一世紀前にアラブの農学者が選んだ土地でいまも栽培されている。アンダルシア州のグアダルキヴィル川とグアディアナ川のデルタ地帯、カタルーニャ州にあるエブロ川のデルタ地帯、バレンシア州のアルブフェラ湖、ムルシア州の内陸だ。これらの土地はアラブ人農民の専門家を魅了した。アル・アンダルスの農学者で著述家のアブ・ザカリー

サフラン畑。10世紀からほとんど変わっていない。

ランが得た重要性は17世紀と18世紀のスペイン人作家、アントニオ・クベロとセバスチャン・デ・エル・フラスノがはっきりと記録している。ふたりは16世紀にスペインからヨーロッパの他国、中央およびラテンアメリカに輸出した主要製品について膨大な情報を残した。絹糸、オリーヴオイル、白ワインと赤ワイン、陶器、鉄、そしてサフランだ。スペイン領土のアメリカ植民地では、交易の支払いはレアル硬貨やマラヴェディ硬貨を使っていた。マラヴェディ硬貨はもともとはディナール金貨で、アブド・アル・ラフマン3世統治時代、アル・アンダルスで初めて鋳造された硬貨だった。

スペインでサフランの主要産地となるだけでなく世界最高品質のサフランを栽培するようになったのは、ラ・マンチャではなくアラゴンだった。いまでも、ムーア人、マンチャといった言葉や、とくにパエリアのようなスペイン東部の地中海沿岸地域レヴァンテで作られる料理と結びつけられることが多い。現在はアラゴン州での栽培が減少し、他国の競争相手が出てきたため、スペインは世界市場の支配権を失っている。

✣アサフラン(サフラン)

2002年6月、スローフード運動の創始者カルロ・ペトリーニはサフランをこう表現した――料理の材料にもなり、欲望をそそり、身体を美しく整え、鎮静剤、睡眠薬、興奮剤の効能をも持つ唯一の薬である。アル・アンダルスの人々も同様に考えていた。

世界でもっとも高価なスパイス、サフランは、10世紀あるいはそれ以前からスペインで栽培されている。歴史家によっては、クレタ島や小アジア原産で、イランのザグロス山脈原産だと特定する者もいる。ベルベル人はバレンシアのラ・マンチャや、さらに北方のアラゴンにサフランを植えた。スペイン名のアサフランはイスラム時代のスペインで使われていたアラブ語アル・サファランに由来する。アル・サファランの語源はアラビア語のザファランだ。もともと、イスラム時代のスペインでは上流階級が独占し、キッチンで使ったり、利益のあがる食材として販売したりしていた。やがてあちこちの野菜畑で栽培され、階級を問わず料理で使用するようになった。

文明と同じくらい長い歴史を持つサフランは、医薬、料理、飲料、さらには化粧品にも利用された。エジプトの医療文書、ギリシアの詩、ローマの料理本『アピキウスの料理帖』にも記録されている。そのため、ヒスパニアの料理人がこの贅沢なスパイスを使って多くの料理を作ったことはまちがいないだろう。

サフランを使ったレシピは、13世紀の『名もなきアンダルシア料理』や14世紀の『セント・ソヴィの書』、『料理の本』などの料理書に多く載っている。7世紀前半、『料理の秘訣 *Arte de cocina*』の著者ドミンゴ・エルナンデス・デ・マセラスは肉のシチューや、アロス・デ・アセイテ・オ・マンテカ・パラ・ロス・ケ・ノ・コミエレン・レーチェ(オリーヴオイルか豚脂で炒めた米料理――牛乳を飲まない人のレシピ)などの米料理にもサフランを使用した。

カタルーニャ人作家アントニオ・カプマニー・イ・デ・モンパランは、『古都バルセロナの海運・商業・芸術史 *Memorias históricas sobre comercio maritímo, comercio y artes de la antigua ciudad de Barcelona*』で、1427年に3060キログラムのサフランを積んだ貨物船がドイツやフランスのサヴォワの市場に向かって出航したと書いている。翌年には輸出量が3508キログラムに増え、そのほとんどはアラゴンで栽培されていた。

現在、アラゴン州でサフランは栽培されていないが、アラゴン連合王国の勢力が広まっていた当時、サフヤーが一二世紀に残した記録によると、彼らはすでにパレスチナ南部やヨルダンに住むナバテア人から米栽培を学んでいた。アブ・ザカリーヤーは以前スペインで働いていたアラブ人農学者や古い中東の文書を参考にした。アラブ人農民は、湿地帯でも、より乾燥した地帯でも、米の集約栽培に最適な土地を見つけた。そこはローマ人がすでに灌漑設備を整えていたが、米栽培には使用していなかった。ローマ人はシリアやエジプトから米を輸入し、ほとんどは重湯にして病人に食べさせていた。アブ・ザカリーヤーが農業について書いた本には、米栽培の方法、時期、場所についてたくさんの教えが載っている。また、米粉パン、ライスプディング(ミルク粥)、米酢などの作り方まで紹介している。

✣キッチン、市場、水庭

一般家庭で作る料理は、ジルヤーブが宮廷の食卓のために考えた料理とはだいぶ異なっていた。ただ、ときどき、わずかにちがうだけの料理が中流階級の家で出されることもあった。使用するスパイスは、宮廷では七〜八種だが、家庭ではせいぜい一〜二種で、肉も安い部位を使った。平均的な家のキッチンは小さく、一階にあり、家の中心にある中庭と直結していた。中庭には小さな泉や井戸があり、昔ながらのエンパラード(パーゴラ。つる棚)が夏の熱帯夜の星空の下、涼しい空間を作っていた。キッチンには炭火を燃料にする土製のアナフェ(コンロ)とパンを焼くレンガ製のオーヴンがあった。ときには、家庭で作った生地を、早朝、召使が地元のパン屋に運んだ。パン職人がオーヴンでその生地を焼き、サービスの報酬として一部を受け取った。パンだけでなく、肉、魚、米料理を共用のオーヴンで焼いてもらうために地元のパン屋を利用する習慣は、一九六〇年代までスペインのいくつかの村で続いていた。

アンダルシアの中世のキッチンでは昼食や夕食は女性が用意した。男性は午前中に仕事をし、モスクで祈りを捧げたり、仲間と交流したり、また、市場を散策して楽しんだりした。市場では甘いミントティを飲み、食料を買った。イスラム教支配下のスペインでは、男性が食料貯蔵庫の鍵を管理するだけでなく、家族の食料の購入も任されていた。

こんにち、バレンシア州のメルカド・セントラルは地中海沿岸地域で最高の市場とされている。理由はいたって明確だ。都市周辺に広がる田舎の土地が非常に肥沃だからだ。このあたりはローマ時代から素晴らしい灌漑設備が整い、中世初期にスペインに定住したシリア人、ベルベル人、アラブ人の農民が何世紀にもわたって専門知識を受け継ぎ、手入れしてきた。最近では月曜から土曜の毎朝一一時まで、バレンシアの古都を走る狭い通りはにぎわう人々でごった返している。

アラビア語はもはや主要言語ではないが、かつてムーア人時代にはユダヤ人、キリスト教徒、貴族、学者などの多くが使っていた。農業に関していえば、アラビア語はきわめて重要な「水裁判所」など、地元の法廷で使われていた。中世の都市バレン

アナフェ。10世紀にビスク土で作られた持ち運び用コンロ。171ページの絵画を参照してほしい。アナフェを使っている。

シアでは、作物や食料の供給を確保するため、土地所有者はこの尊重される裁判所に訴訟を起こして灌漑の権利を守った。

水裁判所は、イスラム時代、スペイン東部地中海沿岸地域レヴァンテの肥沃な土地で使用する水を調整するため、バレンシアに設立された。ヨーロッパ最古の民主主義機関だとされている。水裁判所はこんにちも重要な役割を果たし、一〇〇〇年前と変わらず機能している。毎週木曜日の正午、バレンシア大聖堂の使徒の門のすぐ隣で水裁判が開かれる。地元農民から選ばれた裁判官が、飾りを施した鉄の円形フェンスに守られて座り、フェンスの外側に民衆が立つ。スペインの法で認められているこの裁判の役目は、灌漑を規制し、灌漑に関する論争を解決することだ。裁判に持ち込まれた問題は当人が口述し、裁判官が裁決を下す。公共の財産について仲裁するという慣習が古代からずっと続いているのは世界でもまれで、希少な例だ。

バレンシア州の水裁判所。2006年。10世紀以降、農業用水の供給に関する問題を裁定している。

ザフラー宮殿

アブド・アル・ラフマン三世はバスク人の召使女性とコルドバ首長のあいだに生まれた、赤毛で目の青い息子だった。エル・インミグラード（アブド・アル・ラフマン一世）と同様に野心家で、九一二年、コルドバのグランドモスクで自らカリフになると宣言した。すでに、半島の政治情勢は変わっていた。アル・アンダルスの北方、アストゥリアスにある小さなキリスト教の飛び地はムーア人の侵入になんとか抵抗し、半島の北部と東部で領土を広げ、多くの王国を築いていた。二一歳のアブド・アル・ラフマン三世はアル・アンダルスの統一が最重要だと確信していた。首長支配時代の後半、内部分裂とイスラム教徒の派閥間における混乱が、半島におけるイスラムの生き残りを脅かしていた。彼にとってバグダードの拘束から逃れることは、前進する唯一の手段だった。統一を図るためにも、新たな脅威に立ち向かう準備をするためにも。というのも、ライバルとなるアフリカのファーティマ朝が、なにか弱みはないかと虎視眈々とエジプトで待機していたのだ。アブド・アル・ラフマン三世は全責任を負う必要性を感じ、そして夢の実現を確信した。このときすでに、彼の新しい王朝、コルドバ・カリフ国が誕生していた。

アブド・アル・ラフマン三世はコルドバからそう遠くない土地に、壮大なザフラー宮殿を中心とする都市の建設を命じた。これは、愛人ザフラーへの贈り物だったのだろうか？　おそらくちがうだろう。歴史家いわく、この若きカリフは政治的思想から重大な声明を発表した。そう、自身の権力や、アフリカのライバル、ファーティマ朝を凌ぐ優勢のシンボルとして、新しい都市宮殿を建設する必要性を感じていたのだ。コルドバと競って建てた光り輝く白いザフラー宮殿は、広大な要塞宮殿となるだけでなく、イスラム支配下のスペインで、外交、知性、料理の中心地となった。娯楽も味わえる要塞宮殿では、美やデザイン、料理やワインが、広報や外交活動の中枢にならなければならなかった。伝統的なアラブ流の贅沢な宴会や絶え間ない催し物を、外国からの訪問者やカリフ自身の家族が求めていた。ザフラー宮殿のキッチンでも大広間でも、シェフ、執事、召使がジルヤーブの教えに従って動いていた。

八〇年後には、スペインのイスラム教とカリフ政権は終焉に向けて揺れ動いていた。最後のアブド・アル・ラフマンとなる三世が食い止めてきた内戦は、西洋の頂点に立つ偉大なカリフの愛され し宮殿、ザフラー宮殿を壊滅させた。しかし、混乱や荒廃した状態が何年続いても、コルドバにあった近くのグランドモスクだけは生き延びた。

イスラム社会では、芸術、贅沢品、おいしい料理とワインは、以前と同じように重要だったが、カリフ時代が終わるとアル・アンダルスの政治環境は劇的に変わり始めた。一〇三一年、イスラム支配下のスペインはタイファと呼ばれる二四の王国に分裂した。セヴィーリヤ、トレド、コルドバ、バレンシア、サラゴサ、バダホスなどだ。同じタイファという名で知られる支配者は、通常、若くて教養がある男子で、また別の寛容の時代を

コルドバ近郊のザフラー宮殿。アブド・アル・ラフマン3世が建てた夢の宮殿だった。

アブド・アル・ラフマン3世が大使を受け入れ、酒を交わしている。ディオニシオ・バイシェラス・ヴァルダゲー(1876–1943)画。

ザフラー宮殿のアラブ式オーヴン。

扇動した。コルドバのカリフ王国が崩れたあとアル・アンダルスに残された人々はとにかく多様性に富んでいた。

なにより重要なのは、タイファが芸術や科学の新たな魅力を持ち込んだことだ。ただし、最終的にはイスラムの派閥間でおこった争いや対立のせいで打ち壊され、悲惨な結末を迎えた。スペインでは、「ウン・レイノ・デ・タイファ〔タイファ王国〕」という表現がいまも使われ、分裂とそれによる力の喪失を意味する。政治情勢は、北アフリカからの支援軍とタイファの王が手を組み、カスティーリャ・レオン王国の強力なキリスト教徒の攻撃に抵抗しようとしたことでさらに悪化した。キリスト教軍はドウロ川南部を決然と進軍していた。

一〇八五年、カスティーリャ王アルフォンソ六世の意図は明白だった。西ゴート王国スペインの古都トレドを略奪することだ。トレドは権力を振るった歴史があり、イスラム文化や料理、とくに菓子の専門家が本拠地としていた都市だった。このカスティーリャ王は危険きわまりなく、制止しなければならなかった。タイファたちがアフリカからの支援を要請すると、体も頭も黒い衣装で覆い、狂信的な原理主義に突き動かされた騎馬兵たちがヘラクレスの柱［ジブラルタル海峡の入口にある岬に付けられた古代の地名。ヘラクレスがこの世の果てとして建てたとされる二本の柱がある］の建つ白い砂浜にふたたび到着した。またしても、スペイン史における興味深い章の幕切れが刻一刻と近づいていた。ムラーヴィト王朝、のちにはムワッヒド王朝が乗り込み、混乱状態のなか、暗然たるイスラム原理主義者が半島に広がっていった。自身の宗教を捨てることを拒んでいた何千人ものユダヤ人とキリスト教徒が、息絶えるか、北へ逃れた。

❖いっぽう、キッチンでは……

スペインの地中海沿岸地域では、古代あるいはそれ以前から、陶製、木製、金属製のすりこぎやすり鉢のリズミカルな音が響いていた。アルミレス(アラビア語らしい発音だ)という真鍮製のすり鉢にはさまざまなサイズがあり、いまもサフランやクミン、コショウやアニシード、ドライフルーツ、パン、ニンニクをすりつぶすのに使われている。また、キッチンで使用するほか、もうひとつの機能も果たしてきた。金属製のすりこぎとすり鉢は、スプーン、飾りつけたガラス瓶、木製や金属製の洗濯板と組み合わせ、即席の楽器として祭日にスペインの地元民が演奏している。釉《うわぐすり》をかけた緑色と黄色のすり鉢は木製のすりこぎよりも安価で、人気のある市場の近くで小さな店がいまも販売している。アンダルシアにはアーモンド、ニンニク、パン、オリーヴオイル、水を合わせ、ワインヴィネガーで香りを付けた滋養のあるスープがあり、ブドウやオリーヴを摘む人たちや、夏に作物を栽培収穫する労働者を支えている。

現在、北アフリカで作られているスパイシーで辛いトウガラシペースト、ハリッサと、料理のハリサを混同してはいけない。後者は一三世紀のマグレブ(北西アフリカ)とイスラム支配下スペインの料理を集めた、作者不詳の『名もなきアンダルシア料理 *Anónimo Andaluz*』に載っている料理で、ラマダン[断食する神聖な期間]中に人気があった。ハリサはスペインではハリサ・ア・ラ・ミガ・デ・パン・ブランコとして知られ、作り方は簡単だ。すり鉢で白パンかセモリナ粉のパンをつぶし、水を加えてやわらかくしたら、天日干しして乾かし、発酵させ、鍋に入れる。ハリサにはかならずラム肉とラム脂を使い、肉は脚や肩を挽き肉か小口切りにして加える。水を肉がかぶるまで足し、肉が完全にやわらかくなるまで煮たらパン粉を加える。さらに、骨髄と追加のパン粉を入れる。ふたたびつぶして生地を作ったら、熱したラム脂をかけ、シナモンを散らす。

スペインのキッチンでは、すり鉢のほかにも古風な陶製の鍋カスエラがよく使われていた。イスラム時代のスペインではこうした鍋を使い、オーヴンで米料理を作ったり、コンロの上で魚入りのフィデオ(パスタ)を作ったりしていた。クスクスはマグレブのデュラム小麦で作った粒上のパスタと、それを使った料理をさし、モロッコやチュニジアの土器タジンで調理した。アル・アンダルスではアルクスクスとして広く知られていた料理だ。アル・アンダルスの鍋類、皿、そしてコンロも、すべて南北アメリカに渡った。

アナフェやアルボンディガという単語が伝わっていった経緯は興味深い。こうした単語はアフリカの地中海沿岸から西洋に向けて旅をし、そして、スペインで定着した。カスティーリャ語に仲間入りし、キリスト教の洗礼を受け、アメリカ大陸に向かった。海を渡り、大陸の渓谷へと広まっていった。険しい崖を登り、奥深い森を抜け、現在では、辺境地の片隅にあるつつましい小屋で、アステカ族の子孫が口にしているのを耳にする。★06

アラビア語のアナフィ(スペイン語で

トレドがスペイン名のマサパンと関連づけられている。トレドのマジパンの歴史はヴェネツィアやリューベックと同様、もともとは菓子というより飢餓とつながりがあった。スペインの伝説では、マサパンは1212年、ムーア人との決定的な戦争となったナヴァス・デ・トロサの戦いに端を発する。トレドでは戦争中にパンがかなり不足し、地元の修道女が解決策を編み出した。トレドのパン・ドゥルセは小麦粉を使わず、材料はアーモンドとハチミツだけだ。サン・クレメンテの裕福な修道院にはアーモンドと砂糖の在庫がたくさんあったため、修道女たちはハチミツの代わりに砂糖を使ってパン・ドゥルセを作り始めた。修道院のキッチンでは、修道女がアーモンドをすりつぶし、砂糖を混ぜ、すりこぎ(マサ)を使って一種のパンを作った。このマサパンで修道女は街に住む多くの住民を救った。トレドではいまも数世紀前と同じように、バレンシア産のアーモンド、白糖、卵黄、卵白、少量の水でマサパンを作り、好みでシナモンやレモンピールを加えている。

マジパンにはさまざまな形があった。

はアナフェ、あるいは、オルニージョ）は、二〇年から三〇年前までアル・アンダルスで使われていた土製の携帯用コンロの初期型をさしていた。アルボンディガはローマ時代から続く挽き肉のミートボールで、いまも人気だ。似たような多くの料理が、スペイン料理に触れた中世アラブの文献に載っている。

一部のスペイン人はイスラムの歴史と関連する料理をかたくなに拒否する。国とカトリック教会との強い関係を考えれば想像に難くない。ひとつ、興味深いことがある。アル・アンダルスで頻繁に使われていた食材の一部は生き残り、さらにスペイン料理の発展において地位を得たいっぽう、別の食材は完全に消え去ってしまったのだ。なぜ、クスクスが姿を消したのに、ほぼ同時期に半島に持ち込まれた米や、

トレドのマサパン

クリスマスなど、国の宗教的な祝祭で、スペイン人は各地域の歴史に従って郷土料理を作っている。七面鳥はまず出てこない。家庭のクリスマスでは、貝、イベリコハム、コクのあるスープ、焼いた魚やラムが主役だ。祝祭のあいだ、砂糖漬けの果物や松の実を添えたトゥロン（ヌガー）や、細やかに美しく飾りつけたフィギュリタ・デ・マサパン（小さなマジパン人形）が供される。

さまざまな意見は出ているが、いまのところ歴史家たちはマジパンの起源をあかす確たる証拠はつかめていない。にもかかわらず、マジパンのレシピ自体は何世紀ものあいだまったく変わらずに残っている。だからこそ、歴史や伝説からいろいろな主張が生まれるのだ。『千夜一夜物語』ではマジパンの歴史が中東や古代に及ぶ。トレドの修道会やシチリアの菓子職人は、いまも自分たちがこのごちそうの産みの親だと豪語している。さらには、ギリシア、キプロス、バグダード、とりわけ中東の貿易中心地だったヴェネツィアもしかり。12世紀前半に建てられた中世の主要都市、ドイツのリューベックは北ヨーロッパにマジパンを広める重要な役割を担った。ヴェネツィアではマジパンはマルジパーネとして知られ、その名の由来はマサパンだ。マサパンはマウサバンから来ている。マウサバンはアラブ人が東ローマ帝国のコインに付けた名前で、ヴェネツィア人がマサパンと名づけた別のコインの10分の1の価値に相当した。

スペインでは、何世紀にもわたり、

フィデオやアレトリア（天使の髪の意。極細麺）といったパスタは残っているのか？　なぜ、コリアンダーはアンダルシアのごく一部の料理にのみ使用され、他地域の伝統料理には使われないのか？　なぜ、一部のスパイス――サフラン、シナモン、クミン、アニシード以外――はスペインの郷土料理でめったに使われないのか？　なぜ、カスティーリャやアラゴンでもっとも人気のあるラム肉が、セヴィーリャからそう遠くない壮大なシエラ・モレナ山脈の中心地アラセナのような場所ではめったに見られないのか？　いくつかの例では明確な理由がある。ただ、宗教的に無理矢理こじつけた古い偏見を基準にしないと、はっきり説明することが難しい例もある。偏見――つまり、イスラム時代や最後のモリスコ（キリスト教領土で暮らし、改宗したイスラム教徒）が去るまでの、スペインにおけるムーア人やユダヤ人の料理を理解していないこと――こそがスペイン郷土料理の特徴であり、当時の影響が現在のスペイン料理にも及んでいる。

スペイン人がけっして否定しないことがひとつある。とにかく甘い菓子、スイーツへの情熱だ。中世スペインの料理や菓子の印象を変えた魔法の食材、砂糖は、一〇世紀からアラブ人が精製していた。砂糖は多くの伝統料理に欠かせなかったため、ひとたび半島に定着すると、グラナダ王国およびバレンシアでサトウキビが栽培されるようになった。すぐさまトラピチェという製粉機がフル稼働に入った。まず、サトウキビを刈り取り、残した根に肥料をやる。一一月、サトウキビを水に漬け、そのまま一月まで置いておく。その後、粉砕して貴重な汁を搾ったら、液がきれいに澄むまで大釜で煮詰める。ふたたび煮詰めて濃縮させると、粗い結晶ができる。この結晶をそのまま使うか、好みの質になるまでさらに精製する。この頃から砂糖は、イスラム教徒が占領する都市や町のキッチン、パン屋、菓子屋だけでなく、南に領土を広げたキリスト教徒の居住地でも入手できるようになった。ただ、当初からしばらくのあいだ、高価な贅沢品である砂糖を購入できたのは富裕層だけだった。★07

コンヴェルソ［スペインでキリスト教に改宗したユダヤ人］の定義。

モーセの律法に敬意を表し、安息日を守っている者。つまり、安息日に新しいシャツやいつもよりきれいな衣服を身に着けている。テーブルにきれいなテーブルクロスをかけ、屋内では火を灯さず、金曜の夕方からは仕事をしない。

口にする肉から腎脂など脂身を取り除く者。また、肉を洗浄するため、水で血を洗い流したり、子羊の脚など死んだ動物からランドレ（ランドレディラ、腺）を取り除いたりする者。

食用の子羊や鳥の喉をかき切って殺す前に、あらかじめナイフの切れ味を確かめ、ユダヤ人の言葉でなにかつぶやきながら土で血を覆う者。

四旬節などサンタ・マドレ・イグレシア（聖母教会）で肉が禁じられている日に、わざわざ肉を口にし、罪にならないと信じている者。

おもな断食の日――アユノ・デル・ペルドン、デ・ラ・イクスピアシオネ・イ・デル・チューリン・オー・デル・キプル（ヨム・キプル）など――に断食する者。

ユダヤ教のマナーにのっとってテーブルを清める者。カセール（合法という意味のカクセールが語源）という名のユダヤ人が作ったワインを飲む者。ワイングラスを手にするときに祈りを捧げ、他の人に渡すときに決まった言葉を口にする者。ユダヤ人が殺した動物を食べる者。ダヴィデの詩を朗唱し、グロリアパトリ（祈禱文。「頌栄」）でしめる者。息子にユダヤ人が使うヘブライ語の名を付ける者。息子が生まれて七日後、水、金、銀、小粒の真珠、小

✣ユダヤ人居住区《フーデリア》の食事

麦、大麦などを入れたたらいで浸礼をおこなう者……。★08

これは歴史家ファン・アントニオ・リョレンテ（一七五六～一八二三）による文書で、一四九二年以降、異端審問所が目をつけていたコンヴェルソの行動やひそかにおこなっていた儀式の特徴だ。八〇〇年近く、アル・アンダルスでキリスト教徒やムーア人とともに暮らしていたユダヤ人の慣習とぴたり一致する。

コルドバのグレイトモスクやセヴィーリャのアルカサル宮殿を訪れる観光客は、きっとフーデリアの曲がりくねった裏通りを歩く。フーデリアは中世スペインでユダヤ人が暮らしていた地区に付けられた呼び名だ。他にも重要なフーデリアがアンダルシアの町や、トレド、グラナダ、バレンシア、サラゴサ、バルセロナにもあった。数多くの村で、異教徒と暮らすユダヤ人の家からもキッチンからハーブやスパイスの香りが漂っていた。ユダヤ人はイベリア半島に到着したときから、ずっとそうしてきたのだ。

ヨナが神から逃げるために探した場所タルシシュが実際にスペインだとしたら、スペインとユダヤ人の関係はソロモンの時代にまでさかのぼることになる［ユダヤ国イスラエルの預言者ヨナは、敵地で神の教え伝えよという神の命に恐れをなして反対方向に逃げた。ソロモンは古代イスラエル王］。この仮説が信頼できる情報をもとにしたものであろうとなかろうと、ローマ時代、とくに二世紀以降、スペインにユダヤ人の大きなコミュニティがあったという点では確たる証拠がある。ローマ市民としてヒスパニアに住んでいたユダヤ人は、当初、さまざまな職業に就いていた。田舎では農場を経営し、町や都市では物品や奴隷を売買する商人、あるいは、職人として働いた。金融面では専門家として仕事をこなし、社会をまとめていた。しかし、キリスト教が入ってくると事態は変わった。やがて、カトリック教会がユダヤ人の食事規制など独特な慣習を懸念するようになった。ついに、教会が反ユダヤの徴候を見せ始め、四世紀、エルヴィラ会議で法として決議された。この瞬間から、ユダヤ人は農場の経営、奴隷の雇用、キリスト教徒との結婚（ユダヤ人と不貞を働いたキリスト教徒は追放刑となった）が禁止され、キリスト教徒が育てた作物をもらったり、作物の所有者と食事を分け合ったりすることもできなくなった。五世紀末、ヒスパニアは西ゴート王国の支配下にあった。西ゴート族がキリスト教に改宗したため事態はさらに悪化し、スペインからのユダヤ人追放令が初めて発布された。ユダヤ人はカトリックに改宗するか、スペインを出ていくか、どちらかしかなかった。改宗した者もいれば、ピレネー山脈を越える者、アフリカを日指す者もいた。七世紀前半、西ゴート王国スインティラ王統治時代は圧政が弱まり、ユダヤ人コンヴェルソはユダヤ教徒に戻った。だが、それも束の間だった。六三三年、第四回トレド教会会議で再度この問題が議論された。結果、コンヴェルソがユダヤの習慣を実施しているところを見つかった場合、彼らの子供はキリスト教修道院で育てられることになった。

七一一年、ムーア人の侵入によって状況は改善し、その後三世紀のあいだ、多くのユダヤ人が公の立場で支配者に仕え、政治的にも経済的にも役日を果たすようになった。成功を収めた分野は、医学、銀行業、徴税だ。イスラム支配下となった最初の数世紀はずっと政府が寛容だったため、三宗［イスラム教、キリスト教、ユダヤ教］の宗教本が世に出回っていた。しかし、ユダヤ社会は我が道をゆき、ユダヤ人が支配し、よって、ムーア人相手にアラビア語を話していても、完全な統合は実現しなかった。アル・アンダルスのほとんどの地域では比較的穏やかで寛容な時期が続いたが、それも一一世紀にコルドバ・カリフ国が終焉を迎えるまでだった。カリフ制度が衰退し、タイファ王国がキリスト教徒にひどく脅かされるようになると、彼らはジブラルタル海峡の向こうで待機しているイスラム原理主義勢力に支援を求めることにした。ムラーヴィト朝や、のちに残忍なムワッヒド朝がアル・アンダルスの完全な支配権を握ると、ふたたび社会情勢は悪化した。恐怖のもと、ユダヤ人コミュニティは北へ向かい、キリスト教スペインおよびイスラム教スペインを区切る境界線を越える覚悟を決めた。そして、とくに古い帝国都市トレドのような町で料理の伝統とともに再出発した。ふたたび土曜日にはシナゴーグで祈りを捧げ、無事に家に帰り、温かなアダフィナ［山羊や羊

トレドにあるサンタ・マリア・ラ・ブランカ教会のシナゴーグ(1180年)。スペインに現存する数少ないシナゴーグのうちのひとつだ。

の煮込み」を口にできるようになった。布地を裁断して仕立てのいい服を縫い、本を書き、医学を研究した。遺憾にも、商人、とくに徴税人としての才能があったため、監視官や教会に目をつけられた。年月が経つうち、グラナダのムーア人王国に向かって容赦なく進軍するキリスト教勢力が次々と領土を奪っていった。一四世紀末、スペインのイスラム教徒にとって、楽しい時間は古き良き思い出と化していた。

すべてはすでにキリスト教徒に支配されていたセヴィーリャで始まった。一三九一年六月六日、エシハの助祭長フェラン・マルティネス率いる暴徒が、憎しみの松明を手に、川沿いのユダヤ人居住区を攻撃した。このとき、バルセロナで四〇〇年の歴史を持つフーデリアも完全に破壊された。ここでは一万人以上が死亡し、多くが改宗を強制された。数日のうちにバレンシア、マヨルカ、トレドでもユダヤ人を同じ悲運が襲った。歴史家の推測によると、一四九二年に初の追放令が発布される以前、スペインで暮らしていたユダヤ人は、スペインに二五万人、ポルトガルに八万人いたという。

長い歴史の始点からずっと、ユダヤ人はどこにいようと厳しい食事の戒律を守ってきたし、これから何世紀たっても変わらないだろう。理由はいたって単純だ。ユダヤ教の律法、トーラーの教えだからだ。一五世紀、スペインを去ったとき、ユダヤ人は市場で手に入る材料で作るおもな郷土料理も持ち出し、好み、伝統、食事の規律に基づいてアレンジした。こんにち、セファルディ「一四九二年の追放令により、イベリア半島から離散したユダヤ人」がスペインから移った国々では、多くのセファルディ料理の本が出版されている。料理史研究家によると、スペインのユダヤ人がイベリア半島を去る以前に作っていた料理に関しては、いまのところ文書の記録がほとんど見つかっていない。

この点は別として、一四九二年の追放令以前および以降のセファルディの生活や料理について、青写真を描くに足る確かな証拠もある。歴史上のある時期にイスラムに支配さ

大釜から料理を供しているところ（ヒスパニア・ムーア人の典礼書ハッガーダーより。カスティーリャ。1320年）。

れていた、イタリア、ギリシア、トルコ、北アフリカなど、地中海沿岸諸国に逃げた多くの人々から得た証拠だ。こうした人々の記憶が一助となり、いまもトルコのセファルディ料理は中世のセファラドで作っていた料理とほとんど変わっていない。セファラドはユダヤ人がスペインに付けた名前だ。

スペインのセファルディが半島を去る前にやっていたように、アンダルシアの田舎町に住む女性はいまもアプリコット、桃、プラムを天日干しにして、アルミバル（砂糖シロップ）に漬けている。冬がくると、オリーヴを保存処理し、ドゥルセまたはカルネ・デ・メンブリージョというマルメロのチーズを作り、乾燥した場所に保管して次のシーズンまで利用する。一一月から二月は、いまも多くの地域でマルメロのペーストを作っている。これも作り方はシンプルだが、時間を要する。まず、マルメロを四～五個洗う。大きな鍋に入れ、水を加えたら、やわらかくなるまで煮る。湯から取り出し、冷めたら皮をむいて芯を取り、小さく切り分ける。果肉の重さを量ってから鍋に戻し、その重さの八〇パーセントにあたる砂糖を加える。一時間ほど、つねに木製のへらでかき混ぜながら、砂糖が果肉と完全に溶け合うまでコトコトと煮詰めたら完成だ。

現在のマヨルカにはセファルディの伝統が消えずに生き残っている。店では色鮮やかなトマーテ・デ・ラミレッテ（新鮮なトマトを数珠なりにつなげた束）を売っていて、クリスマスまで飾っておく。追放前、メロンやブドウは一年中涼しい食料庫に吊るされていた。こんにちでもトルコやギリシアにあるセファルディのコミュニティでは、古スペイン語を起源とするロマンス語、ラディーノ語を話す。スペインでは、ナス、カボチャ、チャード、レンズ豆やひよこ豆を使ったヴェジタリアンのレシピがスペイン系ユダヤ人の料理だとされている。キリスト教文化の影響を受け、こうしたレシピはいまでは味つけに少量のハムを加えている。キリスト教徒の食材である豚肉を、コンヴェルソが異端審問を避けるために意図的に使っていたことはまずまちがいないだろう。

アルモドローテという単語はつねにセファルディの伝統やチーズと関連づけられてきた。アルモドローテはアラビア語のマトルプ(叩いた)に由来する。ソースにもなるし、安息日を祝う大事な料理にもなる。中世カタルーニャでは、ニンニク、卵、チーズを使った濃厚なソースで、アルモドロックとして知られ、ジビエ料理に添えられていた。アルモドローテ・デ・ベレンヘナはセファルディがラディーノ語でコサ・ドーモ(じっくりとオーヴンで焼くごちそう)と呼んでいた一連の料理のひとつで、ナスのピューレ、チーズ、卵で作ったグラタンだ。アルモドローテの別のレシピが『ナスの歌 *Cantiga de las Merenjenas*』に載っている。

三品目は、ホヤ・デ・ノクソテ女史が考えた料理だ。まず、ナスのヘタを取り除き、茹でてから炒める。チーズとオイルを大量に加えて混ぜる。『ナスの歌』で紹介されているとおり、彼女はこの料理をアルモドローテと名づけた。★09

中世にユダヤ人の大きなコミュニティが見られたアラゴンでは、セファルディはテルナスコ・エン・カスエラが大のお気に入りだった。ラム肉にニンニク、オリーヴオイル、タイムを加えてじっくり煮込む料理だ。ここではユダヤ人の日常の食事はパン、レタス、セロリ、キャベツ、炒め用のオリーヴオイルが基本で、酢、レモン汁、ビターオレンジ、青リンゴで風味を足し、ワインを添えて供していた。ナスは野菜のシチューに入れたり、スパイスを利かせた肉詰めにしたりした。

カボチャ、ほうれんそう、リーキで作るフリターダ(揚げ物)も、一二世紀のセファルディの食卓で人気だった。鶏肉は焼いたり濃厚なシチューにしたりして、卵は茹で卵やオムレツで供した。アラゴンは海から遠かったため、魚よりもマトン(成羊肉)、ラム(子羊肉)、子牛肉が好まれ、つねにユダヤ教の食事制限や法則にのっとって調理された。カスエロ・チコ(小さな鍋)は牛肉、キャベツ、卵一個で作る。過越祭のあいだ、ユダヤ人は脱出の悲しい過去に思いを馳せ、奴隷時代に強いられた建築作業を振り返る。苦いハーブと無発酵のパンを用意し、ラディッシュを添え、そして、刻んだクルミ、リンゴ、ワインを混ぜたソースとともに口にした［このソースは建築用モルタルを象徴している］。また、水に漬け、保存処理を短縮するために子供たちが小さなハンマーで叩いたオリーヴも食べた。レンズ豆入りの米料理や好物のアーティチョークを使った料理も日々の食卓にのぼった。スペインの地中海沿岸地域では、ユダヤ人はパン、卵、スープとともに、肉よりも魚を食し、少量のサフランで香りを付けた。

同じくコサ・ドーモの一種になるのは、よだれが出てきそうなボレカ・オー・エンパナディージャというパイで、チーズがたっぷり詰まっていて、揚げて食べることもある。スペインのブレマ、トルコのプレメサはどちらもパンケーキで、ガリシアやアストゥリアスのフィロア（何層にも重ねたパンケーキ。クレープ）の仲間といえる。

イスラム教とユダヤ教の複雑で厳しい食事制限はよく似ているが、規定がほとんどないローマカトリック教会とはまったくちがう。教会で唯一制限されているのは、四旬節、金曜日のほか、数少ない宗教上の特別な祝祭日に肉食が禁止されているだけだ。豚肉――ユダヤ人とアラブ人は禁じられている――はさておき、アラブ人、キリスト教徒、ユダヤ人はみな、ラム肉、魚、焼きたてのパン、野菜、果物、ハチミツを好む。また、ユダヤ人とアラブ人の食事規定はかなり似ているとはいえ、はっきり異なるのはその厳しさにある。ユダヤ人は生活まで法によって細かく規制されているのだ。よって、多くの食品が食べていいかどうか決まっていて、調理法にもルールがある。さらに、毎年、決められた時期に従わなければならない古代からの教えや儀式も少なくない。食品はつねに、はるか昔の時代や、幸せ、悲しみ、追放の日々、そして、過越祭、神殿、プリム祭、ヨム・キプルの儀式と結びつけられてきた。正統派ユダヤ人は自分たちのやり方で動物を殺し、ラビの許可を受けなければ肉を口にすることはできなかった。一部の動物の肉は食べられたが、トーラーに記されているとおり、一部の動物の肉は禁じられていた。とくに、豚肉、豚脂、ウサギや野ウサギ、貝、うろこやひれのない魚は厳しく禁じられていた。肉と牛乳を混ぜたり、動物性レンネット（凝固酵素)でチーズを作ったりすることもできなかった——おそらくこれが一因で、スペインにはいまも野生のアーティチョークの雄しべを使ってチーズを作る伝統が残っているのだ。果物には興味深い話がある。ワインのようにブドウで作る製品は、キリスト教徒が作った場合、ユダヤ人は口にしてはならなかった。いまもスペインではコーシャワインが作られている[コーシャはユダヤの戒律で認められたもの]。コーシャワインは、生産地に訪れた、あるいは、地元のラビノ[ユダヤの律法学者]が直々に監督するなか、ユダヤ人ワインメーカーが発酵樽を覆って封をする。キッチンで使用する用具類も清らかなコーシャでなければならず、むろん、特定の食品にのみ用いられる。ユダヤ人家庭のキッチンでは多くの用具にそれぞれの使用法があり、現在も同様に基本的な規律となっている。肉用、牛乳用、と決まっているのだ。すべてのユダヤ人にとって、歴史が誕生したときから、そして、生まれた国にかかわらず、週の七番めの日は安息日(サバスまたはシャバット)として知られ、神に捧げる休息日だ。いかなる作業も禁止され、調理さえ許されない。安息日の昼食に食べる伝統料理、贅沢なアダフィナは金曜の日没前に用意しなくてはならない。アダフィナ(別名ハミン。ヘブライ語の「温かい」が由来)のレシピはさまざまだ。もっともシンプルなアダフィナは、オリーヴオイル、水、野菜、穀粒、豆(ひよこ豆が多い)、そして、セファルディがハミナドと呼ぶ卵で作る。より贅沢なレシピではマトンや子山羊の肉を足す。土鍋に入れて煮込み、金曜の夜はずっとアナフェ(コンロ)に乗せ、蓋をして、熱した炭を載せて保温しておく。歴史家によっては、アダフィナは地域によってあきらかなちがいはあるものの、スペインの各地で食されている煮込み料理コシードの原形にちがいないと考えている。

スペイン全土で知られるコシードは豚肉製品を使って作る。中世ではほぼまちがいなく、前述したとおり、豚肉を加えるのはキリスト教徒とユダヤ人を区別するためだったにちがいない。毎日、スペイン中でたくさんのコシードが作られている。しかし、安息日にセファルディが好んで食べる伝統料理はハミナド(卵の煮込み)で、アダフィナの重要な一品だった。ユダヤ人が追放されたさいにひそかに持ち出した秘密のひとつだ。

ハミナドはスペインのセファルディにとって、ハミン（アダフィナ）のなかに殻ごと入れた茹で卵を意味する。長く煮込むあいだに、卵白が白く、卵黄が淡い茶色になり、クリーミーなおいしい食感に変わる。食品と料理の研究家ハロルド・マギーは卵が茶色い卵ハミナドに変わっていくプロセスを仔細に綴っている。

卵をアルカリ性の条件下で長く加熱すると、卵白に含まれる〇・二五グラムのブドウ糖が卵白のタンパク質と反応し、食品を焼いたときに見られる典型的な香りや色素を生む。卵白はやわらかくなり、卵黄はクリーミーになる。ただし、そうするための加熱温度域はかなり限定され、七一～七四℃に保たなくてはならない。[10]

キリスト教徒が金曜日に魚を食べる慣習はユダヤ教が起源だったと思われる。中世スペインでセファルディの商人は市場にあらゆる魚を持ち込んだ。とくに金曜日はキリスト教徒とユダヤ人の客がその日の獲物を手に入れようと競っていた。とはいえ、ほとんどの魚は塩漬けで、新鮮な魚は沿岸地域でしか入手できなかった。沿岸地域ではセファルディの料理人が新鮮な魚を揚げたり、エスカベーチェ（オリーヴオイルと酢で調理する）にしたり、燻製にしたり、サルムエラ（塩水）に浸けたりした。フィッシュパイも安息日前夜に出されるごちそうだった。

甘い菓子やケーキは祝日や宗教的な祭日に用意される。スペインでセファルディが集まるコミュニティでは、一年を通していろいろな行事があった。スイーツは小麦粉やマッツォ［酵母を入れない硬いパン］や粗挽き粉、ハチミツ、砂糖、オレンジやレモンのピールで作った。焼くものもあれば、オリーヴオイルで揚げるものもあった。現在、スペインで四旬節と関連づけられているトリハスも揚げ菓子だ。レバナダ（スライスしたパン）やフリタ・デ・パリダ（パリダは出産したばかりの女性を意味する）としても知られるトリハスは、セファルディに子供が生まれたとき、とくに男の子だったとき、誕生を祝って作られた。トリハスはいまも作られ、スライスしたパンを牛乳に浸し、ほぐした卵液を塗ってオリーヴオイルで揚げ、シュガーシロップかハチミツにくぐらせ、シナモンをふる。小麦粉と水を混ぜて揚げてからハチミツや砂糖をかける軽いブニュエロは、いまもバレンシアの街で毎日作られており、みなホットチョコレートを飲みながら味わっている。ブニュエロは、カタルーニャではブニョル、カスティーリャではブニュエロ・デ・ヴィエントという。

セファルディが大好きなパンは、発酵させるタイプとさせないタイプがあり、菓子料理で重要な役割を果たしている。ジル・マークスは『ユダヤ教徒の食事百科 *Encyclopedia of Jewish Food*』のなかで、セファルディ・ユダヤ人が焼いていたパン・デ・エスパーニャ、パン・エスポンハドといった甘いパンの作り方を紹介している。★11 これは現在スペイン人が各地で作っている一般名ビスコチョと同じものだ。また、トルコのスミルナではそっくりな菓子が販売されている。料理研究家の一部は、アーモンドで作るガルシアのタルタ・デ・サンティアゴや、小麦粉の代わりにアーモンドと卵白で作るバレンシアの伝統的なケーキ、タルタ・デ・ナランハ・イ・アルメンドラは、ユダヤ人が遺していった料理と関連があると考えている。彼らは祝いの日に、アーモンドのアルカクエや食欲をそそるトラヴァド(ロドス島のユダヤ人コミュニティで作られる揚げたペストリー)を用意する。また、オルミゴやムスタチュドという甘いスープも作る。どちらも甘いごちそうで、もともとはプリム祭のために作られていた。材料はヘーゼルナッツ、卵、レモンピール、シナモン、クローヴ、ハチミツ、砂糖だ。ガルシアやとくにマヨルカの料理を詳しく調査していくと、スペインのセファルディが作る甘いごちそうに新たな光が当たる。アラゴンのユダヤ人も甘いものに目がなく、ヌガー、砂糖漬けの果物、トルタ・デ・パン・センセノ(無発酵のパン)作りの達人となり、腕を振るった。こうした菓子は、イスラエルの子供たちが紅海を渡るときに肩に乗せて運んでいた平たいケーキを記念して、過越祭で作られた。スペインで作るさまざまなペストリーはセファルディの祝祭日とつながっているようだ。新年祭ロッシュ・ハシャナーはモガド・デ・アルメンドラ(アーモンドの菓子)と、贖罪の日ヨム・キプルはオフエラ(オリーヴオイルで揚げ、シュガーシロップかハチミツに浸けるドーナツ）と関連している。ロスカ（ベーグル）やアンチュサ・デ・レチェ（牛乳を使う菓子）は仮庵祭［先祖が出エジプト後、四〇年間、荒野で仮住まいをしていたことを記念する祭］を祝うために用意され、ブニュエロとビスコチョ・デ・パサ（レーズンを入れたスポンジケーキ）はハヌカー祭［ギリシア軍に占領されていた神殿を奪回したことを祝う祭］と関係がある。クルミで作る贅沢なペースト（パスタ・デ・ヌエス）は過越祭で堪能した。★12

スペインで暮らしたユダヤ人の感情に関する情報は、隠れユダヤ人コンヴェルソの裁判が続くなか、異端審問（一四七八～一八三四）の強制や恐怖が生んだ資料から得ることができる。カトリックの王が権力を握るまでに、寛容、および、現代でいうコンヴィヴェンシア（共存）は過去のものとなっていた。結局、つねに不平等だった。勝者はキリスト教徒で、敗者は非キリスト教徒だった。敗者のなかには、表面的に改宗こそしたが自身の信仰を貫く者もいた。

ひとつ、確かなことがある。イスラム教徒同様、ポルトガル人もスペインのセファルディも、ローズウォーターの香りや味と同じように、甘いもの、果物、ナッツが大好きだった。厳しい断食と懺悔をおこなうヨム・キプルのあと、スペインのユダヤ人はイチジク、デーツ、ナッツ、甘いザクロの種やハチミツに漬けた果物で祝宴をあげた。一五八一年、最初の追放令からほぼ一〇〇年後、スペイン王フェリペ二世はバレンシアの町で宴会を楽しんだ。コースの最初に出てきたのは、プルーン、サルタナ（種なし白ブドウ）、砂糖漬

ビスコチョ。ユダヤのレシピをもとに作ったケーキ。

けの甘いオレンジ、乾燥させた桃だった。

アラブやユダヤの伝統から受け継いだペストリーや甘いごちそうはスペイン中で人気を博し、いまもカトリックの修道女や、とくに出入り禁止の修道院が販売している。レシピは公表されているものもあるが、特別有名な菓子のレシピはいまも秘密だ。ときおり、正確な分量や作り方が選ばれし料理人に伝えられ、口頭で受け継がれている。

✣カスティーリャでは

一一世紀末、カスティーリャ王アルフォンソ六世は深刻なジレンマに直面していた。トレドのタイファ(国王)から貢物を徴収して自身の王国の財を増やし続けるのか、はたまた、単にトレドを降伏させるのか。降伏させたらカスティーリャはパリア(貢納金)を失うかもしれない。それでも、西洋でもきわめて偉大な都市で、いまも敵地に囲まれているトレドをなんとしてでも守らなければならないことはわかっていた。名声を切望していた王は征服の誘惑には勝てなかった。断固たる意思を持った複数のキリスト教徒軍がカスティーリャを発ち、トレドに進軍した。トレドはかつての西ゴート王国の首都で、当時はイスラム教スペインの宝石のひとつだった。

レコンキスタに弾みがつき、キリスト教徒軍の勢力が増すと、タイファの王たちはキリスト教戦士だけでなく自国民にも脅かされるようになった。内部分裂が進み、アル・アンダルスはコントロール不能になった。やがて彼らは支援が必要になり、別の軍[北アフリカにいたムラーヴィト朝の軍]に目を向けた。キリスト教側は、有名なロドリーゴ・ディアス・デ・ヴィヴァール、通称エル・シッドなどの傭兵や、王アルフォンソ六世までもが膨大な示談金を提示した。もともとはアルフォンソ六世の父親、フェルナンド一世が取り入れた戦略だった。フェルナンド王は前線をドウロ南部まで進めており、たびたびムーア人やキリスト教徒に攻撃されていたのだ。フェルナンドや他のキリスト教王は、バダホス、セヴィーリャ、トレド、グラナダ、マラガ、デニア、サラゴサ、バレンシア、バレアレス諸島のタイファにパリアの支払いを命じた。代わりに、自分たちの都市と領土を失った。パリアは高額で、金や銀で支払わなければならなかった。歴史的な都市トレドは、スペインからイスラム教徒がいなくなるまでキリスト教徒の手に残った。結果、半島内の力関係はキリスト教優勢に変わりつつあった。しかし、これはただの幻想にすぎなかった。

イスラム支配下のトレドは、かつてイスラム教徒がコルドバやセヴィーリャにいたときのように、知的な都市、寛容の地となり、三宗教が共存し、ほぼつねに平和で繁栄していた。トレドでは古典であるアラビア語の文書が翻訳され、シナゴーグ、モスク、教会が建ち並び、地元の職人が店で極上のマジパンを作っていた。いまでも、当時と似たような半月型の小さなフィギュリタやウナギ形の大きなアンギーリャがクリスマス用に売られている。

アルフォンソ王がトレドを奪取したあと、タイファたちは敵のキリスト教徒軍による侵攻は止められないと判断した。そして、危険が潜んでいると知りつつも、アフリカからの支援を求めた。

五〇年間、サハラのベルベル人は、つねに戦争に備えている極端な原理主義者、ムラーヴィトに従ってきた。彼らの法は、コーランに反するくつろぎの習慣を禁じていた。従来、多様性を持ち、文化的に洗練されていたアル・アンダルスでは認められていた習慣だ。一〇八六年六月、顔を黒いヴェールで覆ったムラーヴィト軍が半島に上陸した。ふたたび、砂浜、モサラベ（ムーア人支配下で暮らすイベリアのキリスト教徒）が開墾した山や谷、モリスコ（キリスト教に改宗した元イスラム教徒）、ユダヤ人とモロ（マグレブ、イベリア、シチリア、マルタに住むイスラム人）に恐怖の警鐘が鳴り響いた。タイファ世界の死刑宣告はすでに署名されていた。荒れ地をあとにしたムラーヴィト軍はグアダルキヴィル川とグアディアナ川を越えて勢いよく進攻した。冬を待たず、アルフォンソ王はサグラハスの戦いで敗北し、バダホス北部を失った。タイファは悲惨な犠牲を出したが、なんとか統制力を取り戻し、キリスト教軍の侵攻を食い止めた。ムラーヴィトがセヴィーリャ、コルドバ、グラナダ、マラガ、ムルシアの支配権を握ると、イスラム教スペインの王子たちタイファは、士気を失ったうえキリスト教徒にこびへつらったことを非難され、次々と退位を余儀なくされた。たちまち、独立していたサラゴサとバレンシアも降伏した。キリスト教徒軍は一からやり直す必要性を感じていた。

一一世紀を通して、中世ヨーロッパとキリスト教スペインの教皇制をつなぐ新たな糸がつむがれた。サンティアゴ巡礼の道は、ピルグリム、修道士、そして通りすがりの十字軍をも惹きつけ、みな救済を求めたり、新たな人生の出発点にしたりした。半島を経由し、アラブ・ヒスパニックの伝統料理がピレネー山脈を越えて広まり、他地域の料理もスペイン郷土料理の誕生に影響を与えた。

一二世紀、ムラーヴィト朝から支配権を奪い取ったムワッヒド朝は、トレド、タグス渓谷全域、そしてアルフォンソ八世にとって恐ろしい脅威になっていた。中世スペインの偉大な王のひとりアルフォンソ八世が一二一四年一〇月六日に死亡したときにはすでに、スペインのキリスト教とイスラム教の境界線はさらにはるか南方グアディアナ川まで達していた。力強い野心家で、よく議論を巻き起こしたアルフォンソは、レコンキスタの行く末を後押しした。アラルコスの戦いで敗北した王は、キリスト教徒軍が敵イスラムに負けるのはこれが最後だと心に誓った。レコンキスタを心から信じていた教皇の支援を受け、さらに、フランス十字軍と他のキリスト教スペイン王国軍の強力な軍とともに、アルフォンソはナヴァス・デ・トロサの戦いでムワッヒドの進軍を制止した。セヴィーリャとコルドバが十字軍の手に落ち、イスラム教スペインの最終章が綴られようとしていた。

✣遺された文書

ムワッヒド朝時代に書かれた料理文書がふたつ残っている。アル・アンダルスに住む都会のエリートのキッチンで作られていた料理集で、一九六〇年代から学者が注目してきた。この二作はスペインの料理史、および、スペイン料理《コシーナ》の発展に多大な貢献をしている。

一三世紀前半、スペイン南部ムルシアに生まれたイブン・ラージン・アル・トゥジビーは食品や料理に情熱を注いだ教養ある法学者兼詩人だった。イスラム世界では、飲料、性、衣服、香り、穏やかな水の音と同じように、食品にも個性があった。当時最古の手稿『食卓のごちそう、および、最高の食材と料理 *Fudālat al-hiwan fi tayibat al-ta'ām wa-i-awan*』はイブン・ラージン作と考えられている。おそらく九世紀後半か一〇世紀に書かれた文書の寄せ集めで、一二四三年から一三二八年のあいだにイブン・ラージンがまとめたものだ。イブン・ラージンの人生についてはほとんどわかっていないが、一二四三年にキリスト教徒がムルシアを併合したとき、ムルシアを出て、まずセウタ［アフリカ北部。現スペイン領］に向かったようだ。彼はセウタで長年を過ごしたあと、アルジェリアに移住し、居を構えて家族を作り、当時のエリートたちと交流しながら暮らした。中世にバグダードで人気を博していた他のアラビア語文書の伝統に倣い、『食卓のごちそう、および、最高の食材と料理』も巧みに構成された写本で、四〇〇以上のレシピを掲載し、分野別に一一章に分け、さらに一章追加して石鹸と香料に充てている。扱った食品は、穀粒を使ったパン類、肉、家禽、魚と卵、乳製品、野菜、豆、スイーツ、漬け物、保存食、オイル、イナゴ、エビとカタツムリだ。パンや穀物で作るレシピの章にはかなりの料理が掲載され、そのあと肉や野菜の料理が続く。野菜はナスが頻繁に登場する。ペストリーのレシピはイスラム下スペイン時代の純粋な伝統に近い。作者は事実を記し、折に触れ、北アフリカとスペイン南部の食品を区別している（後者がお気に入りだ）。調理の一部は易しく、一部はプロ級の腕を必要とする。また、同じ料理に二種類のレシピを載せているものもある。たとえば、片方は肉の良質な部位と多くのスパイスを使った高価版だ。また、イブン・ラージンはこの本を単なるレシピ集にとどめず、料理を出す順番やキッチンを清潔に保つ重要性など、幅広い情報も紹介している。

もう一冊、現存するアラビア語の手稿は、アラビア語文書を専門とする多くの歴史家を魅了している。『ムワッヒド朝期の北アフリカ・アンダルスの料理書 *Kitāb al tabikh fi-l-Maghrib wa-l-Andalus fi'asr al-muwabhuadin Ai-mu'allif maybul*』だ。『名もなきアンダルシア料理 *Anónimo Andaluz*』として知られるこの書は、五〇〇のレシピをランダムに紹介した料理書で、イスラム時代が暮れようとしていた頃にアル・アンダルスで出されていた料理に光を当てている。『名もなきアンダルシア料理』はイスラム時代のスペインの慣習や食事の歴史について知ることができる唯一の著書で、地域の特徴、使っていた食器、おすすめ料理（病人向けもある）など、レシピ同様に重要な、いや、むしろレシピより重要な情報も載っている。大衆料理のほか、計り知れない価値のあるユダヤ料理も多く紹介されている。同書の価値が高いのは、スペインのユダヤ人コミュニティの食習慣に関しては確かな証拠がほとんどないからだ。ユダヤ人コミュニティは社会の規模からすると小さかったが、歴史的な視点で見るとかなり貴重だ。同書に掲載されているレシピを見ると、多くのユダヤ人が日々口にする料理を工夫していたことがわかる。食材や調理法などは、それ以前も以降も、食事の規律に従っている。ユダヤ人が好物だったのは、ザクロ、ナス、アーティチョーク、マルメロだった[★13]。

こうした手稿は、スペインで作られていたドゥルセリア・イスラミカ（イスラムの菓子）のレシピが数多く見つかる唯一の情報源だろう。ここでいうドゥルセリアは砂糖を重要な材料として使う料理全般を指し、ペストリー、ケーキ、菓子などのスイーツのほか、食事としてのごちそうも含まれる。スペインで砂糖が入手できるようになると、プロの料理人はそれまでハチミツを使っていた料理に砂糖を使い始めた。バター、ローズウォーター、イースト、牛乳、チーズ、アーモンド、ヘーゼルナッツ、クルミ、そしてもちろんハチミツなど、一連の材料を駆使した。ときおり、全卵や卵白のみを加え、多くのスパイスで香りを付けた。料理人は、ラヴェンダー、クローヴ、シナモン、サフラン、パプリカなどから好きなものを選んだ。たいてい、仕上げたごちそうの上から砂糖をふりかけた。生地を練って作る馴染みの菓子は、まずオリーヴオイルで揚げ、ハチミツにくぐらせた。焼き菓子もあった。遺憾ながらレシピの多くは失われてしまったが、もともとの料理名を受け継いでいるものもあれば、キリスト教の洗礼を受けて、聖人、町、村の名前が付いているものもある。

改宗を拒否したユダヤ人に対する痛ましい追放は、一四九二年三月に始まった。農民、仕立て屋、商人、医師、学者、行政官、銀行家たちは、思い出やレシピとともにスペインを去った。そのとき置いていったのは、いまでもスペイン各地に残る遺物や文化の揺るぎない個性だ。また、独自の調理法も残していった。それはいまもイベリア系ユダヤ人、つまり、強制的にカトリックに改宗され、スペインにとどまることを許された多くの隠れユダヤ教徒が作る料理に反映されている。ユダヤの食事規定カシュルート(コーシャ)には、長い移住期にユダヤ人が食べていた食材の特徴が記されている。この規律は、キリスト教徒が国全体を支配したさい、隠れユダヤ教徒の安全を脅かした。

ユダヤ人は公衆の面前で豚肉を食べていたが、安息日にはかならずアダフィナなどユダヤの伝統料理を口にした。ユダヤ人の家からは魚と肉を焼く油のにおいがしていたものの、油は豚脂ではなくオリーヴオイルで、ニンニクやタマネギのにおいも漂っていた。どれもキリスト教徒が忌み嫌う食材だ。教会以外の礼拝堂を管理する聖職者でスペイン異端審問者でもあったアンドレス・ベルナルデス(一四五〇頃〜一五一三)は、自身の回想録に、カスティーリャ王国にいた改宗ユダヤ人の食習慣について記し、ユダヤ流の調理法を酷評している。

ユダヤ人はかたくなにアダフィナや、ニンニクやタマネギを炒めたユダヤ料理を食べ続けている。肉を焼くのもオリーヴオイルで、豚の脂や脂身は口にしない。オリーヴオイルで炒めた肉や彼らが作る料理のせいでユダヤ人は口臭がするし、家もドアも臭い……彼らは強いられたときだけ豚肉を食べていた。四旬節、節制や断食の日にもこっそりと。ユダヤ教の祝祭日には無発酵のパンとコーシャで許された肉を食べていた。[★14]

正統派ユダヤ人は、食べ物は単に空腹を満たすものではないと信じている。食べる行為自体が伝統にのっとった儀式であり、心身の平衡を保つのだ。彼らは厳しく独特な食事ルールを守っていて、生活を律する宗教的な暦に従って暮らしている。これをしっかりと理解していたのは、一四九二年の追放以降もバレアレス諸島のマヨルカ島やバレンシアなど、スペイン領土に住んでいた中世ユダヤ人だった。スペインに住むユダヤ人が作っていた料理の情報は、隠れユダヤ教徒が過ごした想像を絶する生活や時代、そして、生き残りたければ口にしてはいけない食品に光を当てている。一五世紀前半、医師で影響力を持つ作家ハウメ・ロイグが書いた『鏡 *Spill*』と『女性の書 *Llibre de les dones*』は、ユダヤ人女性がバレンシアの商業地区で作っていた料理について詳しく触れている。具材は、やわらかくした豆、タマネギ、ニンニク、カスティーリャ語のタサホ(牛肉)が由来のカルン・ア・タサル(スモークした牛肉の塊)だ。[★15]

ユダヤの歴史を持ち、ソラ豆、ナス、アーティチョーク、レンズ豆やひよこ豆を使った料理は、いまも若いスペイン人にとっては母親が作る最高の味を連想する。こうした料理はタマネギやニンニクを使い、いまはきっと香りづけのために、宗教的な意義などなにも考えず、おいしいチョリソーを加えているのだろう。また、ユダヤ人は詩や音楽も残しており、膨大な詩的文書やバラッド(物語詩)のコレクションが保存されている。

✣アルハンブラに向けて流した涙

イベリア半島をイスラムが支配していた最後の二世紀、グラナダ王国はヨーロッパの文化、ファッション、貿易、贅沢な食品の中心地に仲間入りしていた。グラナダは内地の高い山々や地中海沿岸の亜熱帯の海岸に育まれた肥沃な土地で、サトウキビが茂り、高度な灌漑システムが奇跡を起こしていた。一三世紀、アンダルシアでキリスト教徒が台頭したため、グラナダの君主やナスル朝の創始者ムハンマド・イブン・ユスフ・イブン・ナスル・アルアフマルと彼が率いる軍は、ヘニル川の豊かな渓谷沿いにそびえる高地に要塞を作った。ここは半島の広大な山脈シエラ・ネヴァダに保護された見事な囲い地で、安全な避難場所になる。そして、アルハンブラ要塞が完成した。

一四世紀後半、グラナダ王国はすでにジブラルタルや重要な貿易拠点マラガとアルメリアまで領土を広げ、ムーア人スペインの最後の砦となっていた。それまで、北部と、南部の一部を支配していたカスティーリャは、レコンキスタを完遂しようと焦ってはいなかった。グラナダから毎月入っている多くの貢物は、野心的な君主の資金調達に役立っていた。カトリックの君主たちも気づいていた。レコンキスタが終わりに近づくなか、グラナダを支配したら、なかなか解決できずにいる他の問題にも向き合わなければならない——半島で広げた領土における人口の減少だ。ムーア人とユダヤ人は追放され、永遠に戻ってこない。イサベルとフェルナンドが支配していたスペインは、とくにアラゴンでは、定住する者が少なく、とにもかくにもそれまでユダヤ人が効率よく進めていた行政や知的仕事を継ぐ者が不足していた。広大な土地の管理や栽培も危機に瀕していた。セヴィーリャやコルドバのように、サラゴサやバレンシアでも、ムーア人とユダヤ人の多くは、結果がわかっていても自分たちの宗教を捨てる気はなかった。キリスト教スペインでは寛容が過去の方針となり、グラナダの住民は改宗を決意したとはいえ、異端審問がすぐそこに迫っていることを察知していた。イスラム教スペインの生き残りは最後の深刻な危機に直面していた。それまでカスティーリャがグラナダを奪取しないよう食い止めていた状況が変わったのだ。アルハンブラの中心にある王朝の問題や、王国全体で湧き上がる民衆の不満に苦しめられ、壮大なアル・アンダルスの最後の王、ボアブディルは一四九二年一一月二五日、グラナダ降伏の証書にサインした。伝説によると、彼は母親から「女のように泣きなさい。あなたは男として自分の王国を守ることができなかったのだから」といわれ、涙を流しながらグラナダをあとにしたという。まもなく、ボアブディルの苦い涙は、キリスト教徒が支配する見知らぬ領土へと追放された多くのモリスコの農民が分かち合った。彼らにはわかっていた。自分たちが育んできた、イベリア半島でも他に類を見ない肥沃な渓谷を残し、去っていかなければならないということを。

第三章 城での生活

過去六〜七世紀、イベリア半島を静かに見守ってきた城の数は驚くほど多い。そのさらに数世紀前、ムーア人の侵入を防ぐために建てた城［城はスペイン語でカスティーリョ］は、中世ヨーロッパで最強だった王国のひとつに名を捧げた。カスティーリャだ。沈黙の証人となった城の一部でいまも残っているのは、風雨にさらされた岩、腐りつつある壁、そして、ジューシーな串刺し肉の思い出だ。その他の城は手つかずのまま、番兵のように丘の頂上に建ち、夏には黄色、春には緑色に染まる小麦や大麦の畑を見下ろしている。すべてが時の流れを物語っている。昔は支配者が権力や権限を補強する手段は、命をかけた戦い、狩猟、宴しかなかった。当時の食事といえば、肉、パン、ワインで、十分に食べられる者はごくわずかだった。

スペイン全土で医師が健康にいい運動だと認め、中世で大人気の娯楽だった狩猟は、貴族のキッチンに肉を届ける簡単な方法だったが、貴族以外の人間は禁じられていた。密猟は重い罰を科せられ、死刑を宣告されることすらあった。狩猟の恩恵や楽しみけさておき、ジビエは、王や貴族が友人や、ときには敵にさえ、権力を印象づけるために供した。贅沢な宴は、おもに単調な日常生活から脱するために開かれた。宴は教会法に従った儀式のあとに開催する。中世ヨーロッパでは教会が定めた祈りを捧げた。これはユダヤ人が一日の決まった時間に祈りを唱える慣習から生まれた儀式だ。最初の食事はミサのあと、三時から六時に取る。二度目は日没後、夕方の礼拝で取る。家族のうち男性、男性客、さらには男性の召使も一緒に食事をする。貴族の女性は別の部屋で食べる。たまに宮廷から宴に招待されるが、夫の皿から口にしなければならない。当時はフォークやスプーンが存在しなかった。あったのはナイフだけで、これも客が買わなければならないことが多かった。また、テーブルでは一般的な浅いボウル、エスクディージャが皿やカップとして使われた。エスクディージャは典型的なカタルーニャのシチュー、エスクデージャの由来となった言葉だ。エスクデージャはパスタとピジョーテ(小さなミートボール)を肉と野菜からとった濃厚なスープで煮込む。

ナヴァラ王国とアラゴン王国では、宮廷で晩餐会が開かれると、階級や品格を考慮したフランスの慣習に従って、女性と男性が交互にテーブルの席に着く。食事のエチケットに関しては

コルドバのアルモドヴァル城。

すでにフランスが流行を先導していた。テーブルにはレースのテーブルクロスがかけられ、華麗な装飾を施した陶器が並ぶ。陶器のなかには、バレンシアに近いマニゼスやパテルナで広大なアラゴン連合王国時代に作られたムデハル様式［キリスト教徒に征服された町にそのまま居残り続けることを許されたイスラム人の芸術様式。イスラム教文化とキリスト教文化が融合している］の作品もあった。パテルナでは発掘調査によっておもなふたつの工房が発見されている。窯、ろくろ、道具などの証拠により、一二世紀前半から一五世紀後半まで陶器を作っていたことが裏づけられた。同地では、青と白の釉《うわぐすり》をかけた陶器や、ラスター彩［焼成した白い下地に酸化金属で文様を描き、低温焼成して仕上げたイスラムを代表する焼物］、さらに、銅の緑色とマンガンの茶色で装飾した錫釉《すずゆう》の食器などが多数見つかっている。これは、一二三八年、キリスト教に征服されたあともバレンシアに残留したムデハルの陶芸家が手掛けた作品だ。

　中世スペインのキリスト教王国では、食事の中心は大量の肉、良質の白パンとワインだった――少なくとも、王、貴族、上級聖職者のテーブルでは。権威のある家なら、宗教

スペイン内陸北部カシーリャス・デ・ベルランガ（ソリア）、サン・バウデリオの礼拝堂に描かれた、野ウサギを狩る場面。1125年頃。

エスクディージャ・デ・オレヘタ（取っ手付きの鉢）。15世紀のアラゴンで作られていた典型的な皿。

上、断食や節制をおこなう四旬節でさえ、食費の五〇パーセント以上を肉代が占めていた。四旬節のあいだも老人や病人に食べさせなければならないと言い訳し、もし一家の贖罪司祭の目をのがれられれば、いつでも鳥を数羽買うことができた。地主も禁じられている雄鶏の脚や鶏胸肉のジューシーなロースト一～二羽分を味わっていた。

カスティーリャ王国の領土では、ナヴァラ王国やアラゴン王国と同様、移動放牧の群れから仕入れた動物を飼い、貴族のキッチンで必要とする食肉の需要に応えた。ラムやマトンはロースト用に好まれ、豚肉（ほとんどが塩漬け）はオリャ（煮込み料理）やシチューにコクを出すために使われた。豊富な種類があるソーセージは豚肉と豚脂をスパイスで味つけした。当時はどの料理も同じスパイス、とくにシナモンとパプリカをたくさん使った。消化のいい鶏や鴨の肉は、魚同様、医者や栄養士が体の弱い者にすすめた。家禽は地元の市場で年に数回購入し、キッチンの近くで囲いに入れて飼った。キリスト教の王や家臣は一年を通して王国内を移動するため、途中で肉か生きた動物を購入した。ときには、地元の農民から義務として肉を届けさせることもあった。魚は塩漬けで保存するか、地元の海や川で釣った。野菜や豆のシチューには飽きていたし、カトリック教会の厳しい食事規制に見合う食材は魚だけだった。四旬節だけでなく多くの日に肉が禁止されていたのだ。肉を食べることは富裕層だけが許された特権で、パンとワインが貧困層の救いだった。もちろん、さまざまな階級の食卓で口にする食品には質にも量にもかなりのちがいがあった。最高級の小麦を使うカスティーリャの白パン、カンデアルは富裕層が堪能するためにだけ焼かれた。それ以外の人々は、品質の疑わしい小麦粉で作った灰色のパンしか口にできなかった。アラゴン王国では、土地を耕したり、見事な装飾の教会を建てたりする家臣のムデハルが君主や地主のためにパンを焼いていた。

いまも残る城や中世の多くの修道院――もともとの信徒たちが占有しているところもあれば、開放しているところや現代風のホテルに改修されたところもある――は歴史の番人であり、料理の伝統をはじめ、日常生活の記録を守る管理人でもある。修道院は昔からつねに、文化、食品やワインの生産とかかわってきた。また、西ゴート王国時代や、はるかそれ以前の時代から、内部や他のヨーロッパ地域との紛争に苦しんできた国家の政治や軍事の過去ともつながりがある。

半島で修道院の生活が始まったのは、キリスト教時代初期の数世紀にさかのぼる。ただ、修道院が拡大発展したのは、一一世紀、レコンキスタの最中にフランスのクリュニー修道院からドミニコ会がやってきた時期だ。続いて、シトー会、カルトジオ会、アウグスチノ会、カマルドリ会や、数多くの騎士修道会など、他の宗派もやってきて、アル・アンダルス、ドウロ川北部、サンティアゴ巡礼の道沿いからキリスト教王国を区切る境界線の北側に自分たちの修道院を建設した。最終的に修道院は南部と東部に広がり、教会や教皇が十字軍運動だとみなしていたレコンキスタは勢いを増した［レコンキスタはイベリア半島に住み着いたイスラム教徒を追い出す「国土回復」。いっぽう、十字軍が目指したのは中東にあるキリスト教聖地エルサレムの「聖地奪回」。どちらもイスラム教徒対キリスト教徒の戦いで、広義ではレコンキスタも十字軍に含むことがある］。修道院は国の重要な図書館や、いまも残る壮麗な挿絵付きの聖典の管理を任されていた。修道士は自身の時間を、祈禱、勉強、動物の世話や庭の手入れに割り当てた。こうした庭で、地元の作物だけでなく他地域やさらには外国から持ち込んだ多種の果物や野菜を育て、キッチンで調理し、信徒や貧民に配った。修道院は救済を謳う慈善活動家から、広大な土地や建物、貴重品を受領していた。カトリック教会に心酔し、世界最強国になったスペインで、そしてのちにはスペイン帝国全土で、修道士の権力と権威は万人に認められるようになった。カトリックの修道女は多くの男性修道会と提携し、多くの修道院を開設していたため、スペイン料理を作り、かつ、伝統を引き継ぐ役割を担った。また、修道院と聞けば、ブドウ栽培や、ワインはじめ多種リキュールの生産を連想するようになった。

❖地中海への冒険——アラゴン連合王国とイタリアのつながり

カスティーリャがレコンキスタのゆっくりとした進行にどっぷり浸かり、社会と政治の枠組みが今後数十年ほぼ変わらないだろうという状況のなか、国の東部では状況がまったく異なっていた。一三世紀にはすでに侵略者の襲撃から逃れていたため、スペインの地中海沿岸地域では文化や料理が順調に進化していた。やがて、封建制度が疑問視され始めた。すでに初期ブルジョワジー(中産階級)が成長し始め、農作物が各地で生産され、食事や生活水準の質が向上していた。ついに人口も増え始めた。古い町、新しい居住地や大学が活気づき、貿易が富への特急列車となった。

アラゴン王国、および、フランス南西部の一部も支配していたバルセロナ伯領が併合した強力なアラゴン連合王国は、一二世紀から一三世紀にかけて東端がギリシアまで広がる地中海王国となった。貿易は連合王国海軍への投資を正当化する打開策であり財源となっていた。まず、バレンシアとバレアレス諸島が王国の一部となり、続いて、サルデーニャ、シチリア、ナポリ、そして短期間だったがアテネが加わった。領土拡大とともに多くの製品や料理の技術が交換され、もともとあったローマ人とムーア人が作るスペイン料理にまた別の層が重なった。医師や栄養士のほか料理人も王や貴族と移動をともにし、従来の食事に新たなアイデアやレシピが加わった。

地中海地方では、イスラム教徒の市場独占が、ピサ、ジェノヴァ、とりわけヴェネツィアの介入によって壊され、イタリア、スペイン、アフリカ間をつなぐ港に新ルートが誕生した。バルセロナ、トルトサ、シチリア、コルシカ、チュニス、トリポリ、バレアレス諸島(イスラム教徒の海賊行為は征服王ハイメ一世が制止した)はすべて主要港となった。イタリア北部の港から資金援助を受け、スペインの造船業はさらに繁栄した。戦艦のほか、貨物船も造られ、地中海沿岸のトルトサ、バレンシア、デニア、カルタヘナの港から、穀物、オリーヴオイル、イチジク、高級な絹、繊細な陶器を輸出した。こうした船は、スパイス、奴隷、開発の進んだ医薬品を積んでスペインの港に戻ってきた。いつしか、医学や栄養学を学んで社会の階段を上ることが尊敬されるようになっていた。

✣食べるべきか、食べざるべきか

食事に魅了されたカタルーニャの知識人や専門家は、多くの視点からこのテーマに取り組んでいた。道徳を基準とする者もいれば、医学、とくに個人の栄養面から研究する者もいた。後者は、有名な医師から指導を受けられる上流階級に人気のあった分野で、医師の多くはユダヤ人だった。

中世スペインで暮らしていたほとんどの人は、絶え間ない戦争のなか、地主に動物や肉、穀物、果物を納める義務があったため、結局は農民が飢餓に苦しんだ。彼らにとって重要だったのは、健康ではなく飢えをしのぐことだった。食料不足は都会で増え続ける人の食事にも影響を与えた。この問題が大きくなるにつれ、人々はより健康に注目するようになった。健康と食事の関係は、学者だけでなく、上流階級を担当する多くの医師が取り上げる社会問題となった。

支配力がある者や貴族は、まったくちがう意味で食事の影響を受けていた。チーズ、ワイン、肉、果物、スパイシーな料理やスイーツが不足していたわけではない。それどころか、富裕層は食べすぎで長年苦しみ、医師のアドバイスにますます頼るようになっていた。医師は患者のタイプ——多血質、粘液質、胆汁質、憂鬱質の四気質——に合わせて徹底した健康食を指導し、報酬を得ていた。ヒポクラテス、ガレノス、アヴィケンナのほか、アラブやユダヤの教えに精通した栄養士は、医学の専門家という誰もが羨む高い地位を享受した。一四世紀初頭、バレンシアかアラゴン出身のモンペリエ大学医学博士、アルナルドゥス・デ・ヴィラノヴァは多血質のアラゴン王ハイメ二世のために「養生書」の作成に従事した。これは食事療法の本で、王の生活を見直す手引書だった。ヴィラノヴァが医薬界や栄養学界にもたらした貢献は、スペインを越え、一七世紀まで医学の専門家に影響を与え続けた。ヴィラノヴァはギリシアとアラブの作家や、当時最先端だったサレルノ医学校の研究者が確立した道をたどり、彼の集大成となった作品は貴族や教会の王子だけでなく、新たに台頭してきた中産階級も参考にした。呼吸する空気の質から、取り組むべき運動、飲食物の取り方など、医師ヴィラノヴァの配慮が及ばない項目などなにひとつなかった。また、彼の養生法では、人間の幸福に関しても重要な項目を網羅している。たとえば、休憩の必要性、入浴の方法や頻度、気分転換のコツや、アラゴン王が苦しんでいた山積みの課題への対処法など。人体への影響を食品別にまとめた章——昔ながらの方法で食材と料理を、冷・温・乾・湿に分類してある——も印象的だ。扱っているのは、穀物、豆、果物、野菜、根菜、肉、魚、シチュー、そしてなにより重要なのがスパイスとマリネだ。

　ヴィラノヴァは飲料に関しても詳しく調査した。彼は人間の喉の渇きには二タイプあると考えた。ひとつは彼曰く自然的渇きで、消化のさいに生じる熱で起こる。これは単純に水を飲めば緩和する。もうひとつは非自然的渇きで、運動をしたり、スパイシーなものを食べたり、ほこりを吸ったりしたときに起こる。ヴィラノヴァにいわせると、この渇きをいやすには水で薄めたワイン、ヴィノ・アクアドでうがいするほかない。古代から、そして、半島がアラブの支配下だった時代にも、上流階級だけでなく、聖職者も含め、ほとんどの人が水で薄めたワインを大量に飲んでいた。[★01]

カタルーニャとカスティーリャの料理書

　初期カタルーニャ料理の手稿は、中世スペインのキッチンを理解するための土台だ。また、一四世紀から一五世紀にかけてヨーロッパの他地域で食されていた料理もある程度は把握できる。一部は聖職者のために作った食事で、その他は貴族のために プロの料理人が作った食事だ。

『セント・ソヴィの書』(一三二四年頃)として知られる本にはふたつのヴァージョンがある。作者不詳、カタルーニャ語で書かれており、原題は『スープと料理のマナー全書 *Llibre de totes maneres de potages de menjar*』だ。スペインだけでなくヨーロッパ全土、とくにフランスとイタリアの食卓を記録してある。一九七九年、アメリカ人学者ルドルフ・グルーは古カタルーニャ語で完全版を編集した。★02『セント・ソヴィの書』には二〇〇のレシピが掲載され、食材のリストにも多くの調理法にもローマとイスラムの影響が色濃く表れている。読んでいると、地中海地方に領土を拡大していた当時の、アラゴン連合王国が手に入れた生活、食事、なによりも経済的な繁栄がありありと伝わってくる。すでに地元の果物、野菜、肉、魚が豊富に出回っていたスペイン東部に難なくスパイスが到達したのは、地中海地方の広範囲に及ぶ貿易のおかげだった。魚の種類は幅広く、生や塩漬けなど、さまざまな魚料理が地元の食卓にのぼっていたことは興味深い。ただ、捕獲に専用の大型船が必要な深海魚だけは例外だった。おそらく著者は気づいていたのだろう。地中海は一見穏やかだが、油断できない世界に急変することも多い。力強く波長の短い波は当時の脆い船を破壊しかねなかった。また、貝のリストも同じように種類が豊富だが、地中海沿岸全域、とくにメノルカ島で高級食材とされるアカザエビやロブスターは載っていない。

生きたウナギはバレンシアや、ときにはバルセロナやタラゴナで手に入るが、せっかく見つけた味わい方も国内の他地域で認められることはまずなかった。『セント・ソヴィの書』によると、シンプルかつ洗練されたウナギ料理をいろいろな食材を用いて作っている。使ったのは、当時、同地で大人気だったサフラン、ニンニク、炒ったパン粉、アーモンド、海塩、コクのある魚の出汁だ。この出汁を取るために、焼いたアナゴを土製のカスエラでゆっくりと蒸し、濃厚なアーモンドソースを入れ、すり鉢に入れて他の具材と混ぜる。その他の中世カタルーニャの祝祭料理は、スパイスや辛口ソースを合わせたはるかに洗練された料理で、サルサ・フィナ(高級ソースの意。ショウガ、シナモン、ブラックペッパー、クローヴ、メース、ナツメグ、サフランで作る)という楽しげな名前が付いている。またポルヴォラ・ドゥケという料理は、シンプル版ならシナモン、ショウガ、クローヴ、砂糖で作る。贅沢版は、ガランガル、シナモン、カルダモン、ショウガ、ナツメグ、ブラックペッパー、砂糖も加える。ブロエテ・デ・マダマは典型的な中世カタルーニャ料理で、アーモンドミルク、チキンスープ、松の実、卵、酢、ショウガ、コショウ、ガランガル、サフラン、そして、パセリ、ミント、オレガノを使う。『セント・ソヴィの書』には、カスティーリャ語のモルテロ(カタルーニャ語のモルテロル)が由来の、濃厚でクリーミーなスープ、モルテロル(フランス語でヴルーテ)のレシピもいくつか載っている。どれも茹でた肉が数種類入っている。茹でるときは、豚脂とアーモンドミルク、タマネギソースのソフリト、ニンニク、クローヴ、サフランをすり鉢でつぶしたペーストを加える。割りほぐした卵を混ぜたら、すぐに供する。

アラゴンまたはバレンシア出身、一四世紀後期のフランシスコ修道会の作家、フランセスク・アシメニスは著書『キリスト教徒 *Lo Crestià*』で食品とキリスト教についてさらに掘り下げた。一三八四年に書いた同書は一三巻に及ぶ道徳律の書で、第一、第三、第一二巻しか陽の目を見なかった。彼は権力を持つ世界最大のフランシスコ修道会のメンバーとして、トロサ大学で神学の学位を取得するため、オックスフォード、パリ、ケルンの大学で学ぶよう奨励された。そしてヨーロッパで幅広い知識を身に付け、中世できわめて尊敬される作家のひとりとなった。彼は高度な素養と礼儀作法という新たな概念とともにスペインに戻り、運命のまま階級によって決まる富裕層や貧困層の生き方に影響を与えた。中世の精神にも、カトリック教会の精神にも、人間の平等は存在しなかった。生まれながらにして、ただ単に貴族は優位だった。[★03] アシメニスは、『キリスト教徒(三)』として知られる『キリスト教徒』第三巻の項「ビールと食べ物の味わいかた(四)」で、人間は食卓に着いたときも、つねにキリスト教のマナーにのっとって行動すべきだと述べている。また、同項で地中海地方の食事におけるパンとワインの重要性も念を押している。[★04] 過度な消費は抑え、礼節を重んじ、なんとしても避けるべき重罪である貪欲には抗うよう教えた。幅広い一般的な指南だけでなく、食品にも深く切り込み、問いかけている。なぜ、肉は茹でるより焼いたほうがいいのか？　なぜ、男子修道院や女子修道院では毎日飲んでいるパンのソパ（スープ）を皿にめいっぱいよそうと下品とみなされるのか？

　パンは下級層にとって主食であり続けた。中世スペインのパンに使う粉は、通常、手で挽き、全粒粉、ライ麦、雑穀や大麦を混ぜて使った。生地ができたら地元のパン屋に持っていって焼いてもらった。スペインの多くの地域で二〇世紀まで長年続いていた慣習だ。パピラ（ポリッジ）の一種である簡単な食事は穀物で作った。穀粒をやわらかくなるまで茹でるか、質の悪い小麦粉を利用した。この類の料理には、さらに質の悪いガチャやポレアダもあった。水と穀物にわずかながら具を足し、長い冬のあいだ体を温めるために食べた。祝祭日には、商売がうまくいったり都市で仕事を見つけたりしてなんとか生活の質が向上した数少ない人たちが、この料理に牛乳やアーモンド、そしてもし可能なら砂糖少々、挽いたシナモンひとふりを加えて味わった。

　半島で広範囲に普及していたカスティーリャの伝統料理が記録されたのは一五世紀に入ってからだ。カスティーリャ王フアン二世に仕えていた食卓の彫刻家、肉切り人のサンチョ・デ・ハラヴァに頼まれ、一四二三年、エンリケ・デ・アラゴン（エンリケ・デ・ヴィリェナとしてよく知られている）が『肉の切り分け方 *Arte cisoria*』を書いた。祝賀会で出す肉がメインだが、魚のレシピもいくつか載っている。[★05] ドン・エンリケは貴族の食卓に供する料理のさまざまな切り方や出し方の技術を一冊に詰め込んだ。分量、各種スパイス、砂糖を特徴とした風味や調理の慣習が紹介されている。ただ、豆料理や贅沢な肉のシチュー（調理前に肉を細かくカットする）のレシピには触れていない。また、どの料理も貴族向けだが、一部はシンプルで、その調理法は農民の食事や都市で広く見られるようになってきた料理にも取り入れられた。

　ヴィリェナのレシピでは、肉やジビエの大きな塊を焼いたり、パイに詰めたり、大きな土鍋カスエラに入れて手の込んだソースで蒸し煮にしたりしている。当時、作者が手に入れた食材の豊富さは注目に値する。香料をふんだんに使って味つけした料理に鳥の羽を飾るなど、まさに芸術品だった。中世の肉食社会で祭日に食べる、やけに味気ないクジャク料理がいい例だ。スライスしたり切り身にしたりして皿に載せた料理には、野菜、果物、魚も添えられている。マス、ハタ、ブリーム(鯉)、ロブスター、カキ、そしてクジラ肉もあった。一五世紀のカスティーリャでは、ときおり地元の川魚を釣ったが、シーフードを国の内陸に輸送するさいには塩漬けにした。塩漬けの魚は茹でたり、焼いたり、揚げたりして食べた。ヴィリェナは触れていないが、畑で取るカタツムリや淡水のザリガニも人気だった。『肉の切り分け方』には、想像できるものならすべて載っている。ヴィリェナは食堂で働く召使に、彼が「ペレロ」と呼んだ皮むき器を使って、果物の皮をむいたり、実を切り分けたりするしゃれた方法を伝授した。ペラ(英語のペア。ナシ)から名を取ったペレロは、召使が小さなナイフで安全に皮をむけるよう果物を支える道具だった。

トラスタマラ家と豪奢な宴

『肉の切り分け方』が発表されたとき、すでにカスティーリャはトラスタマラ家が支配していた。物議を醸しながら創設された王朝で、スペイン帝国の発展、アメリカの発見、そして本書でもっとも重要なテーマとなるアメリカとヨーロッパの食品交易を担った。トラスタマラ家はカスティーリャ王国とアラゴン王国を統一した。

すべての発端は不倫だった。カスティーリャ王アルフォンソ一一世は貴族の子女レオノール・デ・グスマンと恋に落ち、一〇人の子供をもうけた。正当な跡取りだったポルトガル王女の息子、残虐王ペドロは、アルフォンソとレオノールのあいだに生まれた非嫡出子のひとり、エンリケ・デ・トラスタマラの手によって虐殺された。一三六九年、エンリケはエンリケ二世としてカスティーリャ王に就任し、その後、王はフアン一世、エンリケ三世、フアン二世、エンリケ四世、イサベル一世と続いた。イサベルはカトリックの女王で、のちのアラゴン王フェルナンド二世と婚約する。

一四六九年、カトリック君主フェルナンド二世とイサベル一世がカスティーリャとアラゴンの連合王国を継承した。いかにも中世らしい、ありそうにない複雑な出来事が続いた結果だった。イサベルとフェルナンドはもともと親戚同士で、ふたりともトラスタマラ家で別系統の血を継ぐ直系子孫だった。

それ以前、一五世紀初頭、カスティーリャとアラゴンは王朝の問題を抱えていた。カスティーリャではエンリケ三世がすでに死亡し、残された後継者は未成年だった。そのため、元王の妻と、元王の弟、フェルナンド・デ・アンテケーラとして知られるフェルナンド王子が王国を任されることになった。かたやアラゴンでは、王マルティン一世が跡継ぎを残さず死亡し、後任に関していくつかの論争が起こっていた。そのひとつがアンテケーラ王子の問題だった。王子の母親はアラゴン王女だったのだ。

アンテケーラ王子が聖母マリアを深く崇拝した理由は、強い信仰心だったのか、単なる

カスティーリャ・レオン王国の女王イサベル。

楽観主義だったのか？　なぜ、歴史家はこの王子が作った騎士団と壮大な戴冠式に注目してきたのか？　いずれにせよ、聖母マリアはカスティーリャ王子の人生において決定的な役割を果たした。王子はフェルナンド一世として、アラゴン連合王国を統治する運命にあった。

騎士団の創設はアンテケーラのフェルナンド王子一家の伝統となっており、少なくとも王位に就いた者は慣例に倣った。フェルナンド一世の曽祖父カスティーリャ王アルフォンソ一一世は騎士団を作ったヨーロッパ初の君主で、この新たな流儀はその後のヨーロッパの王たちが受け継いでいった。フェルナンドの父、カスティーリャ王フアン一世は複数の騎士団を創設しており、まだ王子だったフェルナンドも自身の騎士団を作ると決意した。いつか王になると望み、そうしなければならないと感じていた。アンテケーラ（グラナダ）でムーア人に勝利しただけでは不十分だった。彼は一四〇三年八月一五日、歴史的な街メディナ・デル・カンポにあるサンタ・マリア・デ・ラ・アンティグア教会で、壺の騎士団とグリフィンの騎士団を結成した。これは地位や騎士道精神の美徳の象徴となるだけでなく、中世では強力な味方である聖母マリアとも関係していた。アラゴン王マルティン一世が後継者を残さず死亡すると、アンテケーラのフェルナンド王子――つまり、アラゴン王女とカスティーリャ王のあいだに生まれた息子――も他の王位要求者たちと同じ主張をした。彼らも同じく、当時、地中海地方西部の半分を支配していた権威ある王国の君主になる資格を持っていた。この問題は特別な選挙人集団が解決した。彼らはカスペで会議を開き、フェルナンドをアラゴン王に選出した。フェルナンド・デ・アンテケーラがアラゴン王に即位したのは、噂されているように政治的操作の結果なのか？　それとも、彼の運命は自身が確信していたように、聖母マリアの介入に影響されたのか？　フェルナンドは戴冠式とそれに続く祝宴会で決意した。けっして己の権威が疑われることがあってはならない。

「entremés（エントレメス）」という単語を検索エンジンにかけると、多くの定義が出てくる。もっとも多いのは、「ランチやディナーの最初に出る軽い料理。前菜」だ。スペインでは同じ単語がコメディの幕間に演じられる風刺劇バーレスクも意味し、その名にふさわしく宴の重要な部分となった。フェルナンド・デ・アンテケーラ、つまり王フェルナンド一世となった戴冠式の宴は一四一六年にサラゴサでおこなわれ、数々の演劇が披露された。すべて新しい王がテーマで、観客は驚いた――王が戦ったムーア人、住んでいた城、結成した騎士団、そしてもちろん、聖母マリアへの献身。宴のあいだずっとごちそうが供され、手に入る最高級のワインがふるまわれた。壮大な宴会場には手の込んだ舞台が創設され、見事に飾りつけた台座の上で、天使や使徒の格好をした音楽家や俳優が演目を披露した。黄金のグリフィン［ワシの上半身とライオンの下半身を持った伝説上の生き物］のような姿をした立派なドラゴンが舞台中央に現れ、火を噴き、召使のために道を開けると、次のコース料理が運ばれてくる。王はこれと同等の想像力と創造力をキッチンに要求していたのだろう。何世紀ものち、ヘストン・ブルメンタール［イギリスの有名シェフ、テレビパーソナリティ、フードライター。一九六六年生まれ］がテレビのシリーズ番組で中世の祝祭料理を再現しようと試みた。金に覆われたクジャクや雄鶏の肉、さまざまな種類の生きた鳥を詰めたパイ（開いて出てきた鳥がグリフィンの周りを飛ぶ）、ロースト肉、茹でたスパイシーな肉、異国の果物や砂糖菓子。どれも、国内で生産されている最高級ワインとともに供された。★06

ラ・メスタ（牧羊者組合）

羊飼いはエストレマドゥーラに向かう
山脈はいま、悲しみと暗闇のなかに取り残されている
羊飼いは羊小屋に向けて去っていく
山脈はいま、悲しみと沈黙に包まれている

――スペインの伝統的な童話

フェルナンドの宴で供された肉が、ピレネー山脈の渓谷や、風雨にさらされたサラゴサ南部の平野、あるいは、カスティーリャで育てた羊の肉、ラムだった可能性は高い。というのも、ラム肉は牛肉とちがってスペイン料理の中心だったからだ。味や、ましてや値段で決めたわけではない——選んだ理由は、スペインのほぼ全土にわたる地理的条件や気候条件のほか、戦争、伝統的な牧畜、なによりも羊毛産業にある。現在、羊飼いの生活は跡形もなく変わっているが、青々しい牧草地を求めて、踏み固められた道カニャダ・レアルを進む移動放牧の大群は、一二、一三、一四世紀、あるいは、それよりはるか昔の様子を彷彿とさせる。多くの羊を育て、質のいい羊毛を生産してきた長い歴史はスペインの特徴だ。羊の品種は、バスコ・ベアルネーズ、チュラ、マンチェガ、アルカレーニャ、そして、やわらかく長い毛が特徴のラチャ。アフリカから連れてきて大成功した品種はメリノだ。

カスティーリャ王が税金で儲かる原材料生産の統制を決意し、牧羊者組合メスタが台頭してきたため、羊毛の需要

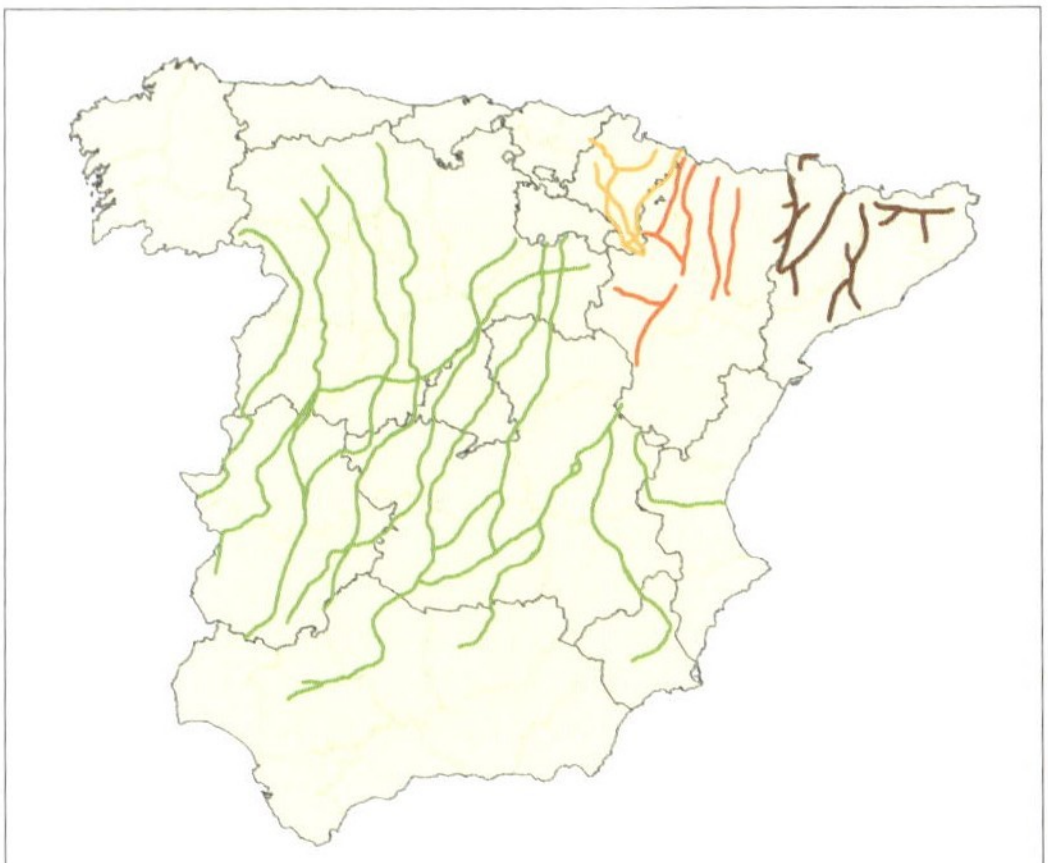

カニャダ・レアル。移動放牧で羊を移動させるルートが記されている。

マドリードの移動放牧祭。昔からマドリードの羊には中心街を歩く通行権がある。

は着実に高まった。国際市場で相当の利益が見込める羊毛は、当初はカスティーリャ・レオン、その後、ナヴァラやアラゴンなど、他のイベリア半島の諸王国からも供給されるようになった。

ローマ時代以降、スペインは在来種の羊から取る羊毛の質で有名だった。西ゴート王国時代のスペインは良質な羊毛の生産や貿易が活気づいていた。のちにイスラム教徒や、ドウロ川付近の危険な境界地域に追いやられたベルベル人の専門知識のおかげで、羊毛産業はさらに成長した。カスティーリャに高品質の羊毛が取れるメリノ種が持ち込まれ、従来の農業様式が大きく変化し、中世スペインの経済の見通しまで変わった。メリノ種は、一二世紀、ムワッヒド朝に支配されていた当時、半島にやってきたベルベル人民族ベニ・メリネスがスペイン南部とエストレマドゥーラに連れてきたようだ。彼らは進化した放牧の慣習を導入し、もともといた家畜も改良された。[★07]

一二七三年、賢王アルフォンソ一〇世は各地域の牧羊者組合メスタが統合したことを一因に、「名誉あるメスタ会議」の創設を承認した。スペインの大部分で移動放牧を発展させる起爆剤となった専門組織だ。もともとメスタはある問題を解決するために創設された。夏と冬の長い移動期に、放牧地の所有権があいまいになっていたのだ。一三世紀にはレコンキスタが南へ移動しながら勢力を増したため、移動放牧はキリスト教徒の領土とアル・アンダルスの境界線を横切るようになった。それまでムーア人が効率よく栽培をおこなっていた土地を、キリスト教徒軍が占拠するのとほぼ同じペースで、何千頭もの羊が移動した。こうした土地は広範囲に及び、修道士、強力な騎士修道会、地元の新興財閥が牛耳っていた。半島の支配権をふたたび手に入れたいと願う貧しい王に奉仕し、その見返りとして付与された土地だ。この王こそ、移動放牧の経済と財政の利点に気づいていた人物だった。羊毛産業が成長して輸出市場で重要な役割を得ると、一六世紀から一七世紀前半にかけてカスティーリャは支配権を握った。スペインは一七世紀に入るまで、メリノ種の飼育を完全に独占していた。

一四六九年一〇月一九日、もうひとりのフェルナンド(二世)、シチリア王兼アラゴン王後継者がカスティーリャ王の妹イサベルと結婚した。この結婚によって、カスティーリャ王の覇権が、それまでの敵、フランスとカスティーリャの領主にとって脅威となった。かつて領主の権力は、半島の中世王国間――カスティーリャ、アラゴン、ポルトガル、小さな王国ナヴァラ、バスク地方、生き残ったムーア人の最後の飛び地グラナダ――でおこなわれていた地域戦争によってますます強まっていた。半島の運命が劇的に変化したのは、一四七四年、イサベル王女がカスティーリャ女王イサベル一世になり、さらに、一四七九年、夫のフェルナンドがアラゴン王を継承したときだ。ふたりにとって、半島全土の統一が優先事項となった。カトリック王たちの支配から逃れたのはポルトガルだけだった。カスティーリャとアラゴンの王位が統一され、世襲の鎖がつながり、スペイン帝国が誕生した。ただし、もしフランコ政権が作り上げた歴史や伝説が、カトリック王スペインを統一国家として

元カルトジオ修道院のブドウ畑。タラゴナのスカラ・デイ。

描いたとしても、事実はちがっていた。アラゴンとカスティーリャはサイズも力も、そして文化や歴史、食品や農業も、まったく異なっていた。サイズと力においてはまちがいなくカスティーリャが優位だったが、非常に洗練されていた地中海アラゴン連合王国は他方面で優れていた。一三世紀から一四世紀にかけて、カスティーリャは田園の広がる遊牧民の社会だったが、いっぽう、アラゴンとカタルーニャの人々は地中海地域の商業で利益を上げることに専念していた。一五世紀にはカスティーリャの状況が変わりつつあった。貿易が最重要となり、経済は羊毛貿易の成長によって飛躍的に発展した。

一四九二年以降、ムーア人とユダヤ人の多くが追放され、やがてスペイン史上きわめて悲惨な時期を迎えた。人間としての苦悩、学界や医学界における経済的損失。貴族や地主が仕切っていた農業も大打撃を受けた。土地が不毛なカスティーリャでは、王の要求に応える重要な商品は穀物ではなく羊毛になった。国民の大半にとって農業の衰退は恐ろしい脅威だったが、メスタはあらゆる手を尽くして保護されていた。

王が誤った政策を進め、土地の開墾より羊毛の大量生産を優先させた結果、カスティーリャの小麦販売は混乱に陥った。小麦ならいつでもイタリアのスペイン領土、とくにシチリアから輸入できる——このカトリック君主はそう考えていた。楽観主義にもほどがある。いっぽう、ワイン生産については状況がまったく異なっていた。当時、ワイン生産は地中海地方の他地域同様、半島で栄え、社会のどの階層にもいきわたっていた。田舎の農民だけでなく町や都市の下級層が飲む低品質のワインは、地元の居酒屋で手に入れることができた。最高級ワインは上級聖職者、貴族、裕福な市民のために生産されたが、たいていは水で薄め、ときにはローマ時代に倣って高価なスパイスや香り高いハーブで風味を添えていた。ワインは一風変わった日常飲料となり、手頃な値段で楽しみを手に入れることができた。カスティーリャは一二世紀から穀物が不足していた。しかし、経済政策が実施され、ブドウ栽培を奨励するとともに、生産過程や半島全土への輸送まで法が支援した。さらに、ブドウは他のほとんどの植物が育たないような場所でも栽培できた。ワインは適度に飲めば心身とも癒される飲み物で、神と人間のつながりを示唆し、よって、キリスト教徒はワインを奨励した。

ワインといえば、フランセスク・アシメニスいわく、人間は楽しみや幸せを必要とし、それを与えてくれるのがワインだった。農民は自分たちに必要なわずかな量を作っていた。また、貴族が管理する土地では最小限の労力で量産され、古い都市やレコンキスタによって誕生した新しい都市に供給された。覚えておいてほしいのは、ブドウの木は極端な気候や不毛の土地にも順応し、干ばつにも耐えることだ。ワインの性質と人間に与える影響の問題は、いろいろな角度から注目された。栄養学や流行、道徳や秩序。キリスト教スペインでもっとも重視されたのは、ワインも小麦同様、キリストの肉体や血と関連づけられていた点だ。ほとんどの水が飲料用には適さなかった時代、上級聖職者、強力な騎士修道会、修道士がワインの消費を後押しした。飲みすぎの危険は充分に理解され、非難されていた。指摘したのは医師や栄養士ではなく、アシメニスやアルナルドゥス・デ・ヴィラノヴァなど、当初から適量の飲酒をすすめていた者たちだった。ブドウや毎年のブドウ栽培、ワイン生産の絵がロマネスク様式やゴシック様式の壮大な建築物の壁に描かれ、中世の様子を蘇らせている。こうした芸術はスペインを訪れる巡礼者や観光客がいまも目にすることができる。

✣コショウを求めて

古代からヨーロッパ人はギリシア人、ローマ人、ムーア人がよく知る東洋の高価なスパイスの味に慣れ親しんでいた。中世にはすでにスパイスは豊富と地位の象徴になっていた。ナツメグ、シナモン、ショウガ、マスタード、クローヴ、コショウの実は、おもに太平洋西部、スパイス諸島(モルッカ諸島)の多くの島で栽培されていた。歴史的に見ると、スパイスは、アラビアと北アフリカ経由、または、地中海経由で隊商によって西ヨーロッパに運ばれた。一三世紀、ヴェネツィアと取引していた商人はアジアとメソポタミアを通る容易な道をすでに見つけていた。輸送期間が短くなり、仲介を省けたことで値段が下がり、結果、消費量が増大した。ヴェネツィアはスパイスと絹の貿易で世界の中心地となった。中国の革命とトルコの地中海地方進出によって、以前のアラビア経由の輸送路が復活し、また、アレクサンドリアやカイロの港はふたたび流通の拠点となった。価格はふたたび高騰し、新たなルートを探すことが最優先となった。ポルトガル人は思い切ってアフリカの海岸を南下し、かたや、スペイン人は大西洋を航海した。どちらも、スパイスが繁茂している土地を探していた。ホワイトペッパー、ブラックペッパー、その他のスパイスを求めて。

アラゴン連合王国のあとを追って、カスティーリャは海運の経験を積むために動き出していた。輸送範囲は独自の方法で広げた。カスティーリャの航海士はすでに混雑していた地中海を避け、アフリカ経由のルートも使わなかった。後者は勇敢なポルトガルの航海士がアフリカの沿岸を南下して切り開いたルートで、喜望峰を回り、アジアの豊かなスパイスランドを目指す。カスティーリャは大西洋を横切ることに決め、危険を承知で大きな利益を見込める海路を進んでいった。カタルーニャ人の支援と専門知識、とりわけバスク人水夫も、数々の偉大な冒険を後押しした。航海士が求めていたのは、銀と金、そして数

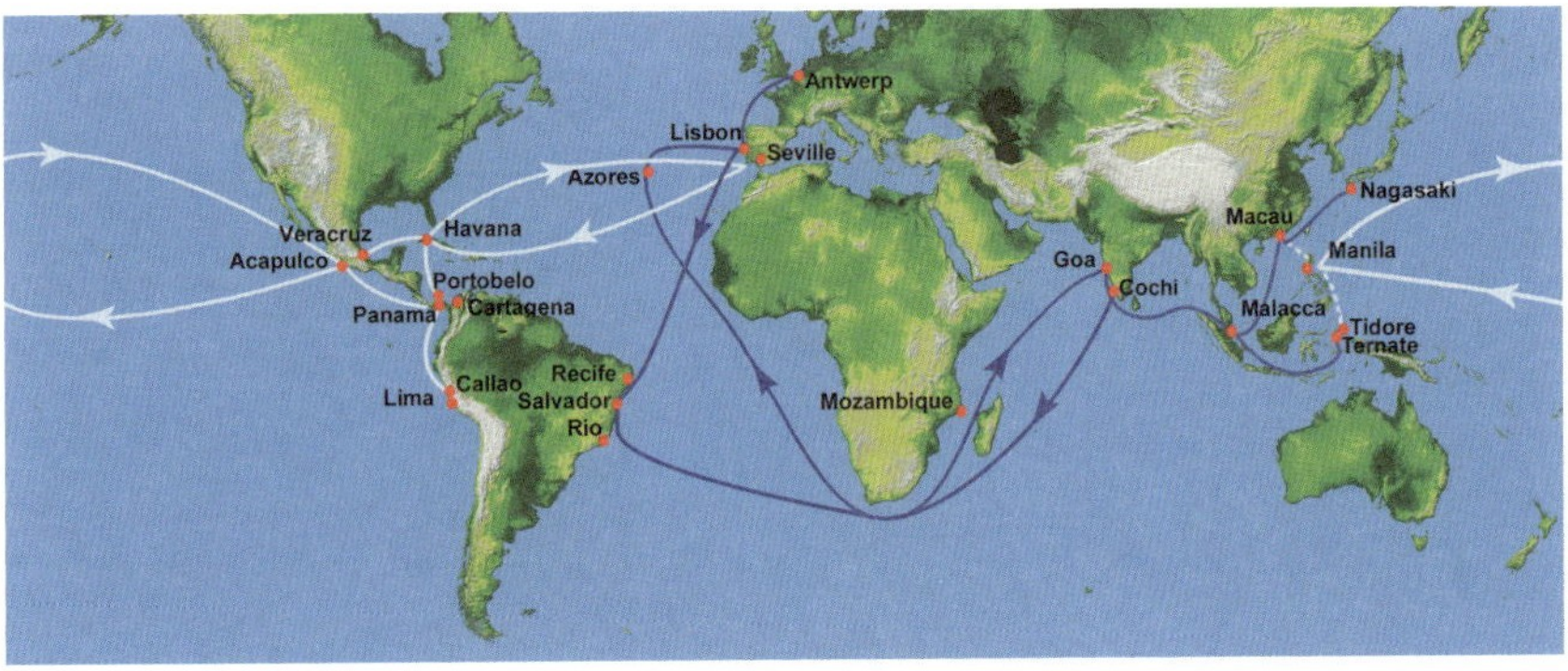

16世紀、スペインとポルトガルの貿易路を記した世界地図(白線がスペインのルート)。

十年で旧世界全体の食事を変えることになる一連の新しい食材だった。一四九二年一〇月、アメリカ大陸が発見され、ジェノヴァ人の船乗りコロンブスとカスティーリャ女王イサベルの夢は実現した。

一四九二年のアメリカ大陸発見のあと、一五一六年、ハプスブルク家がスペイン王位を継いだ。このふたつの重大な出来事によってスペインは一気に国際情勢の最前線に押し出された。[★08] 一四九三年から一九世紀まで、アメリカ大陸から新たな製品が続々と流れ込んできた。スペインのガレオン船は、貴金属だけでなく、ジャガイモ、トマト、トウモロコシ、コショウ、豆のほか、胸躍る貴重な種子を持ち帰った。この種子から取れるまずい液体からは、いま世界でとびきり愛されているごちそうが作られることになる――チョコレートだ。実際、これは金や銀ではなくブラックペッパーを探す旅だった。もともとスペイン人はそのために初めて大西洋を横断したのだ。不平等な交易が進むなか、スペイン人は新世界に「言葉」を持ち込んだ。単語や文法にかぎらず、文化や宗教を。なかには植物、動物、調理法、そしてなによりも食材を格別な料理に変える技術があった。[★09]

クリストファー・コロンブスは確信していた。もし自分の計算が合っていれば、カナリア諸島から西へ航行すればアジアにたどり着く。コロンブスが必要だったのは資金援助だけだった。ポルトガルはすでに彼の提案を拒否していた。そこで、探検の成功はスペイン君主に託された。しかし、女王イサベルと王フェルナンドは最終段階に入っていた半島のレコンキスタから目が離せず、そのため、コロンブスの依頼を検討していた協議会はすぐに決断を下せなかった。だが、ついに、一四九二年初頭、グラナダ包囲の最中、コロンブスとカトリック王のあいだで最初の合意にいきついた。すでに多くのジェノヴァ人銀行家が支援を申し出ていたが、カスティーリャも資金を投じることに決めた。

一四九二年一〇月一二日、金曜日、スペインのキャラベル船がグアナハニ島（現在のサン・サルバドルの一部）に到着した。この島は現在のキューバとハイチのあいだを通るウィンドワード海峡の真北にある。のちの一五一九年、コルテスがメキシコ湾に、その二年後、ピサロがペルーに到達した。結局、コンキスタドール［スペイン語で征服者の意。一五世紀から一七世紀にかけてアメリカ大陸を侵略した者］は発見した大陸で「ピミエンタ」（コショウ）を見つけることはできなかった。その代わり、想像すらできなかった恩恵をもたらす素晴らしい未知の植物や食品に出会った。ここで大事なのは、アメリカ大陸からこうした製品が渡ってきた時期は、スペインの人々がつねに質素で気の滅入るような食事を取っていたときだったということだ。食事のほとんどがガチャ（ポリッジ、粥）やトルタ（塩味のビスケット）だった。材料は小麦粉ではなく、大麦、ライ麦、雑穀を粗く挽いた質の悪い粉と水だった。野菜と豆は地主には不評だったため、下級層にはありがたい食材となった。また、豚を飼う余裕があれば、乾燥させた塩漬けの豚脂も一年中保管して、わずかながら加えた。王、教会、貴族に課せられた高額な税金を払うため、豚で作ったハム、肩肉ほか、質のいい部位は売るほかなかった。実際、小麦、牛乳、チーズ、そして肉など、自分たちで作った食材はすべて手放さなければならなかった。概して、まず肉は口にできなかった。おそらく、アメリカ大陸の発見がもたらした最大の恩恵は、ガレオン船で運ばれてきた金や銀ではなく、貧しい田舎町の食事の質が上向いたことだろう。食事の改善は、当初はヨーロッパ全土に、やがてヨーロッパから東方、アジアへと広まっていった。コショウ、トウモロコシ、豆、ヴァニラ、チョコレートは初期からスペインで称賛されていたが、その他、トマトやジャガイモは時間とともに少しずつ受け入れられるようになった。当初、植物学者や医者はジャガイモやトマトには毒があり、トマトには媚薬が含まれているとさえ信じていた。そのため、数十年、いや、数世紀のあいだ、上流階級の人々は拒絶し、偏見を持ち続けていた。しかし、トマトが発見されてすぐ到着したアンダルシアではたちまち下級層に受け入れられ、一六世紀のスペイン文学や絵画にも登場している。スペイン北西部のガリシアとアストゥリアスでは、アイルランドのケースと同じようにジャガイモが貧民を飢餓から救った（アイルランドでは依存しすぎて飢饉を引き起こしたが）。アメリカの植物はそれぞれのペースで、もう止めることのできない世界旅行に出発した。どの植物にも、まったくちがったそれなりの歴史がある。

スペイン人が知らなかったからだろうか？　それとも故意にまちがえたのか？　彼らは「インディアス」［「スペイン人が到達した西インド諸島やアメリカ大陸などの地域」と名づけた土地で発見した植物に、すでに使っている名前（とくに貴重なスパイスの名前）を付けた。理由はどうあれ、おかげで食物界に混乱が生じ、植物学者が訂正するのに何世紀もかかった。野菜のペッパー（ピーマンなどのトウガラシ属）はスペイン語でピミエントといい、ピミエンタ（コショウの実）にそっくりだ――混乱を実証するのにもってこいの一例である。

✣好みの問題

入植者は腐りかけのビスケットと質の疑わしいワインの樽数個で大西洋をなんとか渡り切った。飢えていたにもかかわらず、当初、新世界の食品を軽蔑の目で見ていたのは不思議に思える。生き延びるためとはいえ、まるまる太った大きなクモや白いイモムシなら食欲が失せたというのもわかるが。

しかし、スペイン人は数ある食材のなかですぐさまサツマイモのとりこになった。昔からあるヨーロッパのクルミに似たナッツの香りと風味が食欲をそそったのだ。だが、トウモロコシが小麦の代わりになることはけっしてなかった。スペイン人にとって小麦といえば無発酵のパンだった。いっぽう、トウモロコシは平らな熱々のトルティーヤやタマレ（団子）にしたら広く受け入れられるようになった。アメリカの製品が半島に到着したとき、年代記編者がおもしろい注意書きを添えた。彼らは見つけた植物と果物を慎重に描写し、故郷で育てているものと比較した。有名な年代記編者といえば、フランシスコ会修道士で民族誌学者のベルナルディーノ・デ・サアグン、歴史家のフェルナンデス・デ・オヴィエドとフランシスコ・ロペス・デ・ゴマラ、宣教師で博物学者のホセ・デ・アコスタ、語り部のベルナル・ディアス・デル・カスティーリョだ。また、入植者で歴史家から修道士となったチアパス司教バルトロメ・

デ・ラス・カサスもリストに入れるべきだろう。残念ながら、各地域のレシピやそれを作った人々は忘れ去られてしまった。

一五〇〇年にはサツマイモとトウモロコシはどちらもカナリア諸島、アンダルシア、カスティーリャ、レオンで順調に栽培されていた。しかし、トウモロコシは失敗だった。アメリカ原住民がおこなっていた下処理がどれほど大切かを見落としていたため、ヨーロッパの貧民に悲劇をもたらした。アストゥリアスの山地、のちにはイタリアにおいて、他の穀物が育たない気候条件でもアメリカの作物なら栽培できる地域で、ペラグラが猛威を振るったのだ。ペラグラは栄養失調を引き起こす病気で、科学者にとって不可解な謎だった。一七三五年、オヴィエド大学に勤めていたスペインの科学者ガスパール・カサルスが初めてトウモロコシとペラグラの関係を突き止めたが、それまで二〇〇年近く、謎は解明されぬままだった。カサルスが気づいたのは、この未知の病気にかかった患者はすべてアストゥリアスで暮らし、貧民の食事はほとんどトウモロコシから作っていたことだった。症状として手足に赤い発疹が出たため、カサルスは「バラ病」と名づけた。ペラグラは死に至る病だ。皮膚だけでなく消化器も侵し、認知症さえ誘発した。数年後、イタリア人のフランチェスコ・フラポッリがペラグラ(荒れた肌の意)という現在の病名を付けた。科学者がようやく、ヨーロッパおよび北アメリカで流行したこの病の原因がビタミン不足だと解明したのは二〇世紀前半のアメリカだった。この無残な結末は、食事を改善し、とくにニコチン酸(ビタミンB3の一部)を取っていれば簡単に防げたはずだった。トウモロコシは素晴らしい作物だと考えられていたが、一五世紀以降、安全な調理法が知らされぬまま世界中に広がっていた。アステカ族やマヤ族は料理する前に食事の基盤となるトウモロコシを下処理していた。食べる前にアルカリ性の石灰水に浸けてトウモロコシをやわらかくすると、不足している栄養素ナイアシン(ビタミンB3)と非常に重要な必須アミノ酸のトリプトファンが生成され、さらにトリプトファンは人体内でナイアシンを合成する。結局のところ、ヨーロッパ人が原住民とともに暮らし、トウモロコシ料理を楽しんでいたとしても、下処理については注意を払わず、記録も残さなかったのだ。

　スペインではトウモロコシはほとんどが動物のエサに使用される。しかし、小麦やライ麦など他の穀物がごく少量しか採れなかった地域や栽培できなかった地域では、地元民はこの新しい作物で伝統料理を作り始めた。トウモロコシは安いうえ、豊富にあった。近年、ガリシアやアストゥリアスでは、多くの小規模な農家がトウモロコシを湿気やネズミ類から守るため、田舎町の景色を飾る巨大な石造りの穀倉オレオに貯蔵している。地元の祭りや職人市場では、パン・デ・マイス（トウモロコシのパン）の生地を丸めてカエデの葉でくるみ、薪の火で焼いて販売し、訪問客を喜ばせている。また、ザル貝やイワシまで詰めたトウモロコシのエンパナーダパイもしかりだ。残念ながら、豆のペーストを使った、おいしくて人気のあるインドのタマレや、コマル（焼き皿）を火にかけて作る熱いトルティーヤはヨーロッパに渡らなかった。いっぽう、ピミエント（トウガラシ属）［スペインのトウガラシには辛

『エル・マイス（トウモロコシ）』。『トウモロコシ――天の穀物から産業用ハイブリッドまで――スペインにおけるメソアメリカ穀物の普及』の表紙。メソアメリカではスペインで栽培されている品種よりはるかに多くの品種が入手可能だった。

みのないものもあり、ピーマンやコショウなども含まれる」はまた別の興味深い道をたどった。一四九三年、コロンブスが西インド諸島に向けた二度目の航海に同行した医師、ディエゴ・アルヴァレス・チャンカがヨーロッパに戻るさいにこう書き残している。「これらの島にもイバラのような藪があり、シナモンのように長い実が成り、種子がいっぱい付いている。カリブ人とインディアンは我々がリンゴを食べるようにこの実を食べる」。彼は初めてトウガラシを持ち帰った。[10] ディエゴ・アルヴァレスは医薬としての利点を記したが、野生のトウガラシを少なくとも紀元前七五〇〇年からアンデスのアメリカ人が食材として使っていたことも、また、その後、彼がこの文書を残す六〇〇〇年以上前にメキシコ人が栽培していたことも知らなかった。トウガラシは自家受粉する植物で、スペイン人が新大陸に到達したとき、メキシコや中央アメリカ、南アメリカの各地ではすでに栽培されていた。

現在、多種のトウガラシが南北アメリカで栽培されているが、最初にスペインに導入されたのは、幅広いナス科に属する学名カプシクム・アンヌウム(*Capsicum annuum*)というメキシコの品種だけだった。スペインとポルトガルの修道士たちは修道院の畑でトウガラシを栽培し、料理の質を向上させていた。いっぽう、市営の植物園では珍しい植物として育てていた。エストレマドゥーラにあるグアダルーペ修道院(ヒエロニムス会)は、コロンブスが半島に戻ったあと土産としていくつかの種子を持ち込んだ場所で、アメリカのトウガラシが普及するきっかけとなった。スペインでは野菜、スパイス、薬効のある不思議な食品として扱われ、国中の修道院から修道院へと渡っていった。トウガラシはスペインから中東へ渡り、アラゴンとオスマン帝国の拡大とともに地中海にできた航路を経由したものもあった。スペインに到着して二〇年もしないうちに、農民は二〇種以上のトウガラシ属を栽培していた。辛みの強い品種はたいていスパイスとして使われた。上流階級や貴族が堪能していた高価なブラックペッパーやホワイトペッパーの代わりに使える新たなスパイスだった。[11] 原産国のレシピは一緒に入ってこなかったため、風味を足したり、タマネギのせいで茶色く染まりがちな多くのスペイン料理に色を添えたりした。たとえば、ルパート・デ・ノーラはじめ中世の多く

新鮮なトウガラシ、ギンディージャ。

の作家や料理人に絶賛されたソフリトというソースもそうだ。すぐにピミエントや辛いトウガラシ（ギンディージャ）はスペインの料理人が作る多くのレシピに加えられた。生で、揚げて、煮込んで、冬には酢漬けにして使った。乾燥させて一年中保存しておくこともできた。いったん天日で干して挽けば、トウガラシは簡単に細かい粉状になる。そして、魔法のスパイス——甘口や辛口、燻製や非燻製がある——となり、鮮やかな赤いトウガラシに、スペイン人はピメントンという名を付けた。ピメントンがなければ、多くの地元料理は、バレンシアのパエリアも、アストゥリアスのファバダも、ガルシアのプルポ・ア・フェイラも、カスティーリャのソパス・デ・アホも別物になってしまうし、事実、チョリソーもチョリソーではなくなってしまう。こんにち、スペイン料理の前菜として、五世紀前に修道士がガリシアに持ち込んだ、タラを詰めたピミエント・デル・ピキージョや、熱々の皿に載ったソテー、ピミエント・デル・パドロンを出さないタパス（つまみ）・バーなど想像できるだろうか？

トウガラシはヨーロッパの貴族や一般市民の食卓までの気楽な旅を楽しんだが、いっぽう、トマトはずっと無知と偏見に揺さぶられた旅だった。同じように苦しんだのは唯一ジャガイモで、のちに同じようなつらい旅に耐えなければならなくなる。ジャガイモはアンデスが出発点だった。

アステカ族が栽培したトマトは、コルテスがアステカ王モンテスマの歓待を受けていた一五二〇年代頃、スペイン人の目に留まった。ふたりの有名な年代記編者ベルナルディーノ・デ・サアグンとベルナル・ディアス・デル・カスティーリョによると、アステカ族は料理にトマトを使っていた。それから一世紀以上たって、宣教師ベルナベ・コボが『新世界の歴史 *Historia del Nuevo Mundo*』でさらに詳しい情報を書き残している。

> トマトの木は小さく、ユウガオのように生長する。だが、蔓延することはない。茎は指より細く、そこからさらに細い枝がたくさん伸びる。葉は桑の葉と形も大きさも似ている。果実はトマーテとして知られ、丸く、色鮮やかだ。小さな実だと大きさはサクランボほど。緑色や黄色の種もあり、大きさはプラム程度で、なかにはレモンくらいになるものもある。中身は赤く、水分の多い果肉が詰まり、種子はゴマよりいくらか小さい。皮はブドウほどに薄い。★12

宣教師コボの記録によると、トマトの味は刺激が強いためけっして生では食べなかった。コボは「トマトはスープやシチューに入れて使用した」と書いている。年代記編者が誰ひとり知らなかったのは、トマトの起源がメキシコではなく、さらに南、ペルー、エクアドル、チリといったアンデスの中心地だということだ。こうした地域には野生のトマトが繁茂していたが、栽培されたり原住民のキッチンで使われたりすることはなかったと考えられている。亀がここからトマトの種子をガラパゴス諸島に持ち込み、そこからトマトが長い旅に出てメソアメリカや世界各地へと広がっていった。いっぽう、アステカ族はトマトを栽培し、トマトを使って贅沢なソースを作った。スペイン人は領土を広げながら、このソースを口にしていたにちがいない。

ここで記しておきたい重要なことがある。一五世紀から一六世紀にかけて、ヨーロッパでは植物の分野で著しい科学的発展があった。新世界からだけではなくアジアやアフリカから新たな品種が持ち込まれた。多くの植物学者や医学の専門家がいまいちど、ディオスコリデスやガレノスの考えを取り入れた。信仰、新旧の偏見、ギリシアとローマの神話も組み込んだ。さらに、彼らは、品種同士につながりがない、あるいは、大西洋を越えてやってきた品種と関係がない植物や果物の名前まで復活させた。スペインの特別な事情は頭に入れておいたほうがいい。一六世紀、スペインはムーア人とユダヤ人の出国や異端審問に苦しんでいた。新しいものや経験したことのないものは、とくに上流階級にとってはすべてが恐怖だった。それゆえ、アメリカの植物をキッチンで使うのが遅れたのだ。たとえば、トマトの多用性や亜熱帯地域で容易に栽培できることも見逃された。本来なら、この特性によってトマトはスペイン料理の具材としてすぐさま普及したはずだった。

いったいなぜ、スペイン人はトマトをトマーテと名づけたのだろうか？　マッティオリなどイタリアの植物学者やスイスの植物学者は金のリンゴや愛のリンゴと呼んだのに。意外だが、スペイン人は原住民から聞いたであろう名前にそっくりな名を付けた。だが、ここでまた混乱が生じた。二種の別々の実に同じ名前を付けてしまったのだ。アステカ族は我々の知るトマトをキトマルトと呼び、トウガラシや挽いたカボチャの種と合わせておいしいソース、サルサを作り、魚や、ときには七面鳥にかけて食べていた。サルサは現在多国籍料理で使う、新鮮な材料を使ったおしゃれなソースに似ていたにちがいない。同時に、スペイン人はもうひとつ、まったく別の、だが同じように魅力的な果実を見つけた。原住民がソースを作るのに使っていた材料、トマルトだ。名前はトマトに似ているが、植物学的にはキトマルト(我々の知るトマト)とはまったく関係がない。トマティーヨ、グリーントマト、ハスクトマトとしても知られるトマルトは、実際にはオオブドウホオズキ(学名*Physalis ixocarpa*)だ。かたや、キトマルトはトマト種(学名*Lycopersicon esculentum*)に属する。スペインのキッチンでトマトを使うようになったのは(トマティーヨは大西洋を渡らなかった)、スペイン黄金世紀が到来し、劇作家ティルソ・デ・モリーナなど、一六世紀後半から一七世紀の著名な作家が詩に取り入れるようになってからだった。

おお、サラダよ
バラのように頬を染めたトマト
甘くて、それでいてツンと酸っぱい

ロペ・デ・ヴェガの娘、ソル・マルセラ・デ・サン・フェリクス・カルピオは、談話録「食欲の死」でこう書いている。「夢見るは冷製の肉／そしてトマトとピーマンのサラダ[★13]」

新世界の発見とともに、セヴィーリャの河川港は、かつて見たこともない食材をはじめ、南北アメリカ大陸からやってくる全商品の玄関口となった。こうした品々を運んでくるのは、水夫や商人、そして誰より重要なのは植物園や修道院で働く多くのカトリック教徒だった。グアダルキヴィル川に面したセヴィーリャは大西洋から五〇キロに位置する歴史ある街で、利益を狙う外国人銀行家や企業家だけでなく、キリスト教徒、ムーア人、ユダヤ人にとっても重要な貿易拠点だった。一五〇三年、カスティーリャ王はセヴィーリャに通商院を創設し、セヴィーリャに新世界と優先的に貿易する特権を与えた。アメリカとの貿易拠点をカディスから河川港しかないセヴィーリャに移転する決断をしたこと、また、カスティーリャ王が実際にアメリカを個人的な所有地だとみなしたことは、重大な過ちだった。

結局、この移転は、どうしても達成したかったスペイン経済全体の急成長を邪魔することになった。過ちはこれだけではなかった。カスティーリャにとって、ハプスブルク家が受け継いだ巨大帝国を保護することがすでに最優先となっており、半島に住む人々や経済的利益を守ることは二の次だった。二世紀ものあいだ、カリブ海地域、中央アメリカ、南アメリカで採掘された莫大な金と銀は、ほとんどが軍備、兵士、国債の支払いに充てられた。スペインは理解していなかった。ヨーロッパに持ち込まれた新しい種子、野菜、穀物、果物、そして、チョコレートやタバコが、旧世界でサトウキビやコーヒーを栽培して贅沢な食品が誕生したように、最終的には有形無形の利益を生むはずだった。結局、他の国々はうまく取り入れた。スペインは気づくのが遅すぎた。大西洋上を輸送する食品貿易は、あらゆる発見が生み出す結果のなかでなによりも大きな成果を生むことになるのである。

アンデスの作物

ジャガイモを最初に植えたのはセヴィーリャでまちがいないだろう。当初の理由は、スペイン南部で多くの貧民が飢餓に陥っていたからではなく、可憐な花を見るためで、地元の庭で広く称賛された。小さなキャ

16世紀後半のセヴィーリャ。壮大な貿易港。油彩。アロンソ・サンチェス・コエーリョ(1531〜1588)画。

ラベル船で大西洋を渡り、ジャガイモを持ち込んだ人物は、インカ帝国で愛されていた食品がやがて世界中の人々の暮らしにこれほど溶け込むとは夢にも思わなかっただろう。さらに、哀れなジャガイモが貴族の食卓に並ぶまで耐えぬいた数々の苦悩も想像できなかったはずだ。

パタタ・フリタ（フライドポテト）、パパ・アルガダ（しわしわのジャガイモ）、パタタ・ア・ロ・ポブレ（貧民のジャガイモ）、パタタ・ア・ラ・インポルタンシア（非常に重要なジャガイモ）、アリオリ（ニンニクとオリーヴオイルのソース）をかけたアサダ（焼いたジャガイモ）、トルティーヤ・デ・パタタ（スペイン風オムレツ）、そして、パナデラ（パン職人のジャガイモ）。どれもパパを使って作る料理だ。パパとはスペイン人が一五三〇年頃、ペルーではなくコロンビアで初めて出会ったジャガイモだ。原住民の主食だったジャガイモは、当初、コンキスタドールには敬遠された。しかし、エクアドル、ペルー、ボリヴィア、チリ北部へ南下するさい、飢えや栄養不足に襲われ、気持ちを切り替えなければならなかった。ペルーではインカ人がシチューなどの料理に使うためにチューニョを作っていた。チューニョはいまでもよく使われるフリーズドライ［昔は昼夜の寒暖差を利用して自然環境下でおこなわれた。後述］のジャガイモで、何か月も良好な状態で保存できる。インカ人はパンのように食べ、料理の付け合わせとしても使った。インカ人はキヌア、サツマイモ、ユッカ、そしてなによりパパを食べた。インカ帝国皇帝の子孫、インカ・ガルシラソ・デ・ラ・ヴェガはインカの伝統や慣習について魅惑的な飾り気のない見解を書き残した。『インカ皇統記 *Comentarios reales de los Incas*』ではチューニョについて熱く語っている。

コーリャは長さ一五〇レグア（約八〇〇キロメートル余）にも及ぶ地域だが、土壌が冷たいため、トウモロコシが育つ場所はない。米に似ているキヌアはたくさん収穫できる。他にも穀類や地中に生る豆類のほか、パパと呼ばれる野菜がある。丸くて、水分が多いためすぐに腐ってしまう。これを防ぐには、地面に生えている細いワラのよ

うな草の上に並べ、霜のなか何晩も寝かせる。この地域では一年中かなりの霜が降りるので、まるで茹でたような状態になる。その後、ワラで覆って、慎重に優しく押さえ、パパがもともと含んでいた水分と霜の水分を吸い取らせる。次に圧力をかけてつぶしたら、天日干しをして、すっかり縮むまで置いておく。こうすれば長期保存がきき、名前はチューニョに変わる。太陽の地インカで取れたパパはみなこのように処理し、豆や種子とともにポジト（倉庫）で保管した。[14]

チューニョの味と食感は生産地以外ではまったく評価されなかったが、アメリカに移住したスペインの女性は、チューニョ・ブランコ（別名モライまたはトゥンタ）から粉を挽き、ケーキや料理に使った。スペイン人がペルーに到着したときには、さまざまな色や驚くような形をした一五〇種類以上のジャガイモがアンデスで栽培されていた。

ヨーロッパにジャガイモがやってきた経緯については多くの調査や議論が続いている。誰が、いつ、どこから持ち込んだのか、正確にはわかっていない。レッドクリフ・サラマンは著書『ジャガイモの歴史的および社会的影響 *History and Social Influence of the Potato*』のなかで、ジャガイモは一六世紀後半に生産地とつながりのあった唯一の国、スペインに初めて到着したのだろうと述べている。これはジャガイモがセヴィーリャに到着したとされる意義のある年、一五七三年から一五七五年にあてはまる。[15]カナリア諸島にはさらに古い記録が残っており、一五六七年に「パタタ」がグラン・カナリア島からアントワープに輸出されている。ジャガイモはスペインから世界中に広まり始めていた。現在、世界におけるジャガイモ生産量は、小麦、米、トウモロコシに次ぐ第四位だ。

ヨーロッパ人が到達したとき、新世界の原住民はジャガイモ以外の根菜やナッツ類も消費していた。アステカ族がカモトリと呼び、インカ人がアピチュと呼んだサツマイモは、ジャガイモとちがって大歓迎され、急速にスペイン料理に取り入れられた。以来スペイン人がバタタと呼んでいるサツマイモは色が魅力的だ——サーモンピンク、アイボリー、紫、黄色。さらに、とくに丸焼きにすると栗のような甘味もあり、食感はやわらかいナッツのようだ。

チョコレートと皇帝

「ペルーのコカさながら、とんでもないものだ」。一五九〇年、宣教師ホセ・デ・アコスタは著書『新大陸自然文化史 *Historia natural y moral de las Indias*』で訴えた。チョコレートのことだ。宣教師デ・アコスタが、甘さとはほど遠いカカオ豆がそれ以上望めない大人気のごちそうに変身することを知っていたかどうかは別として、この豆はアメリカ大陸との食品貿易史上、経済的に大成功を収めた作物となった。[★16]

多くの文献や記事によると、エルナン・コルテスが、仕えていたスペイン王カルロス一世にチョコレートを献上している。しかし、初めてカカオがスペインに渡ったのがいつなのか正確にはわかっていないし、前述の話を裏づける歴史的な証拠もない。カカオとチョコレートがスペインに到着したことを記す最古の文書に出てくるのは、フェリペ王子(のちのフェリペ二世)、ドミニコ会、マヤ族であって、アステカ族ではない。[★17] 一五四四年、ドミニコ会が結成したマヤ貴族の使節団が、民族衣装をまとい、最高級の献上品を手に若き王子を訪問した。贈ったのは、ケツァル鳥の羽、コパル香、トウガラシ、トウモロコシ、サルサパリラ、そして豆だ。また、装飾を施した壺のいくつかには砕いたチョコレートが入っていた。若きフェリペ王子はゆっくりと味見したのだろう。実際に読める文献や歴史上の事実はさておき、チョコレートはそれ自体で想像力を解き放ってくれる食べ物だといっていい。

古代からの信仰に従い、光の創造者ケツァルコアトルは、大好きだったトルテックの都市トゥーラの貴族に贈り物をすることに決めた。その贈り物は、別の神から盗んできた貴重で聖なる植物——カカウ・カウイティ——だった。トルテック人はその植物の種から聖なる飲み物を作り、ココアと名づけた。カカオの木をマヤ文明に持ち込んだのはトルテック人だ。彼らはその種で儀式用の飲み物を作った。また、彼らにとってカカオ豆はメソアメリカとの貿易を支える通貨でもあった。★18

カカオの学名、ラテン語のテオブロマ・カカオ（*Theobroma cacao*）は一八世紀にリンネが付けた。カカオはメキシコ、ベリーズ、ホンデュラス、グアテマラ、エルサルバドルが占めるメソアメリカ原産の植物だ。スペイン人が初めて到達する前から、何世紀にもわたり、別の複数の文明がこの植物の種を使って色の濃い飲み物を作っていた。カカオとは、加工する前の木、実、種をさす［厳密な定義はないが、原料の豆や加工度の低いものをカカオ、カカオを加工したバターやパウダーをココアとすることが多い］。アステカ族はカカオ豆で作った飲み物をゾコアルト（xocoalt）と呼んだ。スペイン人はこの発音からチョコラーテ（chocolate）と名づけた。ヨーロッパでは一八世紀まで、水とココアパウダーを混ぜ、風味を加えた飲み物をチョコラーテと呼んでいた。その風味は時とともに変わっていった。

一六世紀にスペイン人が到着するまで、カカオ豆の生産を管理していたマヤ族も、主食であるトウモロコシを使ったさまざまな料理にカカオを利用した。ユカタンの司教となったフランシスコ会修道士、ディエゴ・デ・ランダはカカオの粉ココアを使った多くの料理を記録している。深掘りすると、ランダは矛盾だらけの人物で、マヤ族の貴重な書籍を破棄した罪深き異端審問官だったが、のちに、古代人の日々の生活を記録し、先コロンビア時代のマヤ文化を積極的に保護するようになった。彼は多くを書き残すなか、地元民が、朝、口にする元気づけの温かい飲み物についても記録している。炒ったトウモロコシの粉、ココア、トウガラシを混ぜた飲み物で、彼はピミエンタ・デ・ラ・インディアと呼んだ。

夕暮れどき、畑から男性が戻ってくると、一家はその日のおもな食事を取る。男性は女性や子供と分かれ、別の部屋で食べる。作りたてのトルティーヤ、フリホレ豆、もしあれば少々の肉、あとはおそらく他の豆とチョコ

ラーテだ。[19]

その他、当時のマヤ料理では、アグアカテ、パパイヤ、アナナ、コルディア・ドデカンドラ、チャヨーテ（学名 *Sechium edule*、カボチャの一種）、アヒ（トウガラシ）、シトマテ（ナワトル語のトマト）を使っていた。彼らは沿岸で仕入れてきた魚や貝のほか、肉も食べた。肉は、塩、トウガラシ、ハーブ、アサポテ（学名 *Pouteria viridis*、果物）などの調味料や、着色剤アチョーテ（学名 *Bixa orellana*、ベニノキ）で風味づけしていた。

コロンブスはカカオ豆に出会った最初のヨーロッパ人だった。目にしたのは彼が四度目にして最後となる西インド諸島を旅しているときで、カリブ海の島、グアナハ島でマヤの交易用カヌーに載っていた。そして、原住民が地味な黒い豆にあまりに高い値を付けていたので驚いた。カカオ豆はキッチンで大切な材料になるだけでなく、通貨としても相当の価値があった。スペイン人はココアバターの甘い香りが気に入った。事実、カカオ豆から抽出する脂肪分は、かつてコロンブスがスペインに置いていった味のいい豚脂によく似ていた。地元ではこの脂肪分をすりつぶして少量の水と混ぜ、多くの料理に使った。これこそ、かなり年月が経ってからヨーロッパ人が夢中になるココアバターだ。

ココアを飲み物にしても、また、他の具材と混ぜて使っても栄養価が高いことが知れわたると、すぐさまカトリック教会が注目した。すでに、教会は新世界での地位を確立していた。当時、断食は重要な行事で、断食の期間にチョコレートを口にすることが許されるかどうか、聖職者のあいだで真剣な議論となった。

結局、この件はローマに託された。一六世紀後半、ローマ教皇グレゴリウス一三世は、チョコレートを飲み物として取るかぎり断食の期間でも許可すると宣言した。このニュースに修道院は喜んだ。スペイン人修道女は祈禱しながら、もともとマヤ族とアステカ族が飲んでいた苦い飲み物を変身させようと新たなレシピを考えていた。彼女たちはヴァニラ、砂糖、シナモンを加え、辛いトウガラシは除くことにした。現在、メキシコの都市オアハカでは、専門店が顧客の選んだ豆を炒り、挽いて、顧客の好みの香りを付ける。しかし、プエブラ、ハラパ、オアハカで女性たちが膝をつき、昔ながらのマテテ(石臼)でカカオ豆やトウモロコシの粒を挽く時代はもはや過ぎ去ってしまった。

ケーキや菓子以外、チョコレートはスペインの伝統料理には具材としてめったに使われなかったが、チョコレートの発見はスペイン人にとって奇跡だった。いっぽう、メキシコの料理人はいまでもさまざまなレシピで利用している。たとえば、コルテスが到着する以前、古代アステカ族が作っていた料理を彷彿とさせる濃厚なソース、モーレだ。よく作られているのは、ジューシーなモーレ・ポブラノ・デ・グアハロテ(七面鳥のトウガラシソース)で、プエブラの街を思い起こさせる非常に有名な料理だ。グアハロテ(七面鳥。英語ではターキー)はスペインではパヴォとしても知られる。野生の七面鳥(学名 *Meleagris gallopavo*)の子孫でキジ科の鳥だ。古代アステカ族は七面鳥の肉を調理するほか、羽根を頭の飾りにしたり、矢に付けたりした。七面鳥は社会においてとても重要な存在となり、祝祭では神として崇められた。彼らは七面鳥をウェショロトリと呼んでいた——現在のメキシコ名グアハロテはここから来ている。

エルナン・コルテスはこの風変わりな鳥をアステカ君主モクテスマの宮廷で初めて目にした。ヨーロッパで古代から知られていたパヴォ・レアル(スペイン語でクジャクの意)より味わい深く、かなり肉づきがいい大きな鳥だった。

シスネロスの夢

スペインの歴史に良くも悪くも影響を与えた人物として、シスネロス枢機卿、ゴンサロ・ヒメネス・デ・シスネロス(一四三六〜一五一七)はいまも現実と伝説のあいまを揺れ動いている。カスティーリャ女王イサベル一世の聴罪司祭であり、また、政治の影響や見通しにもあかるかった彼は、決断力を行使し、結果、アメリカ大陸の発見と福音伝道を導いた。残念ながら、彼はスペインの異端審問導入にも携わった。

レコンキスタが農業、とくにカスティーリャの農業に与える悪影響に気づき、ヒメネス・デ・シスネロスは専門書の出版を依頼することに決めた。同書は農民や文学者がその後何世紀も参考にすることになる。基本的に正しくかつ簡素な言語で書かれた本で、土地を耕す農民男女でも、土地問題を左右できる人物でも、容易に理解することができた。執筆を担当したのはガブリエル・アロンソ・デ・エレーラだ。彼の本は、農民が絶望していた時期、スペインの農業改善に貢献した。カスティーリャ人だったアロンソ・デ・エレーラはグラナダで宗教の研究を続けるかたわら、イスラム教スペインの最後の砦、グラナダ王国の肥沃な渓谷にムーア人が導入した秀逸な農業法に魅了されていた。イスラムの農学者たちはこの地域に押し寄せ、はるか昔から中東の肥沃な渓谷でおこなわれていた農業技術を持ち込んだ。さらに、エレーラは教会で高い地位に就いたため、農業への関心を胸に、さらに遠方へと旅することができた。スペイン全土を回るだけでなく、ドイツ、フランス、イタリアにまで足を進め、各地で昔からの教えを学んだ。一五一二年頃、アルカラ・デ・エナレス（マドリード）でエレーラは『農業書 *El libro de agricultura*』全六巻を出版した。第一巻で取り上げたのは農業の全体像と土壌の種類で、おもなテーマは灌漑をしない穀物の栽培だ。第二巻はブドウ、第三巻は木、第四巻は野菜に注目し、第五巻は家畜、そして最後の第六巻は農学者パラディウスの研究に基づいた農事暦だった。エレーラにとって、昔の知識はアラブの教えやルネサンスでもたらされた近代的な取り組みとつながっている。[★20]

一五一六年、カトリック王フェルナンド二世が死亡する頃には、スペイン帝国誕生への道が敷かれていた。戦士として類まれな能力を持っていたフェルナンドは、ヨーロッパ人同士の婚姻がもたらす利益を信じており、結局、この戦略は成功する。彼はテューダー王朝とハプスブルク家に注目した。フェルナンドの娘、王女キャサリン・オブ・アラゴンは、イングランド王ヘンリー七世の息子、ハプスブルク家のアーサー王子と結婚した。この政略結婚自体は悲惨な結末を迎える。なにより重大な出来事は、北方のネーデルラント［現在のオランダとベルギーを中心とした地域］で、フアナ王女がローマ皇帝マクシミリアン一世の息子、顔立ちの美しいブルゴーニュのフィリップ大公と結婚したことだった。当初は死と悲劇がフェルナンドの計画を邪魔したが［キャサリンは、離婚、再婚、流産と死産が続き精神を病んだ］、フアナとフィリップのあいだに息子カルロス（のちのカール五世）が生まれると、最終的な成功は保証された。カルロスはヨーロッパを率いる三大王朝の後継者となった。ハプスブルク家、ブルゴーニュ領ネーデルラントのヴァロワ・ブルゴーニュ家、そして、カスティーリャ・アラゴン連合王国のトラスタマラ家だ。皇帝になる運命だったカルロス王子は、のちに、非常に貴重なカタルーニャ料理の本をカスティーリャ語で出版するためにひと役買うとは予想だにしていなかっただろう。

✣デ・ノーラの芸術

カタルーニャの一六世紀はあるカタルーニャ料理本の出版で幕を開けた。同書は大成功を収め、ヨーロッパで刊行される出版物の基準となった。皮切りとなったその本とは、一四九〇年頃に巨匠ルパート・デ・ノーラが書いた『料理書 *Llibre de Coch*』だ。多くの版が出版され、一五二〇年頃にはまずカタルーニャ語で、のちにカスティーリャ語で上梓された。地中海料理史における基本の書だとみなされている。デ・ノーラは読者に対し、自身を真のルネサンスの学者だと称し、カタルーニャの料理や、それらを上品なナポリの宮廷に紹介したことについて書いた。他の料理の伝統に興味を抱いていたこともまちがいない。デ・ノーラの『料理書』が一五世紀のイタリアの料理人マルティーノの足跡をたどっていることはまちがいないが、この本は地中海地方の料理に捧げた歌だ。とくにカタルーニャ、アラゴン、バレンシア、プロヴァンス、イタリアのレシピが満載で、ローマ時代にさかのぼり、ムーア人、キリスト教徒、ユダヤ教徒の伝統を引き継ぎ、地中海世界の復興に順応させている。メインは肉、魚、スパイスだが、全体的に地中海地方で栽培されたさまざまな野菜、果物、ナッツも扱っている。とくに多いのはカタルーニャの作物——アーモンド、ヘーゼルナッツ、米、ノス、レモン、イチジク、レタス——だ。当時カスティーリャはまだ大西洋を越えてブラックペッパーを探していた。デ・ノーラがカスティーリャの料理をひとつも採用しなかったのは、スペインで権力を争っていた地域間でつねに存在していた敵意とライバル意識の表れだったのだろう。彼の勢いは止まらなかったため、すぐさま、アラゴン連合王国各地のほか、カスティーリャ、またトレドやログローニョなどの都市に住む貴族に料理を提供しているプロや駆け出しの料理人の関心を惹きつけた。こうした地域ではデ・ノーラの本が『肉のシチュー、野菜を中心とした贅沢な料理と簡単な料理 *Libro de los guisados, manjares y potajes*』として出回っていた。カタルーニャ語とカスティーリャ語、双方での出版が可能になったのは、ナポリ王かつローマ皇帝、カール五世(フィリップとファナの息子カルロス)の支援があったからだといわれてい

ルパート・デ・ノーラの『料理書』。

る。おそらく、バルセロナ滞在中にデ・ノーラの料理を口にしたのだろう。

ルパート・デ・ノーラとは、実際、誰だったのだろうか？ 一五二〇年版に記されている、彼が料理を出したナポリ王フェランテとはどんな人物だったのか？ ここで事態はややこしくなる。歴史家のなかには、デ・ノーラはカタルーニャのプロの料理人で、イタリアの都市デ・ノーラで生まれたと信じる者もいる。両親がカタルーニャ人だったかもしれないし、単にナポリ王国に仕えているあいだにカタルーニャ語を身に付けたのかもしれない。また、本に登場する王フェランテは、名のあとに数字が付いていない。デ・ノーラが仕えた王は何世だったのか？ ナポリ王アルフォンス一世の息子フェランテ一世なのか、それとも、孫のフェランテ二世なのか？ 証拠はないが、一世でまちがいないだろう。イタリアでデ・ノーラが長期間をともにした唯一の王が一世であり、その体験をもとにデ・ノーラが料理の世界について詳細を記録したのだ。

なにはともあれ、『料理書』はキッチンの内外を問わず、若い見習いに向けて書かれた手引書だった。膨大なレシピに加え、執事、シェフ、肉を切り分ける人、ソムリエ、給仕係が知りたい情報が満載だ。デ・ノーラは王の馬を世話する者の仕事さえ記録した。同書のもうひとつの重要な点は、一四九一年以前の、キリスト教のクアレズマ(四旬節)に光を当てていることだ。この年、教会は大きな変革を遂げた。カトリック暦のおもな断食の期間に口にできる食品の数を増やしたのだ。そのなかには、牛乳、チーズ、卵、魚のほか、オリーヴオイルもあった。オリーヴオイルは、宗教的寛容が過去のものとなったとき、人気のある豚脂(信仰心を試されるもの)の代わりを務めた。

同書のなかで四旬節に出されていたと思われる料理は、マンハー・ブランコ・デ・ペスカドだ。中世、他の多くの国で鶏肉を使っていた人気料理で、英語ではブランマンジェとして知られていた。スペインで最初に記録されたのは一三二四年、カタルーニャ語の『セント・ソヴィの書』で、アラブ発祥でアル・アンダルスでも作られていたタファヤに似た料理を土台としているようだ。タファヤは肉のシチューで、小麦粉やアーモンドを加えてじっくり煮込み、ローズウォーターとスパイスで風味を付ける。この料理は、タイユヴァンが書いたとされるレシピ集『食物譜 *Le Viandier*』（一三〜一四世紀）にはマンジャ・ブランとして、また、イタリアの『名もなきトスカーナ料理 *Anonimo Toscano*』ではブランマンジェリとして掲載されている。

四旬節の料理の項で、デ・ノーラは次のように書いている。

肉の日の食材や料理に関しては、できるかぎり簡単な方法を紹介した。肉の日に作れる料理は無限にあるが、そのほとんどは四旬節にも作ることができる。というのも、肉料理に関する章では、肉の出汁

✣マンハー・ブランコ・デ・ペスカド

おいしいマンハー・ブランコ・デ・ペスカドを作るため、デ・ノーラは『料理書』で次のようなレシピを紹介している。

かならずロブスターか鯛を使うこと。どうしても質にばらつきがあるが、欠かせない具材だ。しかし、鯛よりロブスターのほうがはるかにいい。ふたつのうち好きなほうを選び、鍋で茹でる。半分ほど火が通ったら、湯からあげ、冷水に浸ける。次にロブスター（鯛）の白身のいちばんおいしい部分を取り出し、強火で焼く。皿に載せたら、サフランの雌しべのように細く裂き（細かくほぐし）、ローズウォーターをかける。8人分に対して4ポンド（1.8キロ）のアーモンドと、各1ポンド（450グラム）の小麦粉とローズウォーターを用意する。さらに2ポンド（900グラム）の精糖と湯通ししたアーモンドを油分が出ないようにすり鉢で混ぜる。すりこぎを絶えずローズウォーターで湿らすといい。混ざったら、きれいなぬるま湯を足す。液をこし、清潔な鍋（新しい鍋や銅製は避ける）に入れ、ロブスター（鯛）とローズウォーター、さらに搾りたての牛乳を加える。牛乳は、最初は表面がひたひたにかぶるくらいにして、すべて使わないこと。残りは、あとから一度に入れず二度に分けて加える。すべて鍋に入れたあと、マンハーが濃厚になるタイミングはわかりづらい。ダマにならないように少しずつ小麦粉を加えていく。煮詰まるまでつねにかき混ぜよう。できあがったら皿に移し、最後に精糖をふりかける。これで完璧なマンハー・ブランコ・デ・ペスカドの完成だ。[★22]

と混ぜると書いてあるからだ。出汁はソースやポタージュに塩、オイル、水を入れて薄めればいい。ただ、まずは煮込むこと。塩でうまく味つけし、良質のオイルを使えば肉の出汁のようにおいしくなる。よって、肉の日に出す多くの料理は四旬節でも作れる。単に食材を交換するだけだ。つまり、このテーマに関しては肉の日の料理で十分に伝えたと自負している。★21

デ・ノーラの本は魚料理も網羅しているが、彼は世界の三大料理は、サルサ・デ・パヴォ、ミラウステ、マンハー・ブランコだとしている。どれも家禽を使った料理だ。サルサ・デ・パヴォは単なるソースではない——アーモンド、鶏か七面鳥の肝臓、オレンジジュースか白酢に浸けたパン、ショウガ、シナモン、クローヴ、サフランで作り、砂糖をふりかけた濃厚なスープだ。ミラウステは焼いた鳩と鶏を、焼いたアーモンドと、濃厚な出汁に浸したパンを合わせ、すり鉢ですりつぶし、たっぷりのシナモンをふりかける。『セント・ソヴィの書』に載っている典型的な中世のマンハー・ブランコを作るさい、デ・ノーラは材料に大きな雌鶏、米粉、ローズウォーター、砂糖、山羊乳と卵を選んだ。★23

第四章

スペイン黄金世紀

次に紹介するのは、ローマ皇帝カール五世が、晩年、エストレマドゥーラのユステ修道院で日常的に取っていた食事の風景だ。

皇帝は夜明けとともに朝食を取った。雄鶏や家禽のスープに牛乳と砂糖を加える。正午の昼食には二〇種の料理が並んだ。午後にはメリエンダ(間食)。生あるいは保存した魚と塩漬けの貝で食欲を呼び起こす。日が暮れると夕食を取る。甘いペストリー、ジャム、果物、エンパナーダパイ。ライン川で運ばれてくるビールとワインには目がなかった。★01

✣スパイス、エチケット、ビールと小麦

カルロス一世(一五〇〇~一五五八)は、一五一六年、父親の死を機にスペイン王位に就き、一五一九年からはドイツ王および神聖ローマ皇帝をカール五世として兼任した。父から受け継いだ国の料理の伝統を、のちに皇帝となるカル

ロスがどう考えていたかはあまり知られていない。王位を共有していた母のファアナ女王は、当時まだカスティーリャ女王も兼ねていたが、体調が思わしくなかった。カルロスはハプスブルク家の人間だ。現在わかっているのは、カルロスの人生は、政治、宗教、戦争、借金に振りまわされ、贅沢な料理、ワイン、ビールに夢中だったということだ。この過度な食欲のおかげで彼は苦しんだ。料理をなかなかしっかり噛めず、つねに消化不良に悩まされた。なにしろ、肉という肉――ジビエ、豚、子牛、マトン、ブラッドソーセージ（豚の血入りソーセージ）などすべて――が大好物で、体調はますます悪化した。帝国や信条を守るため、終わりなき旅を続けているあいだずっと、こうした食材を要求し続けた。ちなみに、カルロスがうまく咀嚼できない原因はハプスブルク家の顎にあった。近親婚が続き、下顎が上顎よりかなり前に出るように

『宿の料理』。16世紀か17世紀の調理場を描いた作品。フアン・マヌエル・ペレス画。1995年。

なっていた。ハプスブルク家の君主たちを悩ませた一族の遺伝だった。
若き王は誕生の地ベルギーのヘントから多くの顧問を連れてきて、カスティーリャの家臣をひどく苦しめた。料理人、執事、醸造業者までスペインに同行させ、宮廷のキッチン担当者や飲料貯蔵室の管理人は嫌な思いをした。さらに、王はカスティーリャの宮廷の礼儀が不十分で下品だと感じ、自身が子供の頃から親しんでいた、より厳しい、非常に洗練された礼儀作法を取り入れた。そう、ブルゴーニュのエチケットだ。★02

「ハプスブルク家の顎」は咀嚼が困難だった。カール5世(カルロス1世)(1500–1558)の肖像画。

カルロスは極上ビールで名高いフランドルの町メヘレンで育った。ワインよりビールが好きだったため、スペインで暮らした短い期間も、さらには外国で敵と戦っているあいだも、メヘレンからビールを届けさせた。父親在任中の領土ではホップから作るビールがすでに一三世紀に完成しており、樽での輸送や長期保存も可能になっていた。カルロスは安定した供給を確保するため、フランドル地方の有名な醸造業者を大勢、スペインの宮廷に呼び寄せた。そのせいで、家臣たちは外国産の色の濃いビールを嫌うようになった。数十年後、カルロスは退位して完全に引退し、エストレマドゥーラのユステ修道院に移ったあとも、自分専用の樽から一～二杯を楽しんでいた。統治時代から五世紀以上たったいまも、ベルギーで人気を博しているビールが「チャールズ・クイント・ブロンド」や「ケイゼル・カーレル・ブロンド」［どちらも「皇帝カール五世・黄金色」の意］という名前で販売されている。統治時代、ビスケー湾にあるカスティーリャの主要港、かつ、低地帯諸国と海路で直結していたサンタンデールは、羊毛だけでなくワインとビールの重要な貿易港だった。

　スペインで人口が急増していた頃、王カルロスが引き継いだおもな問題は、小麦など穀物の不作による価格高騰だった。家臣たちはパンや家畜に与えるエサが必要だった。かつてヨーロッパの穀倉と考えられていたカスティーリャの大半において、農業の主要作物は穀物だった。人口と経済の成長は穀物生産地域で顕著だったが、カスティーリャはカトリック王の統治が始まってからおもな農業地域が生産能力を失いつつあった。さらに困ったことに、多額の税収源であるメスタ（牧羊者組合）が土地の半分を牛耳っていた。羊毛が食料より、羊が農民より、大切にされるようになっていた。おまけに、アメリカから金銀が輸入され、富裕層や権力者が土地を買い占め、穀物などの作物を植えずに羊の飼育に充てたため、状況はますます悪化した。こうした土地はアラブ人とユダヤ人を追放したあとに人口が減少しただけでなく、男性の多くが兵士としてヨーロッパの戦地に送られていた。いっぽう、アンダルシアではオリーヴが植えられ、カスティーリャとグラナダではブドウが栽培され、投資すれば儲かるビジネスになった。グラナダのサトウキビ、ムルシアとバレンシアの絹も需要が高まった。

　農民たちは飢えに苦しみ、都市へ出ていった。そのため、穀物は需要が増えるだけでなく値段も上がった。投機と食料不足は、わずかな富裕層にとっては手っ取り早い儲け手段であり、残りの一般人にとっては飢えにつながった。

こうした実情に惹きつけられたイギリス人とオランダ人の商人が地中海地方に乗り込むと、ますます価格が跳ね上がった。

空腹のスペイン人にとってアメリカの肥沃な土地は救いだったにちがいない。しかし、初期ハプスブルク家からすれば、信仰と帝国の境界線を守ることは、そうするために必要な金銀の入手とともに最優先だった。貴金属は別として、重要視されていたのは羊毛とスパイスだけだった。

ポルトガル人に占拠されていたスパイス諸島（現在のインドネシア）に渡って富を手に入れるため、新たなルートを探す必要があった。スペイン人は危険を冒してでも海を渡り、発見された新世界を越え、さらに西へ進まざるをえなかった。一五一九年九月、カディス西部の小さな漁港サンルカル・デ・バラメダから五隻のスペイン船が出港した。かつてのコロンブス同様、カナリア諸島に向かい、都合のいい貿易風を味方にして大西洋を渡った。航行を指揮していたのはカルロス一世と契約した有名なポルトガルの探検家フェルディナンド・マゼランだ。マゼランはコロンブスが発見した大陸はアジアではないとわかっていた。一四九四年に締結されたトルデシリャス条約により、ヨーロッパ以外で新たに発見された土地はポルトガルとカスティーリャ王国で分けることになっていた。また、スペイン人はアフリカや喜望峰を経由してアジアに向かうルートを使用しないという規約に同意していた。そのため、できるだけ早く代わりのルートを探さなくてはならなかった。そしてついに、史上もっとも有名なヨーロッパの海洋冒険が始まったのだ。一年以内に船五隻のうち四隻が風の強い海峡に海路を見出した。南アメリカ大陸最南端とフエゴ島を隔てる海峡だ［マゼラン海峡］。彼らは初めての大洋に到着し、エル・パシフィコ（平穏な海。太平洋）と名づけた。いま渡ってきた、数多くの困難や悲劇さえ経験した大西洋よりも穏やかに感じたのだ。

数週間、海上で過ごし、食料も水も少なくなり、いまだ陸地が見えないなか、彼らは自分たちの計画がいかに危険だったかを悟った。一五二一年三月、マゼランはマクタン島［フィリピン中部の島］で毒矢に刺され、死亡した。この地域の島々は、のちにフェリペ二世に敬意を表してラス・イラス・フィリピナス(フィリピン諸島)と名づけられた。一行はさらに船二隻を失い、残ったのはトリニダード号とヴィクトリア号の二隻だけとなった。このとき指揮を執ったのは副司令官フアン・セバスティアン・エルカノで、インドネシアのスパイス諸島(モルッカ諸島)に向け南下していった。ティドレ島でポルトガル商人からなんとかスパイスを買いつけ、船に積み込んだ。そしてまた出港し、西方を目指してインド洋を渡り、喜望峰に向かい、大西洋南部に戻ってきた。ようやく、カスティーリャは夢を実現した。いまやスペイン人は憧れのスパイス諸島に、トルデシリャス条約に抵触せず、海路でたどり着ける。条約に太平洋に関する規定はなかったのだ。

ただ、愉快な気分は長く続かなかった。相当の利益を得たカルロス一世はポルトガルと新たにサラゴサ条約を結んだ。この条約はスペインに有利とはいえなかった。スパイス諸島から西方二九七五レグア(一万六〇〇〇キロメートル余)の太平洋上に新しい境界線が引かれた。この瞬間から、スペインの船は境界線の西側に進入することがで

コショウを求めて。ヴィクトリア号のレプリカ。マゼランが率いた船5隻のなかで、世界周航後、1522年、唯一スペインに帰還した船。

きなくなった。のちにフィリピンとニューギニアはスペイン帝国に加わるが、スペインはスパイス諸島の豊富な資源を得る権利を放棄したのだ。スペイン人は優秀な航海士であり、根っからの冒険者だったが、敏腕な商人やビジネスマンではなかった。

年月が経過し、痛風に苦しんでいた皇帝は、ひとり、毎日ミサに参加するユステ修道院の礼拝堂のそばに座っていた。死亡したときは五八歳だった。相変わらずアメリカから金塊が届いていたが、借金を抱えたままのスペインを息子フェリペに譲った。生涯、広すぎる前線を守りきれず、抱え込んだ多くの軍隊には食料の配給も支払いもできなかった。以前は持ち前の熱意で信仰を守ろうと必死に戦っていたが、いまやそれさえも捨てようとしていた。もはや彼はフランス王フランソワ一世の敵でもなく、教皇の敵でもなかった。かつては、地中海で暴れていたアルジェリアの海賊、東洋のトルコ人、スペインで反乱を起こした貴族、イタリア北部のフランス人、そしてドイツのプロテスタント反乱軍に立ち向かった。ただ、いまはユステ修道院で次の食事と神を待っているだけだった。

砂糖の暗黒面

一〇世紀頃、ムーア人がアンダルシアに砂糖を持ち込んだとき、サトウキビはすでにあちこちに輸送される植物になっていた。初めて栽培に成功したのはニューギニアだと考えられているが、サトウキビの汁を精製し、粉状の砂糖にする工程を発展させたのはインドだ。サトウキビはインド亜大陸からペルシアに渡り、地中海でアラブ人が広め、スペインに伝わったが、スペインでは富裕層しか入手できなかった。古きグラナダ王国の沿岸地域は気候条件に恵まれ、こうした貴重な作物の栽培にはもってこいだった。その後、サトウキビはカナリア諸島に導入された。戦略上、優位な位置にあったカナリア諸島は、ヨーロッパの商品が向から新たな目的地となり、アメリカ・ヨーロッパ間の貿易において重要な役割を果たすようになった。貨物船はカナリア諸島を出港し、都合のいい北東の貿易風に助けられ、ヨーロッパ本土の他の港を利用するよりも短時間かつ安全に大西洋を渡ることができた。数十年後、カナリア諸島は砂糖の主要生産地となっていた。

カリブ海地方の砂糖生産が勢いに乗ると、中央アメリカやスペインの修道士はじめ、さまざまな階級の人々が砂糖を手に入れられるようになった。修道女は中東から受け継いだ伝統に従い、スイーツやペストリーを作る腕を磨き、スペイン人の舌に合うよう地元の食材を使って新しい料理に取り入れた。たとえば、チョコレートドリンクだ。スペインではアステカ族のチョコレートドリンクに砂糖を加え、濃厚なチョコラーテ・ア・ラ・タサが生まれた。当初は富裕層に好評で、数世紀後にはマドリード市民にも広まって人気を呼んだ。

砂糖は料理をおいしくするという重要な役目があったが、その裏で砂糖産業の発展と成功はアフリカに悲劇をもたらした。新世界の原住民がいなくなると、新たな産業の発展に不可欠な労働力をアフリカ人奴隷に頼り始めたのだ。

人身売買は時の誕生以来知られている慣習で、異端審問とともにヨーロッパ貿易の暗黒面となった。一六世紀末までに二五万人のスペイン人が西インド諸島に渡った。そして、一〇万人のアフリカ人が、劣悪な状況下で、創設したばかりのサトウキビプランテーションや牧場、儲け主義の企業で働くために輸送された。

サトウキビ。

スペイン王が奴隷制度は不条理だという考えを持っていたため、一五四二年、スペインはヨーロッパで初めて法律で奴隷制度を禁止した国となった。悲しいかな、多くのケースで、この廃止は遅きに失するか効果が出なかった。それどころか、ヨーロッパ人の到着以降、新世界の原住民が受けていた虐待行為が浮き彫りになっただけだった。

奴隷制度はフェニキア時代からイベリア半島に蔓延していた。侵略者にとってもビジネスマンにとっても活動の中心地だった半島は、要求を口にできない沈黙の労働者を扱うには完璧な舞台だった。ローマ人は奴隷制を奨励し、ムーア人とユダヤ人の商人はヨーロッパのキリスト教徒と活発な取引にいそしんだ。スパイス諸島へ渡る東の海路を支配していたポルトガルの支援を受け、スペインはのちにアフリカの奴隷貿易に加わり、西インド諸島に向かった。ポルトガルの商人は西アフリカからセヴィーリャに奴隷を連れてきた。セヴィーリャでは大聖堂の外で奴隷が競売にかけられる。スペイン人商人は買った奴隷を連れて大西洋を渡り、各地の新たな領土に配置する――結局、教皇が許可を与えていたのだ。一四五二年、まだ半島の一部がムーア人の支配下に置かれていた時期、ローマ教皇ニコラウス五世は教皇勅書「ドゥム・ディヴェルサス」を発し、ポルトガル人に対して異教徒を奴隷にする許可を与えた。勅書はのちにスペインにも適用された。内容はこうだ。

> スペイン王、および、ポルトガル王に対し、教皇の権威を以て以下の許可を与える。サラセン人、異教徒、その他信仰なき者、そしてキリストの敵がどこにいようとも、また、彼らの王国、公爵領、国家、公国、その他の財産に対しても、完全かつ自由に、侵略し、捜索し、捕らえ、従属させることを認める……また、そうした者たちを永遠の奴隷に格下げすることも承認する。

このとき、たとえ教皇がカトリックの信仰を守るために動いたのだとしても、アメリカで「ドゥム・ディヴェルサ

ス」が及ぼした影響は、アフリカから連れてこられた多くの人間にとって大惨事となった。★03

カトリック教会の行動は、道徳、強欲、さらには残酷さも、たびたび疑問視されていた。かたや、アメリカのいくつかの修道会による活動を過小評価してはいけない。カトリック派遣団の創設は一六〇九年までは王の優先事項になっていなかった。この年、メキシコが直轄植民地に指定され、修道会の主要会員はすでに新世界に到着していた。一五二四年、フランシスコ会が、続いて一五二六年に力を持つドミニコ会が、そしてその七年後にアウグスチノ会が到着した。

みな、目的はひとつだった。原住民の救済だ。また、生活や出来事をありのままに記録する作業も開始した。彼らにとってこれは重要な仕事だった。また、原住民が新たな入植者のために働かなければならない状況下で、自給自足で生きていけるよう保証することも大切な任務だった。聖職者はアメリカの他の派遣団やヨーロッパの修道院に種子や苗を運び、キッチンガーデンの世話をしている修道士に贈った。こうしてピミエント・デル・パドロンがガリシアに到着したのだ。それから五〇〇年後、この小さな緑色のトウガラシ――甘味もあるが、とにかく辛い――は、スペインや他地域のタパス・バーやレストランの料理に欠かせない存在となった。修道会はもうひとつ、未来につながる重要な役目を果たした。南アメリカとカリフォルニアにワイン用のブドウを植えたのだ。

すでにアメリカで暮らしていた、あるいは、旅をしていたスペイン人にとって、ワインは小麦や肉と同様、大切な食品になった。ワイン販売は利益のあがるビジネスでもあった。ただ、ワインは大西洋を輸送すると酸味が出てしまうため、植民地に貨物船で運ぶことは避けたかった。そこで、ブドウの木はできるかぎり現地で栽培した。この仕事は昔から修道院でワインやリキュールの生産にかかわってきた修道士にとってはおあつらえ向きだった。なにより、ワインはミサの儀式に必要だったし、メキシコとペルーの一部地域の気候はブドウ栽培に最適だった。★04

✣戦士、夢想家、商人

一六世紀のヨーロッパは、カルロス一世とフェリペ二世の統治時代、良質なオリーヴオイルと羊毛生産のおかげで、カスティーリャ王国とヨーロッパ他国の経済および貿易関係は強化されていた。事実、スペインは北ヨーロッパとイタリアへの輸出国第一位となった。後押ししたのは、イギリスの羊毛産業が縮小したこと、そして、スペイン産メリノウールの需要が高まったことだ。ただ、素晴らしい評価を得たスペインの羊毛でいちばん儲かったのは、スペインではなくフランドルだった。羊毛はスペインのカンタブリア沿岸、ラレドから船積みで出港し、帝国でもっとも効率がいい産業地区（低地帯諸国）の港へ運ばれ、サクセスストーリーを生み出した。スペインはここから教訓を得るべきだった。輸入業者や輸出業者にとって利益の出る取引だとわかっていても、いったん世界最先端の織物業界の手に落ちると、最終製品の価値は一夜で三倍になる。さらに、ヨーロッパ北部の銀行家や金融業者には、悦に入る理由がもうひとつあった。彼らは自分たちの利益をスペインの経済救済に充てればさらに三倍になることを知っていた。価値の高い原材料は半島を出たあと、フランドルで暖かな毛布やガウンになり、あるいは、高価で芸術的なタペストリーに変身して銀行家や貴族の邸宅の壁に飾られる。商人としての視点が欠けていたスペインは、またもや帝国保持にしがみつき、カトリック教会を守ろうと躍起になっていた。物作りは他人事だった。いっぽう、羊毛とは別に大西洋貿易に新たなビジネスチャンスがもたらされ、スペインや北ヨーロッパの商人がさらなる利益を手にした――タバコ、砂糖、ワイン、塩漬けタラも、木樽や陶製の容器に詰められ、輸送されるようになったのだ。

陶器は、ヨーロッパと新世界の貿易において、商品、なかでもオリーヴオイル、ワイン、酢の輸送できわめて重要な役割を果たした。セヴィーリャの旧商品取引所インディアス総合古文書館のセクション三に残されている記録を見ればあきらかだ。ほとんどがアンダルシアで作られアメリカに運ばれた陶器は、大きく三つのグループに分けられる。建材、家庭用品や装飾品、そして農作物や職人が作った製品を入れる容器だ。海を渡るすべての商品は、ボティハ・ペルレラなど陶製の容器に入れた。そう、特徴のある名前ペルレラの由来は、スペインの植民地としてきわめて重要な中心地ペルーだ。★05

好物のタラ

何世紀にもわたり、スペイン人の魚貝好きは食文化に深く根づいている。半島が地中海と大西洋に囲まれているため、昔からスペイン国民にとって漁業は重要な仕事だ。船乗りや釣り人としての専門知識は海を越えて認められている。北大西洋沿いに住んでいた初期民族バスク人はとくにその特徴が強く、釣りの技術に長け、競争相手、とりわけイギリス、オランダ、フランスの漁師や商人から深く尊敬されている。一一世紀に始まった捕鯨は、ビスケー湾での過剰捕獲によって危機に陥ると、バスク人はさらに遠くへ移動し、最初はスカンジナヴィア周辺へ、そして大西洋を越えた。

一六世紀半ば、バスク人は思い切ってタラが大量に獲れる地域、北アメリカ沖の豊かな漁場バンク［大陸棚にある隆起］まで移動した。すでに、海を巡る冒険心と比類なき魚への情熱は生まれていた。北大西洋の豊かな冷たい海で育ったタラを船上で塩漬けし、ヨーロッパに持ち帰ってから乾燥させた。これは儲かるビジネスになった。また、カトリックのイベリア半島では教会が長期間の食事制限を課すため、この期間に取る質素な食事を補う食材として歓迎された。カディス周辺やスペインの地中海沿岸地域の塩田は、塩タラ生産の裏でビジネスの成功にひと役買っていた。だが、ニューファンドランドの豊かなグランドバンクスで獲れるタラは、スペインとポルトガルにとって複雑な問題となった。フランスとイギリスが尽きぬ競争に参戦してきたのだ。

ノルウェー人も漁業の腕で有名だった。北大西洋の豊かなバンクに最初にたどり着いたうえ、なにより母国には豊富な海塩があった。つまり、タラをめぐる最終戦でスペイン人とポルトガル人が優勢になることはなかった。スペイン人の場合、商売も得意ではなく、王のために領土を要求する必要性も感じていなかった。漁業の時期は短く(夏の数か月のみ)、スペインの漁船はイギリスの「万能船」に比べて用途が限られていた。イギリスとフランスがニューファンドランドの豊かなバンクに近い利便性のある自然港の使用権を主張していたため、これもまたスペインには不利だった。つねに高価な塩を購入しなければならないことも弱点だった。おまけに、土地の所有権を主張する側は、魚を新鮮な空気にあてて海岸で干すことができた。ヴァイキングが何世紀にもわたってやってきた手法だ。イギリス人が使っていた大型でパワーのある万能船は、あらゆる予備品や商品を積み込み、ヨーロッパから新大陸に向かった。そして、魚、のちには、綿、タバコなどをヨーロッパに持ち帰った。経済効果は計り知れず、往復の船旅で利益が出ることはまちがいなかった。

スペインが船乗りや料理人の想像どおりに魚を安定して供給できるようになるまでにはさらに一世紀かかった。実現のためにとった策は、イギリス、北アメリカ、スペイン間で、羊毛、ワイン、タラの三角貿易を確立することだった。とくにバスク人はタラを大好物としていたため、多くの調理法を知っていた。また、大西洋に出向いてタラを大量に獲る準備も万全だった。

なぜバスク人がポルトガル人と並ぶどころかしのぐほど、塩タラ「バカラオ」に親しみ、料理の達人になったのか、立証することは難しい。カトリック教会の食事制限が塩タラの人気を押し上げたという安易な説明は、多くの歴史家が異議を唱えている。彼らにとって、タラの物語や、スペインだけでなく他の多くの国とタラの関係は、はるかに複雑なのだろう。塩タラの導入は、ヨーロッパ南部の食事に、限られてはいるものの重要な貢献をしたといえる。★06 イベリア半島では、バカラオは貧民を救い、食事を改善した。とくに教会が食べていいものといけないものを規定していた時代はなおさらだ。海から遠く、舗装された道もない荒れ地だらけの山地では、内陸で入手できる人気のない魚のリストに塩タラが加わり、多くの人に大歓迎された。ただし、上流階級は塩タラを野蛮な補足食材とみなした。カスティーリャから海に出るには、アンダルシアを通るか、カンタブリア北部の沿岸にあるサンタンデール、ラレド、ビルバオの港を利用した。内陸に魚を運ぶのはラバ追いだった。彼らは命をかけて、魚を入れた荷物をラバに積み、曲がりくねった道を移動した。毎回、運搬には七～一〇日かかった。生魚とちがって塩タラはほとんど質を落とすことなく長距離を輸送できる。安価で長持ちする栄養価の高い食材だ。結果、二〇〇年以上にわたり、消費量は着実に増えていった。一八世紀には道路の舗装も完成し、一九世紀には鉄道が開通して、消費量は頂点に達した。このとき、イギリス人がヴァージニア沖で捕獲して作った質の悪い塩タラも、別のサクセスストーリーを成し遂げていた。相変わらず有利な船を所有し、タラを安く供給していたイギリスは、タラ漁業貿易を支配し、スペイン、ポルトガル、フランスにさえ被害を及ぼしていた。ビルバオ北部の町はかねてからイギリスと貿易上のつながりが強く、イギリス人商人や供給業者が定住し、バスク人のタラへの愛着心にもおおいに貢献した。カスティーリャやカタルーニャでも、バカラオのおもな消費者である都会のコミュニティだけでなく多くの人がバカラーダの塩を抜き、水に漬け、各部位ごとに調理する方法を身に付けていた。バカラーダはスペイン語で塩漬けして乾燥した丸ごとのタラをさす。バカラーダは部位によって値段が異なるため、貧民が安い部分を購入した。適切に下ごしらえすれば、オリーヴオイルで揚げたり、オムレツに入れたりできる。なによりありがたかったのは、貧民の伝統料理である野菜とひよこ豆のシチューの味が向上したことだ。四旬節や断食の期間は、豚脂、ソーセージ、肉を栄養豊富なバカラオに代える。バカラオは人気のあるどんな料理にも風味を添えてくれた。スペインではイギリスとちがって塩漬けしていないタラは単なるタラとは呼ばない。生タラはバカラオ・フレスコという。市場ではめったに見かけない。

一九七七年、北大西洋のグランドバンクスの豊かな水域で漁業が開始されてから五〇〇年後、カナダが領海幅を三二二キロメートルに定め、その結果、バスク人が指揮を執っていたスペインの魅惑的な漁業史は終焉を迎えた。[07] 現在、バスク人はもはや最高のタラを捕獲する漁場を探してはいないが、いまでもかつてバスク人漁師が釣って保存していたバカラオの質を求めている。自分たちの好みに合うよう塩漬けし、天日干しされていることを条件に、大量のバカラオを法外な値段で購入している。スペインではシェフも一般の料理愛好家も、男性も女性も、塩タラを使って独自の伝統料理や新作料理を作っている。こうした料理はバスク由来のものだけではない。カタルーニャやアンダルシアの人々も変わらず塩タラに真心を尽くしている。

✣断食、禁欲、謝肉祭

「スペイン料理にはニンニクと信仰心が詰まっている」。つねに寛大とはいえない風変わりな作家フリオ・カンバがスペイン料理について書いた文章だ。[08] 現在のスペイン人の一部は否定しているが、ほとんどのスペイン人は自ら選んで、あるいは恐怖から、そして、情熱や伝統から、カトリック教徒であり、聖母マリアを崇拝している。カトリック教会は何世紀にもわたって信者に禁欲と断食を課してきた。いっぽう、聖母マリアはいまも、暦を埋める巡礼や地元の祝祭など、大量の料理、ワイン、ビールを口にする完璧な理由づけとなっている。さらに謝肉祭は教会の努力もむなしく、最近になってスペインで復活した。

控えめにいっても食欲旺盛なハプスブルク家がヨーロッパの半分を支配していたが、スペインでカトリック改革が受け入れられたのは、カトリック教会の厳しい規制によるところが大きい。教会は古代から人間の欲望や暴飲暴食を抑制する慣習があった。覚えておいてほしい。ルターやカルヴァンは救済の手段としての断食に反対した。いっぽう、カトリックの教義では、救済への道のりは、欲望、怒り、自尊心――そしてもちろん大食い――を制御する禁欲の慣習と深いかかわりがある。断食や肉を控える禁欲は、初期の禁欲主義者と修道会が順守していた。キリストがこの世の最期に備え、砂漠で過ごした四〇日間を考えてのことだ。現在、この断食の期間を四旬節（英語でレント、スペイン語でクアレズマ。復活祭前の日曜を除く四〇日間）という。義務的な宗教上の食事制限といえば、スペインは何世紀ものあいだ他のカトリック諸国より緩かったといえる――十字軍の教皇勅書「十字軍に参加した者に与える免罪符のようなもの」のおかげだ。かつてカトリック君主が統治していた時代、この勅書はもともとイスラムとの戦闘で勝利したことを認め、ローマ教皇がスペインに与えたものだった。

教皇勅書はスペイン出身の信心深

『謝肉祭と四旬節の戦い』。ピーテル・ブリューゲル(父)画。1559年。

い人たちが経済力に応じて教会から購入しなければならなかったが、おかげで彼らは四旬節や他の断食や禁欲の期間にも肉を食べることができた。ただし、灰の水曜日、四旬節の金曜日、受難週最後の四日間、キリスト降誕祭の徹夜禱、五旬節、マリアの被昇天、聖ペテロと聖パウロの祝日は例外だった。結局、カトリック国の禁欲は、一九一八年になってようやくローマ教皇ベネディクトゥス一五世の就任中に緩やかながら教会法で規定された。この法では年間の二一パーセントにあたる日に肉と肉のスープが禁じられている。一六世紀に適用されていた暦では一年の三分の一を占めているため、改善されたことがわかる。

ローマ時代のヒスパニアでは、四旬節の前に、生命、暴食、政治批判や風刺を祝った古代の祭、謝肉祭(カーニヴァル)と人気のあるバッカス祭が開かれた。スペインでは数世紀のあいだ、こうした祭はときおり反感を買い、教会、王、独裁者に禁止された。一五二三年、カルロス一世は仮面の使用を禁じた。王は臣下から、謝肉祭は支配体制の崩壊をあおっている、と聞かされたのだ。その後、一八世紀にも、祈禱や禁欲の時期に近すぎて民衆の心を乱す恐れがあるとして何度か禁止された。一九三七年から一九四七年、フランコの支配時の祭典は、どこよりも華やかだったカディスだけでなく全面的に中止され、事実、まったくおこなわれなくなった。だが、スペインの謝肉祭は教会を無視してひそかに続けられた。男女問わず、聖職者にとってはただただ耐え難かった。かたや、一般市民にとっては、仮面、スイーツ、紙吹雪、風刺のためだけの謝肉祭ではなかった。肉、ワイン、セックスを欲していたのだ。

謝肉祭と四旬節の真っ向きっての戦い(肉欲、対、純潔と禁欲)はヨーロッパの画家や作家が昔からテーマに取り入れてきた。スペインで初めて本に登場したのは一四世紀で、スペインの詩人、イータの首席司教フアン・ルイスが『清き愛の書 *El libro del buen amor*』に多くの詩を載せている。★09 一五五九年、同じテーマを壮大な油彩で表現したのはフランドル地方の芸術家ピーテル・ブリューゲル(父)だ。ブリューゲルはふたつの異なる季節料理を描いた。ひとつは肉のない、質素な、食欲のわかない料理。そしてもうひとつは、富裕層のために作られた料理——贅沢で、希望にあふれ、ふんだんに肉を使った料理——だ。

✣スペイン黄金世紀——ならず者、画家、作家

スペインは、壮麗で長い、文学と文化の時代を享受した——スペイン黄金世紀《エル・シグロ・デ・オーロ》だ。この時期はスペインハプスブルク家の盛衰期、正確にいうなら一六世紀の幕開けから一七世紀半ばにあたる。黄金世紀と名づけたのは誰なのか？　答えは学者にゆだねられている。まだまだ今後も、黄金世紀の概念や起源など、スペインに関する歴史的な文献を調査しなければならない。[★10]

一六世紀、文学は社会の大部分が経験している窮状から目をそらすロマンス志向を脱しつつあった。それまで魅力がないと考えられていたテーマを、画家や作家が強力なメッセージとして取り上げ始めた。病気、虐待、不公平、生存、そしてなにより飢餓だ。宮廷文学が生み出す空想的で艶やかな世界は過去のものとなった。『アンダルシアのロサナの肖像 *La Lozana andaluza*』や、とくに『ラサリーリョ・デ・トルメスの生涯 *El Lazarillo de Tormes*』は、出版されるや大成功を収めた。激しい文学改革の時代が始まっていて、そこにはなんと女性の存在もあった！

一五世紀から一六世紀にかけて、スペインの女性は文学に多く登場する。料理で男性をしのぐ技術は、たとえ男性の視点を反映したものにすぎないとしても新たな関心事となった。ヴェネツィアでは、一五二八年、カトリック司祭になったスペイン人コンヴェルソ、フランシスコ・デルガド（イタリア名デリカドのほうがよく知られている）が前述『アンダルシアのロサナの肖像』を出版した。同書は新たな文学ジャンル、ピカレスカ（ピカレスク小説）初期の代表作で、教会や異端審問者からすれば危険をはらむ流行だった。一四九二年、スペインから追放されたあと、何万人ものユダヤ人が、ひいてはコンヴェルソが、ポルトガル、低地帯諸国、地中海沿岸の多くの都市——ローマ、ヴェネツィア、と

くにスペイン帝国領の重要な飛び地ナポリ——に避難した。デルガドは友人を追ってイタリアに渡り、ローマに居を構え、経済的理由から作家としての道をスタートさせた。『アンダルシアのロサナの肖像』の物語には、道徳心のない官能的な人物と同様、追放された虚しさや、残してきた思い出(料理の思い出も)が必要だった。主人公、コンヴェルソのロサナは、コルドバで生まれた野心的なアンダルシア女性で、よこしまなうえ容姿はさほど美しくなかった。そこで、顧客を満足させるため、イタリアで料理人として培った腕を駆使する。前半のある章では、まだコルドバにいるとき、伯母との会話で、料理人になったきっかけだけでなく外国での大胆な生活を始める前に祖母から教わった料理について語っている。ロサナはこういった。

ねえ、そうでしょ、おばさん、私はママよりおばあちゃんに似てるのよ。おばあちゃんを愛していたから、ママたちは私をアルドンサと名づけたのね。もしおばあちゃんがまだ生きていたら、知らないことをもっと教わりたかったわ。よく料理を教えてくれたっけ。手伝ってもらいながら、フィデオ・パスタ、小さなパイ、ひよこ豆入りのクスクス、米料理——全粒を使ったもの、さっぱり系やねっとり系——や、丸くて硬めの小さなミートボールのコリアンダー添えを覚えた。みんながあたしの料理をほめてくれたわ。ねえ、おばさん、パパのパパ、つまりおばさんのパパがよくいってた。「これはみんな娘のアルドンサが作ったんだ。ほら、もちろん、アボバド(マリネ)だってある」ってね。ヘリアにある男性宿に住む多くのくず男たちは、どうしてもやわらかなマトン入りを食べてみたいっていうのよ。それから、ハチミツ！　ねえ、おばさん、想像してみて！　アダムス産のハチミツ。ペニャフィエル産のサフラン。最高のアンダルシア料理はおばあちゃんの家で生まれるの。おばあちゃんはなんだって作れる。オフエラス(揚げた薄いペストリー)、ハチミツ漬けのドーナツ、アーモンドビスケット、ゴマ入りメレンゲ、それに、麻の実を入れた生地を揚げてハチミツをかけたヌエガド……★11

たかなり粘り気のある生地を、オリーヴオイルを熱した深鍋に、星形の口金を付けたチュレラを使って絞り出す。すると、表面に溝があり断面が星形の細長い棒状の揚げ菓子ができる。チュロスとポラス(チュロスの仲間)は英語でいう「ストリートフード」に属する数少ないスペインの菓子だ。街の通りでは、どちらも砂糖をかけ、紙のコーンに入れて熱々でかぶりつく。イギリスのフィッシュ・アンド・チップスによく似ている。チュロスは菓子店や移動式店舗チュレリアから直接買うこともあれば、多くのカフェテリアやチョコラテリアで朝食として、また、午後の遅い時間に間食メリエンダとして食べることもある。チュロスとポラスはサクサクしていなければならない。けっしてべたついてはいけない。チュロスも含め、フルータ・デ・サルテンは南アメリカの多くの国で非常に人気がある。

下火になっているのはトリハスだ。四角い、または、丸いパンを、卵と牛乳、あるいはワインに浸し、揚げてからシロップにくぐらせるか、砂糖とシナモンをさっとふりかける。中世にはトリハスの確たる歴史がある。現在は、とくに四旬節の期間に、家庭やパン屋、地元のカフェテリアで作られている。

フルータ・デ・サルテン。いまも四旬節で作られる、揚げた甘いペストリーだ。

✣フルータ・デ・サルテン

フルータ・デ・サルテンは小麦粉と水を混ぜた生地をオリーヴオイルか豚脂でじっくり揚げた伝統的なスペイン菓子の総称だ。ときには、生地に卵や牛乳を加えて風味を豊かにすることもある。揚げたら、ハチミツをかけたり、シロップに浸けたり、砂糖をまぶしたりして食べる。レシピの多くは、クリスマス、四旬節、数えたらきりがない聖人の日など、宗教的な祝祭日と関係がある。

フルータ・デ・サルテンの起源はわかっていない。スペインの羊飼いは自分たちのために小麦粉と水を混ぜて作ったわずかばかりの生地を揚げ、冬に食べていた。こうした菓子の一部はローマ帝国時代にすでに食され、アンダルシア人やユダヤ人とはっきりとしたつながりがあるものもある。フルータ・デ・サルテンのレシピの多くが、初期のスペイン料理書やスペイン黄金世紀のカスティーリャで書かれた小説に出てくる。ポルトガル人は、はるか遠い中国からこうした菓子を持ち込んだのは自分たちだと主張した。

スペインのフルータ・デ・サルテンのリストを作ったら膨大になる。アルモハバナ、エンメラード、メリンドレ、コオンブロ、アンゴエホ、ロスキージャ・デ・アニ、オフエラ、ブニュエロ、ペスティニョ、トリハス、チュロス、ポラス、フロレ・デ・サルテン。これでもほんの一部だ。19世紀の作家アンヘル・ムロは、著書『実践的料理――誰もが作れる料理と残り物を活用するための専門書 *El practicón: tratado completo de cocina al alcance de todos y aprovechamiento de sobras*』に、彼がロサと呼ぶフロレ・デ・サルテンのレシピを載せた。スペインのロサをフランスのワッフルのレシピに照らし合わせていてややこしい。スペインでは、フロレ・デ・サルテンは開いた花をかたどった長い柄付きの鉄型を使って作る。まず、加熱したオイルに型を沈ませて熱し、小麦粉、卵、牛乳を混ぜた軽めの生地に浸け、型に付いた生地が少し固まったら、ふたたび熱々のオイルに入れて揚げる。フロレ・デ・サルテンに火が通ると、生地が自然と型からはがれる。かつてはスペイン全土で祝祭の期間に各家庭で作っていた。こんにち、この伝統は断食を知らない世代にも受け継がれている。ありがたいことに、こうした菓子は田舎の菓子店でいまも作られている。

健康にはよくないが、まさにムーア人らしいチュロスは、スペイン人の生活が変化しても生き残り、人気を維持している。小麦粉、水、塩で作っ

『アンダルシアのロサナの肖像』では、ロサナが紹介するたくさんの料理によって、読者はアンダルシア料理をはっきりと思い描くことができる。いまもユダヤ人やアラブ人の伝統から深い影響を受けている料理だ。ロサナの食料庫には、チーズ、セモリナ粉、フィデオ・パスタ、アレキサンドリア産ケイパー、地中海地方のアーモンド、グラナダ産レーズンがいっぱい詰まっていた。

厳しい暮らしに追われ、ロサナはローマで崩壊、暴力、娼婦の世界へと入っていく。結局、料理の腕をもとに売春宿を開き、女主人となった。ロサナにとって料理は、男性の上に立ち、支配する手段だった。ロサナの性欲は食材や調理との複雑な関係とともに小説全体にちりばめられている。意外にも、最後はロサナが一種の敬意を受け取り、いわゆるハッピーエンドを迎える。ロサナは金で買える最高の材料を使って作る、贅沢なユダヤ・アラブ・アンダルシア料理の達人だ。材料には、コショウ、ニンニク、クミン、キャラウェイなど、ロサナがセファルディ［一四九二年の追放令により、イベリア半島から離散したユダヤ人］であることがわかるスパイスも含まれていた――男性が拒否できるはずもない。[★12]

ロサナの物語は人文主義者フアン・ルイス・ヴィヴェスの心を揺さぶったにちがいない。彼は完璧や敬意を求める女性を擁護する作品を積極的に書き、こう記している。「正直で高潔な女性の食事を考えるに、ワイン、砂糖菓子、そしてスパイスは、意識を鈍らせるものとして望ましくないと考える」。イングランド王ヘンリー八世の長女、のちのメアリー一世の教育のために書いた手引書「キリスト教女性の教育」でも、ヴィヴェスは同じ内容を繰り返し、美しき女性の謙虚で真摯な態度の重要性を強調した。

さらに、若き乙女はシェフとはちがった作り方の料理を学ぶ。また、菓子やつまらぬものは作らず、質素に、つつましく、清潔に調理する。そうすれば、乙女は両親、兄弟、姉妹、そして結婚してからは夫、子供を満足させることができる。清き乙女はみなからの称賛を手に入れるのだ。

人文主義者のヴィヴェスはあきらかに女性聖職者や特権階級だけが手に入れられる立場を擁護していた。当時の世界はもはや沈黙を守れず、スペイン文学が最善を尽くして、怒り、飢え、不公平、そして喜劇をも代弁していた。[13]

翌世紀、ピカレスク小説は経済の観点から国民を二極——貴族階級とプエブロ(貴族以外)、ようするに豊かな者とみじめな者——に分け、中産階級のいない国の現実に注目を集めた。ピカレスクでは、飢えについて語ることが教会の強欲を批判することと同様に流行した。じつに現実的で、社会を批判的な目で見たこの新しいジャンルでは、多くの作家が人生を描くときに使う共通のテーマとして初めて飢餓が取り入れられた。カスティーリャ語のピカロ(ならず者、悪党)が由来のピカレスカ(ピカレスク小説)は初期小説の形式で、通常は一人称が語り、やがて、実際に一七世紀末まで続いた社会腐敗に対する革新的な皮肉や風刺の表現になっていった。読者は、よりつつましく人生を歩んでいる人々の様子や、カルロス一世、フェリペ二世、フェリペ三世、フェリペ四世の統治時代における独特かつ信仰心の強いスペイン像を知ることができる。当分野を研究している多くの専門家いわく、この新ジャンルは一五五四年出版の『ラサリーリョ・デ・トルメスの生涯』に始まり、もうひとりの黄金世紀の作家、フランシスコ・デ・ケヴェドの『ブスコンの生涯 *Buscón*』が最後の作品となるようだ。

作者不詳の『ラサリーリョ・デ・トルメスの生涯』は、子供の頃から飢えと不運に苦しんでいた若いならず者の人生やその時代を綴っている。彼は何人もの卑劣な人間の付き人や召使の仕事をして自身の窮状に打ち勝とうとし、ひどい扱いの仕返しとしてつねに主人を騙そうと企んでいた。文学の宝石『ラサリーリョ・デ・トルメスの生涯』は立ち直りへの教訓であり、希望と、最終的に大きな道徳的犠牲をともなう幻滅の物語だ。主人公が成し遂げた目的は、権力のある人間や社会、教会に恥をかかせたことだった。まもなく、教会も異端審問も同書を承認しないと表明した。すでに作者ははるか彼方に姿を隠し、こうした批判作品の人気は押さえつけられた。むろん、出版後すぐに『ラサリーリョ・デ・トルメスの生涯』は販売を禁止されたが、そのまま消え入ることはなかった。ピカレスクの足跡を追い、ミゲル・デ・セルバンテス(一五四七〜一六一六)が小説『ドン・キホーテ』〔岩根圀和訳、彩流社、二〇一二年〕を出版し、絶賛された。同書は一六世紀から一七世紀のスペインの食料事情、および、食料不足がもたらした実情をあからさまに描いている。最初の一ページから、読者はふたりの主要登場人物をめぐる料理の世界に引き込まれていく。ドン・キホーテは夢を追う紳士で、騎士道物語を読んで深い感銘を受け、現実から逸脱している。夢をかなえるためなら食事も必要としない。背が高く、痩せていて、とにもかくにも風変わりだ。もうひとりの男サンチョ・パンサは分別のある気の毒な召使で、背が低く、太っていて、夢などけっして見ない。つねに空腹だからだ。現代ヨーロッパ小説の第一作、かつ、過去最高の小説だと考えられていた『ドン・キホーテ』は、老いたカスティーリャ人イダルゴ(下級貴族)が占める社会的地位がはっきりとわかる有名な文章から始まる。話が進むにつれ完璧なアンチヒーローとなるこの脆い紳士は、序盤ですでに常軌を逸した騎士として世界の不条理を正そうと決意していた。平和な暮らしも、かなり質素で気取らない食卓での楽しみも、無理な節制をしてあきらめていた。セルバンテスは冒頭でドン・キホーテの食卓にのぼる多くの料理について触れている。ときには牛を使ったシチュー(オリャ・ポドリーダ)もあるが、ほとんどの夜はラムのサルピコン(オリャで残った肉にタマネギを足し、オリーヴオイルと酢で味つけする)だ。土曜日はドゥエロ(卵)とクエブラント(モツ)。金曜日はレンズ豆。日曜日はときどき贅沢をしてひな鳩の肉。『ドン・キホーテ』はけっして料理書ではないが、読者はメセタ南部に広がるカスティーリャのラ・マンチャで使われていた食材や人気の伝統料理を知ることができる。概して、この地域の食品は不足するだけでなく、かなり魅力に欠けていた。料理を出すのは、家庭の女性か、危険な道端や田舎の村に点在する評判の悪い宿屋だった。同じ料理でも、ときには贅沢で風味豊かになる場合もある。とくに、ラバ追い人、農民、羊飼い、ならず者、さらには盗賊が夢見たような料理に変身するときはなおさらだ。こうした料理を口にしたのは下級貴族や外国から戻ってきた商人だった。しかし、祝祭日に用意され、いまも有名なシェフが作っている伝統料理もある。小さなジビエと無発酵のパンで作るガスパチョ・ガリアーノ。卵、ベーコン、そして、子羊の脳みそを塩と少量のブラックペッパーで味つけしたドゥエロ・イ・クエブラント。料理のなかには作り方を説明するような独特な名前を持つものも多い。たとえば、ジャガイモとタラで作るアタスカブラは、アタスカル(道をふさぐ)とブラ(ロバ)が由来だ[ジャガイモをつぶすときの音が立ち往生しているロバの足音に似ているから]。ティスナオ[炭火で焦げたという意味]は赤い乾燥トウガラシとピメントンから出る濃い色を表している。これは塩タラとジャガイモ、タマネギ、ニンニク、オリーヴオイルで作る煮込み料理だ。

セルバンテスはこの有名な作品で、一貫して自身の生んだヒーローが永遠に飢えや貧困に苦しみ続けるという設定にこだわった。しかし、始終その状態に苛立ちながらもほんの何度か味わった贅沢な体験も描いている。第二部、ヒーローたちが旅の途中で出会ったふたりの学生に誘われて訪れたカマチョの婚礼の場面だ。学生がこういった。「一緒に来ませんか。これまでマンチャはおろか周囲何十キロメートルにもなかった最高に豪華な結婚式をご覧になれますよ」。このとき初めて、サンチョは裕福なカマチョが自身の結婚式で仕出し屋に運ばせた豪勢な料理の数々に魅了され、公然と主人に逆らう。カマチョのような金持ちが地元の若い女性キテリアと結婚する権利を擁護するのだ。キテリアはたくましい美男子バジリオと愛し合っていたが、彼には、もしあったとしても、カマチョほどの財産はなかった。運よく、バジリオは巧妙な策略を考えつき、偽装自殺を図って死期が迫ったふりをし、最終的にキテリアとの結婚にこぎつける。この巧妙な陰謀はイダルゴ(下級貴族)であるドン・キホーテの目には十分に正当なものだったが、従者の夢は絶たれた。ちょうどその日の朝、サンチョはベーコンを焼く夢のように香ばしい香りで目を覚ましていた。これは単なる序章で、その後、驚くような料理が次々と運ばれてきた。五〇人以上のシェフが、未来あふれる祝祭に招かれた何百人もの客のために作った料理だ。彼らが式場に着くと、サンチョは自分の目を疑った。そこにあったのはこんな光景だった。

楡《にれ》の幹をそのまま焼串にして仔牛一頭まるまるの焼き肉、その下では小山半分ほどもある薪が燃えさかっていた。焚き火の周囲に置かれた鍋六個はほかのに比べて頭抜けて大きい深鍋で、それぞれに屠殺場ひとつが入ってしまうほどだった。つまり羊の肉が煮立っているのだがそうとは見えず、まるで小鳩でも煮ているかと思えるほどだった。すでに小枝に吊されて鍋へ入るのを待っている皮を剝がれたウサギ、羽を抜かれた雌鳥はその数を知らず、枝に吊して風を通している小鳥とさまざまな野鳥の数も無数にあった［以上、引用部分は前述邦訳書より］。

若い物乞い。食べ残しを探し、命をつないでいる。バルトロメ・エステバン・ムリーリョ画。1645〜50頃。

生地を揚げて作るフルータ・デ・サルテンは宴の最後にふるまわれたが、それは別のごちそうの前座だった。何百リットルものワインがワインスキン［ワイン専用の革製容器］に詰められて待っていたのだ。芳醇なマンチェゴチーズが山積みになり、白パンは何百個と並んでいた。貧しいラサリーリョ・デ・トルメスには想像もできなかっただろう。結局、がっかりしながら、かわいそうなサンチョは到着したときと同様、空腹のままその場をあとにした。というのも、彼の主人ドン・キホーテは己の流儀にのっとり、またしてもおかしな道に進む決意をしていたのだ。[★14]

エル・エスコリアル建設への道

フェリペ二世が継承した帝国は、伯父が引き継いだドイツを除いても、世界史上最強国のひとつだった。新たな王は、その父同様、生涯この国に尽くすことを求められた。カトリックの信仰を守り、カスティーリャの覇権を安定させ、そして、たびたびの混乱時にも、財政を外国（がほとんどだった）の銀行家が掌握したときも、従僕になることは防がなければならなかった。

父の時代と同じように金銀がメキシコやペルーから山のように運ばれてきたが、現君主が直面している莫大な出費をまかなうには不十分だった。貴重な荷物を運んでくる船隊がセヴィーリャに到着すると、すぐさまその船は荷物を積んだまま、長引いている外国からの多額の借金を支払うために出港する。この借金はやがてスペイン帝国を滅ぼすことになった。フェリペ統治時代、スペインは外国からの借金返済をなんども怠った。この不履行の経済的影響は、とくにカスティーリャの極貧層が感じていた。

新たな王は父親のように旅行好きでもなければ、国際的な権力の回廊（政府高官の舞台）や戦場で勇姿を見せたいとも思っていなかった。また、父親のような大食漢でもなかった。父カルロス一世はスペイン人になるべく必死に努力したが、生まれながらの親仏家であり、運命からして多言語を話し、いわゆる外国人だった。いっぽう息子フェリペ二世はスペイン人であり、さらにいうなら根っからのカスティーリャ人だった。それは、父と同じように金髪で目が青くても揺るがなかった。また、彼は父親から、見た目の悪いハプスブルク家の顎も受け継いでいた。見事に調理したジビエを欲する食の好みも似ていた。しかし、共通点はここまでで、彼は大食漢ではなかった。黒い服を着て(イメージ改善にはならなかったが)、質素な暮らしを楽しみ、異端審問にも携わった。こうした特徴はすべて敵にうまく利用され、彼の印象を悪くした。正当であれ不当であれ、死ぬまで、さらには死後も「黒い伝説」［勢いを得たスペインが頂点に君臨するのではないかという恐怖から、敵対者が同国を貶めるため、虚実とりまぜて残虐なイメージを世界に流布した］が付いて回った。多くは語られないが、しかるべきたくさんの理由から、彼はいまも、スペインに実在し、国民に称賛され、それ以外の国からは忌み嫌われたもっとも有名な王族だ。無敵艦隊アルマダ(いや、無敵とはいえないが)の喪失は、イギリスの悪天候、および、スペイン軍司令官の海事経験不足と優柔不断が原因だったが、なんの教訓にもならなかった。フェリペ二世の敵はたくさんいた。イギリス、フランス、宗教改革、そして、自分の息子であり父親と同じ名のカルロスだ。息子カルロスは体が弱く、歪んだ性格で、裏切りと謀反で知られている。彼は祖父がいちばん愛していた土地、低地帯諸国で暴動を起こした。

フェリペはどこよりもマドリードが好きだった。王と廷臣全員が、半島のど真ん中、ムーア人が作った比較的小さなカスティーリャの町ラ・ヴィリャ・デ・マドリードを訪れたのは初めてではなかった。歴史家たちが根拠もなく何度も主張しているように、フェリペはこの町で晩年を過ごすつもりだったのかもしれない。女王がトレドを嫌っていたことはよく知られているし、セヴィーリャはあまりに遠すぎた。現在オリエンテ宮殿がある一九世紀のムーア人の要塞、マドリードのアルカサール城から、彼はスペインだけでなくスペイン帝国全土を統治していた。その後、グアダラマ山脈のふもとにエル・エスコリアルを建設した。自身の宮殿であり、修道院であり、王室の霊廟だった。ここで彼は生き、死に、父のそばに埋葬された。マドリードに永住する決意は、一族の暮らしにも国庫金にとってもいい結果を生んだ。宮廷がたびたび移転すれば、王国だけでなく地元民にとっても費用がかさむ。大勢の王族御一行が村や町を通過するとき、地元民はほとんどの食料を提供する義務があったのだ。

やがてエル・エスコリアルでは王が孤立し、国民とは直接かかわらなくなった。質素な事務室の中央にあるオーク材のテーブルは、新旧世界への探検を企画する本部となった。ここで彼は日々の重要事項や国民の問題に対処し、つねに遠地での戦争や戦闘について勝算を予測していた。いっぽう、マドリードはがらりと姿を変えつつあった。それまで職人や農民、数少ない行政官や地元の貴族が暮らしていた地域によそ者が侵入してきたのだ。最上級貴族は田舎の邸宅に住んでいたが、いまや、高級売春婦、下級貴族、大使、銀行家、簿記係、店主、床屋、プロの料理人、さらにはビール醸造業者まで、儲かる新たな土地を見つけていた。結果、食料とワインの需要と供給は地元の権力者にとって由々しき問題となった。

一六世紀から一七世紀にかけてマドリードの社会と経済が変わった結果、食料の生産と分配にも変化が生じた。また、スペインの他地域や他国の料理から影響を受けて新たな慣習が生まれたため、町の料理の伝統も変わった。食料の輸入が不可欠となり、新たな首都はスペインでどこより重要な食品市場となった。ひとつ、はっきりしていることがある。マドリード市民は、もし手に入るとしても、果物、野菜、魚、肉はなくても生きていけた。しかし、ほとんどの人にとって、伝統的なふたつの食材がなければ日々の暮らしを送ることはできなかった——パンと豆類だ。それまで小麦は町で必要な分は地元で大量に栽培され、輸出までして利益をあげていた作物だったが、ついに輸入せざるをえなくなった。ハプスブルク家の時代、いちどならず起こり、最後にもならなかったが、作物は不足した。国に対策を講じる能力がなかったおかげで社会不安が広まった。食料需給のアンバランスは統制できないほどの価格高騰を引き起こし、生産者と商人の投機や儲け主義を誘った。そしてすぐにこの状況が定着した。

人口と人種が増えると、製粉する穀物に加え、さまざまな食品の輸入を増やす必要が出てきた。ラバ追いが幅広い食料を毎日市場に運んできたが、ときには食べられる状態にないものもあった。とくに魚や肉だ。半島の中央に位置するマドリードは高い山々に囲まれ、地形も荒く、沿岸から遠かった。地元で獲れる川魚はマドリード市民が好んで食べた。しかし、アナゴ、イワシ、タコ、マグロ、そして鯛——たいていは塩漬けで、乾燥させたり燻製させたりすることもあった——は富裕層のキッチンで使われた。シンプルにレモンのスライスを乗せてオーヴンで焼いた鯛（スペイン語でベスゴ）は、それなりの理由があってマドリードでクリスマスイヴに供される料理となった。毎年、冬の数か月間、スペイン北部の沿岸に鯛の大群がやってくるのだ。一七世紀前半のスペインでは、一年のこの時期だけ、身のしまった新鮮な魚が、少なくとも口にできる状態で手元に届いた。これ以外の時期、とくに夏は例外なく、新鮮な魚がマドリードに着く頃には食べられる状態ではなくなっていた。冬はラバ追い人が山の雪を集め、ワラと混ぜて保冷剤として使い、魚を長持ちさせた。魚を積んだ脆

家族や廷臣とスペイン流の宴を楽しむフェリペ王。アロンソ・サンチェス・コエーリョ画。『王家の饗宴』。1579年。

フランシスコ・デ・ゴヤ画。『イトヨリダイの静物画』。1808〜12。

い荷車はときに一週間以上かけてやってきた。それから五世紀がたったが、いまもマドリード市民は値段にかかわらず、クリスマスには獲れたての大きな鯛を購入している。

ハプスブルク家時代のマドリードでは冷たい飲み物や冷製料理が人気となり、マドリード市民が熱を上げた。メセタの凍てつく冬の夜、大型の浅い金属製の容器にグアダラマ山脈の雪にワラと氷の塊を混ぜて、街郊外の地

ビルバオの中央市場にある魚屋。

下に貯蔵した。結果、飲料には使えない、おいしくもなく安全でもない氷ができあがった。命が大切なら口にしないほうがいい！　これを買ったのは都市のメインストリートに屋台を出すアイスクリーム屋で、地元で特定のビジネスを担当する商人オブリガードが配備した。こうした独占販売がサプライチェーン全体を維持していた――山から雪を集めてきて、貯蔵し、市民に提供する。宮廷や富裕層に仕える料理人は、手の込んだ大量の料理を保冷するために氷を使った。また、宮廷の召使やソムリエも、王族や廷臣が楽しむ水、ビール、ワインを入れたピッチャーを冷やすために利用した。一七世紀末を迎える頃、企業家ペドロ・サルキエスがマドリードに多くの氷保存容器を設置し、流行りの冷たい飲み物が販売されるようになり、地元の医師たちが効果について議論した。

フェリペ二世はエル・エスコリアルの質素で静かな環境を好んだが、ブルゴーニュ公を務めた経験もあり、マドリードの王宮アルカサルでは、壮麗さ、儀式、礼儀作法の名残が見られた。アルカサルはその後数世紀にわたってスペイン王族の住居となった。たとえ王が日頃から昼食にオリャなどの質素な料理を楽しんでいたとしても、スペインの田舎に住み、社会改革を望む家臣が送る生活とは別世界だった。また、王は一世紀前にルパート・デ・ノーラが記録したマンハー・ブランコなどの料理も何品か味わっていた。あきらかなことがひとつある。フェリペ二世は、父親が夜通し楽しむために、毎日、宮廷のキッチンで作らせていた、牛乳で煮込む鶏料理は望んでいなかった。

宮廷のキッチン

豊かな食卓に対して誰もが抱く夢は別として、カルロス一世や、いくらか質素な息子フェリペ二世の食卓で出された料理については、詳しい情報があまりない。当時、料理史に大きな影響を与えていたのは異端審問と禁書目録のふたつだけだ。もちろん、このふたつはどんな形式の文書も、料理本でさえ、奨励してはいなかった。フェリペ二世が果物も魚も忌み嫌い、ルパート・デ・ノーラの古いレシピで作る料理を楽しんでいたことはわかっている。一五九八年、フェリペ王の死後、料理本は一冊も出版される予定がなかったため、デ・ノーラの本は宮廷シェフのバイブルとして使われた。父同様、フェリペも痛風に苦しんだ。痛風は贅沢な料理を食べすぎると発症する病気だ。フェリペ二世の場合はあきらかに質素な食事を取っていたため、矛盾しているように思える。ハプスブルク家の時代、食品や料理の提供の仕方をよく見てみると、多くのことがわかってくる。財政、一族の日々の生活の特徴、また、ふたつの屋敷に給仕するという王家の複雑な体制だ――王と女王は別々に食事を取っていた。

オフィシオ・デ・ボカ(王の食膳)は、アルカサルにおいて、一年三六五日、晩餐会も含め、毎日の王の食事の提供、内容、準備、給仕にかかわる全部署、建物、人、すべてをさす。届けられた全食材を管理する区画ガルダマンシエのほか、調理場、食料庫、パン焼き場、カヴァ(飲料を保管する場所)、サウゼリアがあった。サウゼリアは非常に貴重な食材やスパイスのほか、当時入手しづらかったナイフ類を保管配分していた場所だ。また、その他専門の職人もオフィシオに含まれていた。家具、絨毯、タペストリーの製造者や修理人は部屋の装飾や準備を担い、ろうそく職人は明かりを提供した。王家の朝食、昼食、夕食、そしてそのあいだに気ままに取る間食を作るために、数百人の召使が昼夜問わず働いていた。むろん、こうした料理には祝祭料理や王家が参加する公の宴や式典で出す料理もあった。キッチンでは大きな炎と巨大なオーヴンが休むことはなかった。常時、幅広い土製、銅製、鉄製の食器類が用意されていた。料理人、助手、洗い場係は、コシネロ・マヨール(いまでいう総料理長)の鋭い視線のもとで働いた。コシネロ・マヨールはキッチンに関連のあらゆることに責任を持ち、店から送られてくるすべての食材をチェックした。もっとも重要な仕事は、料理が適切に仕上がるよう監督し、王族の食卓に出す前に味を整えることだった。コシネロ・デ・セルヴィリエータはつねに大きなナプキンを肩にかけた上級副料理長で、食堂に料理を運んだり、一日に数回、自身で王族の給仕をしたりする特別な任務を担っていた。★15

ディエゴ・グラナドの『料理技術の書 *Libro de arte de cocina*』の出版もフェリペ二世がエル・エスコリアルで死亡した時期と一致する。同書は幅広い料理集で、レシピは七〇〇以上にのぼり、その多くがデ・ノーラの著書を参考にしている。そのため、他の作家や料理人から厳しく批判された。とくに厳しかったのは、国王に仕えた料理人、巨匠中の巨匠フランシスコ・マルティネス・モンティーニョだ。さらに、グラナドはバルトロメオ・スカッピの『オペラ――料理の芸術 *Opera dell'arte del cucinare*』からもアイデアをもらい、レシピを引用した。[★16]

スペインの豊かとはいえないキッチンでは、一七世紀を通して国とともに状況が変わっていった。とくに、田舎で仕事を失い、都市に移ろうと考えている者には大きな変化が訪れた。何百年にもわたって存在した、貴族の食卓と裕福ではない者の食卓の極端な差は少しずつ縮まっていった。下級貴族を含む下級層が安定した仕事に就いたり、有名な機関で学ぶようになったりしたからだ。当時の食事の変化を裏づける事実がある。当時、記録されたおいしいほうれんそうのレシピを見ると、料理人や作家が「中間レシピ」を提供し始めたことがわかる。もともとは王家のキッチンで作られていた料理が、国内各地に誕生しつつある都市や町のどんな階級層でも簡単に作れるように工夫されている。覚えておいてほしい。一六世紀から一七世紀、スペインにはほとんど産業がなく、耕作可能な土地はごく一部の権力者が支配していたため、田舎の生活は様変わりした。こうした地域では、税金を免れた貴族が、戦争、権限、所有権のために生き、残りの人間――貧しくても納税し、飢えに苦しんでいる者――は町に出て仕事を探し、思い切って海に出たり、入軍したりするようになった。都市や町で起こった進化は、人々の暮らし、購入できる食品、自分で作ることができる料理にも表れていた。

前述したほうれんそうのレシピは次の通りだ。まずほうれんそうを洗い、塩とコショウを入れた湯で茹でる。水気を切ったら、まな板の上で葉を細かく切る。たっぷりのオイルでみじん切りしたニンニクを炒め、ほうれんそうを加える。甘いレーズンとハチミツを加え、一緒にソテーする。さらに風味を付けるため、スパイスと追加のニンニクをつぶし、少量の水を加えて混ぜ、ほうれんそうにかける。汁気が出ないように供する。四旬節ではスープの代わりになるし、酢をかけてもいい。現代版はいまもシェフが作っているが、ハチミツと、おそらくスパイスも除いている。オリジナルは一六〇七年にドミンゴ・エルナンデス・デ・マセラスが出版した本に載っている。彼はサラマンカ大学のサン・サルバドール・デ・オヴィエド・カレッジで働いていた料理人だった。ユダヤ人かアラブ人であることはまちがいないので、オリーヴオイルを使っていたはずだ。この料理もフェリペ二世、さらにはフェリペ三世の食卓にものぼっていただろう。腕を振るったのは、このふたりの君主に仕えた、きわめて有名なコシネロ・マヨール（総料理長）、フランシスコ・マルティネス・モンティーニョだ。[★17] マセラスとモンティーニョが作ったこの料理はそっくりだったにちがいない。ただ、スパイスの種類や量、出す頻度は異なっていたかもしれない。エルナンデス・デ・マセラスは限られた予算で、学識者の子息や、行政官や銀行家の子孫のために食事を作っていた。かたや、マルティネス・モンティーニョは贅沢な食材が詰まった食料庫のあるキッチンで王のために料理していた。仕えた君主はみなかなりの肉好きで、とくにフェリペ二世は肉を好み、生涯、野菜を嫌った。

　ドミンゴ・エルナンデス・デ・マセラスの『料理の秘訣 *Art of Cooking*』はプラセンシアの司教ドン・ペドロ・ゴンサレス・デ・アルスエロに捧げた啓発書で、一年を通した料理の作り方を解説している——当時のスペインの定番だった、肉料理、魚料理、パイ、フラン［プリンに似たデザート］、ソース、さまざまなコースやデザートだ。同書は四章から成っている。第一章は冬と夏の前菜で、生や乾燥させた果物を使った料理と、エンダイブやニンジンなどの野菜をオイル、酢、多めの砂糖とコショウで和えた料理を、独自の調理法で紹介している。エルナンデス・デ・マセラスはホットサラダを前菜にした。土鍋に野菜を入れて皿で蓋をしたら、これをひっくり返し、熱い炭を円形に並べた炉の中央に置き、二時間かけて火を通す。第二章には、腕のある多国籍料理のシェフが似合いそうな具材を組み合わせた新鮮なサラダもある。複数の野菜（名前は載っていない）を塩抜きしたケイパーで味つけし、オリーヴオイルと酢で和える。皿に盛りつけたら、供する前に脂の多いハムのスライスや塩漬けのタン、マスやサケ（これらも塩漬けだと思われる）、卵黄、ディアシトロン（柑橘類の皮の砂糖漬け）、マンナ（甘味料）、砂糖、ザクロの種、そして彼が装飾用に使っていた花ルリジサを添えて仕上げる。対照的に、第三章に出てくるサラダはシンプルで、塩抜きしたケイパーで味つけしたら、足すのはオリーヴオイル、酢、砂糖のみだ。第四章では、冬、夏、四旬節で出すデザートを紹介している。材料はスペイン語でカムエサという香ばしいリンゴ、チェリー、ピーチ、アプリコット、ヤマナシだ。どの料理も、スペイン帝国で増えつつある高い生活水準を享受している人たちの舌が肥えていたことを裏づけている。

エルナンデス・デ・マセラスは、最重要項目として、不釣り合いなほどのページを肉に割いた。まずは切り分け方。そして、膨大な肉やジビエの料理。昔から続く料理は、鶏肉と米で作る中世のマンハー・ブランコや、宮廷の定番でマトンを添えて供されたマンハー・レアルなどが特徴だ。人気の高いエンパナーダ・イングレーザや、さまざまなサイズや形のジビエ入りパステローネ（パイとフラン）、甘味や塩味のマジパンのトルタもある。『ドン・キホーテ』に出てくるサンチョ・パンサの好物のひとつ、オリャ・ポドリーダは必需品だ。シゴーテや、雄鶏やヤマウズラのおいしいマリネ、エスカベーチェもしかり。肉とジビエのレシピもある――焼く、煮込む、マリネにする、あるいは、アルボンディギーリャという小さなミートボールにするなどさまざまだ。[★17] 四旬節に特化した項目もあり、いまでいうポタージュ、卵料理や野菜のシチューを扱っている。また、生や塩漬けしたシーフードや川魚の料理もある。ウナギ、アナゴ、見た目が変わっているヤツメウナギ――いまでもガリシアでは人気が高い――もあれば、マグロ、鯛、イワシ、そしてロブスターも載っている。まずは茹でて、コショウ、塩、オレンジを添えて供する。魚料理は網で焼くものもあれば、直火で焼いたりパイにしたりするものもある。デザートのリストは注目に値し、とくに、乾燥させた果物や生の果物、ハチミツ、スパイスを使ったトルタ―ダのパイは絶品だ。

もし神聖ローマ皇帝カール五世（スペイン王カルロス一世）がバルトロメオ・スカッピがボローニャで用意した宴の料

理に感動していたなら、同じようにフランシスコ・マルティネス・モンティーニョの料理にも感動していただろう。スカッピはカンペッジオ枢機卿に仕えていた有名なシェフで、カール五世が神聖ローマ帝国の皇帝に就任した戴冠式で腕を振るった。かたやモンティーニョは若い頃から、カール五世の息子、若きフェリペ二世の宮廷で働いていた。さらに、別の王フェリペ三世(一五七八〜一六二一)のキッチンでコシネロ・マヨールになるだけでなく、一六一一年に『料理およびペストリー、ビスケット、ジャムを作る秘訣 *Art of Cooking and Making Pastries, Biscuits and Conserves*』を出版したことで、時代を超えてスペインでもっとも影響力を持つシェフのひとりとなった。王付きの料理人のために書かれたモンティーニョの『料理の芸術 *Arte de cocina*』はスペインのバロック時代に出版された宮廷料理書の決定版だ。同書はスペイン料理が一九世紀にすんなり溶け込んでいくための参考書となる運命にあった。

この抜きんでた王付きシェフ兼作家について詳しいことはほとんどわかっていない。ただ、フェリペ二世の妹フアナの料理を担当した時期にポルトガルで修業を積んだことはあきらかだ。フアナはポルトガル王太子の妻となり、自身に仕える有能なシェフを探していた。ここで注目すべきは、ポルトガルは当時最高のケーキを作っていたことだ。明確なヴィジョンを持つ完璧主義者として、モンティーニョはグランセニョール(大御所)のキッチンは三つの原則を順守しなくてはならないと考えていた。清潔、味、腕だ。彼は断言した――信頼できるスタッフのみを雇い、キッチンには絶対に卑劣なならず者を近づけないこと。彼は雇用主の方針を守り、政治的にも宗教的にも適切に行動したようだ。アラブ人やユダヤ人とつながりのあるオリーヴオイルを避け、「カトリックの豚脂」を使った。称賛された菓子のひとつ、パイにも豚脂を使った。フェリペ三世はお抱えシェフの作るエンパナディージャがなにしろ大好物だった。非常に軽いパイ生地は、ブリオッシュや発酵生地に近く、王はオハルドレ(ojaldre)と名づけた。モンティーニョのペストリーは当時としては素晴らしかったかもしれないが、こんにちの絶妙なパイ生地とはちがう。熱意ある作家たちは現在のパイをモンティーニョの発案だと誤認しているが、実際は別物だ。現在のパイといえば、スペイン語でミルホア(千回)またはオハルドレ(hojaldre、千枚の葉)、フランス人にとってはいかにもフランスらしいミルフィーユ(千枚の葉)だ。他の宮廷シェフたちもモンティーニョのレシピを再現しようと試みたが、うまくいかなかった。モンティーニョ自身でさえ、一般のシェフたちと同じように、本で紹介した食材や調理の一部を省いていたかもしれない。しかし、このような手の込んだ菓子の場合は、どんなときも細部までレシピに従わなければならない。

ここで、モンティーニョの有名なエンパナディージャの改訂版を紹介しよう。ごくきめの細かい小麦粉を四五〇グラム用意し、台の上に広げ、中央に穴を作る。ふるいにかけた粉糖二二五グラム、豚脂一一〇グラム、卵八個(全卵二個と卵黄六個)、塩少々を加え、なめらかになるまで生地を練る。次に、薄切りベーコンで具を作る。まず、カリカリにならないよう気をつけながらベーコンを焼き、熱いうちにワインを少々加える。そのまま三〇分ほど置く。寝かせて置いた生地で丸いパティを四つ作り、エンパナディージャ(焼いた薄切りベーコンを半分に切って詰めた半月形の小さなパイ)にする。初めから同じサイズで作れば、端を整えたり切り捨てたりしなくて済む。モンティーニョは、豚足やイワシ、トリュフの代わりに地元のキノコ、クリアディーリャ・デ・ティエラ(学名*Terfezia arenaria*)を使ったパイのレシピも紹介した。クリスマスなど宗教的祝祭に向けたレシピをはじめとして、『料理の芸術』に載せたスイーツの数を考えると、フェリペ三世一家がかなり甘党だったことがわかる。

モンティーニョが王の食卓に供したクリスマスメニューは、前菜のハムのあと第一のコースが始まる——オリャ・ポドリーダ、ローストしてグレイヴィーソースをかけた七面鳥、子牛のパイ、ローストした鳩とベーコン、小さなジビエのタルタレタを乗せたホイップクリームスープ、ローストしてレモンソースをかけたヤマウズラ、ハーブと卵のカピロターダ(トッピング)をちりばめた豚ロースとソーセージとヤマウズラ、子豚のチーズ焼き、砂糖とシナモンのスープ、豚脂を使った発酵パイ、ローストチキン。第二のコースも同様に贅を尽くしている。ローストした雄鶏、マルメロソースのケーキ、エンダイブを詰めた鶏肉、イギリス風エンパナーダパイ、子牛のソースがけ、子牛の膵臓と肝臓を使ったシードケーキ、焼いたツグミ入りソパ・ドラーダ(黄金スープ)、マルメロのペストリー、砂糖入り卵、野ウサギのエンパナーダパイ、ドイツ風鶏肉、揚げたマスのベーコン添え、パイ生地のタルト。

第三のコースも同じように続く。ベーコンを詰めた鶏肉、揚げパン、子牛の乳房焼き、豚脂入り鶏肉のミンチ、スープに溺れた鳩、山羊の詰め物のロースト、グリーンシトロンのタルト、七面鳥のエンパナーダパイ、首周囲に模様のある鳩のブラックソースがけ、鶏肉、牛乳、米、砂糖で作る有名なマンハー・ブランコ、そして、さまざまなフリッター。さらにモンティーニョは同書でヌガーも紹介している。

料理人として絶頂期を迎えた頃、王家シェフ、モンティーニョの料理は宮廷で絶大なる信頼を集めていた。彼の影響力や書物に、スペイン、他のヨーロッパ諸国、南北アメリカのプロたちが染まっていった。楽観主義者だと考えられていたディエゴ・グラノドとは異なり、モンティーニョは根っからの料理人で、シンプルな伝統料理を作るときも手本とされた。質素と洗練さを融合できるつつましい人間で、彼のレパートリーはエリートだけでなく社会の全階級層に愛された。一七世紀から一八世紀にかけて、こうした傾向はヨーロッパ社会だけでなくスペインを旅する者や料理作家にとって奇妙に映っていたのだろう。スペインで多大な影響力を持つシェフたちの支えによって、民衆の食事は富豪や権力者と同等の食事へと進化していった。

✣ニンジンとピンク色のカルドン

もしスペイン人の心臓が芸術のリズムに合わせて鼓動しているとしたら、一六世紀後半から一八世紀前半にかけて、とくにスペイン黄金世紀には、制御不能に陥っていたにちがいない。世に認められてまともな生計を立てようと尽力していた才能ある芸術家の数が多かっただけではない。ルネサンス以降、各国に現れた才能ある芸術家たちと彼らを隔てたのは、作品の独創性と個性だった。とりわけ支配階級や富裕層から絵画を依頼された場合、生物、花、食材などの静物を描くことが生計を立てるためのごくまっとうな手段になっていた。宗教、大食、飢餓で表現する極端な世界において、芸術の分野では食品が新たなジャンルとして活気を帯びた。静物画として知られるこの芸術様式は、ほぼ同時期にスペイン、イタリア北部、オランダで独自に出現し、スペイン帝国の支配下にあったこれら三地域の芸術的才能に長けた収集家が世に紹介した。一六世紀初頭、スペインの芸術家たちはイタリアの巨匠の足跡を追い始めた。しかし、一六世紀が進むにつれ、スペインのオリジナリティが顔を出し始めた。目立ったのはフアン・サンチェス・コタン(一五六〇〜一六二七)で、多くの人から誰よりも独創的な静物画のパイオニアだとみなされている。コタンはトレドのオルガスで生まれたカスティーリャ人だった。フェリペ二世はアメリカの鳥や果樹などのイラストが好きだったが、一六世紀のスペインでは北ヨーロッパやイタリアとは異なり、芸術の歴史はさほど発展しなかった。だが、まもなく事態は変わる。コタンの芸術的に高度な画法は、ありふれた食品の細部まで注意深く観察する見事な才能とあいまって一七世紀前半の状況を一変させた。一六〇六年以降、コタンの絵画が次々と発表され、絶賛されると、批評家のあいだで論争や称賛が湧き起こった。コタンは、果物、野菜、家禽を描いた——マルメロ、リンゴ、メロン、ニンジン、キャベツ、カルドン、キュウリ、鳩、鴨。シンプルに、まるで幾何学のように写生した。キャンバスの背景は暗く、あかるい窓枠に飾った静物を描いた。魅惑あふれる斬新なコタンの構図は、フランドルの静物画が醸し出す華やかさとは完全に一線を画していた。なかでもフェリペ三世はコタンの絵を好んだ。まさに奇抜だったからだ。コタンの『黒と金の額縁に入れた小さな果物の静物画。中央には割ったメロン』は、シリーズ五作のひとつとされ、権力のあるトレドの大司教ベルナルド・デ・サンドヴァル・イ・ロハス枢機卿のコレクションからフェリペが買い取った。その他のスペインの画家たちも自然界に魅せられ、同ジャンルに貢献した。

✣スペインならではの静物画——ボデゴン

コタンより三九歳若いディエゴ・ヴェラスケスは、毎年プラド美術館にかなり多くのファンを惹きつけている画家だ。とくに謎めいた『宮廷の侍女たち　ラス・メニーナス』のような示唆に富んだ作品で崇められている。しかし、この五〇年、彼のボデゴン(スペインで食品の静物画をさすジャンル名)が幅広い称賛を得ている。実際、コタンや他の画家のリエンソ・デ・フルータ(果物の絵)とはかなりちがう。ヴェラスケスはフランシスコ・パチェーコの直々の指導のもと、画家として人生を歩み始めた。パチェーコはセヴィーリャの学校に勤める有名な画家兼作家であり、のちにヴェラスケスはパチェーコの娘と結婚する。ヴェラスケスが描く絵画のジャンルにボデゴンと名を付けたのはパチェーコだった。他の作品とあまりに雰囲気がちがっていたため、特別に名前を付けようと思いついたのだ。芸術家として歩き出した当初、ヴェラスケスは素晴らしいボデゴンを多数生み出し、美術史家の大御所ふたり、ウィリアム・B・ジョーダンとピーター・チェリーに「これらを超える作品はいまだかつてない」といわしめた。[★18] パチェーコの生徒だった若きヴェラスケスはベルナルディーノ・カンピなどイタリアの芸術家や、とくにピーテル・アールツェンやフランス・スナイデルスといったフランドルの優れた静物画家から影響を受けた。こうした影響はヴェラスケスの絵画に容易に見て取ることができる。

ヴェラスケス初期の三つの静物画は、地元のボデガ(食事や飲み物を出す宿)で見た物を描いている。通例、コタンが食材の静物画を描くいっぽう、ヴェラスケスのボデゴンは人間、物体、食材、そして日々の暮らしでよく目にするキッチンで作る料理も描いている。カラヴァッジョも用いたテネブリズモ(テネブリズム。光と闇の強烈なコントラストを用いたスタイル)の技術で有名になり、マドリードのフェリペ三世の宮廷に招かれた。ヴェラスケスの才能に疑問などなかった。『宮廷の侍女たち　ラス・メニーナス』、『キリストの磔刑』、王の肖像画、『ドン・カルロス親王』などを見ればわかる。現在、二作のボデゴンが傑作として知られている――『セヴィーリャの水売り』と『卵を調理する老婆』だ。セヴィーリャの長く過酷な夏では、通常、水売りは疎外された存在として、たいていは物乞い、ひどいときにはいかさま師の象徴とされるが、ヴェラスケスは喜んで取り入れ、敬意を持って描いた。さらに印象的なのは、エジンバラのスコットランド国立美術館に愛好家を呼び寄せる一枚の油彩だ。この『卵を調理する老婆』は『卵二個を調理する老婆とメロンを手にする少年』としても知られ、後者のほうがヴェラスケスが見ていた実際の場面をよく表している。この絵に関して、美術評論家の解釈は異なっている。この卵はオリーヴオイルで焼いているのか、それとも、湯で茹でているのか？　クリスマスまでとっておくメロンを手にした少年は、悪党なのか、老婆の孫なのか？　もう一作、『マルタとマリアの家のキリスト』として知られる油彩は、ハプスブルク家のスペインできわめて重要となる要素を加えている。宗教だ。ヴェラスケス

『ジビエの鳥、野菜、果物の静物画』。フアン・サンチェス・コタン画。1602年。

『卵を調理する老婆』。ディエゴ・ヴェラスケス画。1618年。女性は55ページのアナフェと似た用具を使っている。こうした調理器具は1940年代までアンダルシアの一部地域で使用されていた。

『キッチンメイド』。ヴェラスケス画。1618年。キャンバスに油彩。

はこの絵の前面にふたりの召使を描いた。老いた召使は助言をしている。若い召使は鯛をマリネにするため、分厚い金属製の鉢アルミレスでニンニクとトウガラシをつぶしている。魚の光った目は、画家がすぐに気づいた新鮮さの表れだ。一見、当時の一般的な作品に思える――スペインの静物画に共通する簡素性を備えている――が、給仕用の窓の向こうで聖母マリアがキリストの話を聞いている。宗教の側面はさておき、食品に話を戻すと、ヴェラスケスの絵は不足と質素をテーマとし、マリアがアルミレスでつぶしているニンニクや新世界からきたトウガラシのような食材を取り入れている。これはいまもスペイン人が鯛を扱うときの調理法だ。★19

ヴェラスケスの『マルタとマリアの家のキリスト』では不足と質素が描かれているのに対し、もうひとりの巨匠スナイデルスが低地帯諸国で描いた『料理人と食材』では豊富と贅沢が見て取れる点が興味深い。この絵もマリアとほぼ同じように、若い女性が金属製の鉢とすりこぎで食材をつぶしているが、周囲には金で買える最高級の食材が並んでいる。子牛のリブ、鴨、新鮮なアスパラガス、野ウサギ、大きなアカザエビ、ブドウ、栗、そしてヘーゼルナッツもある。おそらく、フランドルの裕福な家族のために食事を用意しているのだろう。

キリスト教徒の食事――昔といま

フェリペ三世がおこなった最初の国内改革のひとつは、一六〇九年、スペインからモリスコの追放令を発したことだった。アラゴンでは改宗して滞在を許されたムーア人モリスコ（「新キリスト教徒」とも呼ばれる）の存在が大きくなり、反乱を引き起こし、かつてのイスラム教信者に深刻な社会的影響を与えていた。エブロ川の豊かな川岸で効率的な農業を営む有能なモリスコと、羊のために新鮮な牧草地を求めて毎年ピレネー山脈からやってくる羊飼いを中心とするいわゆる「旧キリスト教徒」とのあいだには緊張と偏見があり、もはや一触即発状態だった。人々が黒死病からほぼ解放され、人口が増加し始めると、領主と旧キリスト教徒の家臣とのあいだに問題が発生した。家臣たちが、貴族の庇護を享受していたモリスコが長年世話してきた領主の土地で仕事を探し始めたのだ。この問題が国内各地に社会不安をもたらしたのは、これが最初でも最後でもなかった。かつてグラナダとバレンシアでも起こっており、悲劇的な結末をもたらしていた。

当初、ナスル朝最後のムーア人王ボアブディルとカトリック君主たちが一四九二年に調印した最終降伏文書では、ムーア人は家を保持し、イスラム教を信仰し、自分たちの行政官による政治を許されていた。だが、女王イサベルの聴罪司祭であるシスネロス枢機卿と異端審問官は、意気揚々としたキリスト教勢力を考慮し、降伏条件を破棄できると確信した。そして、一五〇二年二月一一日、王の勅令によってすべてのイスラム教徒は二択を迫られた。キリスト教を受け入れるか、国を去るか。国を去るなら、家も、祖先から自分の代まで数世紀にわたって世話してきた土地も、手放さなければならなかった。ムーア人がこの命令に従わず、強い反発に出た結果、五万人以上のイスラム教徒が強制的に洗礼を受けることとなった。そのまま居残った者もいたが、ほとんどが愛するアンダルシアを離れ、半島の他地域に移り、肥沃な土地を探した。伝統的なアセクイア(灌漑用水路)で水を引き、野菜畑や果樹園を作り、文化の遺産となるおいしい料理を作った。タファヤのような料理には贅沢なヴァリエーションがふたつあり、「緑」は子山羊と新鮮なコリアンダーで、「白」は乾燥させたコリアンダーの種で作る。もうひとつ、人気の料理はマヤバナトで、チーズを詰めた熱いパンにシナモンをふり、ハチミツをかける。彼らは地元の市場で買うミルカというソーセージも味わっていた。その他、ブニュエロのフリッターや、ローズウォーター、アーモンド、あるいはデーツのペーストで作る一〇種以上のパイもあった。

一六一二年、フェリペ三世から宰相に任命されたレルマ公が、ヒスパニアのイスラム教徒を子孫に至るまで全員追放する命令を発した。一六一四年には二五万人ものモリスコがスペインを去っていた。ほとんどがアラゴンとバレンシアからだった。彼らが六〇〇年以上世話してきた水田からは米が取れなくなった。以降、スペイン料理はキリスト教徒風となり、豚脂、バター、オリーヴオイルを使うようになった。フルータ・デ・サルテン同様、贅沢でおいしいモルテルエロも、スペイン中央のラ・マンチャで生まれた「新旧キリスト教融合料理」のいい例だ。材料は、豚の肝臓とロース、鳥一匹。鍋にオリーヴオイルとニンニクを入れて熱し、肉類を炒める。スープを加え、鳥の肉が骨からほぐれ、豚の肝臓とロースがバターのようにやわらかくなるまで煮込む。これを鉢に入れ、すりこぎでつぶしたら、さらにスープを足し、裏ごししてクリーミーにする。そこにパン粉を加え、多種の好みのスパイスをふる。木べらを使って定番のパテになるようにかき混ぜておけば、食卓に出すまで食べ頃の状態を保てる。

一六〇九年、それまで二世紀以上モリスコの手にあったスペインの農業は、フェリペ三世が最終追放令に署名したため最悪の事態を迎えた。これを一因として、二〇世紀を迎えるまで、スペインの農業は――米生産も含め――封建制度にがんじがらめにされ、発展どころではなかった。一七世紀末およびとくに一八世紀にはいくらか前進したものの、十分とはいえなかった。米に関しては、ふたたび穀物に関心が高まったため、新たに水田が作られ、また、放置されていた水田が息を吹き返した。ただ、つねに安全な区域で栽培できるわけではなかった。マラリアなどの病気が農民だけでなく周辺の住民にも影響を与え始めていた。

第五章

マドリード、ヴェルサイユ、ナポリ、そしてなによりチョコレート

歴史家たちが「悲惨な結末を迎えた偉大な世紀」と評した一八世紀は啓蒙時代と呼ばれ、スペインは複雑な状況のなかスタートを切った。一七〇〇年一一月、王フェリペ四世の息子カルロス二世が直系の跡継ぎを残さぬままマドリードで死去した。彼はスペインのハプスブルク家最後の王だった。そのため、ヴェルサイユで生まれたフランスの王子、アンジュー公フィリップがピレネー山脈の南側で王位を継ぐ予定だった。ルイ一四世の孫だ。しかし、オーストリア大公チャールズがカルロス二世の遺志に逆らおうとしたため、王朝で流血の混乱が長年続き、ヨーロッパの土壌を汚すこととなった。大公はスペイン王位を要求し、権力のあるスペインカトリック教会や、イギリス、オランダ、プロイセン、オーストリアの大同盟に支援され、フランスとスペインの合併を阻止した。一四年後、ユトレヒト条約によってアンジュー公フィリップは在位を認められ、スペインは平和を手に入れたが、払った犠牲はかなりの痛手だった。一七〇〇年一一月一日、フィリップはスペイン王フェリペ五世となった。結果、スペインはヨーロッパの領土のほとんどを、さらにジブラルタルまで失った。新たな王は人生をかけてスペイン本土と南北アメリカに集中すべきだったが、スペインとヨーロッパ諸国、とくにイタリアとの関係維持にこだわった。これこそ、スペイン帝国の終焉を早めた重大な過ちだ。必然的にフランスの政治社会革命が見習うべき手本となったが、スペインの法やプエブロ

（一般市民）が満喫していた各地域の伝統はほとんど変わらなかった。

✣古きを捨て新しきを得る

スペイン料理史家マリア・デ・ロス・アンヘレス・ペレス・サンペールが「贅沢で、上品で、国際的だ」[01]と表現し、ヨーロッパ中で流行っていたフランス料理は、スペインブルボン朝のキッチンでも君臨した。すぐさま、社会の上流階級や成長しつつある中産階級のキッチンでも作られるようになった。スペインの料理人たちは落胆した。マドリードのオリエンテ宮殿にブルボン王家がやってきて、避けられぬ変化をもたらした。宮廷で出す料理のスタイルをフランス人シェフが決めるようになったのだ。新しいレシピ、調理法、好みのフランス流《ア・ラ・フランチェーザ》食材を導入するだけでなく、ドレスコードまで従わなければならなかった。シェフは通常テーブルで使うナプキンで頭部を覆った——これこそ、のちに世界中のシェフがかぶるようになるコック帽の前身だ。

一八世紀と一九世紀は、テーブルに並ぶ料理の豊富さと優美さこそ宮廷が有する権力の象徴だった。従来どおり、スペイン王室の食卓はふたつの機能を果たさなければならなかった。ひとつは、王家の好みに添った料理を供すること。王家が好きだったのは、一八世紀初頭、少なくとも表面上はほとんどがフランス料理で、のちにイタリア料理も加わった。多くのスペイン伝統料理もメニューに入っていた。ふたつめは、ブルボン王朝の制度上の要求に応えること。非常に興味深いが、華麗な式典や祭典は旧ブルゴーニュ宮廷の儀式にのっとっていた。エヴァ・セラーダの『王室の料理 *La cocina de la Casa Real*』[02]は王室の記録保管所で見つかった大量の文書をもとにしており、公式、非公式を問わず、食事に関する未編集の情報を得ることができる。

フェリペ五世は、寝室で楽しむとき以外、めずらしくあまり食欲のないフランス王子で、生涯、鬱に苦しめられた。フェリペ王と二度目の妻、イタリア、パルマの公女エリザベッタ・ファルネーゼとは夫婦で食事を楽しむわけではなかったが、家禽の料理、とくに卵はどちらも堪能した。初期のスペインブルボン朝はよく生卵を口にした。その日にとれた卵なら健康にいいと信じられていたため、殻まで食べた。女王エリザベッタは食欲旺盛でエネルギーにあふれ、唯一、王室のキッチンに絶えず気まぐれな注文を続けていた。濃厚なスープや風味あるコンソメは王家から絶賛された。この頃、食べ物の好みががらりと変わった。まずは肉——正確には赤身の肉だ。狩った鳥や小動物のジビエ、宮廷で飼育した家禽、とくに鳩やヤマウズラが主役になった。次は子牛、牛、子羊、子山羊。また、高く評価されたイベリコ豚のハムや味わい深いチョリソーソーセージなど、スペイン流に保存した贅沢な豚肉製品は変わらず王家の味覚にぴたりと合っていた。さらに、珍重されるメヌードまたはメヌディージョは脂身の少ない内臓をさす総称で、同様に評価された。ほかにも、砂糖菓子、脳みそ、足、モレーハがあった。モレーハは子牛の胸腺で、少量しか取れず、最高の値が付く珍味だった。特定の王家の嗜好や、異国風の凝った料理を嫌う人の好

マドリード王宮にあるキッチン。

みとは関係なく、一八世紀のあいだはずっと変わらず、スペイン料理の中心はパン、肉、ワインだった。階級別に料理を見てみると、パン消費の割合がもっとも多いのは下級層で、ワインは全階級が楽しんでいた。豆類や豚バラ肉（ほとんどが塩漬け）、菓子やチョコレートは、余裕のある階級層の食事リストに載る。調理にはさまざまな油が用いられたが、半島でごく少量しか生産していないバターは宮廷や上流階級で人気が急上昇した。スペインの南部や地中海沿岸地域では、プエブロは調理にたいていオリーヴオイルを使い、いっぽう、カタルーニャ北部の内地などオリーヴが栽培できないスペイン最北部では豚脂が好まれた。オリーヴオイルが大量生産されるアンダルシアでは、オリーヴオイルを揚げ物や焼き物に、豚脂は通常ペストリーやパンに使った。

歴史的に見て豆類は「飢餓の救世主」とされ、貴族とはまったく関係なかった。だが、スペインでは豆は他国とち

（残り物で作る料理）のひとつ、チャングーロがある。これは農家や村で年に数回作る料理で、ハムをほぼ食べきったあとに作る。ほんの少し骨について残っている塩漬けのハムや肩肉が乾燥して切り取れなくなった部分を使う。まず骨を水に浸け、わずかについているハムをはがし取り、タマネギ、トウガラシ、トマトで作った濃厚なソフリトで味つけする。

こうした材料で作る料理は今後どのくらい生き残るのだろう？　答えを預かるのは現在のプロのシェフだ。こうした具材を使ったり、食べやすく消化がいい地元料理を作ったり、従来より食欲をそそる新しいレシピを生み出したりするのはシェフである。いまや家庭の料理人はこんなことを口にしている――「子供に肝臓の料理は必要ない。鉄分は他の多くの料理に含まれているから」。また、おばあちゃんはこう付け加えるだろう。「いまの子供たちは脳みそなんか食べなくたって頭が冴えてるわ。魚を食べたほうがよっぽどましよ」

忘れられた肉片——モツ

モツは多くのスペイン料理に使われている。肝臓、腎臓、足、ブラッドソーセージ、胃、脳、牛テール、生や塩漬けの骨、膵臓などだ。モツはカスケリアという臓物店で購入することができる。たいていは地元のテント市場に出店している。モツはいまも、あたりまえのように食べたり調理したりして育った年配層には人気がある。

1960年代前半、国が繁栄し、スペイン人の食事が進化すると、モツは大きな町や都市、とくに中流階級や若者のあいだで人気が失われていった。現在はといえば、マニタ・デ・セルド・オ・デ・コルデロ(羊と豚の足)がラ・リオハで見事な味を出している。髄入りの骨は生や塩漬けで、骨髄やゼラチンの食感を好む人が味わっている。羊の脳みそセサダは、いまは繊細な皮膚を損なわないよう、小さな専用の容器に個別包装して販売されている。小麦粉と割りほぐした卵液を衣にして揚げた脳みそを子供や体の弱い人に食べさせる時代は、もう過去となってしまった。現在は舌の肥えた食通だけが堪能している。タン(舌)は通常ニンジン、タマネギ、白ワインで煮込んでシチューにする。子牛の肝臓は市場で相当な値が付き、豚の肝臓や羊の腎臓は、たっぷりのシェリー酒で調理したア・ラ・ヘレサーナの人気が一気に落ち込んでいる。

スペイン料理に捧げた本には、モツを使う多くの料理が登場する。アンダルシアでは塩漬けの骨と豚の足がプチェロ(スープ)に深みを足してくれる。チチャロン(豚の腹や皮を加熱したもの)はいまも甘いトルタやパステル(ケーキ類)を作るときに使い、こうした菓子は聖人の日にパン屋で販売されている。豚や牛のカリレェーリャ(頬)はシェリー酒のアモンティリャードやオロロソを注ぎ、低温で何時間も煮込む。ラボ・デ・トロ(闘牛のテール)は、第一線をいくシェフたちのメニューに含まれ、昔から人気を博しているアンダルシアだけでなく国中で好評を得ている。本来のラボ・デ・トロは、町で闘牛がおこなわれたあと、専門の肉屋が肉をさばいて売るときに作られる(ふつうの雄牛でも可)。ボティーリョはレオンのコマルカ(行政区)、エル・ビエルソの名物で、厳密にいえばモツには属さない。豚の盲腸に豚肉、リブ、テールとスパイスを詰めて作る大きなソーセージだ。ボティーリョは、ボティーリョを使った料理のほか、地元のチョリソー、ジャガイモ、キャベツを使った真っ赤なおいしい料理の名前にもなっている。ナヴァラには資源料理がってそんな汚名は着せられず、階級を問わず食べられてきた。正確にいうなら、一般的に豆料理は農村や都市の日常食であり、富裕層のキッチンでは料理人が口にしていた。アメリカのインゲン豆(学名*Phaseolus vulgaris*)が入ってくるまで、ほとんどはひよこ豆とレンズ豆だったが、マドリードからそう遠くないラ・グランハ・デ・サン・イルデフォンソでは、一六世紀から、まるでバターのようにこの上なくおいしいアメリカの白豆が使われていた。メセタの暑い夏には、のちのカルロス三世の母エリザベッタ・ファルネーゼがラ・グランハ・デ・サン・イルデフォンソの宮殿で日々の暮らしを享受していた。この宮殿は王が狩猟を楽しむ都市セゴヴィアにつながっていた。宮殿はとにかく魅力的なフランス風の建物で、料理にはやわらかいアメリカの豆を添えたキジが供された。ラ・グランハ・デ・サン・イルデフォンソでは、一六世紀以降、エレスマ川の土手でインゲン豆の栽培に成功している。★03

　乾燥豆のラ・グランハ豆(フディオネ・デ・ラ・グランハ)はひと晩水に浸けて戻し、牛のすね肉やチョリソーソーセージ、ローレルを加え、少なくとも二時間コトコト煮詰める。豆が形の崩れない程度までやわらかくなったら、現在と同じようにタマネギのソフリト、小麦粉少々、すり鉢で混ぜたニンニク、パセリ、海塩、コショウで味つけする。女王エリザベッタ・ファルネーゼの料理を担当するキッチンは、ふたりの著名なシェフ、ペドロ・ブノワとペドロ・

豆のラ・グランハ。アストゥリアス、オヴィエドの市場。

シャトランが指揮を執っていた。彼らは豆を使ったことがあるのだろうか？　フランス人は豆を嫌っていたが、イタリア人とスペイン人はちがう。スペインのシェフはフランス人シェフのもとで働いていたため、影響を受けていたかもしれない。小型のジビエとやわらかい豆の組み合わせはまさにゴールデンコンビで、女王は鳩、ウズラ、ヤマウズラが大好物だった。とにかくラ・グランハは最高級品で、もともとはアメリカから入ってきた豆だった。

フランスの味や伝統料理は一八世紀のスペインではまったく受け入れられなかった。ほとんどの人がフランス人の贅沢な人生観や食の好みを寄せつけなかったのだ。スペインの日常食は、すでに赤トウガラシ、トマト、ピメントン（乾燥されたトウガラシの粉末）、強烈なニンニクで色も風味も染まり、これが政治声明だといっても過言ではなかった。

ルイス・エディジオ・メレンデス画。『ゼラチン入り容器、パン、グラスが載ったトレイ、クーラーの静物画』。

現在、一八世紀最高の静物画家とされているルイス・エディジオ・メレンデスは、宮廷画家になることなど興味がなかった。父親と自身の虚栄心のせいで、人物画や肖像画で将来有望な道のりもスタートを切る前に消え失せていた。サン・フェルナンド王立芸術アカデミーを締め出され、王からの支援の可能性も失った彼は、さほど特権を有さない中流層に購入してもらえるジャンルに目を向けるほかなかった。コタンやヴェラスケスのあとに続き、ただし独自のスタイルで、メレンデスは巨匠になった。画家としての才能を発揮し、キッチンにあるありふれた用具や食材を力強い静物画で表現した──果物、パン、肉、野菜、マルメロのペーストやジャム、菓子箱、また、銅製の鍋、ガラスや陶製の食器、とくに壺。彼が遺した一〇〇以上に及ぶ一連の作品は、一八世紀のスペインにとって偉大な宝となり、彼をヨーロッパの秀逸な静物画家のひとりに押し上げた。すべてが見事な芸術作品で、光を駆使して対象物それぞれの構成を浮かび上がらせている。大胆ながら、けっして粗野ではない。作品には『マルメロ、キャベツ、メロン、カリフラワーの静物画』、『ジビエ、野菜、果物の静物画』、『アザミ、シャコ、ブドウ、アイリスの静物画』などがある。

権力と闘争

継承戦争のあいだ、フェリペ五世を支える報酬としてフエロ〔中世スペインで王が特定の自治都市に付与した特権を保障する特許状〕を得ていたバスク地方やナヴァラを除き、一八世紀、スペインはカスティーリャの支配下にあり、政府はフランスに強く影響を受け、揺れ動いていた。光の世紀(啓蒙時代)は、当時スペインを支配していたブルボン朝の王三人の統治に影響を与えた。

それまで、カスティーリャはハプスブルク家から受け継いだ強力な「公会議」制度によって統治されていた。国策評議会は外交と戦争を担当し、カスティーリャ評議会は最高裁判所と諮問機関の役割を果たし、西インド諸島評議会は異端審問、騎士修道会、王国の財政を扱った。このとき政治経済の責任はほぼカスティーリャ評議会と長官や大臣から成る組織(フランス流)が分担した。この組織は行政を成功に導き、政府の一時的な形を確立し、結局、それが数世紀続くこととなった。改革者はつらい任務に直面した。不作が続く農業にほぼ頼りきっている経済に立ち向かわなければならなかったのだ。貴族、教会、そして自治体でさえ壁になった。彼らは土地所有者であり、税金のほとんどを受け取る側で、納税を免れていた。経済は、大多数を占める恐ろしいほど貧しい下級層、遅々として進まない経済政策や技術の発展、また、国内における地区ごとの発展の差に成長を阻まれた。アメリカの植民地との貿易ももうひとつの心配の種だった。大西洋におけるカスティーリャの貿易独占も膨れ上がる脅威にさらされていた。スペイン国王は規制や独占に基づいた政策を維持する決断をしたが、うまくいかなかった。弊害が及んだのは大西洋を輸送するヨーロッパ産製品の商売にとどまらなかった。カカオやトウモロコシなどの食品を含め、アメリカ商品の貿易はヌエヴァ・エスパーニャ［スペイン帝国が所有していた植民地。副王領］と南アメリカの太平洋沿岸を結び、結果、禁制品売買のネットワークができあがり、ほぼ抑制不能になった。オランダ人とイギリス人が一気に新世界に関心を向けるようになったことは明白だった。両国は商取引に関する専門知識に長け、望ましくない海運業も際立っていた。さらに、スペイン地中海沿岸地域の主要港、バルセロナやバレンシアにおけるビジネスは外国の商人や仲介者の手中にあった。権力の回廊(政府機関)が貿易や製造ではなく、中世農業の発展にすべての望みをかけたことがスペインの現代化と産業化を何十年も遅らせた。カスティーリャの経済エンジンである贅沢なメリノウールは、すでにオランダやイギリスからの安価な輸入品に代わっていた。

あかるい話題に切り替えると、一七一二年から一七九八年まで、スペインの人口は数地域で四〇パーセントも増加し、国全体では継承戦争終結時の七五〇万人から、一七九七年には一〇五〇万人になっていた。残念ながら、これだけ増加しても国内の多地域でいまだ続く飢餓の問題を解決するには足りなかった。

ヨーロッパの戦争や疫病と荒廃の続いた数十年が過去の話になり、国家の健康はじょじょに改善し始めた。農業技術の発展と新しい作物の導入が後押ししたと思われるが、伝染病——このときは発疹チフスと天然痘——が一七六九年にふたたび蔓延し、悲惨な結果をもたらした。それまでスペインでは、とくにメセタ(中央部の高原地帯)やアンダルシアの農民が、一六世紀同様、あるいは中世初期と同様に絶望していた。農民は土地を借り、地主や教会の利益のために耕した。自分たちが食べるために育てた少量の作物さえ売りに出し、そこから得たわずかな収益さえ課税された。生活水準を上げたり家族の未来を守ったりする要素などないに等しかった。耕している土地を改善することも、栽培している作物の質を向上させることもできず、それでもなお国の政策は変わらなかった。至難の業であるにもかかわらず、政府は農業の繁栄こそ打開策だととらえていたのだ。ここでも貴族、教会、メスタ(牧羊者組合)の利益は脅威にさらされた。さらに困ったことに、悪天候が原因で不作が続き、貧民、とくに都市に住む貧民のあいだで不安が広まった。たとえ王や政府の目標が立派で、一部の改善が達成されていたとしても、直面している問題は解決できなかった。

肥沃な土地の大部分はいまだ不在地主の手にあった。彼らは宮廷での暮らしを楽しむだけで、所有地を効率よく管理する能力がなかった。教会が手中に収めていた土地の割合も高かった。カスティーリャでは肩書や俸給に関係なく、また、田舎の土地か都市の土地かにかかわらず、スペインカトリック教会と修道会が農地と牧草地の七分の一を所有していた。彼らは地域が生む収益の四分の一を農業から生み出していたが、批評家の目からすれば、投資に対する見返りは、同じ土地の所有者を教会と個人で比較した場合、教会があまりにも少なかった。おそらく、マノス・ムエルタ(死手譲渡。不動産の永久保有)にも反対したこの批評家たちは、ハプスブルク家の古い体制から受け継いだ農業の劣悪な状況がいかに深刻だったかを失念していたのだろう。さらに、一八世紀のスペインで勢いを増していた教会が唯一の政治組織であり、国際機関の一部として王室絶対主義や政策に対していまだ由々しき脅威になりうるという事実も見逃していた。

人口増加が経済にプラスの影響を与えると信じていた政府は、出生率と食品生産量の向上を目的に数々の政策を導入した。子供の多い家庭には特権が与えられた(フランコがスペイン内戦後に似たような政策を導入している)。年月が経つと、さらなる政策が導入された。それまで人が住んでいなかった未耕地や無視されていた土地には、ヨーロッパの他地域から労働者が移ってきた。一部の政策は功を奏したが、小麦の代わりに生産性が高い低品質の穀物を栽培するといった決断などは、のちのち、経済成長を遅らせた一因だったことが判明した。

一六世紀から一七世紀にかけて超大国だったスペインも、一八世紀末には二流の地位に成り下がっていた。原因はあきらかだ。政府に根づいていた無能な財政管理である。金と銀はいまだ新世界から流れてきていたが、単に政府は将来のための計画ができなかった。植民地の経済発展に投資しようとはまったく考えなかったのだ。金と銀は豊富にあった。未出版の文書『スペインの豊かさに関する考察 *Considérations sur les richesses de l'Espagne*』[04]や、のちの『法の精神 *De l'esprit des lois*』[05]で、モンテスキューは自身に問いかけている。金と銀は虚構なのか、それとも、富のシンボルなのか？　そして結論づけた。シンボルには永続性があるが、かなり限られた物事を象徴するため、対象の数量が増えれば増えるほど価値はさがる。スペインは当時の真の啓発者（たとえフランス人だったとしても）の声に耳を傾けるべきだった。能なしが積極的に支持した欠陥だらけの財政管理によって、結局、スペインはヨーロッパでの巨額な戦争負債を調達するために、外国の銀行や投資家から借金することになった。国債はカルロス一世やフェリペ二世の統治時代同様、もはや制御できなくなっていた。いっぽう、ヨーロッパの一部地域では状況が異なっていた。直接税と間接税の組み合わせを土台とした初の財政改革が、低地帯諸国では一六世紀に、イギリスでは一七世紀に、実施されていた。おかげで、どちらも戦争負債に効率よく対処できた。しかし、スペインは、すべての間接税も含め、複雑な歳入システムを簡素化する単一税の導入に失敗し、中流階級や下層階級の生活を圧迫し続けた。オリーヴオイルにさえ高い税金が課されていた。

疲れ果てたカスティーリャは、相も変わらず、衰退していく帝国の広大な境界線を維持するための資金を政府が調達していた。この財政システムは農民や小企業経営者の生活に直接関与するふたつの分野に影響を与えた——食料生産と貿易だ。食料では、一五九〇年、フェリペ二世がアルマダの海戦で失った一〇〇〇万ドゥカードを取り戻すためにミリョネスという税制を導入し、ワイン、酢、オイル、肉の販売に適用した。この一時的な課税から莫大な歳入を得た対策は、たちまち永遠の制度になった。食品消費税ミリョネスも販売税アルカバラも取引にかかる間接税で、食品の値段や購入の可否に影響した。一七世紀と一八世紀、カスティーリャの人々を貧困に陥れた主因は税制にもあった。いっぽう、半島の北部と東部の沿岸地域ではあかるい未来が見えていた。帝国の利益分配を拒否されたこの地域は、絶え間ない戦争でカスティーリャを苦しめたような人的被害や出費を免れていた。少なくとも、スペイン北部ではどんどん改善されていく畑で栽培するトウモロコシが貧民や動物を救っていた。新世界のインゲン豆(学名*Phaseolus vulgaris*)もトウモロコシ畑の一画で栽培し、乾燥して、北部を支える食材となった。カタルーニャには昔から土地所有権に関する公正な制度があり、小規模な農園を保護し、すでに農業で堅実な成長を続けていた。灌漑システムは現代化され、適切な土壌で代替作物の栽培が進んでいた。広範囲でブドウが植えられ、ワインやリキュールの生産が着実に増加した。エブロ川のデルタ地帯周辺には水田も作られた。上流では、アーモンド、ヘーゼルナッツ、果樹園があちこちに見られた。すでにバルセロナ、バレンシア、アリカンテの港から、ワイン、ブランデー、綿、亜麻、絹を、ヨーロッパの他地域や新世界に輸出していた。

国内の他地域では、小麦、大麦、ライ麦の生産が栽培可能な土地の四分の三を占めていたが、それでも万人に届けるには足りなかった。不作はいうまでもなく、多くの地域で労働力が不足し、入手できる種子も現代的な農業用具への投資も限られ、概して、スペインの農業は飢餓や貧しい経済を救う解決策にはならなかった。こうした地域では進化があまりにも遅かった。結局、厳しい現実に直面した政治家は、現状を脱するため、困難な課題ではあるものの、不毛な土地を農地として利用することに決めた。ただし、多くの問題とともに忘れていたことがあった。屈強なメスタがいまなお恐るべき障壁として立ちはだかっていたのだ。

自らの色に染まる《イン・イッツ・オウン・インク》料理

これはスペイン国立図書館が食品をテーマとした展示会で使用した小気味よいタイトルだ。もちろん、バスク地方のレシピ、カラマレ・エン・スー・ティンタ（イカ墨で調理したイカ）に遊び心で付けた別名だが、実際、イン・イッツ・オウン・インクは料理名ではなく、一七世紀末を皮切りに一九世紀まで続いた特定期間の料理書をさす。その時期と範囲は、バロック時代から半島戦争終結後のある時点まで、そして、スペインに刺激を与えた過去の文化や侵略からフランスなど他国より受けたさらなる影響までに及ぶ。こうした変化は、貴族の料理、つまり、他のヨーロッパ諸国の貴族の食事と多くの共通点を持つ料理に影響を与えた。これは古来の料理でも国民食でもなかった。有名なシェフが、とくに料理の質が際立っていたふたつの国――イタリア、そしてとりわけフランス――の伝統を土台とした料理だった。だからこそ、一八世紀のスペイン宮廷料理本がないのだ。一六世紀にはルパート・デ・ノーラが『料理書』を、一七世紀にはマルティネス・モンティーニョが『料理の芸術』を出しているというのに。一八世紀、すでにスペインはかつて享受していた国際的威信を失っていた。宮廷料理はフランス料理とほぼ同義となり、つまり、独自性を失っていた。模倣作であり、おおむねたいした料理ではなかった。スペインのオリジナル料理として郷土料理が表舞台に出るべき時期がきていたが、実際に活気を帯びるまでにはさらに一世紀待たなければならなかった。

前述の作品とは別に、一八世紀に出版されたスペイン料理の本を現代の歴史家や料理作家が研究している。公共図書館や個人の書庫に編集されぬまま残っていた文書も、いま、陽の目を見ようとしている。うち一部は、スペイン植民地時代にスペインやアメリカで働いていた修道士のキッチンで保管されていた文書だ。修道会の会員や非会員、男性も女性も、修道院の屋根の下で暮らし、質素でとてもおいしい料理の記録を残している。一七四五年出版の『新たな料理の技術――経験から学んだ節約の知恵 *Nuevo arte de cocina sacado de la escuela de la experencia económica*』は謙虚なフランシスコ修道士ライムンド・ゴメス（ファン・デ・アルティミラスとして知られる）によるオリジナルの料理書だ。彼はそれまで宮廷付きの作家のみが享受していた名声をようやく勝ち取った。

アラゴンのサン・ディエゴ修道院で修道士の料理人として働いていたアルティミラスは、修道会の食堂で出していた料理だけでなく、スペインの町や田舎で一般家庭が作っていた料理もまとめ、総括的な本を書いた。この『新たな料理の技術』では、レシピの出所は明記されていない。きっと国内各地を回って集めたのだろう。

アルティミラスのおもな意図は、フランシスコ修道会に入った新会員を指導することだった。彼らはフランシスコ修道会のキッチンを任され、まだ食材に関する知識、調理や衛生に関してはほぼ素人だったが、かなり限られた予算で集会の参加者や客に食事を出すという大変な任務を負っていた。アルティミラスは読者にこう伝えている。

私は料理人として使命を果たさなければならなくなったあのとき、必要なことを教えてもらう師すらいないままキッチンに立っていた。そして、すべてを身に付けたらささやかな料理本を書こうと決意した。本書は、たいした経験も積めずに見習い期間を終えた新会員を補助する手引書となっている。任務を遂行するさい、必要なことを逐一聞かなければならないのは厄介だ。本書があれば、そんな面倒から解放されるだろう。★06

この本にはソパ・ボバという料理も載っている。具があまり入っていない薄いスープで、見習いはこれを作るのが日課のひとつだった。各地の男女修道院の裏のドアを叩く数千人の物乞いに提供するのだ。毎日、正午、アンジェラスの鐘［朝昼晩の祈祷の時間を告げる鐘］が鳴ったあと、集会に訪れた人々がパンを入れたかごと熱いスープを入れた重い鍋を修道院のキッチンからドアへと運ぶ。戸口には、仕事にあぶれた者、女性や子供、障害の残った兵士、ろくに食べていない学生が長い列をなし、その日唯一の食事を心待ちにしていた。一七世紀および一八世紀のスペインでは、

ソパ・ボバは街路で飢え死にしそうな人たちの命を救った。

アルティミラスの本に載っているレシピはすべて、彼自身が作ったものだった。働いていた修道院のキッチン脇にある野菜畑で栽培された新鮮な食材や、新世界から取り寄せた製品を使った。人気が出てきたものの、いまだ貴族には嫌われていた食材もあった。彼は修道院で飼っている鶏が産んだ卵を使い、肉は白身も赤身も修道士が育てた家畜を利用した。アルティミラスは、自分の本に載せたレシピは調理が簡単で、かつ、経済的だと保証した。ただ、バロック時代と豪勢なマルティネス・モンティーニョの料理の影響はかなり残っていて、たとえば、スイーツでも総菜でも、砂糖、クローヴ、シナモンをふんだんに使用している。しかし、質のいい地元の旬の具材を優先し、目よりも舌を喜ばせる料理だった。また、フランシスコ修道会でよくある静粛や断食の日、また、控えめな祝祭日にぴったりの料理でもあった。修道院で祝祭料理を作るには想像力が欠かせない。限られた予算で奇跡を起こすことは、たとえ聖職者でも容易ではなかった。アルティミラスはおいしい魚料理エン・アドボを考案した。小麦粉をつけずに魚を揚げ、アドボソース(マリネ液)を作った。ローレル、つぶしたニンニク片、タイム、フェンネル、オレガノ、酢漬けのオレンジの少片数個を酢に入れて沸騰させ、魚を入れ、必要なら塩を足すようアドバイスしている。また、アルティミラスは四旬節用にポタへ・デ・ヴィジリアも載せた。塩タラ、ほうれんそう、ひよこ豆をニンニクと甘口のピメントンで味つけする。彼のキッチンでは、ペピトリアなどの質素なシチューやウサギと鶏のカスエラ(煮込み料理)も作られた。これらも、インゲン豆、ニンニク、サフラン、コショウ、粉チーズ、パン、ミントで作るつつましいポタヘ・デ・フディア同様、旨味があった。多くの野菜料理も、ときおり巡礼者のために作っていたラムのカルデレータと同じく好評だった。彼がハムよりもソーセージ、豚脂、焼き豚の皮を好んでいたことはあきらかだ。セルヴァンテス著『ドン・キホーテ』に登場するサンチョ・パンサがカマチョの結婚式会場に到着し、夢見ていたのに残念ながら食べられなかったのがハムだった。

当時、修道士や平修士が書いた原稿には、それまで口頭で伝えていた人気のレシピが含まれていたほか、より高尚な文書からの写しもあった。三一八のレシピを載せた『宗教の料理集 *El cocinero religioso*』は一八世紀初頭にスペイン北部パンプローナで書かれた本だ。著者は無名の平修士で、アントニオ・サルセテというペンネームを使っている。[★07] サルセテの原稿は中世初期のルネサンスやバロックの伝統を取り入れつつも、スペインの一般的なキッチンがいかにして現代化していったかが読み取れる。サルセテのレシピの一部はオリジナルだが、その他はあきらかにアルティミラスなどの作家を参考にしている。この原稿や他の宗教的料理書は、執筆していた土地ならではの郷土料理だけでなく、スペインの多地域から集めたさまざまなレシピを紹介している。別々の修道会の会士が国内を移動し、自分たちの伝統的なレシピとともに初めて知ったレシピも持ち歩いた。そして、料理人のなかにいる文筆家が新たなレシピとして書き残した。キリスト教徒やアラブ人の伝統だけでなく、新世界から入ってきた食材も取り入れた。サルセテは新世界の食材がすでに一般や修道院の食事に溶け込んでいることをはっきり示しながら、レシピの一部に、トウガラシ属、ピメントン、チョコレート、そしてもちろんこの新食材も使った――トマトだ。彼はトマトをサラダ、肉や魚のシチューに使った。また、トマトは調理時間を長引かせると考えていたため、かならず他の具材にしばらく火を通してからトマトを加えた。カスエラ(スペイン語で土鍋またはシチューをさす)を作る場合は、まずトマトを炒め、それからタマネギ、ニンニク、パン粉少々、塩、アグリオ(酢、レモン汁またはブドウ汁を混ぜた調味料。スペインではアグラスまたはヴェルジュとしても知られる)を少々足した。彼のサルサ・デ・トマーテは、焼いて皮をむいたトマトに挽いたクミンとコリアンダーシードで風味をつけ、酢と塩少々で和える。そして、読者に、このソースにオレガノを少々ふって供するようすすめている。

『宗教の料理集』に載せたレシピの内訳は次のとおりだ。肉料理三〇パーセント、魚料理一七パーセント、パン、パン生地および/あるいは小麦粉で作る料理九パーセント、卵やラクティニウム(乳製品)九パーセント、ナッツやドライフルーツ七パーセント、ソース六パーセント、保存食やジャム類五パーセント、アローペ（沸騰させたブドウ汁）、砂糖、ハチミツ一パーセント、ピクルス、オリーヴ、マリネ一パーセント、その他一五パーセント。[08] 肉の項ではラムとマトンをもっとも評価し、次に牛、子牛、子山羊、家禽となっている点が興味深い。貧民の食品とされる豚肉料理はレシピの数では二番目だが、料理人の胸のうちでは最下位だ。その他の肉塊は挽き肉にしてミートボール（シゴーテ）にしたり、細かく切ってペピトリア（卵とアーモンドと混ぜる）やサルピコン（タマネギと混ぜる）にしたりする。モツ――脳みそ、舌、足――を使うレシピもあり、人気を呼んだ。なかには料理名が調理法からきているものもある――メチャド（ベーコンを使う）、エストファド（煮込む）、コン・マサ（パイで包む）、アサド（ローストする）、コチフリート（牛、ラム肉、または子山羊の肉をまず茹で、ニンニク、酢、スパイス、パセリ、ローズマリー、ローレル、ミントで味つけしてオリーヴオイルで炒める）などだ。

ヌエバ・エスパーニャの多国籍料理

マルティネス・モンティーニョの影響が消えないなか、一八世紀のヌエバ・エスパーニャで食べられていた料理はレセタリオとして知られる多くの料理書に記録されている。書いたのは男女のスペイン人やクリオーリョ（新世界で生まれた、生粋のスペイン人の子孫）だ。本来の目的はスペインの威厳ある料理と一般料理の伝統を保護することだったが、記録されたのは進化した結果だった。一六世紀から、アメリカとヨーロッパの食材を両方取り入れてきた料理だ。さらに、レセタリオは現地の文化の伝統がアメリカに住むスペイン人のキッチンにまで影響を与えていたことを裏づけている。

✣贅沢な食材にあふれる盆地

一五三五年から一八二一年まで、北アメリカおよび中央アメリカ、またフィリピンやオセアニアにあるスペイン領土はすべて、メキシコシティ(かつてのアステカの首都テノチティトラン)を首都とするニュースペイン(ヌエバ・エスパーニャ)の強力な副王領の支配下にあった。メキシコ盆地として知られる広大な谷間に創設されたメキシコシティは、かつてほとんどの土地が湖だったが、一三世紀、アステカ族指導者の命令により湖の中央を埋め立てて首都を築いた。一六世紀、メキシコ盆地では食料の配給と分配がうまく統制されていた。食料は広大なアステカ領土の各地やチナンパから水路で首都に運ばれていた。チナンパとは、アステカ族が湖底に盛り土をして作った効率のいい浮き畑だ。

スペイン人聖職者の記録によると、一六世紀、アステカ族の農業は生産性が高く、斬新で、進化していた。アステカ族の土地は気候がかなり多様だった。土壌は非常に肥沃で、当時のスペインとは対照的に農業は専門知識に長けた園芸家が指揮を執っていた。彼らは、どこで、どのように、いつ、どの作物を植えれば一年に何度も収穫できるかを心得ていた。メキシコ盆地もヨーロッパと同じように、ときおり飢饉に襲われ、大打撃を受けたが、原因はあくまで不作で、カスティーリャが何度も経験したような権力者の過ちではなかった。アステカ族の支配者はまちがいなく領土拡大主義者、かつ、帝国の建設者であり、効率よく経費を最小限に抑え、民衆全員がきちんと食事を取れることの重要性を理解していた。

メキシコ盆地では、自治体が所有する土地を各家庭に分配するか、広大な私有地を持つ所有者が小作人に土地を借して農作業を進めていた。さらに、個人が自分の食料を栽培するために小さな区画を利用することも可能で、余った作物は地元の市場で販売した。

入植者はメキシコの広大な棚田を見ても驚かなかっただろう。もともとヨーロッパでは古代から知られていた農法だ。また、アステカ族が灌漑について熟知していたことにも驚かなかったにちがいない。スペイン人は、一世紀以前からローマ人、アラブ人、ベルベル人が実施していた高度な農法を受け継いでいながら、モリスコでさえ、さらにはバレンシアやアラゴンの肥沃な土地を利用したにもかかわらず、年に五回も六回も作物を収穫する農地を整えることはできなかった。アステカ族はチナンパという栽培システムを駆使し、農業の奇跡としか思えない偉業を実現したのだ。

アステカ帝国の絶頂期、何千ものチナンパが首都テノチティトラン（現在のメキシコシティ）に近い水のきれいな湖の浅瀬や、さらには、テスココ湖、南方のソチミルコ湖やチャルコ湖周辺にも創設された。運河を水路や灌漑に利用するほか、こうした人工島を湖面より上に作り、湖底に木の柱で固定し、枝を編み込んで補強した。加えて、

アステカの運河にある浮き畑、チナンパ。メキシコシティ、ソチミルコ。

乾燥した草や肥沃な泥を何層にも重ねてぎっしりと詰め込んだ。各チナンパにヤナギを植えて安定性を保ち、土台が崩れるのを防いだ。そして、そこにさまざまな作物を植えた。最初はトウモロコシ、豆、トウガラシ、香りのいいハーブだけだったが、やがて、雨期と乾期に関係なく育つあらゆる果物や野菜も栽培するようになった。専門家によると、チナンパのシステムはいまでも世界の多地域で飢餓を防ぐ手段になるという。

エルナン・コルテスが見たメキシコ本土は、その数年前にコロンブスがカリブ海の旅で初めて出会った世界とはまったく異なっていた。ただ、どちらのメキシコも、地理的にも植物的にも異国情緒にあふれ、壮麗で、かつて目にしたどの場所とも似ても似つかなかった。

私は生まれてこのかた見たこともない美しい木々のあいだを歩いた。深い深い緑の世界を目の当たりにし、五月のアンダルシアにいるかのようだった。どの木も、まるで昼と夜のように、母国の木とはちがう。果物も、草木も、岩も、すべてがちがうのだ。

これはコロンブスが一四九二年一〇月一四日の水曜日にバハマで書いた日誌の一節だが[★09]、数年後、エルナン・コルテスも征服した土地について同じように記したかもしれない。きっと探検や略奪には触れず、こう書いたはずだ――メキシコの地理と植物の多様性はこの上なく素晴らしい。スペイン人が征服したアステカの世界には、力強く高尚で非情な文明があった。絶えず進化し、力ずくで奪い、同じように進化していた他の文化を飲み込んでいた。勢力を増すなか、彼らは、トウモロコシ、豆、トウガラシ、チョコレートのほか、七面鳥、トカゲ、クモ、バッタ、虫、ヘビ、野生の鳩などを使った自分たちの食文化を築いた。ヨーロッパ人侵入者は、どの食材にもさほど関心を示さなかった。

一五二九年、コルテスの野心が現実となった。カルロス一世が現在のメキシコシティからさほど遠くない肥沃で美しい広大な土地、トルカ渓谷のエル・マルケサドを彼に与えたのだ。それまで、コルテスはトルカでヨーロッパ種の家畜を飼っていた。彼にとって、この土地は夢にも思わなかった財産であり、また、スペイン人としての権利でもあった。彼は、ここにいれば富と権力がかならず手に入るとわかっていた。ビジネス成功への道はまだ歩み出したばかりだった。彼は小麦と砂糖の生産や貴重な鉱物の採掘に投資し、太平洋を輸送経路とする商売にも挑んだ。

渓谷の一部で農作物の生産を家畜の放牧に切り替えた結果、原住民にとって深刻な問題が生じた。自分たちのトウモロコシや豆を栽培していた土地が牧草地に変わっていったからだ。古ヒスパニアの皇帝のように、コルテスは軍隊と入植者が新たな土地を見つけて定住するまで食料を提供した――このときはスペイン王の名のもとで。コルテスの計画がとても民衆のためとはいえなかったとしても、彼はスペインの食文化をアメリカ大陸に定着させる機会を作った。結果、スペイン料理の食材、調理法、地域的特徴がメキシコ料理に欠かせない要素となった。

当初、ヨーロッパの食材は反感を買っていたが、それも弱まり、ヌエバ・エスパーニャでの生産も盛んになった。やがて、地元の料理人たちがヨーロッパ製品を取り入れ始めた。数世紀前、中世初期のヨーロッパで魅力のない食事を救ったサトウキビは、いまやアメリカで順調に育っていた。カリブ海沿岸地域だけでなくメキシコでも栽培され、アステカ族の愛した苦いチョコレートドリンクが、ヨーロッパ人がかつて想像もできなかった味わい深い最高のごちそうになった。やがて、メソアメリカの調理でも砂糖がハチミツに取って代わった。

一八世紀のスペインをヌエバ・エスパーニャと区別する主要素は、領土の範囲と農業がもたらす可能性だった。ヌエバ・エスパーニャでは、土地に関しては最初から、少なくとも初期のスペインや他のヨーロッパ諸国で農業や貧民の食事に悪影響を与えるような人為的拘束はなかった。原則として、都市から離れれば誰でも果樹から果物をもいで食べられたし、焼いて甘くなるおいしい虫は誰でも無料で食べることができた。メキシコ人の主食トウモロコシはどんなタイプの土壌や湿度でも栽培が可能だった。小麦の生産はトウモロコシに比べて控えめだったが、それでもヨーロッパ諸国の生産量と競い合っていた。ヌエバ・エスパーニャの小麦生産量は、質のよい穀物の主要生産国フランスの六倍に達した。しかし、一七八五年、ヌエバ・エスパーニャは飢饉に襲われ、悲惨な結末を迎えた。不作、広域にわたる人口減少、採鉱などにより、土壌が肥沃な地域でも食料が不足し、貧困や死を避けることはできなかった。

メキシコシティはスペイン人が到来する前から壮大な都市で、スペイン支配のもと、世界でもきわめて大規模で裕福な都市になった。まさに貿易の楽園で、翡翠、綿、貴金属が売買され、肉、砂糖、トウモロコシ、小麦、プルケ(リュウゼツランの果肉から作る人気のあるアルコール飲料)も行き交った。ワインもヨーロッパ系の人々が楽しむようになった。メキシコシティでは異なる文化を持つ人々がともに暮らし、塩、家畜、奴隷を買うこともできた。ほとんどがメキシコ原住民で、権力を持つスペイン人入植者、教会関係者、クリオーリョは少数派だった。奴隷はアフリカから連れてきて、ヨーロッパの作物を生産する入植者が労働力にした。作っていたのはとくに砂糖とカカオで、こうした奴隷は人口の大きな割合を占めていた。食卓にのぼる料理は人種や階級で区別され、品数ではなく質と量が決められていた。当時のスペインとは正反対で、ヌエバ・エスパーニャでは肉を食べること自体は社会的階級や人種とは関係なかった——決められていたのは肉の種類だ。誰もが肉を食べていた。肉は盛んに取引される食品になっていたからだ。ラム肉や鶏肉は最上流階級、牛肉は中流階級(ほとんどがスペイン人かクリオーリョ)、豚肉はそれ以外の人に渡り、山羊肉は豚肉を買う余裕がない人たちが口にした。一八世紀までに、メキシコシティ中央市場はスペイン帝国のアメリカ全領土において最大かつ最重要の市場——「住人が口にする食品の豪華さと多様性を反映した市場」——となっていた。[★10]メキシコシティの食品貿易は大成功を収めていた。その証拠に、中央市場では何百もの商店が繁盛していた。アーモ

ヌエバ・エスパーニャですでに生産されていた贅沢な食材の数々が、女性の持つ買い物かごにあふれていた。アーモンド風味の一品にする生きた鶏、チョコレートで作ったモーレを添える七面鳥、煮込んで濃厚なシチューにする豚

足、辛いトウガラシ料理を食べたあとに口直しをするザクロ、トルティーヤを作るトウモロコシの粉、白パンやオリーヴオイルで揚げる口あたりの軽いブニュエロ用の小麦粉。次世紀には、これらはすべて、手の込んだ、色鮮やかで、独特な、私たちの知るメキシコ料理へと進化していく。スペイン料理でも地元料理でもなく、まさにオリジナルのヨーロッパとアメリカの融合《メスティーソ》だった。

✣伝統料理の融合

メソアメリカではヨーロッパ人がアメリカを発見して以来、食品交易がおこなわれていたが、伝統料理の融合メスティーソが起こるまでには数世紀かかった。原住民が自分たちの文化を守ろうとしていたからだ。いっぽう、スペイン人は新しい食材を受け入れ、料理に活用しなければならなかった。とくに初めてアメリカに到達し、発見の地を本土へと広げていくときはなおさらだった。地元民と同じように食べるか、飢えるか、どちらかしかなかったからだ。いったん住む場所が落ち着くと、彼らは自分たちに親しみのある食材を原住民に栽培するようすすめた。とくに、パンを作る小麦だ。また、ヨーロッパの食事では肉が重要な位置を占めており、スペイン人エリートのあいだで需要が高かったため、植民地の商人はコロンブスが二度目の旅で連れてきた動物の飼育に取りかかった。この商売は功を奏し、利益の出るビジネスになった。ヌエバ・エスパーニャで原住民に肉と豚脂を紹介したときは、他のヨーロッパ製品より抵抗が少なかった。原住民は自分たちで動物を飼育し、最高の部位を市場でスペイン人やクリオーリョに売り、それ以外は自分たちの食料にした。しかし、小麦や大麦はトウモロコシの競争相手にはけっしてなりえなかった。原住民にとって、オーヴンで焼くパンは、たとえ最高級の小麦で作ったとしても、トウモロコシで作る熱々のトルティーヤとは比較にならなかった。トルティーヤは彼らの主食で、伝統的な平たい土板のコマルをコンロに載せて焼いていた。

新世界と旧世界の食の融合は、ヌエバ・エスパーニャ、および、さらに南方のチリやペルーでも実現していた。すでに、西インド諸島の人口は数だけでなく人種も急増していた。原住民、メスティーソ、黒人、異民族の血が混じった者、白人が集まり、白人の多くはクリオーリョだった。彼らは町や田舎に固まって暮らしていた。その頃、田舎ではオリーヴ、ブドウ、小麦の畑が景色を飾っていた。すでにヌエバ・エスパーニャでは、料理の手稿や料理本に載っているレシピ、また、スペイン人やクリオーリョの家庭料理に融合料理の要素がふんだんに取り込まれていた。原住民家族が住む家のごく一般的なキッチンで作る料理は、まだ古代トルテカやアステカの伝統を受け継いでいた。生活空間の床に置かれた台には石製のモルカヘテ(鉢)や土板のコマルなど、芸術品のような器が並んでいた。時とともに、スペイン人が持ち込んだ多くの食材を料理に取り入れるようになっていった。たとえば、タマレ(トウモロコシをベースとした生地を葉でくるんで蒸す)は牛肉など甘味や塩気のある具材を詰め、トルティーヤにはいちど茹でてから豚脂で炒めた豆を添えた。他のスペイン発祥の料理は、女子修道院やスペイン人子孫の白人が占める植民地の屋敷で作られていた。こうした屋敷はアンダルシアやカスティーリャの家をイメージして建てられた。キッチンは植民地のごくつつましい家でも、広く場所をとり、他の部屋とは切り離して屋内か屋外にオーヴンを設置した。キッチンの手入れをしたのは地元の料理人だ。彼らはスペインの伝統料理を学び、地元とスペイン両方のレシピを取り入れ、アレンジする腕を身に付けた。メキシコシティは文化のあらゆる側面を統合する中心地となっていた。

大西洋を渡った土地の生活様式や食品を扱った魅力的な読み物であり、広範囲に及ぶ記録を残したことに加え、個性の強いふたつの食文化を背景に据えつつ、スペイン料理の影響の大きさを浮き彫りにした三冊の本がある――『ヌエバ・エスパーニャの料理書 *El recetario novohispano*』、『ドミンガ・デ・グスマンの料理書 *El recitario de Dominga de Guzmán*』、『修道士ヘロニモ・デ・ペラーリョの料理書 *El libro de cocina de Fray Gerónimo de Pelayo*』だ。★11

格好の例が『ヌエバ・エスパーニャの料理書』に載っている鶏肉のシチュー、ギソ・デ・ガリーナのレシピに見て取れる。鶏肉を四等分にカットしたら、水で洗い、豚脂を塗って塩をふり、黄金色になるまでソテーする。みじん切りにしたニンニク、タマネギ、パセリを加えたら、トマト(ヒトマテ)で覆い、高級スパイスで味つけする。著者はスパイスの種類を特定していないが、おそらく、中世のサルサ・フィナだろう。シナモン、トウガラシ、サフランなどだ。こんにちのメキシコではパセリの代わりにコリアンダーを使う。

もうひとつの鶏肉料理が『ドミンガ・デ・グスマンの料理書』に載っている。著者ドミンガは女性で、メスティーソやクリオーリョ料理の完璧な見本を紹介した。材料には、豚脂、小麦粉のパン、チョリソー、果物、シュガーシロップ、アシトロン(サボテン)が含まれる。すべてスペイン原産だ。ドミンガは付け合わせをカスエラで作った。カスエラはスペインとメキシコで使われていた伝統的な土鍋で、現地の土板コマルをかぶせて使う。ドミンガはまず豚脂でパンを焼いた。次に薄めのシュガーシロップを用意

モルカヘテ。古代メキシコのすりこぎと鉢。大西洋の両側で同様の食器が発見されている。

し、焼いたパンを浸す。カスエラにパンを入れ、チョリソー、炒りゴマ、レーズン、アーモンド、アシトロンを乗せ、またパンとチョリソーを重ねる。カスエラがいっぱいになったら、コンロで火にかけ、コマルで蓋をして、熱い燃え殻を上に置く。ドミンガはこれをローストチキンに添えて供した。

女性の記録

時の誕生とともに女性と料理の強い関係が存在していたことは疑う余地がない。にもかかわらず、食品や伝統料理に関する知識を記録に残した女性は少ない。スペインに関しては、おもな理由はあきらかだ。女性の多く、とくに農民や都市の下級層は二〇世紀に入るまで正確な読み書きができなかったのだ。中世以降、ある程度の教育を受けられた女性は、貴族や教会に属する一部の者だけだった。[12] 上流社会で若い女性が読み書きとともに身に付けなければならなかったのは、裁縫と、そしてもちろん料理だ。また、未亡人になってから、あるいは、外界から保護を求めて修道院に入った聡明なスペインの婦人《ダーマ》がレシピを残したことはわかっている。彼女たちは自分の食事を作るために、家庭料理のレシピを持ち込み、ときには召使も連れて修道院に入った。こうした経緯で、もともと新世界ですっかり確立されていた料理に知識と新しい技術が加わった。修道院では、新参者と経験豊かな信心深い料理人がスペイン料理と地元料理を作っていた。

「テーブルクロスのシミ」

マンチャマンテーレ——シミ(マンチャ)とマンテーレ(テーブルクロス)が由来——はメキシコの祝祭日に食べる料理

の名前だ。甘酸っぱいシチューで、鶏肉か豚肉、または両方を、芳醇なソース、モーレで煮込む。一七世紀以降、多くの作家がレシピを書き残している。通常、具材は、肉、トマト、たっぷりの新鮮な果物と砂糖、新旧世界のさまざまなスパイスだ。材料のリストは作家によってさまざまで、どんどん融合料理《メスティーソ》になっている。初めて記録したのはメキシコの料理作家兼修道女ソル・フアナ・イネス・デ・ラ・クルスで、一六七八年頃だとされている。ソル・フアナはマンチャマンテーレをトウガラシ、ゴマ、鶏肉、プランテン（調理向けバナナ）、カモーテ（サツマイモ）、パノチェラ（料理用のリンゴで見た目よりおいしい）で作った。ドミンガは一八世紀に書いた『ドミンガ・デ・グスマンの料理書』でトウガラシとゴマを使っているが、トウガラシは黄色トウガラシに特定し、ブラックペッパーを足した。その後、同世紀に修道士ヘロニモ・デ・サン・ペラーリョがパン、豚脂、トマト、まさにスペインらしいクミンシードとまさにメキシコらしいエパソーテ［メキシコ料理に欠かせないハーブ］を加えた。二〇世紀には豚肉、パイナップル、プランテン、シナモン、さらにはカスティーリャ産の酢を加え、もちろん、鶏肉とトウガラシはそのまま残した。

　最近の料理作家の一部は、マンチャマンテーレを、メキシコ南部の町オアハカが「ここが発祥」だと主張する七種のモーレ（ソース）のひとつだと考えている。オアハカ料理の権威サレラ・マルティネスはこの料理をオアハカだけでなく東隣のチアパスとも関係があるとしているが、彼女いわく、オアハカのレシピのほうがフルーティでスパイシーらしい。サレラのレシピは二種のトウガラシ――アンチョとワヒージョ――と、ニンニク、タマネギ、トマト、トマティーヨ（学名 *Physalis ixocarpa*）、オレガノ、生のタイム、ローレル、シナモン、クミンシード、ブラックペッパーの実、鶏肉、豚バラ肉、パイナップル、青リンゴを使う。手間がかかり、忍耐と技術を要する料理だ。★13

スイーツに関して

むろん、ペストリー、ビスケット、砂糖菓子、ミルクプディングはアメリカのレシピに含まれていた。多くはパンで作られ、ほとんどはスペインの修道院で歴史を刻んでいる。修道女は修道会が設立されて以降、自分たちの暮らしを支えながら修道院を維持しなければならなかった。「オロ・イ・ラボロ（私は祈り、私は働く）」というモットーを掲げ、すぐさま新たな後援者から寛大な寄付と厚意を受け取る簡単な方法を見出した。彼女たちにはイベリア半島にやってきた多文化から受け継いだ、非常に手の込んだペストリーや砂糖菓子を作る腕があった。修道女には時間と忍耐力があり、そして、ペストリー職人に求められる教養と知識が備わっていた。さらに、なにより重要な素質であり、ペストリー専門のシェフがうらやむほどのやわらかい羽のような指使いができた。スペインでは宗教がキッチンと切り離されることはけっしてなかった。スペインの神秘主義者でローマカトリック教会の聖人でもあるイエスのテレサ（アビラの聖テレジア）は、一六世紀に書いた『創立史 *Libro de las Fundaciones*』にこう書いている――「主なる神は鍋の中にもいらっしゃる」。スペインでは、伝統的に、料理を加熱しすぎたり加熱が足りなかったりしないよう多くの祈りを捧げてきた。マルメロのペーストをかき混ぜるときはクレド［使徒信条。信仰宣言。ラテン語原文の冒頭をとってクレドという］を一〇回、卵を茹でるときは三回唱え、簡単な調理の場合は「アヴェ・マリア（めでたしマリア）」と祈る。

一八世紀、スペイン植民地の菓子工場やケーキ屋（スイーツ、菓子類、ペストリー）を扱った多くの手稿や出版物が世に出たが、それらのつながりをきちんと理解するには時代をさかのぼって砂糖について見直し、修道会が残した文書にかぎらず、数多くの初期スペイン料理の本や手稿に立ち戻ることが重要だ。

サトウキビのプランテーション拡大と、まずはカナリア諸島、のちに新世界でスペイン人が手にした投資の見返りは、スペインのスイーツやデザートの歴史を変えた。砂糖の分配効率が上がり、結果、価格が下がると、砂糖はハチミツに取って代わり、シェフ、宗教を重んじる料理人、一般の女性、そして医師さえも使い始めた。ただ、その重要性を理解している本はないに等しかった。

一六世紀と一七世紀、出版されず匿名で書かれた原稿の数は多く、スペインのスイーツの伝統、発展、優雅や贅沢――繊細で気高いもの――との関連性を知るための土台となっている。さらに、菓子、美食、医薬、栄養学には深い関係があった。★14

『紳士の果樹園――砂糖煮、ペースト、ジャム、ヌガー、その他、砂糖とハチミツを使ったごちそうを作る秘訣 *El Vergel de señores en el qual se muestra a hacer con mucha excelencia todas las conservas, electuarios, confituras, turrones y otras cosas de asucar y miel*』はスイーツや甘い飲み物を扱ったスペイン最古の文書だと考えられている。この本は一四九〇年から一五二〇年のあいだにカスティーリャ語で書かれた。非の打ちどころがない本で、材料や作り方を総括的にまとめているほか、台所用品や料理ごとに必要なさまざまな容器についても網羅している。完璧なリストにある項目は次の通りだ。真鍮製の鉢とすりこぎ、陶製の鉢と木製のすりこぎ、鍋から熱いマルメロのペーストをすくう銀製のスプーン、多種のアルモルフィア(大皿)、数種のオーヴン、金属製や綿布の濾《こ》し具、ジャムを入れる大きな木箱や浅い木箱、メネアドール(攪拌用の長い木べら)ほか、スペインのキッチンで昔から一般的に使われてきた用具の数々だ。中世の伝統に従って、『紳士の果樹園』も、オイル、化粧品、香水の作り方に関して詳しい情報を載せている。香り、味、色についての項は、この類の本ではなかなか見られない精通した内容だ。

もうひとり、一六世紀の作家ファン・ヴァリェス(一四九七～一五六三)の貢献についてはほとんど知られていないが、彼は体の管理や改善、スイーツやその健康への効果について研究した。ヴァリェスはカルロス一世に仕えた外交官だった。ごく最近まで、ヴァリェスの書いた『人間の命という贈り物 *Regalo de la vida humana*』はたった一部しかなく、ウィーンのオーストリア国立図書館に所蔵されていたが、研究のための利用は可能だった。最近になって、学者フェルディナンド・セラーノ・ララヨスがオリジナルの原稿を複写し、一六世紀のスペインを輝かせるテーマに光を当てている。一六世紀はナヴァラでスイーツやジャム類がボチカリオ(薬剤師)の責任で作られていた時代だ。★15

ミゲル・デ・バエサの『菓子作りの技術——全四巻 *Los cuatro libros del arte de la confitería*』は一五九二年、アルカラ・デ・エナレスで出版された。菓子を取り上げた、初のカスティーリャ語の本だと考えられている。デ・バエサはアラブやユダヤの質のいい菓子で有名なトレドで生まれ、同書にもそれがはっきり反映されている。興味をそそる詳細や情報が満載で、まずはサトウキビから砂糖が作られる過程や、質のちがいを解説している。残りはレシピに充て、砂糖やハチミツを使ったあらゆる菓子の作り方についてアドバイスを載せた。上品なゼリー、プリザーブ、ジャム、マジパン、さまざまな形の砂糖菓子のほか、特別なヌガーのトゥロンもある。また、デ・バエサの本にはプロの菓子職人が従うべき正式ルールの一覧も載せてあり、のちの一六一五年、フェリペ三世が採用した。★16

トゥロン。スペイン人が取り入れた、中東の甘い菓子。

一八世紀の話に戻ろう。菓子を扱ったスペインの本はフランスの本に比べて普及する速度が遅かった。プロの料理人が書いたこれらの本は、国際舞台ではあまり知られなかったが、ひとつだけ特別な例外がある。一七九一年に出版されたフアン・デ・ラ・マタの『ペストリーを作る技術 *Arte de repostería*』だ。たちまち、国内だけでなくピレネー山脈を越えて売れに売れた。カスティーリャ語で書かれたこの本は、ペストリーとデザート、冷温の飲み物、クリーム、ヌガー、さらには新鮮な果物をテーマとし、すぐさまドミンゴ・フェルナンデスの称賛を勝ち取った。フェルナンデスはペストリーの巨匠で、めったに人を褒めない人物だ。デ・ラ・マタは腕のいいペストリーのシェフであり、菓子職人だった。彼の著書に、アルティミラスやサルセテ、その他修道会の多くの料理人と似たようなレシピが載っていたとしても、彼はまったく異なる環境下で作業し、別の取り組み方をしている。宮廷に仕えた前衛的なシェフ、デ・ラ・マタは、モダンなイタリア人シェフやフランス人シェフの影響を受けていた。そして、その後二世紀以上にわたり、プロであれ素人であれ、多くの料理人に影響を与え続けた。『ペストリーを作る技術』は二章立てで、読みやすく、誰でも手に取れる。第一章はキッチンの構成、テーブルサービス、晩餐会や大規模な祝宴で供するメニューを幅広く紹介している。第二章は五〇七品にのぼるレシピ集だ。スペインのスイーツもあれば、フランス、イタリア、ポルトガル、オランダ、さらにはアジアのスイーツもある。デ・ラ・マタは果物をふんだんに使って、生のまま、あるいは、デ・バエサの教えに従ってゼリー、ジャム、コンポートにして供した。材料はヨーロッパの製品もあればアメリカの製品もある。これこそ、前述した未出版の原稿と一線を画す斬新な点だ。彼は伝統的なポルトガルとスペインのペストリーやケーキ、ビスケット、砂糖菓子を楽しんだ。マサパネ、ロスキージャ(ドーナツ)、モスタチョン(カステラ)、メレンゲ、おいしいヤマ(卵黄とシュガーシロップで作る菓子。権威ある多くの修道院で食べるごちそう)。彼はさらにあらゆる飲み物も紹介した。アルコールとブドウ汁で作るリキュールのミステラ、冷たく凍らせたフルーツジュース、チョコレートドリンク、さらにコーヒーも。スペインで初めてコーヒーに言及したのはこの貴重な本だった。コーヒーについて、デ・ラ・マタはワインの悪影響を弱めて取り除き、消化を助け、精神を強化し、睡眠の取りすぎを防ぐと信じていた。[★17]

素朴な宮廷料理

一七五九年、カルロス三世が王位に就いたとき、今度はイタリアから、さらなる料理の波が押し寄せた。カルロスはスペイン王フェリペ五世と、イタリア、パルマの王女エリザベッタ・ファルネーゼの息子だ。彼の統治時代、マドリードの宮殿のキッチンでは複雑性と興奮が渦巻いていた。ヨーロッパの他地域と同様、一八世紀半ばまで、人々は新しいアイデアを欲し、料理にも影響を及ぼしていた古いしきたりを破りたいと願っていた。

農業、産業、商業、そしてなにより芸術や科学を奨励するために生まれた数々の組織は、多くの一般人に刺激を与えた。もっとも有名なのは一七六四年に創立したバスクの王立フレンド協会で、高名なペニャフロリダ伯爵の庇護のもとにあった。この組織(学会)はバスクの農業、科学、文化、経済の発展を目的とし、国中の多くの人が支持していた(一世紀後にサン・セバスティアンにできた人気の美食協会と混同しな

宮廷で夕食を取るカルロス3世。1775年。ルイス・パレット・イ・アルカサール(1746〜99)画。

いように)。情勢が変化するなか、社会改革の着手が可能となり、新国王はそれを認識し、行動に移した。ヨーロッパとのあいだに一時的な平和が訪れ、国内経済がわずかながら成長したことで、実用的な新しい考え方や社会改革を導入する時期が到来していた。ホベリャーノス・オー・カダルソのような啓蒙的な政治家たちが、幸福と食事に明確な相関があることを認識するようになると、国民の大部分が取る食事も改善された。

父とは異なり、カルロス三世(一七一六〜一七八八)は比較的質素な生活を好み、あらゆる階級の人々を喜ばせたが、以前のハプスブルク期から受け継いだスペイン宮廷の贅沢、華やかさ、儀式を遠ざけることはできなかった。宮廷の富、美食、一般市民との大きな格差は、ハプスブルク家によって定着していた。彼らが好む、ヨーロッパの伝統から影響を受けた料理は——スペインの貴族階級が楽しむ料理からでさえ——このさき何世紀も隔離されたままだった。ただ、この傾向は、ブルボン家の台頭と彼らの大衆的な生活様式によってある程度は弱まっていた。

さまざまな好条件と母親の政治的陰謀と手腕によって、カルロスはまずナポリ王国を、次いでスペイン王国とアメリカ大陸の領土を手に入れた。マドリード王宮での昼食には、しきたりどおり、豪勢なフランス料理とイタリア料理が用意された。料理は壮大なコメドール・デ・ガーラ(正餐室)に運ばれ、厳格な儀式にのっとって供されたが、カルロス三世には楽しめない習慣だった。王はひとりテーブルにつき、周囲には大臣、大使、使用人、そしてかわいがっている猟犬たちがいた。夕方になるとカルロスはまったくちがう生活を送ろうとした。彼は素朴な味が好みで、ありふれたスペイン料理が好きだった。彼にとっての完璧な夕食は、ローストビーフ、卵一個、サラダ、カナリア諸島産のワイン一杯、そしてワインに合うビスケットだった。

失敗する運命にあった社会改革

一七六〇年代、小麦の不作が三度立て続けに起こり、パンの値段が高騰した。港から遠く離れ、おもに小麦をイタリアから輸入していた内陸部では食品の価格上昇が制御不能となった。マドリードは混乱に陥ったが、理由はパン不足だけではなかった。王が庶民的な料理を食べていたとしても、マドリード市民は、宮廷における外国の影響が昔ながらの生活、価値観、首都に住む人々の衣服さえ脅かしていると感じていた。町なかにいる市民の安全を守る手段として、エスキラーチェ大臣が、従来、男性が冬に身に着けていたマントや帽子を禁止すると、反乱が勃発し、大臣は辞職に追い込まれた。問題はまだまだたくさんあった。いっこうになくならない不作による飢餓、昔からメスタや地主が享受している特権などだ。つまり、羊の飼育と羊毛の生産による利益を優先したため、土地の大部分が非生産的な状態に陥っていた。この不当な土地分配は、なにがなんでも解決しなければならない！　これに応じ、カルロス三世は自治体に対し、共有地を小さな農地に区画整理し、土地を所有していない農民に割り当てるよう命じた。大臣たちに説得され、王は新しくできた道路脇に新たな共同体を創設することも指示した。

自治体の腐敗により、農地はすでに特権を持つ人々の手に渡ったため、最初の命令が奏功しなかったことはすぐさまあきらかになった。しかし、アンダルシアのシエラ・モレナ山脈地域に新しく生まれた植民地のいくつかは、少なくとも一時的には繁栄した。オラルヴィデ大臣はアンダルシアの未開拓地や廃墟に活気を取り戻すべく、野心的なプロジェクトの遂行を任された。ハエンのラ・カロリーナ、セヴィーリャのラ・ルイシアナ、コルドバのラ・カルロータといった村には、新しい生活を求めるオーストリア人、ドイツ人、フランス人の労働者が六〇〇〇人以上集まった。土地の買い占めを避けるため、追加購入は禁止された。何世紀にもわたって国内の農民の進出を妨げてきた課税は免除されることになった。忘れてはならない。貴族も教会も自治体も、こうした税金を納めたことはいちどもないのだ。こんにちも、「卵に絵を描く日」(イースター)やファスナハト(カーニヴァル)などの伝統が地元の人々によって守られており、その多くは目が青く髪はブロンドだ。オラルヴィデが夢見たシエラ・モレナ計画に関しては、『一七八六年および一七八七年のスペイン旅行 *A Journey through Spain in the Years 1786 and 1787*』の著者であるジョセフ・タウンゼントが一七八七年にマドリードからセヴィーリャまで旅をしたさい、詳細に調査した。彼はシエラ・モレナの新しい入植地にある小さな村、ラ・コンセプシオン・デ・アルムラディエルの宿で一泊し、汚れたリネンを渡されてすぐに拒否した。彼はいつものワインとパン、そしてマトンを買った。好物である牛肉が地元の売店では手に入らなかったからだ。翌朝、彼は仲間の旅人たちと南へ向かい、サンタ・エレーナを通った。そこは——

田舎だった。耕作は進んでいるが、多くの木々が残っている。少し離れると、全体が広大な森のように見える。あるコテージには飼い慣らされたヤマウズラがいた。訓練されていて、おとり鴨さながら、ほかのヤマウズラを呼び寄せている。[★18]

もうひとつの外国人居住区であるラ・カロリーナの郊外で、タウンゼントは企画担当者のドン・パブロ・デ・オラルヴィデに話を聞いた。オラルヴィデ大臣はカスティーリャ評議会総督ダランダ伯爵に雇われていたとき、長いあいだレイプや暴力が蔓延していたシエラの荒れ果てた山地に農業と芸術を導入することを思いついた。苦労したのは入植者を定住させることだった。バイエルンに住むトゥリゲルという男に依頼して、六〇〇〇人の人夫を雇うことにした。しかし、彼が連れてきたのは農業経験者どころか浮浪者ばかりで、莫大な費用を投じて算段したのに、みな仕事もせずに死亡するか散り散りになってしまった。その後、ドイツ全土から入植者が集められた。移住を奨励するため、移民は申請すれば土地一区画、家、牛二頭(うち一頭は妊娠中)、ロバ一頭、羊と山羊五匹ずつ、雌鶏六羽と雄鶏一羽、鋤とつるはしを受け取ることができた。彼らはまず五〇ファネガ(九二九平方メートル)の土地を与えられ、農地に耕したらさらに五〇ファネガ追加された。最初の一〇年間は賃借料が無料で、それ以降は王室が課す一〇分の一税のみ支払えばよかった。

✣流行りの飲み物

ココアの流通が改善されるにつれ、チョコレートドリンクの流行はマドリードから国内の他地域に広がっていった。すぐさま、この新しい飲み物はスペイン文化に完全に溶け込んで受け入れられるようになり、国の新しいシンボルとなった。スペインの格別な飲み物だ！ この発展にはいくつもの要因があった。経済、貿易問題、植民地の政治などだ。その他、とくに一六六〇年代以降は、文化、科学、医学、そしてもちろん宗教思想の影響を受けた。すでに、一六世紀のメキシコで、エルナン・コルテスはアステカ族がカカオ豆とこの豆から作る飲み物チョコレートを高く評価していることに気づいていた。彼らにとってカカオ豆は神聖なものであるだけでなく、エネルギーと栄養を与えてくれるものだった。これもまた、カカオがヨーロッパで急速に広まった理由である。

同世紀末、ココアはヴェラクルス、カディス、セヴィーリャの港間で輸送量が急増し、収益性の高いビジネスとなっていた。予想通り、セヴィーリャにはすぐさま初のチョコレート工場ができた。以前、コルテスはモクテスマの宮廷で、炒ったカカオ豆の粉末、トウガラシ、アチョーテやオレフエラ(花弁が人間の耳に似ているため、英語ではイヤーフラワー《耳の花》と呼ばれる)などの調味料で作った冷たくて苦い飲み物を飲んだが、世紀末には作り方が劇的に変化していた。チョコレートドリンクの最初のレシピは、アントニオ・コルメネロ・デ・レデスマが一六三一年にスペインで発表した『チョコレートの性質と品質に関する興味深い論文――四部作 *Curioso Tratado de la Naturaleza y Calidad del*

Chocolate Dividido en Cuatro Puntos』に載っている。このレシピではまだトウガラシが使われており(彼はブラックペッパーを代用できるとしている)、焙煎して挽いたカカオ豆、アニシード、ヴァニラの鞘《さや》、シナモン、アーモンド、ヘーゼルナッツ、砂糖、そしてオリジナルのアチョーテとオレフエラを加えている。オレフエラ(学名*Cymbopetalum penduliflorum*の花びら)は、昔もいまもメソアメリカでチョコレートの風味づけに使われている。アステカ族とマヤ族はスパイシーな芳香を高く評価していた。アチョーテもオレフエラも、チョコレートがスペインで飲み物として流行するにつれ、使われなくなった。キャロライン・A・ナドーは『食品問題 *Food Matters*』のなかで、トマトやジャガイモなど中央アメリカや南アメリカ産の多くの農作物がスペインはじめヨーロッパ諸国に到着し、さまざまな社会階級に受け入れられるまでの興味深い比較をおこなっている。教会と貴族に保護されていたチョコレートは、すでに洗練された飲み物としてアメリカ大陸で生まれたレシピとともに大西洋を渡り、本来の作り方を残しながらも材料の多くを入れ替えたり別の材料を足したりして作られるようになった。[19]

スペイン人はチョコレートを使った多くのレシピを考案した。そのほとんどは熱くて刺激の強い飲み物で、つねにココアとヨーロッパ人の味覚に合う数多くのスパイスを加えていた。アニシード、ゴマ、ヴァニラ、そしてたいていはシナモンと砂糖だ。砂糖はあらゆるものの味を変え、富を連想させた。アメリカの人類学者シドニー・ミンツは『甘さと権力――砂糖が語る近代史』〔川北稔・和田光弘訳。平凡社。一九八八年〕のなかで、砂糖は「豊かで権力に与っている人びとの社会的地位を目にみえるかたちで示すことになった」[20]と論じている。チョコレートもまちがいなく同じ道をたどった。カカオはスペイン王にとって、銀に次ぐ第二位の主要なアメリカ製品となった。経済的な理由とメキシコのプランテーションの損失により、一七世紀までに、カカオ栽培は南アメリカ、とくにカラカス、マラカイボ、グアヤキルにまで拡大し、成功を収めた。いっぽう、メキシコにおいて、商人や王にとってはカカオより鉱山が重要だった。

わけ18世紀になってからだった。チョコレートがイタリアに伝わったのは1606年、フランスに伝わったのはルイ13世とスペイン王女オーストリアのアンの結婚式がおこなわれた1616年だ。当時、チョコレートドリンクは一日に何度も飲まれていた。宮殿でも、修道院でも、中流階級の家庭や宿屋でも、チョコレート、ヴァニラ、シナモンの甘い香りが日常生活に異国情緒あふれる雰囲気を添えていた。19世紀にカフェテリアが登場するまで、チョコレートドリンクはボティレリアと呼ばれる店で大衆の客相手に提供されていた。

スペインの飲むホットチョコレート、ア・ラ・タサは、フランスで好まれるホットチョコレートよりもかなり濃厚だ。理由は明白で、スペイン人はこの濃厚なチョコレートにさまざまなペストリー、ビスケット、フリッターのチュロスを浸して食べるのが好きだからだ。

マンセリーナ。にぎやかなおしゃべりのひととき、ホットチョコレートとビスケットを楽しむための気の利いた食器。

✣ヒカラとマンセリーナ——チョコレートドリンク豆知識

チョコレートは斬新なスペインのパティシエたちの手によって強力なツールとなった。オリオル・バラゲール、エンリク・ロヴィラ、アルベルト・アドリアといったシェフたちは、甘味と塩味の境界線を取り払い、過去を振り返ることで、スペインのチョコレート界に革命をもたらした。ペストリー、ケーキ、ボンボネに使われるチョコレートが、マヤ族やアステカ族が作ったチョコレート(カカオパウダーやその他の地元の材料で作る飲み物)とかけ離れていたとしても、スペインのシェフたちはオリジナルの材料、とくにトウガラシ[辛みのない品種]を巧みに使って成功を収めている。

カスティーリャで飲むチョコレートの作り方が初めて書き留められてから500年が過ぎた。スペイン人が作ったレシピの材料は、挽いたココア795グラム、ヴァニラ55グラム、トウガラシ400グラム、クローヴ14グラム、砂糖700グラム、そしてアステカ族が体を赤く塗るために使った種子、アチョーテ少々だった。年代記編者のベルナル・ディアス・デル・カスティーリョ(1490～1584)は、モンテスマの宮殿ではチョコレートが金のカップで飲まれていたこと、そして、メキシコの伝統的なチョコラテラ(木べらのモリニーリョとセットになっている)でよくかき混ぜたチョコレートは泡だらけの苦い飲み物だったことを記録している。カスティーリャ語で書かれた最初のレシピは、スペイン人のまだ洗練されていない味覚に合うよう、すぐに修正された。トウガラシとアチョーテを抜き、ココアの粉、牛乳、砂糖またはハチミツ、ヴァニラのさや、ときにはシナモンを入れた。スペインでは、アステカの原型マターテに似た石臼を使ってカカオの種を手作業で挽いていた。やがて18世紀には工業化が進み、力仕事が減るかと思われたが、地元の職人たちは石臼を手に家々を訪ね歩き、アステカ族の製法を踏襲した。スペインやヌエバ・エスパーニャでは、チョコレートは陶製のカップ、ヒカラに入れて供された。ヒカラ(jícara)はナワトル語でヒョウタンから作った小さなカップを意味するシカリ(xicalli)に由来する。その後、ペルー総督のマンセラ侯爵が発明したマンセリーナという巧みな専用具で供されるようになった。これは陶製か金属製の食器皿とカップホルダーが一体化したもので、ホットチョコレートのカップ(ヒカラ)を支え、中身がこぼれないようになっている。

16世紀、チョコレートはすでにマドリードで知られていたが、首都の生活の一部となったのは17世紀、とり当初、チョコレートはスペインの貴族しか口にしなかった。しかし、やがてヨーロッパの貴族たちにも好まれるようになり、コーヒーや紅茶と肩を並べるようになった。コーヒーと紅茶はチョコレートとちがってスペイン人が自国のものだと主張できない。こんにち、スペイン人が朝食や午後のおやつに楽しむチョコレートドリンク、チョコラーテ・ア・ラ・タサはとてもシンプルなレシピで作られている。

医師アントニオ・ラヴェダンは、一七九六年にタバコ、紅茶、チョコレートの用途、乱用、性質、美徳について記し、スペインで紅茶とチョコレートがどのように作られ、供されていたかについて、広範な情報を提供した。結局のところ、彼はチョコレートが神聖で、天にも昇るような飲み物であり、万能薬かつ普遍の薬であると考えた。彼の記録によると、チョコレートドリンクに必要なココアペーストやココアの粉末を作るには、まず鉄や銅の鉄板、あるいはパイーラと呼ばれる大きな鍋を使ってカカオを焙煎し、硬い殻から種を取り出す。この豆を焦がさないように、まず白砂を鉄板で熱し、その上

『チョコラタダ(チョコレート)』。1710年、チョコレートを用意しているところ。20世紀のタイル画。バルセロナデザイン博物館所蔵。

に豆を乗せた。こうすることで豆と硬い殻を分離し、高品質のココアペーストを作るのに不可欠なココアバターと豆の中の壊れやすい芳香成分を確実に保存することができるようになった。殻から砂を払い、豆を取り出したら、ふたつの石ではさんで砕き、まず火鉢で軽く炒る。すると豆は濃厚なペースト状になり、そこに砂糖を加え、もういちど砕く。まだ温かいうちにこのペーストを金属製の缶や木製の容器に入れて固めるか、元の豆のような粒状に成形した。医師によっては、ヴァニラとシナモンを加えたチョコレートは消化を良くする効果があると信じていた。トウガラシやショウガを使う生産者もいたが、その風味や香りはスペインではあまり好まれなかった。ラヴェダンはさらに調査を進め、チョコレートドリンクの作り方を二種類紹介した。ひとつは、硬い粒や小さなブロック状のチョコレートを細かく刻み、冷水と一緒にチョコラテラ（チョコレート・ポット）に入れる。そして、伝統的な木製のへら、モリニーリョの柄を両手ではさみ、絶えず回転させながら、なめらかなペーストになるまでゆっくり加熱した。ラヴェダンはペーストが固形成分と脂肪成分に分離して飲みにくくならないよう、できあがるまでずっと弱火で保温することが不可欠だと書いている。また、このスペイン人医師は、チョコレートは作りたてを飲み、けっしてチョコラテラを温め直さないよう注意した。彼いわく、次に記すふたつめの作り方のほうが優れているらしい。まずカカオ豆を叩いて細かい粉にし、水を入れたチョコラテラに加え、加熱しながらモリニーリョで絶えずかき混ぜ、完全に溶かす。この方法で作ると、チョコレートペーストに含まれる異なる成分に分離するひまがないのだ。

✣レフレスコとアガサホ

一八世紀、スペインの生活で見られたもうひとつの特徴は、とくに大都市で起こった社会と文化の変化だった。あれこれと口実を作っては「テルトゥリア」が開催された。国中にできたおしゃれなカフェに集まり、文学的な会合を開いたり政治討論をしたりするのだ。同様に、当時、宮廷や裕福な個人の屋敷では女性同士や男女の社交の集会が頻繁に開かれ、甘いペストリーやビスケット、アイスクリームやシャーベット、レフレスコやアガサホ［ソフトドリンク］として知られる、氷入りの冷たい飲み物や温かい飲み物がふるまわれた。レフレスコは、集いの場所や、主人や女主人の経済的、社会的地位に関係なくみな同じような飲み物だった。主役はつねにホットまたはコールドのチョコレートドリンクだったが、長く暑い夏のあいだはフルーツやスパイスで味つけしたさまざまな飲料水が最初に供された。新鮮なアーモンドのオルチャータ、レモネード、オレンジジュースに続き、氷菓グラニータとシャーベット。搾りたての牛乳もあれば、卵を使ったアイスクリームやヌガー、あるいは、牛乳、卵、アーモンドで仕上げた、デ・ノーラのマンハー・ブランコにそっくりなおいしいレチェ・インペリアルもあった。

社交行事は、マドリードだけでなくバレンシアやセヴィーリャ、とくにカタルーニャのエリートたちのあいだでも盛んにおこなわれた。バルセロナも勢いを増していた。バルセロナの港はアメリカとの貿易のおかげで重要性を増し、すでにカスティーリャの独占販売から解放されていた。一八世紀後半、マルダ男爵ラファエル・ダマット・イ・デ・コルターダが書いた『仕立て屋の引き出し *El Calaix de Sastre*』があきらかにしているとおり、独特の商業精神を持つカタルーニャの首都は、スペイン宮廷が押しつけた古い貴族的なやり方に固執しながらもイギリスやオランダに続こうとしていた。この本はカタルーニャの地元貴族の生活と嗜好について詳しく記録した日記で、最高の生活と、質量とも極上の食事を中心に描かれている。

マルダ男爵は、朝食、昼食、夕食、社交行事で出会う楽しい食事に何ページも割いている——五コースに及ぶ昼食と夕食、朝と午後のチョコレート、ちょっとした旅行で口にする米料理とオムレツ、四旬節のタラ。また、男爵はレフレスク（カタルーニャ語のレフレスコまたはレフレスクは、社交的な集まりやパーティーで提供される食べ物や飲み物）に関する詳細もたくさん記録した。とくに、食欲をそそるペストリーやカップケーキのセレクションだ——ビスコチョ・デ・ソレティージャ(女性の指)として知られるメリンドロや、カタニエ(アーモンド、ヘーゼルナッツ、牛乳、ココアパウダー、砂糖で作る小さな球状の菓子)、マヨルカ島のベスキート、こちらもバレアレス諸島の軽やかなペストリーであるエンサイマーダ、そして、ブラッソ、パンドゥ、ペシ(小麦粉、卵、砂糖、レモン、バターで作る)といった甘いケーキなどなど。おそらくソフトドリンクより人気がなかったワインも、カタルーニャ社会の邸宅で開催される多くの集会でコーヒーとともに供されていたが、一般人の食事は、ジャガイモ、タマネギ、そしてワインが基本だった。[★21]

当初、唯一宮廷で飲まれていたコーヒーは、ヨーロッパ中の知識人や洞察力のある中産階級の注目を浴びた。人々はカフェに集まって会合を開き、流行の先端をいく中毒になりそうな飲み物を一〜二杯口にしながら情報や意見を交換した。六世紀にエチオピアで発見されたコーヒーは一六世紀にトルコ経由でアラビア半島からヨーロッパに伝わった。チョコレートが社会の全階層で人気を博していたいっぽう、黒くて苦い流行りの強壮ドリンクであるコーヒーは、たちまちスペインの生き方の象徴となった。一八世紀、おしゃれなカフェは当時の政治家や学識者を惹きつけた。カフェはのんびりと社会や政治の話をする場所だった。以来、コーヒーは昼食後や夕食後のお決まりとなり、いまではソロ(ブラック)、コルタド(ミルク入りエスプレッソ)、コン・レチェ(ミルク入り)、コン・イエロ(アイス)を、朝食、一一時の休憩時、メリエンダ(スペイン人が昼食と夕食のあいだに取る軽食や午後のお茶)で味わっている。実際、スペインではコーヒーを自宅、バー、とくに国中にある通りや公園を飾る人気のカフェで、いつでも楽しめる。コーヒーを飲むのに特別な時間や理由など要らないからだ――ときに砂糖が必要だが。

アメリカ大陸では七年戦争でキューバがイギリスに占領され、戦争は一七六三年に終結した。しかし、一七八三年、パリ条約調印でアメリカ独立戦争が幕を閉じると、キューバは条件付きでスペインに返還された。キューバを取り返すためにフロリダを割譲したのはスペインにとって痛い代償だったが、カルロス三世はふたたび眠れるようになった。キューバは需要が急増しているサトウキビの主要生産地であるだけでなく、スペインにとって戦略的な要衝だった。キューバはふたたび武装しなければならなかった。スペインに返還される条件として、キューバはスペインがカリブ海で確立していた貿易独占から解放され、製糖業が栄えた。スペインはアメリカに砂糖を輸出し、代わりに農具や穀物を買った。新世界におけるスペインの支配的立場は、最終章が幕を開けようとしていた。

ヨーロッパにおける七年戦争が起こしたもうひとつの変化は、イギリス人が多くの黒人奴隷をキューバに連れてきたことだ。黒人は安い賃金で働く丈夫な労働者で、サトウキビのプランテーションを一変させた。一世紀以上、キューバは新たな精製技術に支えられ、世界の主要な砂糖生産地だった。また、コーヒーもスペインの名を持つ有力な商人の金庫を潤す作物となっていった。

✣「グランドツアー」

一八世紀、スペインの知識人や政治家は発展した他のヨーロッパ諸国に追いつこうと努力したが、十分ではなかった。裕福なイギリス人家族がいろいろ調べたあげく、自分たちの子孫が外国旅行を計画したらわざわざスペインを入れない、と確信したほどだ。こうした旅行は「グランドツアー」と呼ばれていた。イギリス人にとってフランスやイタリアは、美、歴史、芸術、おいしい料理を生涯味わえる場所だった。しかし彼らから見たスペインは、絶対主義者の王、劣悪な政府、いまだ不寛容なカトリック教会が君臨し、現代化から置き去りにされていた。二度と戻らない輝かしい過去に消えた国だった。結局、旅人はグランドツアーの一部としてではなく、批判的な目で独自の物語を探す旅行作家として、あるいは、単に評価や金《かね》を求める見物人としてピレネー山脈を越えた。アーサー・ヤング、ウィリアム・ベックフォード、ジョセフ・マーシャル、アレクサンダー・ジャーディンのような作家はかなり肯定的な立場をとり、スペイン人の複雑な精神を理解し、さらに、独創性や独自性を評価しようと尽力した。いっぽう、その他の人々は聖書を手に、カトリック教会の暴政から民衆を守ろうとやってきた。そのなかにはジョセフ・タウンゼントやジョージ・ボローがいた。しまいには、金に余裕のある冒険家や、ただ異国の雰囲気や未知の世界に酔いしれたいだけの旅人もスペインを訪れた。

偉そうな外国人の見解

地元や田舎の宿屋――ヴェンタやポサダ――で出される食事は、十七世紀前半、あるいはそれ以前から、スペインを訪れた外国人作家からずっと酷評されてきた。それでも彼らはみなピレネー山脈を越えた異国の地に引き寄せられた。たとえ自身の冒険がかならずしも期待にそぐわなくても、その魅惑には抗えなかった。到着後、おしゃれな料理に出会い、地元のポサダで心地よく清潔なベッドで眠るといった体験は、悲しいかな、まずありえなかった。旅行作家にとって、事実そのままを書いただけでは物足りなかったため、想像力を駆使して物語を飾らなければならなかった。た

アンダルシアのメソン。

だ、スペインには飾り放題の土台があった。ディヴィッド・ミッチェル著『スペインの旅行者たち *Travellers in Spain*』の前書きに、トム・バーンズはこう書いている――「はじめて泊まるポサダに着いたら、一刻も早くその経験を書きたくなる」[22]。ミッチェルはこうした旅行者の悲惨な出会いも記した。ポサダはじめ宿の食事は、もし出てくるとしても、ひどかった。彼らは、スペインの生活水準は自身の母国のそれを上回ってしかるべきだと感じていた。また、一六二〇年代には旅慣れたウィリアム・リスゴーがこう述べている。「訪れたらまず、どこかで調理具を、肉屋で肉を、居酒屋でワインを、食料品店で果物、オリーヴオイル、ハーブを買い、宿まで持っていかなければならない」[23]。ときにはこうした厳しい批判が不当な場合もあり、概して、真実からは遠かったにちがいない。イタリア、フランス、イギリス、ドイツの作家は自分たちの物語や記事が好意的な反響を生むとわかっていた。不快感でさえ、冒険で味わうたくさんのワクワク感と一体化した。旅行作家たちは次第に知名度が高まり、母国に帰ると、社会のあらゆる階層の人々が彼らの家や著名人の応接室に集まって、みな熱心に体験談に耳を傾けるようになった。

スペインはカトリックの国で、複雑ながら強国としての歴史を持ち、絶対君主が支配していた――そしてここから独裁政治や宗教的不寛容の教えが生まれた。どちらのテーマも、帝国、気候、地理、地元の慣習、政治、感情、さらには料理を専門とする多くの作家をますます惹きつけた。その一世紀前、おそらく内容のレベルはそれほど高くなかったが、スペイン旅行に関する有名な旅行記二作がフランスで出版されている。現代の歴史家いわく半島にいちども足を踏み入れたことがない女性、オルノワ夫人が一六九〇年に書いた『スペイン宮廷の回想録 *Mémoires de la court d'Espagne*』と、一六九一年に書いた『スペイン旅行 *Relation du voyage d'Espagne*』だ。どちらも流行の先端をいくパリでまたたくまに人気を博した[24]。スペイン人男性が女性に話しかけたり、他の人々と接したりする様子や、女性がドレスを着て伝統あるマンティーヤで髪を飾る姿、集会で床に座りながらイスラム流の食事をする方法などが記され、彼女の信奉者たちにとって当時もっとも魅力的な物語だった。同書によると、オルノワ夫人はスペインでチョコレートと砂糖菓子を供された。スペイン風に調理されたヤマウズラはおいしかったが、いささかぱさついていたようだ。一七世紀後半のフランスで誰よりおとぎ話を多く書いた作家だとされるオルノワ夫人が、スペインにいったことがあるかどうか、本当のところはわからない。ただ、彼女はスペインの生活様式について、実際にスペインを訪れた作家の原稿、記事、エッセイからきわめて詳しい情報を懸命に入手したのだろう。さらに、フランス大使の個人的な記録、正確にいえば、スペイン国王の宮廷に仕える大使補佐官が書いた回想録を、聡明かつかなり魅力的な筆致で、文学としても自由奔放に引用さえしている。

イギリス諸島の作家たちはフランス人とは異なる視点でスペインを見つめていた。半数の作家は細心の注意を払って旅に出た。結局、地理だけでなく、異なる文化や行動様式の点でも未知の世界を旅した。宗教はけっして触れてはいけないテーマだった！　旅人のなかには目にするものすべてを忌み嫌う人もいた。いっぽう、見知らぬ世界に慣れ、表現しやすい魅力を伝え広める人もいた。作家をもっとも魅了したのはアンダルシアだ。彼らはスペインの穏やかな南部に強く惹かれ、セヴィーリャ、グラナダ、マラガなどの都市や町は家族で滞在するお気に入りの場所であり、さらに、語るべき物語を探して国中を移動するには最適な拠点だった。

✣民衆の食事

一八世紀末、スペインの政治情勢は安定にはほど遠く、経済状況は依然として政府にとって懸念材料だったが、街路や人々が余暇を楽しむ多くのカフェやメソン（宿屋）には楽観的な雰囲気が漂っていた。外国人旅行者はスペイン料理の進化、そして地域の伝統の発展と個性を認めていた。パンはおいしく、人々はすでにトウガラシやピメントンの色と風味を楽しんでいた。トマトやジャガイモさえもすでに郷土料理に溶け込んでいた。乾燥豆、レンズ豆、ひよこ豆のシチューは、従来通り牛すね肉やソーセージと一緒に煮込み、ニンニクとスパイスを入れる場合もあれば、カタルーニャ料理のようにニンニクとピメントンを除く場合もあった。人々はラム肉を完璧にローストする方法や小さなジビエの調理法を心得ており、濃厚なシチューにしたり、オリーヴオイルと酢を使ってじっくり調理したりしていた。スペインの真の郷土料理の発祥地であるコマルカ（農業、市場、食料を共有する行政区）の料理は、ナヴァラやバレンシアだけでなくガリシアやバスクでもすでにその多様性と個性を発揮していた。カタルーニャでは作家たちがエスクデージャ・デ・カン・ド・オリャとして知られるコシード（煮込み料理）について語った。これはスープに肉、野菜、豆、ブティファラソーセージを加えたシチューで、国王と農民の両方に愛されているカスティーリャのオリャやコシードの地元版だった。雄鶏は松の実とサルタナ（種なし白ブドウ）を添えて豚脂でローストし、ヤマウズラは風味を増すためにワインと少量のチョコレートで煮込んだ。シェフも家庭の料理人も、ピレネー山脈を越えて伝わった調理法でフランス料理のフリカッセ［肉のクリームソース煮込み］をよく作った。スイーツはふんだんにあった。ヌガーやマルメロのペースト。ブニュエロと呼ばれる甘い生地のフリッター。砂糖をまぶしたアーモンド。フルーツの砂糖煮コンフィチューラと口当たりの軽いミルクプディング。ピレネー山脈の向こう側、流行の先端をいくパリでは、一般的なスペイン料理ですでに広く使われていたジャガイモが町の話題になっていた。

世紀末、現実が見えてくると、より公正な社会を築くという夢はあっというまに消え去った。啓発的で愛すべきカルロス三世の努力もむなしく、スペインは社会経済のジェットコースターで急降下していった。フランス革命の影響を受け、また、国王の後継者たちが当時の国の要望に対応できなかったため、スペイン帝国は崩壊へと向かっていった。一七三一年から一八二九年まで、スペイン王国の支出に目立った変化は見られなかった。国民の一部が依然として飢餓に苦しんでいたにもかかわらず、相も変わらず公費の七五パーセントが領土防衛に充てられていた。

第六章

食卓での政治

スペインでは、毎年、時計が新年の一二時を告げたときに一二粒のブドウを食べる風習があり、幸運を手にできると考えられている。しかし、ヨーロッパ中にフランス色に染まったあらゆるものが遍在していた一八〇〇年の幕開け、ブドウが幸運をもたらすことはなかった。

✣どこもかしこもフランスだらけ

フランス革命を率いた一部の指導者が食に対して確固たる取り組みをおこない、その結果、いっとき食品の生産と流通が混乱したが、食卓の楽しみがゆっくりとパリとフランス全土に戻ってきた。フランスの首都で「美食《ギャストロミ》」や「美食家《グルモン》」という言葉を見聞きするようになったのはこの頃だ。著名なシェフたちは、もはや貴族のために働いたり雇われたりしてはいなかった。以前とは異なり、多くの人々、とくに成長しつつある中産階級が楽しめる料理を出すレストランに就職するか、自身のレストランをオープンした。また、収益性の高いビジネスを探している新参の投資家は、スペイン語でラ・レスタウラシオンと呼ぶレストラン業界に可能性を見出していた。「高級料理はすでに宮廷から街路に移った」とネストール・ルーハンは著書『美食史 *Historia de la gastronomia*』に書いている。さらに、パリにあるレストランの数は、一八一〇年、すでに二〇〇〇軒に達していたと付け加えた。★01

マリー・アントワーヌ・カレーム(一七八四〜一八三三)などのシェフが、いわゆる古典料理の原則を確立しようと決めたのはまさにこの時期だった。こんにちに至るまで、フランスの伝統料理を教える優れた教育機関は、たとえ卒業後に別のスタイルの料理を追求することになったとしても、食の芸術を習得したい人にとって事実上不可欠な場所であり続けている。カレームは新たな社会で台頭してきたエリートのために働く有名シェフにとどまらなかった。パリだけでなくヨーロッパ各地の貴族のために、シェフとして多くのキッチンで活躍した。ロンドンではのちのイギリス国王ジョージ四世、また、ウィーンの宮廷、そしてロシアのアレクサンド

フランシスコ・ゴヤ画。『スペイン国王カルロス4世とその家族』。1800〜1801。

ル一世のために腕を振るった。彼の雇用主にはパリのイギリス大使館とロスチャイルド男爵も含まれていた。野心家のカレームは多くの作品を書き、スペインはじめ世界の多地域に古典的なフランス料理をもたらし、自身の夢をさらに前へと進めた。質素な家庭で生まれた彼は、まずはパティシエとしてキャリアをスタートさせた。この経験は彼の数ある著書のうちの二冊『パリの王室御用達パティシエ *Le Pâtissier royal parisien*』と『華麗なる菓子職人 *Le Pâtissier pittoresque*』に記されている。さらに彼はヨーロッパ全土およびそれ以外の専門家も研究できるよう、キッチン概要を数冊作成した。この頃にはフランス料理は世界中に普及していた。いっぽう、スペインでは、フランスの影響とスペインの無能な君主制のおかげで、人々はいまだ料理ではなく戦争に従事していた。

足の赤いヤマウズラ。カルロス4世は父親同様、熱心な狩人で、ヤマウズラが好物だった。

一八〇〇年、スペインブルボン家のカルロス四世が家族そろってゴヤのアトリエでポーズを取っていたとき、彼は贅沢な料理が並んだ食卓で楽しみを満喫する、平和で満足げな王のように見えた。大きなキャンバスに描かれたゴヤの油絵——人気を博す作品にはならなかった——に対する美術評論家の反応は厳しく、かつ物議を醸した。ベルギー人ジャーナリストのルシアン・ソルヴェイは、パリで発表した記事にこう書いている。「スペイン王室には、上品な食料品店の家族と似ている点が多々ある。店主一家が吉日の日曜日、厳

かに正装し、最高の姿を描いてもらったら、同じような絵になっただろう」★02

カルロス四世は朝食前に一杯のホットチョコレートを、昼食においしいヤマウズラやウズラの料理を口にすることを楽しみにしていた。意外にも彼は酒好きではなかった。父カルロス三世が愛していた、少量の水で薄めた濃厚なカナリア諸島のマルヴァジアワインさえも好まなかった。また、父親が生前に食卓で示していた節度や自制心を引き継ぐつもりもなかった。彼は大食漢で、宮廷のキッチンに絶えず注文していた。キッチンでは、王族の料理を作ることを許された料理人、有名なコシネロ・デ・ラ・セルビリェータ(上級副料理長)たちが栄誉ある仕事をこなしていた。驚くだろうが、マヌエル・ロドリゲス、ガブリエル・アルヴァレス、フランシスコ・ヴァレタといった敏腕シェフはすべてスペイン人だ。王室の予算が彼の贅沢な要求に対応できない場合でも、カルロス四世はたびたび好みの料理を注文した——こうした特別メニューの費用は王が個人的に支払わなければならなかった。それでも、彼の旺盛な食欲を満たすには不十分なときもあり、肉への欲求がおさまることはなかった。彼はいわば貪欲な狩人だった。大盛りの肉を食べることはかなり時代遅れになっていたが、王は肉なしでは生きていけなかった。彼の食卓に並んでいたのは、栗とソーセージを詰めた七面鳥、カブを添えた鴨、ローストしたクルトンを乗せた豚ヒレ肉、揚げたブラッドソーセージ、胃袋のスペイン風、七面鳥のマカロン添え、ポークカツレツのチャイブソース、ガチョウのロースト、豚肉のマリネと目玉焼き、子牛のフリカンド(ワイン煮)などだった。さらに、こってりしたチョリソーソーセージにも目がなかった。

カルロス四世は当時の有名な芸術家のアトリエでポーズをとり、数多くの絵を描かせたが、その絵は人の記憶には残っていない。むしろ有名なのは、無能な統治、早期の退位、そして一八〇八年、ナポレオン軍の祖国侵攻で終止符を打ったフランスとの関係がもたらした悲劇的な結末だ。また、これだけでは足りず、彼の治世中、スペインが直面していた厄介な農業環境はほとんど改善しなかった。ゴヤは、一八〇八年五月二日にフランス銃器兵がスペイン人を処刑した場面を壮大なキャンバスに描き、その恐怖をきわめて劇的な筆使いで表現し、芸術性に富んだ独特な創造力を披露した。

一九世紀に入ると、スペインはヨーロッパや植民地に残った財産を守るためにふたたび戦った。当時、ヨーロッパの戦域でおもに戦っていたのはイギリス、フランス、ポルトガル、スペインで、どの国も必要に応じて陣営を変え、別々の同盟を結んだ。植民地には独立の風が強く吹いていた。海上ではスペインがイギリスに覇権を奪われ、海を渡る貿易はつねに脅威にさらされていた。イギリスとポルトガルの同盟は事態をさらに複雑化し、フランスは不安を感じていた。ナポレオン・ボナパルトとどうにも疑わしいスペイン初代首相ゴドイは、国王に代わってイギリスの貿易欲をくじくことを決意した。それにはまず、イギリスの古来の同盟国であるポルトガルは侵略しなければならない。フランス軍はピレネー山脈を越えてスペイン軍と合流し、そして翌年にはポルトガルを征服した。軍隊が配備されているいま、フランスは都合よく部隊を半島に残すことに決めた。スペイン国内に不安が湧き上がり、決断力のないカルロスは強制されるがまま息子フェルナンド七世に王位を譲って退位したが、この判断はすぐに誹もが後悔することになる。

父と息子は政治的にも社会的にも意見が合わず、深刻な事態に直面した。フランス元帥ミュラ将軍は不和を解決するため、親子にフランスのバイヨンヌへ行くよう説得した。代わりに、ふたりはスペイン王位の権利を放棄せざるをえなくなった。そして、ナポレオンの兄ジョセフ・ボナパルト――酒好きで、スペインでは「ペペ・ボテーリャ」［「酔いどれジョセフ」。ペペは愛称、ボテーリャは酒瓶の意］として知られる――が国王に就任した。ついにスペインは征服され、フランス人の希望がようやく現実になったかに見えた。だが、事実はまったくちがっていた。ナポレオンはスペイン国民の反応だけでなく、この危険な同盟の行く末を回避しようとするイギリスの決意も過小評価していたのだ。たとえ政治的、経済的失敗が無関心を生んでいたとしても、スペイン人はさらなる侵略の脅威に激しく抵抗した。かなり型破りだが効果的なゲリラ戦をいまいちど実施し、この国の想像力だけでなく、代償を払いつつもウェリントン公爵［アーサー・ウェルズリー。イギリスの軍人。一八一五年、ワーテルローの戦いでナポレオンを破る］の想像力をかきたてることになった。

一八〇八年五月二日、マドリード市民がフランスの侵略者に対して反乱を起こし、国中の人々が加勢した。彼らはスペイン王室の復帰を要求した。そして、スペインはけっして忘れることのできない五年戦争に突入した。一八一三年、ようやくフェルナンド七世「エル・デセアド（待望王）」がスペインに帰国したときには、この国の脆弱なインフラは崩壊していた。フェルナンドの帰還によってフランスとの平和関係はしばらく続いたが、スペインの政治的自由も、ヨーロッパの他国がすでに達成していた経済発展に便乗する機会も、夢と消えた。フェルナンドがフランスに捕らわれているあいだ国を運営していた臨時政府は、より公平な社会を目指して努力したが、この若き国王は急進的な絶対主義に戻すことを決意した。予想通り、土地の大部分を所有する教会と貴族が王を支持した。一八一二年、唯一、国王不在時に法的権威を持っていたスペイン議会コルテスがカディスで憲法を起草した。国王、教会、そして多くの貴族からすれば、一八一二年憲法は自由とリベラルな考え方に偏りすぎていた。一八一四年、フェルナンド七世はカディスでのコルテス会議を違法と宣言し、新憲法を廃止した。その結果、国民が投票権を有し、よりリベラルで平等な社会を作るという啓発的な理想ははかなくも散った。フェルナンドには知る由もなかった。自分がスペインで抑圧したこの理想こそ、のちに西側世界の多くの国で民主主義への道を開くことになるのだ。

✣スペイン料理のレシピと将軍の妻

独立戦争としても知られる半島戦争中、多くの男子修道院や女子修道院がフランス軍によって略奪または破壊された。これはカトリック教会史における悲しい章の始まりにすぎず、結局、教会はふたたび権利を剥奪された。一八〇七年、ナポレオン軍はポルトガルへ向かう途中、エストレマドゥーラのアルカンタラ修道院を襲撃した。通説どおり、修道院の料理本に載っていたアルカンタラ風ヤマウズラのレシピが、ジュノー将軍の妻であるアブランテス侯爵夫人の手に渡ったらしい。だが、侯爵夫人は回想録のなかでこの料理についていちども語っていないため、事実かどうかはずっと議論を呼んでいる。このレシピ、あるいは修道院の料理本は、かつて実在したのだろうか？　この料理の材料にはスペイン中部に豊富に生息するヤマウズラ以外、フォアグラやトリュフなど貴重な食材がたくさん含まれている。修道士たちはフォアグラやトリュフを使用したのだろうか？　それとも地元の食材を使ったのだろうか？　エストレマドゥーラはアフリカから飛来する渡り鳥の通り道に位置しているため、修道士たちはフォアグラの代わりに鴨のレバーを使い、そしてトリュフの代わりにはトリュフに似た地元産のクリアディィリャ・デ・ティエラ（学名 *Terfezia arenaria*）を使ったのかもしれない。もうひとつ、レシピの重要な材料であるポートワインは国境を越えたポルトガルで生産されていた。

このレシピはフランスの修道士がアルカンタラを訪れたさいに持ち込んだのかもしれないし、あるシェフが流行に乗って命名したフランスのレシピであり、アルカンタラとはまったく関係がないのかもしれない。発祥の地が証明されていない他のレシピも、フランスでは「カタルーニャ風」、「バレンシア風」、さらには「アルブフェラ風」とさえ記載されていた。偉大なカレームは、ラ・アルブフェラ公となった半島戦争の英雄マリスカル・スーシェを讃える料理を作った。長年が経ったのち、オーギュスト・エスコフィエの『料理の手引き *Guide culinaire*』（一九〇三年）には、キジ、シギ、ヤマウズラの「アルカンタラ・ア・ラ・モード」というレシピが掲載されている。この物議を醸す料理を作るには、ヤマウズラ（ひとり一羽）にフォアグラとトリュフを詰め、ひと晩ポートワインに浸ける。ワインの水気を切り、鴨の脂を使って強火で黄金色になるまで表面を焼き、大きなオーヴン皿に入れ、スープとポートワインを注ぐ。中温でやわらかくなるまで焼いたら、ソースを添えて供する。一八一四年、半島戦争は終わった。ウェリントン公爵率いる軍隊とゲリリェーロ（ゲリラ軍）は、ワインとまだ手に入るわずかな食料で見事な戦略を祝った。フランス軍がたとえ現地で食料を調達する腕で知られていたとしても、なにも持たずに半島に侵攻したこともひとつの敗因だろう。スペイン軍はフランス兵がけっして食料を入手できないよう布石を打った。また、ウェリントン公爵は同盟軍、とくにイギリス軍の補給路を最後まで保持する得策を心得ていた。

❖このままでいいのか？　変えるべきなのか？――失敗に終わったスペイン中産階級革命

独立戦争終結により、スペイン料理の歴史は新たな章が始まった。新しい中産階級クラセ・メディアは社会の上層部にも下層部にも属さない人々のために、スペインのキッチンに第三の方法を導入した。重要なのは、スペインの中産階級は、厳密にいえば、ヨーロッパの他地域で定義されるブルジョワジーとはちがうという事実を把握しておくことだ。当初、スペインの中産階級は国のほとんどの地域で経済的独立性を欠いていた。上流階級の食事はフランス料理の影響を強く受けていたが、政治、社会、またはキッチンにおける革命がなかった初期中産階級の食事は、とくに一九世紀初頭、地元の伝統を受け継いでいた。とくにマドリード、バルセロナ、そして少なくとももしばらくのあいだスペインの政治に重要な役割を果たした都市カディスではこの傾向が強かった。

一九世紀前半、近代化と中産階級の真の確立という点で、フランスとスペインは別々の道をたどった。両国は戦争に巻き込まれ、さまざまな概念が活発に行き交ったが、そのほとんどはフランスが発したものだった。

一八世紀末、フランス革命後のフランスと同じように、スペイン独立戦争も社会の上層部に災難をもたらした。戦争によって、スペイン人シェフや、フランス革命後にスペインに到着した多くのフランス人シェフは、特権のあるキッチンを離れ、新しい職場を探さなければならなかった。最終的に彼らは、教会と国王の保護を受けてなんとか被害を免れた一部の地主貴族の屋敷で仕事を見つけた。フランス流のしゃれた現代風レストランをオープンしたシェフもいたが、マドリードやバルセロナの店でさえ豪奢なパリのグルメシーンには及ばなかった。彼らはフランスのスタイル、レシピ、プロのサービスを真似しようとしたが、わずかな例外を除き失敗に終わった。独立戦争がスペイン料理に与えた影響は、フランス革命がフランス料理に与えた影響とは比較にならなかった。

フェルナンド七世がフランスから帰国して大騒ぎとなったが、一八一二年憲法が規定した近代化のプロセスと自由主義思想に応えるどころか、とんでもない失望をもたらした。スペインはふたたび分裂と不安に悩まされた。親仏派《アフランセサド》が進化とリベラルを追い求めるいっぽう、伝統派《トラディシオナリスタ》が国王とともに従来の政治と絶対的権力を擁護した。世論に反して、多くのアフランセサドは革命後のフランスの思想や流行にそのまま従っていたわけではない。彼らは革命が現代世界に与えるプラスの影響に強い関心を持っており、そのため、国を離れなければならなかった。

✣ラーラの夢

一八一八年、アフランセサドのマリアーノ・ホセ・デ・ラーラ一家は、何年もの亡命生活を経てマドリードに戻った。のちにラーラは優秀なジャーナリスト、政治評論家、活動家になる。帰国後すぐ、若いラーラは、母国の自由が欠如し、すべてにおいて遅れをとっていることに気づいた。夢想家だったラーラはその短い生涯(一八〇九～三七)を捧げ、無能な政治を容赦なく攻撃し、社会刷新を擁護し、つねにスペインに対する信念と愛国心あふれる夢を持ち続けた。風刺と皮肉も、この熟練したリベラルなエッセイストの手にかかれば強力な道具であり、彼は「フィガロ」という名前でレヴィスタ・エスパニョーラ誌に次々と寄稿した。ラーラのエッセイのなかには、たとえかなり狡猾だったとしても、自分の目的を果たすための強力な手段として料理を使ったものもある。残念なことに、彼は二八歳という若さで自らの命を絶った。

一九世紀初頭、スペインの中産階級は食事を含むあらゆる社会活動をどのように考えていたのだろうか？　ラーラは三編の主要なエッセイ――「妖精通信 *Correspondencia del duende*」、「新しい宿 *La fonda nueva*」、「古きカスティーリャ人 *El castellano viejo*」――でこのテーマを鋭く批判的な目で取り上げた。フランス料理に慣れ親しんだラーラにとって、食は文化であり洗練されたものだったが、スペインに戻ってみるとそうした要素が欠けていた。最初の二編のエッセイでは、主人公のフィガロが首都の多くの旅館やレストランで出される料理の質の悪さについて激しく不満を述べている。料理が平凡だっただけでなく、ウェイターの専門知識不足や客の期待の低さに耐えられなかったのだ。「新しい宿」では、主人公のフランス人旅行者フィガロがスペインでは見つけられない素晴らしいものを探す。「マドリードには競馬も馬車も社交ダンスもないし、本来あるべきおいしい料理を出す宿もない」。素晴らしいエッセイ「古きカスティーリャ人」では、スペインの中産階級の趣味を、これ以上ないと思えるほど厳しく批判している。フィガロが役人ブラウリオから昼食に招待され、彼をこう評する――「あまりに粗野で、社会人としての行動のごくごく基本的な礼儀すら知らない男だ」。ブラウリオの家に着いた瞬間から、出てきた食事も含め、フィガロが満足できるものがなにひとつなかったことはあきらかだ。この経験はすべてがまったくの惨事だった。フィガロは一部の料理はまずまずだと認めつつも、その他はどこか奇妙で、どうやってもごちそうにはならないとこき下ろしている。硬くて切り分けることさえできない雄鶏もカルネ・メチャダ(ミートローフ)も。おそらく、専門知識のない使用人が何日も前に調理したか、ひょっとするとその日のために地元の安食堂から仕入れた代物かもしれない。女主人に対する印象も、主人が選んだすべてのワインの感想も、同じようなものだった。[★03]

ただ、実際のところ、スペインの中産階級の料理に対するラーラの批判はかなり不当なものだったようだ。一九世紀前半、まだスペイン料理の本は出回っていなかったが、中産階級では家庭の料理人がおいしくて栄養価が高くバランスのとれた食事を初めて作るようになっていた。

✣家庭料理を見直す

もし、ラーラが一九世紀末のアンダルシアに住み、執筆していたなら、彼の批評家としての見方は変わっていたかもしれない。アンダルシアでは新旧のレセタリオ・ドメスティコ（家庭料理の本）に載ったおいしい料理が広まっていたのだ。こうした本のおかげで伝統料理が復活し、社会経済および文化に関する重要な情報も入手できた。さらに、修道会や一般の教育機関が若い女性を対象としたカリキュラムに料理教室を組み込み、普及を後押しした。

レシピのなかには、母から娘へと代々受け継がれてきた原本の写しもあれば、当時書かれたものもある。セヴィーリャ大学人類学教授イサベル・ゴンサレス・トゥルモは、意義深い四三冊の写本コレクションを研究している。セヴィーリャ、カディス、ウエルヴァ、グラナダの村や町で作られてきたアンダルシア料理の二〇〇年近い歴史を網羅した文書だ。ゴンサレス・トゥルモによると、家庭の写本には、実際に家族で食べていた料理ではなく、食べるべき料理についての情報が載っている。さらに、一般市民が好んでいた料理のほか、家庭の料理人が市場で買える食材や販売されていなかった食材に関する考察もある。新しい調理法も含まれていた。さらには、料理の知識を誰がどのように世代を超えて伝えてきたのかも裏づけている。ゴンサレス・トゥルモ著『二〇〇年の料理史 *200 años de cocina*』では、スペイン料理に関する知識の伝承において女性がつねに果たしてきた役割を強調しているが、これを料理の芸術とははっきりと切り離している。家庭料理の腕は、「ドン」、つまり一部の人間が生まれながらに持っている神聖な才能であり、かならずしも遺伝したり譲ったりできるものではない。これとは別に、『二〇〇年の料理史』はアンダルシアの生活と食の長きにわたる変遷だけでなく、北ヨーロッパで起こっていた先進的な産業革命や緑の革命［農業改革］に追いつこうとする国の苦難についても忠実に伝えている。ゴンサレス・トゥルモの言葉を借りれば、「スペインの一九世紀は、改革派と保守派が入り交じり、複雑でゆがんでいた」★04。

カスティーリャ語で書かれた料理本の出版は、前世紀に成功を収めたのとは対照的に一九世紀前半は勢いを失った。例外は一七世紀に高く評価された二作――マルティネス・モンティーニョの『料理の芸術』とファン・デ・アルティミラスの『新たな料理の技術』――だけだった。料理に関してはカタルーニャがふたたび注目を集めていた。

カタルーニャ料理《ラ・クイネラ・カタラーナ》

中世以降、料理本はおもにカスティーリャとカタルーニャで出版されてきた。一九世紀、スポットライトは後者を照らすようになっていた。カスティーリャの経済は終わりなき混乱に陥っているように見えたが、カタルーニャ、とくにバルセロナの発展は注目に値した。織物産業が成功を収め、現金を手にした中産階級が増加し、優れた物品を望むようになった結果、地元の食材や料理への関心が高まった。一八五一年にバルセロナで出版された、作者不詳の『カタルーニャ料理――当分野でもっとも優れた著者たちが記した、便利で、簡単で、安全で、経済的な料理のルール *La cuynera catalana: o sia, reglas utils, facils segures i economiques per cuinar be, escudillas dels autors qui millor han escrit sobre aquesta materia*』は、詩の形式で書かれた実用的なガイドブックだ。郷土料理全般、とくにカタルーニャ料理を扱った画期的な出版物だと考えられている。この本は家庭で料理をしたり、客をもてなしたりするカタルーニャの女性をターゲットにしていた。当時書かれた料理本のほとんどが、男性のプロの料理人が求める内容を扱っていたため、かなり異例の作品といえる。

同書に掲載された詩のひとつでは、濃厚なソフリトを作るさいオリーヴオイルをたっぷり使うことを推奨しており、ヤマウズラ、ラム肉、鶏肉、牛肉の料理の作り方についても説明している。

利益を求めないで
利益のために作らないで
オイルはふんだんに使って
ソフリトは不滅
私の言葉に耳を傾けて
この本の説明を読んで
そうすれば調理法がわかる
ヤマウズラ、ラム、鶏、雄牛
はい、奥様、これでまちがいなし
味はお墨付き★05

『カタルーニャ料理』を読めば、こんにちのカタルーニャ料理の基本を理解しやすくなる。小冊子をまとめたような形式で、四部構成、各二章立てとし、第一章は手引きと実用的解説、第二章はレシピに充てている。第一部では、腕のいい家庭料理人になる秘訣とキッチンの掃除や整理整頓法、このふたつを事細かく扱い、レシピは、出汁、スープ、シチューが三〇、野菜料理とサラダが二〇、さらに、肉と内臓料理を五〇品紹介している。第二部は自宅に客を招くときのエチケットと最高のもてなしについてのガイドだ。さまざまな材料で作られた甘くておいしいペストリーやパイ、スイーツやデザートを扱う項では、カタルーニャ料理の世界ではけっして忘れられない、古き良き中世の調理法を適用している。デザートのレシピのひとつにマト・デ・モンハがある。実際、リコッタチーズの一種であるマトが含まれていないため、かなり紛らわしい名前だ。マト・デ・モンハは『セント・ソヴィの書』と『料理の書』の両方に掲載されている中世のマンハー・ブランコが由来だが、中世のレシピではおもな材料だった鶏胸肉が含まれていない。一九世紀、このレシピは甘口のメイン料理からしかるべきデザートへと変わっていた。最近ではマト・デ・ペドラルバとしても知られるマト・デ・モンハは、アーモンドミルク、牛乳、レモンの皮、シナモン、砂糖、水、そして少量のトウモロコシ粉で作る。まずアーモンドの皮をむき、砕いて数時間水に浸す。アーモンドが。やわらかくなったら、圧縮してできるだけ多くのアーモンドミルクを抽出する。次に、牛乳に砂糖、レモンの皮、シナモンを加えて沸騰させ、濾す。この香りのいい牛乳とアーモンドミルク、そして新鮮な牛乳で溶いたトウモロコシ粉を混ぜ合わせる。これを絶えずかき混ぜながらゆっくり加熱して沸騰させ、ふたたび濾して皿に注ぐ。

✣スペイン旅行者のためのハンドブック

「スペインの国民料理は東洋風であり、おもな調理法は煮込みである」とリチャード・フォードは『スペイン旅行者と本国の読者のためのハンドブック *Handbook for Travellers in Spain and Readers at Home*』に書いている。[★06] フォード(一七九六～一八五八)は財力のある紳士で、出版予定の原稿を携えてスペインでの大旅行からイギリスに戻った。オックスフォード大学を卒業した弁護士であり、そしてなによりも芸術品収集が大好きな旅行作家だった。また、頑固な反教皇主義者であり、フランス嫌いでもあった。家族とともにセヴィーリャに定住し、旅行ガイドを執筆して名声を手に入れた。

前述したとおり、一七世紀以降、とくに一九世紀、外国人旅行者はわずかな特例を除き、容赦なくスペインを批判した。そのなかには、アメリカ人、フランス人、イギリス人、さらにはデンマーク人も含まれていた。彼らの多くは、スペインを批判したにもかかわらず、産業化して儲け主義となった社会からはほとんど消え去った、独創性にあふれ、鮮やかで手つかずの世界に夢中になった。とくにイギリスの上流階級に属する旅行作家たちは、スペインをけなすためにあれやこれやと欠点を探した。その二世紀前と同じように、作家は批判的な文章を書けば編集者や銀行家から称賛された。作家はスペインの権力ある聖職者、不当な貴族制度、自滅的な男性の自尊心、そしてなによりも本物のバンドレロ(盗賊)が潜む危険な街路を嘲笑した。ほとんどが辛辣で雄弁だったが、けっして無関心なわけではなかった。こうした作家には、アレクサンドル・デュマ、テオフィル・ゴーティエ、ジョージ・ボロー、ハンス・クリスチャン・アンデルセン、バイロン卿、そして誰より、『スペイン旅行者と本国の読者のためのハンドブック』を書いたリチャー

ギュスタヴ・ドレ画。『M・ソリアーノ・フエンテス作、サルスエラ[スペインの小歌劇]、ティオ・カニイタスの場面』。1874年。

ド・フォードがいる。フォードのハンドブックは、このテーマについて知りたい多くの読者にとって、いまも昔も変わらず、きわめて説得力のある回顧録となっている。長年にわたるスペインでの生活や全土をめぐる旅行を通じ、綿密な調査をおこなって仕上げた同書は、一八四五年にロンドンで出版されるやまたたくまに流行した。彼の旅行記には、政治、歴史、芸術、料理、田舎の宿屋で知った地元のレフラネ(格言)があふれ、ユーモアに富み、子細にわたる。人生の楽しみを大切にしていた旅行者フォードにとって、田園地帯に点在するホテルや旅館の情報と同様、料理が重要だったことは疑いの余地がない。たとえスペインの旅館が外国人旅行者の期待にまったく応えられなかったとしても、旅館は魅力あふれる人々に出会える場所であり、初めての刺激的な体験を味わえる貴重な情報源だった。フォードは著書のなかでスペインのさまざまな格言を巧みに織り込んだ。これは彼のスペイン語に対する深い理解だけでなく、スペイン人がその格言に込めた思いを的確に示している。彼は、暖炉の前に心地よく腰掛けながら、地元の旅行者たちと赤ワインを飲み交わし、こうした言い回しを学んだのだ。

フォードが著書に収めたレシピ集は、スペインの伝統料理を包括的にまとめたリストであり、正確な調理法が書かれている。これは彼がセヴィーリャの家で暮らしていたときに使用人が作っていた料理で、おそらく彼が本のなかで言及しているヴェンタかポサダ(宿か旅館)で味わった料理でもあるのだろう。昔から、おいしい食事と宿はセットになるとはかぎらない。裕福な外国人も、宿にはなんらかの食べ物と休息を求めていただけで、ノミがいなければ御の字だった。そのため、フォードは必要な能力を有する地元の優秀な使用人を雇うことをすすめている。最優先の任務は調理と食材の調達だ。宿屋にはたいていキッチンがあったが、たとえ注文できても、主人が出す食事のほとんどは質がよいとはいえなかった。

フォードのレシピ集は、当然、もっとも伝統的なオリャ(煮込み料理)から始まる。著者にとってはスペイン人の夕食と同義語だったが、彼はかなり独創的な方法で調理している。鍋をひとつではなくふたつ使うのだ。これは、肉、豆類、野菜を同じ鍋で煮ることに意義がある料理からまったく逸脱している。フォードのオリャは、ひとつめの鍋に贅沢にもひよこ豆、カボチャ、ニンジン、チャード、フィデオ・パスタ、インゲン豆、セロリ、ニンニク、タマネギ、エスカローラ（エンダイブ）の葉を数枚入れ、水を注いで煮込む。ふたつめの鍋には、モンタンチェス産のチョリソーソーセージ、カタルーニャのヴィク産ロンガニサ、ブラッドソーセージ、塩漬けの豚半頭分（塩抜き済み）、鶏肉、牛肉片を入れ、たっぷりの水を加えて何時間も煮込んだ。すべてのオリャ同様、この料理も三コースで供される。第一コースは濃厚な出汁スープ、第二コースは豆類と野菜、第三コースがやわらかいソーセージと肉だ。フォードの料理集には、オニオンスープ、野菜と肉のオムレツ、脳みそのマリネと揚げ物、タラゴンとタマネギを添えてヴィネグレットソースで味つけしたサラダなどのレシピも掲載されている。

フォードはヤマウズラや野ウサギのシチューも盛り込み、ガスパチョのレシピも加えた。初期のガスパチョはローマとアラビアが起源で、タマネギ、ニンニク、キュウリ、トウガラシ、パン、水、オリーヴオイル、酢、塩を使うが、トマトは入っていない。当時、地元の一般市民はすでにトマトを食べていたが、上流階級は口にしていなかった。フォードはさらに踏み込み、スペインでアグラスまたはヴェルフ（英語でヴェルジュース）として知られるアラビア発祥の別の調味液も追加した。これは、ソースの材料や調味料として、あるいは、ディグレーズ［鍋の残り汁に加えてソースを作る］するさい、中世ヨーロッパの料理で頻繁に使用されており、昔もいまも緑色のブドウを圧搾して作る。また、アグラスはアンダルシアでは清涼飲料水で、砂糖、水、砕いて濾したブドウ汁を使って作られ、氷を入れて、ときにはシェリー酒マンサニーリャを数滴垂らして飲むこともあった。

フォードはオリーヴオイルや豚脂など、国内の各地域で使用されている油の種類にも興味を持っていた。スペイン産バターの品質はアイルランドやフランドル地方で生産されるバターの品質とは比較にならなかったが、半島でバターの代わりにオリーヴオイルがこれほど広く使われていることに驚いたようだ。フォードは自問した。ストラボンが記録したように、古代イベリア人はバターを大量に使用したのではなかったのか？　意外にも、フォードはトルティーヤ・デ・パタタのレシピを掲載しなかった。これはかならずオリーヴオイルを使い、一九世紀のスペインの料理本にも登場する素朴な料理だ。そんななか、オリーヴオイルを使ったレシピをふたつ紹介しているのは非常に意義深い――オリーヴオイルで揚げた卵ウェヴォ・エストレリャードと、バレンシア風に調理したアロス・コン・ポジョ（鶏肉入り米料理）だ。フォードはこの郷土料理が当時のスペイン料理の代表だと信じていた。このふたつを選んだことこそ、彼の信念を裏づけている。

スペイン風オムレツ。リチャード・フォードのオムレツもこのような感じだったのだろう。

食欲旺盛な女性

アストゥリアスの幼い王女、フェルナンド七世の長女イサベルが宮廷の庭園で遊んでいる頃、別の戦争、今度は内戦が勃発していた。時は一八三三年。国王は自身の死期が迫っていると察し、フランスのフィリップ五世が初めて導入したサリカ法（女性に王位継承権を認めない）を廃止した。これにより、イサベルは母親の摂政のもとでスペイン王位に就くことが可能となった。国王亡きあと、いかなる状況であれ、王の弟ドン・カルロスがこれを受け入れるはずもなかった。彼は男として、自分こそ正当な王位継承者であると考えていた。そしてイサベルが女王に就任した結果、新旧の価値観が衝突し、悲惨な内戦時代へと突入した――絶対主義かつ聖職者主義のドン・カルロス、対、スペインのリベラル志向と女王。バスク地方、カタルーニャとアラゴンの一部の辺境地帯、とくにカトリック信仰が深いナヴァラの人々はドン・カルロスを支持した。かたや、イサベルを擁護するため、すでに疲弊していた王党派の軍隊を強化するには、もう国費からは出せない強力な資金援助が必要だった。結果、教会の財産の大部分が没収され、ついに、ブルボン朝専制君主カルロス側は一八一二年憲法で確立された自由主義思想の原則を受け入れざるをえなくなった。これを機に、国の主権は国王と二院制議会、つまり下院と上院に移った。すべての関係者にとって第一次カルリスタ戦争（一八三三〜一八四〇）の終結が優先事項になった。国の財政を担当するメンディサバル大臣は解決策を見出した。まず、自由主義に基づく農地改革計画をふたたび実行することにした。地方自治体と教会の財産を剝奪し、昔から教会が課していた十分の一税やその他の貢物を廃止した。その後、国家は土地を再分配し、相当の収入を得た。おかげで戦争は終わったが、土地の売却に関してはメンディサバルが当初予想していた十分な社会的利益を手にすることはできなかった。いまだ大部分の土地がさほど困っていない人の手に渡っていた。おまけに、一八五五年に導入した共有地売却に関する法律がさらなる貧困を引き起こした。共有地を、食料を得るための狩猟、炭作り、牧草地として利用していた人々の権利が永久に失われてしまったのだ。ただ、ナヴァラだけは例外だった。女王と政府の代理、エスパルテロ将軍とカルリスタ将軍マロトのあいだで調印されたヴェルガラ和平協定のおかげで、戦争が終結しただけでなく、ナヴァラは古代からのフエロ［国王が領土や住民に付与する特権］と共有地をなんとか保持していた。

自由主義派の閣僚たちはふたたび国家統一を成し遂げ、土地の再分配もある程度の成功を収めたが、目標を実現することはできなかった——農業生産の向上だ。自由市場化の要求に応えるにはどうしても欠かせないテーマだった。ただ、国内の小麦供給は当分のあいだ保証されていた。

これはパンを愛するスペイン人にとって朗報だった。耕作地を拡大した結果、小麦は人々の食生活においてジャガイモと同等の地位を共有し、質の劣る穀物に取って代わり始めた。緑豊かなスペイン北部は、一九世紀に家畜飼料用トウモロコシの生産で成功を収めたが、その三〇年後、ラ・マンチャ、リオハ、バレンシア、カタルーニャでブドウ栽培が急増し、トウモロコシを追い越した。フランスはフィロキセラ(ブドウネアブラムシ)によって引き起こされたワイン危機により、ブドウ畑の四〇パーセントが壊滅状態となった。おかげで、一八七七年から一八九三年にかけてスペインのワイン輸出はかなりの収益を享受した。やがて、アメリカの疫病がスペインに到来し、フランス同様、悲惨な被害を受けた。それから長いあいだ、スペインの農産物輸出は、北アメリカ、アルゼンチン、バルカン半島と激しく競いながら、長い歴史のなかで最悪の時期に突入し、深刻な衰退の道をたどることになった。[★07]

女王イサベル二世は旺盛な食欲があり、この上なくスイーツを愛した女性で、宮廷では私的なキッチンにいくつかの変化をもたらした。これらは中流階級のキッチンで起こっている変化とかなり似ていた。スペイン人はみな、パンやその他のシンプルながらおいしいものが大好きで、女王イサベルも例外ではなかった。おかげで彼女の治世中、パン作りは大きな恩恵を受けた。また、女王はプロのシェフが作る有名な郷土料理も好んでいた。こうした料理も、つねに公式行事や国家行事で供されていた、まさにフランスのブルボン風特別料理にいくつかの変化をもたらした。彼女はアルボンディガ・エン・サルサ(濃厚なソースのミートボール)、タラの濃厚トマトソース添え、米とサフランを使った鶏肉料理が大好きで、よく昼食にしてお代わりしていた。また、パエリア、コシード、そしてなによりもカロ・ア・ラ・マドリレーニャ(胃袋トリッパのマドリード風)を堪能した。もうひとつのお気に入りはクロケッタだった。フランスの人気料理をスペイン風にアレンジしたもので、極上の軽いベシャメルソースに衣を付けてオリーヴオイルで揚げたいわばクリームコロッケだ。女王は祖先たちと同じように狩猟を楽しんだが、ジビエを食べる情熱は共有しなかった。彼女が受け継いだのは、チョコレート、そしてなによりクリームで作る贅沢なビスケットへの愛着だった。

イサベルは首都で最先端をいくレストランを頻繁に訪れた。当時、スペイン全土にレストランが次々と誕生し、フランス料理だけでなく地方で人気のスペイン料理も提供することが流行りになっていた。一八三九年、マドリードのカレラ・デ・サン・ヘロニモに開店したラルディは、王室だけでなく貴族のあいだで人気を博した。経営していたのは、パリとボルドーでも同名のレストランを所有していたスイス人実業家アグスティン・ラルディだ。マドリードの店では、濃厚なコンソメ、伝統的なコシードが評判で、いまでも提供されている甘くておいしいペストリーの評判は群を抜いていた。フォルノス、エル・オテル・イングレス、エル・ヴィエホ・ボティンなどのレストランも首都にあり、同様にグルメを惹きつけた。バルセロナではグラン・レストラン・ド・フランスと7ポルテスも大成功を収めた。同時に、一九世紀のスペインを特徴づける平等主義精神のおかげで、レストランの料理は、下位中産階級が好むメソン(宿屋)やカサ・デ・コミーダ(食堂)が提供する伝統料理にプラスの影響を与え始めた。しかし、こうした施設のキッチンが評価されるまでには、まだ長い道のりがあった。

マドリードのラルディ。スペイン女王イサベル2世が気に入っていたレストラン。

鉄道は以前不可能だったルートを開通させ、乗客を輸送し、彼らは町や都市に到着すると食事や軽食を取った。コーヒーショップはたちまち人気を呼んだ。それまでチョコレートや軽食を提供していた昔のボティレリアやチョコラテリアに代わるしゃれた店だった。一八世紀末に絶賛されたジャン・マリー・ジェローム・フルリオ・ド・ラングル著『フィガロの航海 *Voyage de Figaro*』の一節を読むと、普段はスペインのあらゆることに批判的である彼の同胞フランス人が、スペインのコーヒーはじつに素晴らしいとうなずかざるをえなかったのも不思議ではない。

> マドリードは地上最高のコーヒーを味わえる場所だと信じている。世界中にある飲み物と比べても一〇〇倍おいしい……コーヒーは人を幸せにし、エネルギーと刺激を与えてくれる。コーヒーを飲むと頭の中がアイデアでいっぱいになり……★08

一九世紀までにコーヒーはスペインの政治家や知識人とつながり、とくにスペインでテルトゥリアとして知られる非公式の政治討論会に欠かせない存在となっていた。テルトゥリアは全国の有名なカフェで開催され、リベラル派と保守派の議論が飛び交っていた。スペインのカフェは快適なソファとかわいらしい小さなテーブルが並び、エレガントで装飾に凝った場所だった。有能なウェイターはフランス風におしゃれな白いシャツと長い黒いエプロンを着こなし、コーヒーを運んでいた。この装いなら一世紀前の厳しい批評家マリアーノ・ホセ・デ・ラーラも認めただろう。

街路の雰囲気は緊迫しており、一八六八年に起こった短い九月革命のあと、イサベル女王一家はパリに亡命し、二度と戻ることはなかった。短い期間だったにもかかわらず、九月革命はスペイン現代史でもっとも興味深い時期だといわれている。この革命を機に、フェルナンド七世のスペインから、彼の娘イサベル二世と孫のアルフォンソ一二世のスペインへと移行した。当時アメリカ代表団一等書記官を務めていた外交官エドワード・ヘンリー・ストロベルによると、一八六八年九月三〇日、王室一家は集まった群衆の沈黙に包まれながらサン・セバスティアンを離れ、フランスでの亡命生活に向かった。フランスのビアリッツでは、ナポレオン三世の妻ウジェニー・ド・モンティジョがスペイン女王イサベル二世を待っていた。[09] ストロベルら歴史家は同意している——イサベルは自らが生んだ母国での期待に応えることができなかった。政治を怠り、食も含めて個人として欲張った結果、没落したのだ。海軍はカディスで反乱を起こした。カディスは自由を象徴する都市であり、彼女が敬意を払わずにいた憲法を重視する都市でもあった。軍部や民衆も反乱を起こした。二年後の一八七〇年六月二四日、パリで、女王イサベルは息子アルフォンソ・デ・ボルボン［アルフォンソ一二世。ボルボンはブルボンのスペイン語読み］に王位を譲り、退位した。いっぽう、スペインの政治家たちは納得がいかず、代わりの王を見つけられずに苦悩していた。結局、サヴォイア家の王子アマデオ一世を国王に据える決断をし、最終的には共和制が誕生したが、国の政治経済を安定させることはできなかった。また別の君主制が生まれそうな気配が漂っていた。

有名な政治家で、のちに首相に就任するアントニオ・カノ

テルトゥリアを再現した彫像。ポンテヴェドラにあるモダンなカフェ・モデルノの前。

ヴァス・デル・カスティーリョは、スペインのブルボン王政復興に大きな役割を果たした。長年にわたるスペイン王政復古《レスタウラシオン・ボルボニカ》は、王アルフォンソ一二世が亡命先から帰還したときに始まった。アルフォンソは新婚旅行中、マドリードのエル・レティーロ公園を馬車で通過するさい、オテロという名のパティシエから銃撃を受けたにもかかわらず、母国に新たな楽観主義をもたらした。

カノヴァス・デル・カスティーリョ大臣は、新しい立憲君主制を正式に制定する法案の起草も担当した。残念ながら、イギリスの制度に基づいた、善意はあるものの企画不十分だった民主制には欠陥があった。以来、スペインでは影響力のある二大政党が交互に政権を担当し、いざとなれば軍事クーデターの介入——革命宣言《プロヌンシアミエント》——に助けられている。

✣ソパ(スープ)

スペインではプロのシェフがフランス料理もどきを上流階級に供して成功を手にしようと努力していたが、リチャード・フォードは当然ながらそれを批判した。外国人のまねをしたいという欲求がスペインの料理人をだめにしていると感じていたのだ。地元や地域の伝統料理に見られる誠実さと素朴さはさておき、フランスの影響を受けたスペイン料理は、舌を喜ばせるというより、ただ印象を与えるためだけに作ったといえる。スペインの都市部や急成長する中産階級にとって、文化の手本となっていたのは依然としてマドリードではなくパリだった。

評判のいいレストランだけでなく家庭でもまちがった材料を使うことが多く、こうした不出来なフランス料理はスペイン料理に汚名を着せた。この状況は少なくともさらに一世紀は続き、フランスの料理本がスペインの料理関連文書に与えた影響によってますます悪化した。一九世紀前半にスペインで出版された料理本の大部分は、フランス語からの翻訳か原文の写しだった。これを受け、スペインの郷土料理――真のスペイン料理――は独自のアイデンティティを模索し始めた。実際にスペインの郷土料理が「国民料理」とみなされることはあったのか？　料理作家や批評家が激しく議論し始めた。やがて、こうした批評家のなかから当時の代表作となる料理本を書いた人も出てきた。スペインの有名な小説家の多くが料理を物語の重要な要素として用い、その努力も手伝って、料理本は政治や社会の議論の世界に入っていった。スペインは歩を進め、他のヨーロッパ諸国がすでに成し遂げていた現代化と発展に追いつくよう努めなければならなかった。

一九世紀末から二〇世紀初頭に向けて、専門家、批評家、広報担当者が書いたスペイン料理の本は、異なる哲学が生む対立を反映していた。フランス流の国際的なスタイルと、それらがスペインの大衆文化に与えるプラスの影響を擁護する作家もいた。いっぽう、母国の遺産であるスペインの郷土料理にとって、フランス料理は深刻な脅威だと考える作家もいた。[★10] 後者からすれば郷土料理はスペイン国民料理の代表だが、将来性と先住民の伝統が詰まっていながらも長年無視され続けていた。彼らは国内の各地域に見られる個性と多様性は自分たちの主張を否定するものではないと確信していた。さらに、問題をより現実的にとらえた人々は、スペイン各地の代表料理が本格的なフランス料理や他国の料理とすっかり置き換わることなく、ゆっくりと根づいていける居場所を見つけようとしていた。多くの人たち――ほとんどが作家で、あとは有数のプロの料理人――が、新聞、エッセイ、書籍で自分の立場を力強く主張した。例を挙げると、D・マリアーノ・パルド・イ・フィゲロア（一八二八〜一九一八）、ホセ・デ・カストロ・イ・セラーノ（一八二九〜一八九六）、アンヘル・ムロ（一八三九〜一八九七）、エミリア・パルド・バサン（一八五一〜一九二一）、マヌエル・マリア・プガ・イ・パルガ（ピカディーリョ）（一八七四〜一九一八）だ。二〇世紀に入って活躍した以下の人々も、この重要なリストに加えなければならない。ポスト・テビュセムとしても知られるディオニシオ・ペレス（一八七二〜一九三五）、パラベーレ侯爵夫人マリア・メスタイエ・デ・エチャグエ（一八七七〜一九四九）、そして、雄弁なシェフで多くの作品を残した作家ふたり、イグナシ・ドメネク(一八七四〜一九五七)とテオドロ・バルダーヒ(一八八二〜一九五八)だ。

ブルボン王政復古のさなか、一八七八年に出版された『現代の食卓 *La mesa moderna*』はスペインで必要とされていた強い国家主義的見解を強調している。スペインはしかるべき対策を講じることができない無能な政治家の手に渡っており、アイデンティティを模索していた。『現代の食卓』は料理本でも料理辞典でも風刺作品でもない。これは作家同士の友人ふたりのあいだで交わされた文通の記録だ。どちらも、他の人々と同様、守りたい真のスペイン料理がフランス料理の支配に抵抗し、あがいていることをよく理解していた。ふたりのうちのひとりマリアーノ・パルド・デ・フィゲロアは弁護士兼料理作家で、スペイン語の「embuste(嘘)」のアナグラムに国際的な雰囲気を出そうと接頭辞に「The」を付けた「Dr. Thebussem(テビュセム博士)」として知られていた。もうひとりのホセ・デ・カストロ・イ・セラーノは判事兼美食評論家で、「ウン・コシネロ・デ・ス・マジェスタッド(陛下の料理人)」という珍しいペンネームで執筆活動をおこなっていた。ふたりともアルフォンソ一二世を崇拝しており、交換した書簡を彼に捧げることに決めた。どちらも著名な文学者で、手紙のなかで一九世紀のスペイン料理――つまり伝統料理と現代風料理――について正反対の見解を示していた。テビュセム博士はスペインの素晴らしい郷土料理を熱く擁護していた。いっぽう、ホセ・デ・カストロ・イ・セラーノは、実際、スペインの見事な料理を擁護しながらも、あきらかにフランスとその高級料理に味方していた。最終的にふたりは、真のスペイン料理と国民の幸福に対する脅威だとみなすものには断固反対する同志として手を組んだ。結局のところ、フランスの伝統には、どう考えても望ましくない不健康な習慣が数多く含まれているのではないか? ふたりの手紙は、一八六九年から一九二一年まで年四回、ラ・イラストラシオン・エスパニョーラ・イ・アメリカーナ誌に掲載された。同誌はイラストラタラシオーネ・イタリアーナや、フランスの同等誌イリュストラシオンやル・モンド・イリュストレなど、ヨーロッパの権威ある雑誌をモデルにしたスペインの雑誌だ。テビュセム博士と「陛下の料理人」(または「王室のシェフ」)の探究にはおもな目的がふたつあった。ひとつは、スペイン料理の悲惨な現状を分析すること。そしてもうひとつは、フランス革命とベル・エポック〔おもに一九世紀末から二〇世紀初頭、パリで開花した華やかな文化〕がエリート主義を気取るスペイン人の食卓に与えた影響をしりぞけ、スペインのキッチンが本来持っている独創性を守るよう、作家や料理人を奨励することだった。

「なぜスペインの宮廷で出される祝祭料理をフランス語で表記しなければならないのだろうか?」とテビュセム博士は尋ねた。「イギリスの宮廷では幸せそうにローストビーフが運ばれ、ドイツ人がザワークラウトを、イタリア人がポレンタを、楽しそうに供しているのなら、なぜスペインの救世主であるオリャ・ポドリーダがかつてのようにスペイン国王の食卓に登場しないのだ?」。「陛下の料理人」の返事は堂々としていた。

フランス語は外交の言語であると同時に現代の食卓で使われる言語でもあり……フランス語は美食について語る真の唯一の言語だ。他の国々で料理をするとき使う言葉は方言にすぎない。[★11]

やりとりが進むにつれ、両者の立場が明確になっていく。「陛下の料理人」はさまざまな国の料理名がそれぞれ本来の地元の名称で表示されることに反対はしなかったが、実際、すべての料理、テーブルの装飾、料理の出し方、切り方、食べ方などがフランスの習慣に従っている場合は強く反論した。彼はプラトー(広いテーブルの中央に置く装飾用の大きな平皿)やそこに飾る花、果物、照明は不要だと考えていた。紳士たちがテーブルの向かい側に座っている女性の美しさを称えられなくなるだけだからだ。また、ランチやディナーのさい、席が離れた人との会話を制限する細長い長方形のテーブルを嫌い、八人または一〇人が一緒に難なく会話ができる小さな円形テーブルを推奨した。さらに、客よりも着飾り、大皿から料理を取り分けたり、量を加減したりするウェイターも毛嫌いした。「陛下の料理人」にとっては、同じ盛りつけ皿が並び、何度でも自分が好きなだけ取ることができるだけでなく、周囲の人がそうするのを手伝える食卓でなければならなかった。

コース別の配膳順序も含め、なにごとも「陛下の料理人」の注意を逃れることはできなかった。なぜ、どの魚料理も、スープの後、肉料理の前に供されるのか？　なぜ、料理の化学が生み出した素晴らしい揚げ物が避けられるのか？　彼いわく、フランス人は揚げ物料理をよく知らない。彼らは人生の楽しみである揚げ物を、鮮度の悪さを隠すような濃厚なソースで覆うわけにはいかないと気をもんでいるだけなのだ。彼は、もうひとつ、立派な夕食会で重要となるテーマについても言及した――ワインだ。まず、彼はこれから口にする料理や飲み物を載せたお品書きにワインも含めるよう主張した。それから、食卓に着いた人がそれぞれメニューに合わせて飲みたいワインを選べなくてはならないと付け加え、自由な食事を強調した。また、客がワインを運んでもらうタイミングを伝えるため、女性が舞踏会で使用する手帳［当時、踊る曲や相手の名前を書き留める筆記具付きの小さな手帳を身に着けていた］のような小さなメモを利用するようすすめている。そうすれば、ウェイターは、料理ごとに、客それぞれの飲みたいワインが簡単にわかるため、不要なやり取りを避けることができる。「陛下の料理人」にいわせると、手帳に書き留めておけば、この国のエリートがワインを供するときの混乱も改善できる――カキにはソーテルヌ、スープにはシェリー酒、魚料理にはビール、メインディッシュにはボルドーワイン、家禽にはトカイワイン、ロースト肉にはシャンパンだ。彼はスペインのワイン界には根本的な改革が必要だと確信していた。テビュセム博士は書簡のやりとりを進めるなかで、「陛下の料理人」の発言の一部には同意できないものの、他の多くについてはうなずけるようになり、それが嬉しかった。著者ふたりの努力にもかかわらず、『現代の食卓』は画期的な作品として評価されなかったが、ディオニシオ・ペレスのような作家たちを鼓舞し、彼はのちにペンネームを「ポスト・テビュセム」にした。

一八九四年、アンヘル・ムロが書いた『実践的料理』は多くの学者が文化との関連を追究しただけでなく、史上最高となるスペイン料理書の「ベストセラー」だと認めている。アンダルシア生まれのムロはシェフではなく、ブランコ・イ・ネグロ、ラ・エスフェラ、ラ・モナルキアなどの新聞や雑誌に寄稿する広報担当およびジャーナリストだった。南アフリカではプエルトリコの日刊紙エル・インパルシアルの外国特派員になったが、最終的に食品に関するあらゆる事柄に強い情熱を抱くようになったのは、長年働いたパリで暮らしているときだった。知性豊かで多くの作品を書いた彼は、一連のエッセイやレシピに加え、王政復古時代《レスタウラシオン》（一八七四～一九三一）にスペインの支配層や上中流階級が口にしていた食事に光を当て、実践的なおすすめ料理を書き残した。時代の流れに応じ、『実践的料理』はスペインの伝統料理の素晴らしさと、フランスだけでなくイタリア、さらにはドイツの影響も受けた多国籍料理の素晴らしさの両方を擁護している。ムロのアンテナから逃れられるものはなにひとつなかった。何百にも及ぶレシピとともに、料理用語集、ワインと衛生についての案内、マナーに関する概要も収録した。[★12]

エミリア・パルド・バサン伯爵夫人（一八五一～一九二一）は有名な小説家であり、フランスの哲学者エミール・ゾラの崇拝者だった。彼女はかならずしも女性とは関係のないさまざまなテーマを扱った本を書くほか、ビブリオテカ・デ・ラ・ムヘール（女性図書館）という総称で出版する一連の作品に取り組んでいた。意図はあきらかだ。彼女はスペイン人女性たちにヨーロッパで起こっているフェミニズムの進歩に関

『実践的料理』。アンヘル・ムロ著。1982年版。

する最新情報を発信したかったのだ。成功した小説家としては異例で、料理本（彼女は「フォゴン〈コンロ〉の本」と呼んだ）二作を書くことにした――『古きスペイン料理 *La cocina española antigua*』（一九一三年）と『現代のスペイン料理 *La cocina española moderna*』（一九一七年）だ。[★13] 「フォゴン」といういささか軽い言葉を使うことで、彼女は読者が慣れてしまった深刻な事柄から敢えて離れ、紛れもない女性の世界に入り込んでいったようだ。実際、彼女は食に関する全国的な知的討論会に参加していた。パルド・バサンはムロの考え方を受け継ぎ、スペインで食されている料理を可能なかぎりあらゆる角度から調査した――郷土料理や伝統料理から、フランスに代表される現代的な食や調理への取り組みまで。

サンディエゴ大学のレベッカ・イングラムは、パルド・バサンの料理プロジェクトを「より広範な国作りの論説と首尾一致しており、スペインのリベラル・ナショナリズムの中枢にある階級分裂を非難するもの」[★14]だと定義している。バサンの『古きスペイン料理』は理

エミリア・パルド・バサン。異例の作家。ガリシアにある彼女の像。

想化したプエブロ（集落）を代表するレシピを幅広く掲載している。著者の出身地ガリシアのものもあれば、スペインのさまざまな他地域のものもある。さらに、ドメネク、ムロ、プガ・イ・パルガ（ピカディーリョ）など、当時スペインで活動し、執筆していた著名な作家やシェフから借用したものもある。もういちどイングラムの言葉を借りよう。

バサンが『現代のスペイン料理』で紹介している現代風料理は、不安を抱える中産階級の日常食となった。バサンはスペインの国家としての卓越性を決定づける特徴として、優雅さの代わりに伝統を押し出した。

パルド・バサンはフランス派なのか、それとも断固たるスペイン派なのか？　一部の専門家がこの疑問について考え、ほとんどがスペイン寄りだと見ている。ただ、メルボルン大学でスペインおよび南アメリカの研究を専門としているララ・アンダーソンは反論した。アンダーソンいわく、パルド・バサンには真面目な作家兼思想家である本来の自分と、もうひとりの自分がいた。スペインの郷土料理の良さを広めたいという明確な願望を持っていながら、文学的ニーズに応えるため、洗練されたフランス文化からも料理を拝借しなければならなかったのだ。[15]

忘れるべき年――一八九八年

帝国が崩壊しつつあることはあきらかだった。フェルナンド七世がまだ在位していた一八二〇年代までに、アルゼンチンとチリは独立を獲得し、シモン・ボリヴァル［スペインに支配されていた南アメリカ各国を独立へと導いたベネズエラの指導者］は南アメリカ北部の領土で勢力を拡大していた。残されたのは、フィリピン、プエルトリコ、キューバ、そしてカリブ海諸島の豊富なサトウキビのプランテーションだけで、みな自分たちの利益を優先していた。一八九五年から一八九八年にかけて状況は劇的に変化した。おそらく、スペインの政治家や知識階級が消してしまいたいと願っていた三年間だ。中央アメリカと南アメリカの植民地の喪失は、スペイン、とくにカスティーリャとカタルーニャの小麦と繊維の商人に深刻な打撃を与えたが、スペインはヨーロッパおよびもっとも重要な貿易拠点であるキューバとの貿易利益を上げるよう前向きに対応した。しかし、すでに砂糖はイギリスだけでなくアメリカにとっても非常に重要な商品となっていた。賽は投げられた！（運は尽きかけていた）。一八九八年、スペインはアメリカとの戦争に敗れた。キューバ、フィリピン、プエルトリコにいたスペイン軍の「最終部隊」は敗北し、屈辱を喫した母国の駐屯地に戻らなければならなかった。興味深いのは、これら島々の喪失による経済的影響は、本土のアメリカ植民地の喪失ほど深刻ではなかった点だ。キューバに関しては、島内にあるスペイン人所有の商社や不動産の大部分が独立の影響を受けなかったため、スペインの海運会社のほとんどは営業を続けることができた。

スペイン人は面目を失い、敗戦を受け止めることができなかった。スペインにとって、アメリカは四〇〇年以上続くエキサイティングで金のかかる冒険の地だった。結局のところ、一八九八年のドラマと深刻な結末は、対アメリカ戦の敗北と最後に残った植民地の喪失だけを原因とすべきではない。現在の一部の歴史家にいわせれば、スペインが過度に否定的な反応を示し、国際市場に対して扉を閉鎖したことがこの国の産業化と発展をさらに遅らせたのだ。経済史が教えてくれるように、保護主義的な措置を取っても成功は保証されない――むしろ、多くの場合、その逆だ。スペインはヨーロッパの他国が繁栄と現代世界に向かって進んでいる速度を維持することができず、ふたたび置き去りにされた。これはほぼ二世紀前に起こったことの繰り返しだった。スペイン国家はぼろぼろになり、再建が必要だった。面白いことに、ふたたび援助の手を差し伸べたのは、スペインが長いあいだ忘れていた知的、文学的地位を回復しようと決意した男女の文人たちだった。文学界では、「九八世代」として知られる、さまざまな分野で活動するエッセイストや小説家がリードした――ミゲル・デ・ウナムーノ、アソリン、バリェ・インクラン、ピオ・バローハ、ブラスコ・イバニェス、ホセ・オルテガ・イ・ガゼット。みな、スペイン国民を無関心状態から揺さぶり出し、国家の誇りを取り戻したいと願っていた。彼らの大多数はわかりやすい言葉で語りかけ、料理作家、料理人、ジャーナリスト、シェフたちに、この国が豊かな過去から受け継いできたきわめて独特な食とワインの文化、つまりスペインの郷土料理を擁護するよう訴えた。[★16]

✣『カルメンシータ――優れた女性料理人』

ウサギのフィナル・デ・シグロを作るには――伝統的な陶器のカスエラを使って――刻んだタマネギとトマトを豚脂で炒める。小麦粉をまぶしたウサギをフライパンで焼いたら、タマネギとトマトを炒めたカスエラに移し、レモンの皮で風味づけしたアーモンドチップソースを加える。そして、食べる直前に、エンダイブの葉を湯通しして加えた小さなオムレツをカスエラに入れる。

オリジナルのレシピは、カタルーニャ人の母親が一八九九年に書いた料理本に載っている。いつか娘が自分で食事を準備し、家族の分も作れるよう願ってのことだった。この『カルメンシータ――優れた女性料理人 *Carmencita, o la buena cocinera*』は、バルセロナの心地よい家庭のキッチンで作っていた料理のレシピ集だ。この頃は、出版社が、まだフランスから大きな影響を受けていた有名シェフの料理に関心を持っていたが、それにもかかわらず、たちまちベストセラーになった。一八九九年一月五日、バルセロナでもっとも権威ある新聞ラ・ヴァングアルディアが同書を推薦している。これは前代未聞のことであり、多くのカタルーニャの名門シェフが抗議した。新聞にはこうある。

素晴らしきドーニャ・エラディア・M・デ・カルピネル夫人が非常に役立つ料理本『カルメンシータ――優れた

女性料理人』を上梓した。わかりやすく、材料の分量も明確だ。ぜひ手に取ってほしい。同書は著者から直接購入が可能。住所は次のとおり。1F 2a 16デ・ロス・アンヘレス・ストリート。または、エル・コルマド・デ・パドロス 38ロンダ・デ・サン・ペドロ、および、エル・コルマド・デ・アントネル 66ラウリア・ストリートでも購入可(カタルーニャの「コルマド」は食品とワインの店の意)。

ドーニャ・エラディアは次世紀に自分の住んでいる街と国全体に何年にも及ぶ飢饉と荒廃が訪れることを知らなかった。だが、彼女の料理本は何度も再版されることになった。[17]

『カルメンシータ——優れた女性料理人』の挿絵。1899年。

第七章 飢餓、希望、成功

スペインの香りといえば、熱々のパン、アイロンをかけたてのリネン、砂埃、海だろう。また、日々の暮らしを想起させる香りが漂っている。冬にはマタンサ、夏には新鮮な果物、そして、友情や花、焼きに入れる前の陶器、ワイン、コリアンダー、闘牛、搾りたての牛乳、子供たち、酢、ピメントン、黒タバコ、アニスリキュール、羊、などなど……

イスマエル・ディアス・ユベロ★01

人々の生活や調理に電気が劇的な変化をもたらしたが、スペインは前世紀から引き継いだ政治経済の大きな負担を抱えたまま二〇世紀の幕開けを迎えた。

アルフォンソ一三世は、母親である摂政女王が退位した一九〇二年に自ら政治をおこなう親政を開始した。父アルフォンソ一二世が早世したため、一八八六年に誕生したときにはすでにスペイン国王だった。スペインにとって残念なことに、彼は力不足だった。社会経済が混乱しているさなか、国際的に認めてもらおうとする国を統治するために必要な経歴や人としての強さを持ち合わせていなかった。イギリス王女ヴィクトリア・ユージェニー・オブ・バッテンバーグとの結婚すら役に立たなかった。スペインの記者が報道した逸話では、この結婚披露宴では王室で初めてウェディングケーキが登場したらしい。これは外国の伝統だ。ケーキは高さ一・一メートル、重さ三〇〇キログラム以上あり、粉砂糖で装飾し、スペインのブドウ畑を表現していた。イギリスのパティシエが新女王を讃えて準備したものだった。

季節ごとに政党や首相が変わるスペイン独特の議会制度は、国王が置かれた状況をさらに悪化させた。ミゲル・プリモ・デ・リヴェラ――貴族の軍人でのちに独裁者となる――を首相に任命したことも不幸を呼んだ。最終的に、王は自身が下したいくつかの決断によって王位を奪われた。かたや、シェフや料理人を含む作家たちは依然として国家のアイデンティティを模索していた。「陛下の料理人」(ホセ・デ・カストロ・イ・セラーノ)は、一八八八年、『現代の食卓』に「スペインの各コマルカ(行政区)には、世界中どこの宮廷にでも提供できる素晴らしい料理がある。それぞれに作り方を聞いて、輝かしいスペイン伝統料理のレシピ集を作りたい」と書いている。[★02]

有名な作家であり、スペイン郷土料理の熱心な擁護者であるディオニシオ・ペレスは、スペイン料理史において決定打となる著書の冒頭にこの言葉を引用した。非常に有能で知識豊富な作家である彼は、数多くの記事や出版物だけでなく、スペイン各地域独自の特徴――これこそスペインの郷土料理だ――を活用することで母国を助けようと決意した。彼は政治に興味があり、スペイン料理に愛国主義さながらの感情を強く抱いていた。外国、とくにフランスからの影響はすっぱりと排除しなければならなかった。

ペレスの処女作『おいしいスペイン料理ガイド――スペイン料理の歴史と地域的特徴 *Guia del buen comer español: historia y singularidad regional de la cocina española*』を読むと、地域の特色を受け入れて理解しさえすれば、真のスペイン料理が存在することがわかる。[★03] 熱意がありすぎる点といささか正確性が欠如している点は批判されたものの、スペインに関する百科事典並みの知識が称賛された。スペイン料理の食材、伝統、多様性を理解したいすべての人が読むべき本だ。彼はさらに二冊の本を書いている。一冊は、スペイン料理の多様性に魅了された著名な医師兼歴史家のグレゴリオ・マラニョンとの共著で、オレンジを扱った『オレンジ——準備と食べ方の芸術 *Naranjas: el arte de prepararlas y comerlas*』★04。次に出したのは、スペインの古典料理に関する研究『古典的なスペイン料理——卓越した料理、享楽、歴史、レシピの書 *La cocina clásica española: excelencias, amenidades, historia y recetarios*』★05だ。

ポスト・テビュセムとしても知られるペレスから、小説家としてはまともだが料理は下手だと酷評されたマリア・メスタイエ・デ・エチャグエ(一八七七〜一九四九)は、数年後、フランス料理とスペイン郷土料理に板挟みにされ、いまだはっきりしない立場を取っていた。スペインのビルバオに勤務していたフランス外交官の娘マリア・メスタイエ・デ・エチャグエは、パラベーレ侯爵夫人というペンネームで執筆し、著名なレストラン経営者兼料理作家になった。生涯を通じ、産業と商業が繁栄した発展都市で暮らし、ふたつの文化のあいだを気ままに行き来していた。一九世紀末のビルバオでは新聞六紙と雑誌一五誌が発行されており、その数は二〇世紀最初の二五年でさらに増加した。女性でも文才があればビルバオで成功することは難しくなかった。

おそらく、メスタイエ・デ・エチャグエが料理に関して執筆したのは、料理が流行し、知識人がみな自分は料理上手であると公言していたからだろう。料理作家として、また、レストラン経営者として、彼女はフランスが先導する現代料理に味方していたかもしれないが、同時に、スペイン郷土料理を保護する人々を応援していた可能性もある。彼女がフランス料理に捧げた有名な料理本『完璧な料理 *Cocina completa*』はみるみるベストセフーとなり、一九三六年に彼女がマドリードにオープンしたレストランの成功を後押しした。『菓子、ペストリー、ユントレメス、食前酒、サラダ *Confitería, repostería, entremeses, aperitivos y ensaladas*』など他の本は、いまでもシェフが頻繁に活用している。エントレメスとは、第一コースで供されるシャルキュトリ〔食肉加工品〕、カナッペ、貝類などの冷たい前菜だ。別の著書『厳選バスク料理 *Platos escogidos de la cocina vasca*』は、たとえ自分の生まれや属する社会階級は変えられなくとも、スペイン人として取り組んだ。『厳選バスク料理』は、一九三五年、ビルバオの権威あるエディトリアル・グリヘルモ社から限定版しか出版されず再版もされなかったが、発売数日後には、そしてそれ以来ずっと、バスク地方の人々は自分たちの揺るぎない食の伝統に多大な貢献をしてくれた著書として称えている。しかし、スペイン内戦がこの本に値する国内および国際的な成功を台無しにした。一九三七年、彼女の家が独裁者フランコのムーア人警備兵によって荒らされたとき、この作品はもう二度と見られないと思われた。しかし、バスク人作家ホセ・マリア・ブスカ・イスシのコレクションのなかから、ついに、一冊、発見された。[★06]

『エル・アンパロ——伝統料理 *El Amparo: sus platos clásicos*』はビルバオにある同名レストラン、エル・アンパロの共同オーナーシェフ、傑出したバスク料理人三姉妹、ウルスラ、シラ、ヴィセンタ・デ・アスカライが書いたオリジナルのレシピ集だ。古典的なフランス料理と多国籍料理、そして最高のバスク伝統料理を特集したこのレシピ集は、一九三九年、サン・セバスティアンで初版が発売された。同書を読むと、二〇世紀初頭、多くのレストランで世界トップレベルの最高料理をいくつも提供できるようになったことがわかる。しかし、国家主義を大切にする人々はこうした風潮に激しく反対した。エル・アンパロは、一八八六年、居酒屋として開業し、オーナーのフェリパ・デ・エギレオールがキッチンを担当した。当初、質素だった店はやがて高級レストランになった。そのときすでに店はフェリパの娘たち、才能豊かなウルスラ、シラ、ヴィセンタが切り盛りしていた。三姉妹は母親から、そしてフランスの多くの専門店で料理の技術を学んだ。エル・アンパロでは三姉妹が味わい深く洗練された本格的な料理を提供し、批評家や、とくに多くの一流シェフなど、街でもっとも厳しい舌を持つ人たちに絶賛された。

エル・アンパロのレシピの豊富さは総合索引をみればわかる。出汁とスープ、サラダと豆料理、前菜とコンポート、サイドディッシュ、飾りつけが美しいパスタ、ソースとジュース、卵とオムレツ、魚料理、揚げ物、肉料理のソース和え、豚肉料理、ラム肉料理、ジビエと家禽のソース煮、ロースト肉、家禽肉とジビエのロースト、ソーセージ、清涼飲料水、プリン、アイスクリーム、ペストリー、パイ、ケーキ、ジャム、ゼリー、果物のアルコール漬けや砂糖漬け。

流行を追い、地元やフランスの市場で手に入る最高の食材を使って調理するメニューには完璧なフランス語で書かれているものもあった——Consommé royale（コンソメ・ロワイヤル）、loubine sauce hongroise（スズキのハンガリーソース）、bisque d'écrevisses（ザリガニのポタージュ）、chateaubriand（シャトーブリアン）、vol-au-vent aux perdreaux（ヤマウズラのパイ）、gâteaux et fruits variés（ケーキと果物）、petites patisseries（ミニ・ペストリー）。同時に、カスティーリャ語で解説されているバスク料理は、地元の味を好む人々に求められていた。ソパ・デ・パン・デ・チルラスは、アサリを添えた上品なパンのスープだ。ソパ・ヴェルデ・プラド（緑の草原）は、最高級のタピオカを五分間火にかけた透明なスープで、三姉妹はひとりあたりのタピオカは小さじ一杯だけにするよう指示している。色と味は、ほうれんそうのピューレ、アスパラガスの穂先、ビルバオでアルベヒーヤとも呼ばれるエンドウ豆で付けた。ウェヴォ・エンパナーダ（卵のパイ包み）とウェヴォ・フリート・エン・ブニュエロ（卵のフリッター）も同店の名物だった。

このレストランも、メインメニューは、シーフード、ジビエ、各種肉料理だった。ウナギ、ウナギの稚魚、塩タラを使った数種類のバスク料理は特別なごちそうだ。とくに当時安価で手に入りやすかったウナギとウナギの稚魚は、熟練した料理人の解説付きで六種のメニューが掲載されている。ウナギの稚魚は、オリーヴオイル、ニンニク、パセリ、乾燥赤トウガラシのソースとエンドウ豆を和えたレシピもあれば、一番人気のレシピ——アングラ・エン・カスエラ——もある。後者はウナギの稚魚にオリーヴオイルとニンニクを加え、土鍋のカスエラで煮込んだ料理だ。三姉妹は鍋に入れた繊細な魚を木製または銀製のへらで混ぜ、全体に均一に火が通るよう確認しながら、きれいな白身の色をけっして損なわないよう注意している。注目してほしいのは、エル・アンパロでは、現在とちがって、アングラ・エン・カスエラに赤トウガラシを入れなかったことだ。ビルバオ料理はつねに最高のバカラオ（塩タラ）を使う。

それを理由に、アスカライ姉妹はバスク発祥のバカラオを使ったレシピを一〇点も載せた。うちふたつはとりわけ有名な料理だ――ひとつはサルサ・ヴェルデ(緑色のソース)・バカラオ。もうひとつは、リオハとナヴァラでチョリセロとも呼ばれる細長い乾燥トウガラシで深紅に染まった鮮やかなバカラオ・ア・ラ・ヴィスカイナだ。

バスク人の狩猟好きを反映して、ヤマウズラ、ウズラ、キジ、野鴨、鳩、ウサギなどを使った料理が三〇種類以上ある。そのうち、ペルディーセ(ヤマウズラ)・ア・ラ・ペリグーはじめ、フランス料理の占める数がかなり多い。レポステリア(パティスリー)に関する章を見ると、タルタ・カプチーナ(頭巾型のタルト)はバスク発祥ではないかもしれないが、アスカライ三姉妹のスイーツ作りにおける多才なアイデアが多くの伝統から引き出されていることがよくわかる。このケーキは卵黄一二個を優しく加熱しながら、スポンジ状になってほぼ白くなるまで泡立てる。これを蒸しプリンにしたら、いったん冷やし、さらっとした軽めのシュガーシロップに浸す。有名なフランスのデザート、サントノレは、タルタ・デ・マンサナ(アップルパイ)、メレンゲ・コン・クレマやコン・フレサ(カスタードクリーム入りまたはイチゴ入りメレンゲのミルフィーユ)と栄誉を分かち合った。フランス語よりポルトガル語に近いパスティス・デ・ベレムは、アスカライ三姉妹が濃厚な卵のカスタードの代わりにライスプディングを使って作ったパステル・デ・アロス・デ・ビルバオ(米粉ケーキ)で、今日でもバスク地方全域で作られている。★07

ビルバオの米粉ケーキ。

✣「共和国万歳」

事実、アルフォンソ一三世は直面している政情不安に対処できなかった。政治家や軍部、そして最たるは彼が気にも留めなかった中流階級や農民からも見捨てられ、イタリアに亡命した。「というのも、君主に対するスペイン人ならではの忠誠心は、はるか昔に失われていたからだ……一七八九年以降、しかるべき統治をおこなったスペイン君主はひとりもいない」——とジェラルド・ブレナンは『スペインの迷宮 *The Spanish Labyrinth*』(一九四三年)で書いている。★08 アルフォンソ一三世の前任者を直近からさかのぼると、摂政女王を含む四人の君主が退位を余儀なくされている。そのうちのひとり、フェルナンド七世はフランス人等が王位を支えていただけであり、また、アルフォンソ一二世は夭逝した。

待望の第二共和政は、かねてから国を苦しませてきた農業問題に対処できなかっただけでなく、同じく危険な事態を予見することもできなかった——昔から、軍部と教会の利益が国益と分離していたのだ。

二〇世紀初頭の数十年間、産業と貿易が発展し、田舎の一部地域の状況は向上した。新たな農業技術の導入により、オリーヴ、ブドウ、柑橘類など、作物の生産性が増し、平均的な食事のカロリー摂取量も改善された。だが、喜びは長く続かず、小麦市場が暴落して経済が低迷し、国の重要な二地域を脅かした——カタルーニャとバスク地方だ。さらに、一九世紀以降、国内農業生産高の七五パーセントを占めていた小麦は、国際市場で不利な競争に巻き込まれていた。

内戦の直前、スペイン人の食事は前世紀と変わりなかった。中産階級はおもに伝統料理や郷土料理を、上流階級と貴族はいまだフランスの影響が残る料理を食べていた。いっぽう、都市の労働者や田舎の農民の食事は、依然として豆類と数種の野菜、質の悪い小麦粉、豚脂、オリーヴオイル、ごくわずかな肉と塩漬けの魚が基本だった。

ジェラルド・ブレナンはじめ多くの作家や歴史家は、二〇世紀前半、農業界および農業と産業の関係性がスペインの根本的な問題だったと主張していた。国民の大部分は依然として農地で働いており、大多数は読み書きができなかった。多くの土地所有制度、降雨量、耕作地の肥沃度に左右され、いまだ農民はかろうじて生計を立てている状況だった。豊かな生活を求めて田舎から都市へ逃れてきた労働者は、自分ではまったく手に負えない問題に直面していた。急激なインフレにより食品価格が高騰し、たとえ仕事を見つけることができたとしても値の張る食材は買うことができなかった。スペインの政治家が生み出したわ

くの絵画や素描で何度も繰り返し使用するテーマであり続けた。こんにち、ピカソのナチュラレサ・ムエルカ《静物画》の多くが、サンチェス・コタン、ヴェラスケス、メレンデスの静物画とともに、世界中の国立美術館や個人コレクションに所蔵されている。静物画の他にも、スペイン語の広い意味での「コシーナ(料理)」に捧げられた作品は200点を超える。描いたのは、バルセロナのクアトロ・ガッツや、パリのグラン・オーギュスタン通りにあるアトリエからほど近いル・カタランなど、彼が友人と行くのが大好きだったレストラン、また、1896年作の台所用品や、調理するのが好きだった食材だ。ピカソの長い生涯において、食品は情熱を生んだだけでなく、あきらかに芸術家の創造的表現に欠かせない要素だった[★09]。

パブロ・ピカソ画、『リンゴと水差しの静物画』、1919年、キャンバスに油彩。ピカソは食品の絵を200点以上描いた。

ずかばかりの信頼も、飢餓と栄養失調が蔓延し始めるや崩れ去った。教会の人気も低迷し、人々は代わりとなるものを必死に探していた。社会主義者、とりわけ無政府主義者の理想がすでに顔を出していた。世に教養が広まりゆく時期、ピオ・バローハやアソリンのような作家や思想家がこうした考えを支持し始めたが、彼らの情熱は短命に終わった。そしてすぐさま明確になった。あまりに無秩序な理想とそれに続くあまりに残虐な行為が、スペインの歩む道を決定づけたのだ。

国王も政府も、何世紀にもわたってスペインに存在していた財産と土地所有権の問題を解決しようとしてきた。カルロス三世や大

ピカソの食卓

パブロ・ルイス・ピカソ(1881〜1973)はアンダルシアのマラガで生まれ、最初はア・コルーニャ(ガリシア)、次にバルセロナ、そして大人になってからの人生のほとんどをパリで過ごし、充実した人生を送った。彼がスペイン料理——さらにはあらゆる料理——を生涯愛したという事実に異論を唱える人はひとりもいないだろう。ピカソが好きだったのは、子供時代に食べた料理、アンダルシアで母親が作ってくれた料理、そして愛するカタルーニャの料理だった。また、カタルーニャとアラゴンのあいだに広がる自然豊かな山地にある村、オルタで過ごした夏と冬の思い出を呼び起こすのも料理だった。ピカソはこの地で動物の世話をし、オリーヴを摘み、鮮やかなサフランの色や秋のさみしげな色を使ってひたすら絵を描いた。当時、口にしていたのは、ウェヴォ・コン・パタタ(目玉焼きとフライドポテト)、豆とブティファラソーセージ、そしてなにより米料理だ。どれも彼が複数のレシピを参考に作り方を学んだ料理で、みなおいしくて満足のいく味だったが、大都会の人工的な光に惹かれ始め、ついには忘れ去ってしまった。しかし、1906年、ピレネー山脈の中心部にあるゴソルでひと夏を過ごしたとき、狩猟や、オルタに残してきたジビエ料理、エスクデージャ[肉と野菜のスープ]、そして格別な良質のソーセージに対する情熱が甦ってきた。

あるとき、ピカソは永遠に祖国を離れることになる。独裁者フランコとピカソが同じ世界で暮らせないことは明白だった。ひたむきで情熱あふれる芸術家にとって、食品や料理は数多

臣たちは土地を小区画に分けて小作人に割り当て、小作人が家族を養うことができるように、と素朴な夢を抱いていた。一九世紀には、国債を削減するため、政府によっていくつかの限嗣《げんし》相続制廃除法「財産の世襲を廃止する法」が導入された。これらも耕作可能な土地を公平に分配する試みだった。しかし、これらの計画は現実の壁にぶつかり、とりわけいまだ所有地から利益を得ている人々と対立した結果、どちらの目的も達成できなかった。貴族や有力な地主に比べて力が弱い教会は、あらゆる改革案のおもな標的となった。政府が収用した土地に付けた価格は農民の手には届かなかったため、恩恵を受けるのは裕福になりつつある中産階級だった。

カスティーリャのクエンカでおこなわれていた耕起。1920年。

オリーヴとパンの昼食。アンダルシアのハエン。1930年代後半、スペイン内戦勃発前。

小麦の収穫。カタルーニャ。1930年代。

意外にも、新世紀に入って一〇年が経過すると、国が産業化を目指すにつれ状況は改善していった。鉄が豊富な北部とカタルーニャの繊維産業ではある程度の進歩が見られた。しかし、鉱業、とくに鉄道はフランスとイギリスの投資家の手中にあった。初めてのことではなかったが、彼らの収益はスペイン以外の銀行で額を増していった。ヨーロッパが完全なる産業化に向けてますます加速し、ドイツやイタリアなどの国々がそれぞれ統一した政治をおこなういっぽう、スペインは取り残され、依然として非効率的な農業に固執し、ふたたび分裂しようとしていた。一九三一年、第二共和政誕生とともにしかるべき農業改革への希望も見えてきたように思われたが、なにしろあまりにも遅すぎた。五年もしないうちに恐ろしい内戦が勃発し、国と国民の夢は無残にも砕け散った。

❖フェミニストと女性らしさ

一九三六年のスペイン内戦に先立つ第二共和政のことを覚えている人はほとんどいない。当時実施されたいくつかの先進的な政策から恩恵を受けた人々(女性も含まれていた)は、新たな政治体制がもたらした成果を称賛した。女性、あるいは少なくとも自分の権利を守る心構えができている女性は、驚くべきことに知識階級の一部から支持された。一九三三年、スペイン人女性の大多数は母親や家庭の料理人としての義務を喜んで引き受けていたが、そのうち六八〇万人が初めて総選挙で投票権を行使した。そのなかには何人かの作家も含まれていた。

キッチンは食品を調理する家庭の実験室であるため、便利で、安全で、かつ、経済的に運用する必要がある。他の部屋より下にくるように、一階の低い部分に配置すること。食堂に料理を素早く運び、同時に、キッチンの臭いが家中に広がるのを防ぐため、料理用エレベーターを備えたほうがいい。いずれにしろ、キッチンは寝室からできるだけ離し、広々とした陽の当たる場所でなければならない。食品、とくに豆類は湿気の影響を受けやすいので、十分に換気できるよう配慮する。悪臭の除去には細心の注意を払う。専用の洗い場、および、さまざまな食品を保管する食料庫が別途あると便利だ。キッチンは食事の準備と調理のみに使用する。壁は油性塗料または

水性塗料で白く塗装する。床はセラミックタイルまたはリノリウムで覆う。調理場はたっぷりと光が当たる場所に設置し、換気口は十分に大きく、簡単に掃除できなければならない。優良なキッチンには調理時間や配膳のタイミングを確認する時計が不可欠だ。木製のテーブルは亜鉛で覆い、残りの家具も木製で掃除しやすいものを揃える。食堂で使う皿やグラスを置くため、キッチンの中央には大きなテーブルを配置する。肉はそのテーブルで切り分け……★10

これは、一九三〇年代頃、快適に暮らす家族の典型的なキッチンを解説したものだ。一九三一年にバルセロナで出版された料理マニュアル『おいしく食べたいですか？ *¿Quiere usted comer bien?*』に載っている。著者はカルメン・デ・ブルゴスで、家庭の料理人だけでなく、キッチンに立って家族のために役立ちたいと願う女性のために書いた本だ。コロンビーネという通称で知られたカルメン・デ・ブルゴス（一八六七～一九三二）は、エミリア・パルド・バサン同様、本格的な料理作家ではなかったが、自分自身をおしゃれに料理を楽しむことができるなかなかの主婦だととらえていた。彼女が紹介したレシピは、たいてい住み込みで働く腕のいい献身的な料理人が、家庭の台所で良質な食材を使って作る料理だった。

バルセロナは郷土料理の伝統が色濃く残る都市

『おいしく食べたいですか？』(1931年)。カルメン・デ・ブルゴス（通称コロンビーネ）著。

で、つねにフランスと自然に溶け合っていたが、他の国、とくにイタリアの影響も受けていた。デ・ブルゴスのレシピでは、パスタ、とくにマカローネ(マカロニ)を使った料理が多く、カタルーニャにおけるパスタの人気を裏づけている。彼女はタリアテッレ、ラヴィオリ、カネロニのレシピも紹介した。彼女の作るマカローネ・デ・ヴィジリア・オ・ディヴェルティドのレシピはかなりユニークだ(スペイン語で「ヴィジリア」は「四旬節」を、「ディヴェルティド」は「愉快」を意味するので、かなり矛盾している)。マカローネを塩茹でしたら、トマトソースでソテーする。次に、タルテラという土製の皿にマカローネソースの一部を敷き、黄身と白身を別々に溶いた卵をかけ、パルメザンチーズをふりかける。これを繰り返し、表面に卵とチーズがくるようにする。皿をオーヴンに入れ、黄金色になるまで焼く。コロンビーネは、マカローネをスープだけでなく他の料理の添え物にも使用した。

コロンビーネは単なる主婦にとどまらず、作家、ジャーナリスト、そして、従軍記者としても活躍した——事実、スペイン人女性としては初めての従軍記者だった。さらに、女性の権利を訴える活動家でもあった。とくに離婚を擁護し、教会だけでなくフランコさえも敵に回した。彼女自身も離婚経験者だった。一九三九年から一九七四年まで、デ・ブルゴスの書籍や記事は「危険」というレッテルを貼られ、ますます魅惑を増した。

✣長年にわたる飢餓

古いコンロでは薪や木くずから炎が上がり、大きな鉄鍋はあぶくが沸き上がっていた。キッチン全体に湯気や蒸気が立ち込め、長年忘れられていた懐かしい家庭の煮込み料理の匂いで一面が満たされている。トマト、乾燥豆、ガーリックソーセージ、茹でて骨からほぐれ落ちた鶏肉の香りだ。

ローリー・リー[11]

スペイン内戦（一九三六〜一九三九）から一九五〇年代初頭まで、多くのスペイン人にとって食事は生きるか死ぬかの問題となり、単に生きていくための手段に戻っていた。その結果、真のスペイン料理――中流階級のそこそこ裕福なキッチンで作るコマルカ料理や郷土料理――は貧困化のなかであえぐことになった。もし完全な復活を目指すとしたら、時間と専門家の献身的努力が必要だった。

ファン・エスラヴァ・ガランの著書『恐怖の時代――ヌエバ・エスパーニャ――一九三九〜一九五二年 *Los años del miedo: la nueva España, 1939–1952*』[12]の表紙には、黒い服を着た四人の若い女性、男性ひとり、子供ひとりが写っている。男女は満面の笑みを浮かべ、女性ふたりは左手に白いパンを持ち、四人とも右手でファシストに敬礼している。この写真はおそらく一九四〇年代初頭、内戦直後のセヴィーリャかサラゴサのどこかで撮影されたのだろう。パンはおそらく闇市場

わずかばかりの配給の列に並ぶ女性たち。1930年代後半のスペイン内戦中。

で購入したものだ。これらの地域は小麦やその他の穀物、豆類、野菜、果物が豊富で、ナショナリスト（国民戦線）側で戦争を生き延びた。もしこの写真がバルセロナ、ビルバオ、アリカンテなど――すべて共和派（人民戦線）寄りの地域――で撮られたとしたら、白いパンは取り上げられなかったし、そもそも人々は写真を撮られる心の準備などできていなかったはずだ。内戦中、社会主義思想はおもに食料生産が二の次にされた産業地帯で支持されていた［人民戦線は共和派、社会主義者、共産党から成る社会主義連合政権］。

内戦の末、スペイン人全員が貧困、栄養失調、そして飢餓にさえ苦しんだ。戦後、何年にもわたって国民は配給を受け取る列に並ばなければならなかったが、なんの対策も講じられなかった。とりわけ共和派側で戦った人々は苦しみ、多くが投獄された。第二次世界大戦によってヨーロッパとの国境が固く閉ざされただけでなく、大西洋を渡る貿易も危険となり、南アメリカの友好国からの供給にも由々しき被害が及んだ。

パンの配給券。1930年代～1940年代、飢餓の時代。

フランコはスペイン人に自分が提供できないものを約束していた――食料だ。芸術の域に達する裏のビジネス、つまり闇市場で事実上なんでも手にできる富裕層を除き、残りの人々は、とくに大きな町や都市で、耐え難い貧困に苦しんだ。田舎ではいくぶんましだった。少なくとも住人は野菜や果物を栽培し、鶏やウサギ、小型のイノシシや貴重な豚を捕獲することもできた。配給制度は一九三九年五月一四日に導入されたが、一九四三年、食料不足は深刻な危機を迎えていた。また、政府が自らを正当化するために使った言葉「干ばつ」は食料不足の原因とはいえなかった。おもな原因は、土地と農業全般に及ぶ劣悪な状態だ。一九三六年から一九五四年に起こった自由農業から規制農業への移行により、生産量は実質的に内線前の水準を下回っていた。

飢餓の時代、女性たちは残り物、野生の食材、安価な食材を駆使し、料理に奇跡を起こした。当時、当然ながら料理本の需要などほとんどなかったが、公の検閲官によって健全だと認められ、一九四〇年に出版された『工夫を凝らした料理 *Cocina de recursos*』はたちまちベストセラーとなった。著名なシェフ、レストラン評論家であり、成功を手に入れた作家イグナシ・ドメネクが書いた同書は、単なるレシピ集やアイデア集ではなかった。おもな目的は、食料が乏しい世界で浮き沈みに立ち向かう料理人を救うことだった。だが、彼はその裏でフランコの介入主義的政策、および、賢明かつ絶妙な手段で問題を解決できない醜態を批判した。オムレツのレシピは著者の考え方を如実に表している。豊かな時代なら誰も存在さえ想像しない食材を使うのだ。彼のオムレツは、なんと卵のいらないトルティーヤ・シン・ウェヴォ・デ・ガリーナで、小麦粉、重曹、パセリ、ニンニク、サフラン（あれば）、セロリの葉、水、オリーヴオイル数滴で作る。さらに、卵もジャガイモも使わないトルティーヤ・デ・パタタも考案した。これは独創性あふれる発明品だ。スペインの伝統料理のなかでもきわめて高い評価を受けている料理を、代わりの材料で納得の一品に仕上げたのである。使ったのは、オレンジの中果皮［表皮の裏にある白い部分］、ニンニク、小麦粉、重曹、白コショウ、ターメリック、オイル、塩だった。[15]

ドメネクの世界

イグナシ・ドメネクは一九一五年のデビュー作『優雅な新スペイン料理 *La nueva cocina elegante española*』をはじめ、初期作品のタイトルで批判を浴びたが、その食に対する専門的な取り組みや作家としての影響力を否定することはできない。[16]同書は大げさで矛盾に満ちているとも評された。テビュセム博士と「陛下の料理人」は、反逆とはいえないまでも攻撃的だ、とすぐさま感じ取ったにちがいない。スペインの郷土料理を擁護する人たちに嫌われた、国際的な料理本の最たる例だ。一ページ目に書かれているとおり、これは「エル・ゴロ・ブランコ誌編集長であり、かつ、メディナセリ公爵やインファンタード公爵、アルグエレス侯爵、フォン・レーデ公、ヴェーデル男爵、ヘンリー・ドラモンド・ヴォルフ卿、そして、イギリス、スウェーデン、ノルウェーの大使の元料理人、イグナシ・ドメネク」が書いた作品だった。

ドメネクは自分を弁護するため、一九

読者に、オルミギージョの作り方はたくさんあるが、極上に仕上げるにはヘーゼルナッツを使うようアドバイスしている。

ナッツは焦げないように炒り、布を使って殻を取り除く。それらを砕き、水を入れた鍋に入れる。ゆっくり加熱し、いったん沸騰させたら火からおろす。少量のシナモン、クローヴ、砂糖を加える。これらのスパイスも、ヘーゼルナッツを砕くときに、油分が出ないよう、まとめて砕いておく。ハチミツ、塩、サフラン、スパイス、パン、オイルなどは加えず……[13]

20世紀初頭、ガリシアの著名な作家マリア・メスタイエ・デ・エチャグエ(パラベーレ侯爵夫人)とマヌエル・マリア・プガ・イ・パルガ(ピカディーリョ)は、オルミーゴのレシピを著書に掲載した。これはまさにパンで作るオムレツだ。[14]こんにち、この料理はほぼ忘れ去られているが、アストゥリアスとガリシアの辺境地では、いまでも出産を終えた母親に、砂糖をまぶした熱々のオルミーゴを食べさせている。

似たようなレシピで作るかなり濃厚で甘いオルミーゴは、ポルトガルのド・ミーニョやトラス・オス・モンテスでいまでもクリスマスの時期に食されている。このレシピでは、パン、牛乳、卵、豚脂、水を使う。現在は、ポートワイン、レーズン、松の実、シナモン、ライムを加えている。

三〇年代、根っからのカタルーニャ人だった彼にとってはいささか馴染みの薄いテーマを扱い、過去最高ともいえる作品を出版した——『バスク料理 *La cocina vasca*』だ。つねに旅をしていた彼はあらゆる場所でレシピを収集し、最新版に書き換え、ジャーナリストとしてのスタイルを介して、読者、シェフ、家庭料理人に伝授した——食材や調理法を超え、そのレシピできちんと作れるかを料理人として確認しながら。カヌティーリョ・デ・クレマは、彼が『バスク料理』で紹介した数百に及ぶレシピのひとつだ。薄いパイ生地にカスタードクリームを詰めるカヌティーリョは一九世紀のビルバオを連想させるが、いまもバスク地方全域で非常に人気がある。

ドメネク、そして、アラゴン出身のテオドロ・バルダーヒも、おそらく二〇世

ガチャとオルミーゴ

ポレアダ、プチェ、ファラペ、ファリネタとしても知られる万能粥ガチャは、イベリア半島で陶器が入手可能になって以来、1950年代に至るまでスペイン人の食事だった。1950年代には質の悪いパン・ネグロ(黒パン)の代替品としてよく利用された。飢えに対処できる食料のなかで、ガチャはまちがいなくもっとも経済的で栄養豊富な料理だった。ガチャから栄養を取るためには、穀物を砕き、加熱できる器具に入れて水を加え、調理中はつねにかき混ぜ、熱いうちに食べるだけでよかった。やがて、ガチャは内戦以前に食べられていたおいしい料理に進化し、ニンニクの小片、タマネギ、オリーヴオイル、塩、水少々で味つけするようになった。

飢餓の時代、スペイン人の想像力を掻き立てたもうひとつのレシピは、フォルミゴ、オルミゴ、オルミギージョとしても知られる歴史の長いオルミーゴだ。これは、富裕層、貧困層、どちらのキッチンでも適用できる初期の創作料理だった。一種のオムレツで、いちばんシンプルなレシピでは、パン、牛乳または水、卵、オリーヴオイルまたは豚脂で作る。塩味もあれば甘く味つけする場合もあった。中世以降、オルミーゴはルパート・デ・ノーラやアントニオ・サルセテなどのスペインの料理作家や料理人がさまざまなヴァージョンを記録してきた。サルセテのオルミギージョのレシピには、牛乳、パン、さらには卵さえも含まれていない。彼は著書のなかで、

紀前半にもっとも影響力を持っていたスペイン人シェフ兼料理作家だ。興味深いのは、ふたりとも、内戦前後のスペイン料理が持つ異なる二世界を理解していた点だ——ひとつは依然としてフランスの影響を強く受けた料理、もうひとつは本来のスペイン料理である。

多作な作家ドメネクは半世紀もたたないうちに料理本二六冊を出版した。テオドロ・バルダーヒは、たたき上げのシェフ、ジャーナリスト、並外れた作家で、それまでにない方法でスペイン料理に現代性と革新をもたらした。人気を博したドメネクの経歴とは反対に、バルダーヒは出版社からいったん不評を買うと、その知性と料理の技術は闇に葬られた。

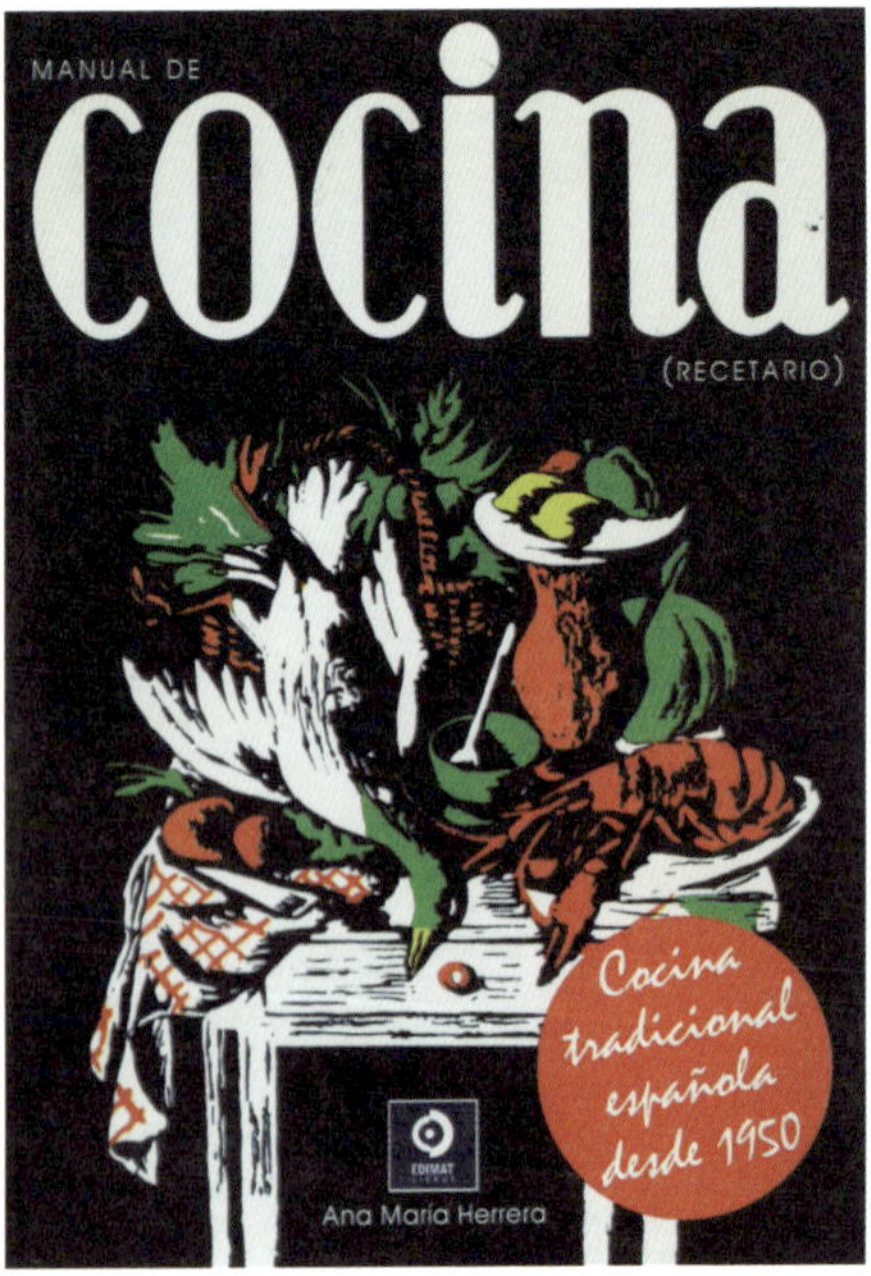

『料理の手引書』(1950年)。物議を醸した本だ。

スペインは内戦の惨状から立ち直ろうとしているなか、新たな戦争に突入する可能性に直面しており、一九四〇年、中立の立場を宣言せざるを得なくなった。一九四七年、スペインは、第二次世界大戦後、他のヨーロッパ諸国が経済とインフラを再建できるよう考慮したアメリカの大規模な復興支援計画から除外された。独裁者フランコはまだ実権を握っていた。マーシャル・プランとして知られるようになった復興支援計画は、悲しいかな、切実に支援を必要としている国を除外した。ルイス・ガルシア・ベルランガ監督のコミカルながら悲愴な映画『ようこそ！ ミスター・マーシャル *Welcome Mr. Marshall!*』(一九五三年)にはこんなシーンがある。スペイン中部の小さな町がアメリカ外交官の訪問に備えている。司祭、市長、その他の権力者は、すべてが許されて自分たちの努力が実を結び、経済援助が受けられるよう望んでいる。町全体がアンダルシアの村さながらに装飾され、民衆はセヴィーリャ人やコルドバ人に扮し(つまり、典型的なスペイン衣装を着て)、小さな星条旗を振りながら道路で辛抱強く到着を待っている。やがて、リムジンの長い隊列がやってきて、止まることなく猛スピードで素通りしていくのだ。

✣物議を醸した本

一九五〇年、アナ・マリア・エレーラが『料理の手引書 *Manual de cocina*』という本を執筆した。テオドロ・バルダーヒの『エラスの料理 *La cocina de Ellas*』[エラスはバルダーヒがレシピを載せていた料理週刊誌の名]のような優れた本が読者に届かなくなっていた時代、この本は非常に人気を呼んだ。エレーラはセシオン・フェメニナ・デル・モヴィミエント(女性活動局)からの後援を得て、マドリードのロペ・デ・ヴェガ家政学校で食物について教えていた。女性活動局はスペインのファシスト政党ファランヘ党の運動を支える女性部門だ。エレーラの本は、世の中が深刻な経済的困難に直面し、食料の入手がまだ限られているなか、市場に出回った。エレーラは実情を考慮して、どのレシピもすぐ手に入る安価な材料で作れるよう工夫し、調理が簡単で食欲をそそる料理を選択した。さらに、もうひとつの重要な問題にも対応した——女性を取り巻く状況の変化だ。この頃、それまで家事を担当し、家族のために食事を準備していた女性が外に出て働き始めていた。彼女たちにとって時間が貴重になった。フランコ政権に支えられた『料理の手引書』は、新婚女性やベテランの家庭料理人、さらには料理のプロに贈る最適な本となった。また、いつか孫娘に贈ろうと購入する祖母もいた。

しかし、女性活動局にとって、この手引書はあまりにも反響を呼びすぎた。著者名は、エレーラが引退して死亡したあと削除された。新版はファランヘ党女性部門の共同制作として出版された。フランコの死後、女性活動局が解散したとき、この本は文化省の文献リストに載り、その後、同省で数十年間保管された。四〇年後の一九九五年、著作権がアナ・マリア・エレーラとその家族に返還された。いまでも『料理の手引書』はスペインの多くの図書館に置いてある。国が崩壊した悲惨な時期をなんとか生き延びたベストセラーであり、まさに古典である。

『料理の手引書』第一部には、食材、食肉加工処理、肉の切り分け方、魚料理に関する一般的な情報、および、上級料理用語集が載っている。第二部では、一年の季節に合わせ、著者がランチとディナーの多くのミヌタ(メニュー)を紹介している。調理法はかなり簡素化されている。たとえば、あるメニューで提案している春のディナーでは、少量のバターとチーズでコクを加えたたっぷりのジャガイモのピューレを出し、続いて、新鮮なメルルーサ、ほうれんそう、牛乳、バター、オリーヴオイル、少量の小麦粉で作ったティンバル(グラタン)を供する。★17 この『料理の手引書』にもあるとおり、いまやグローバル化がスペインの確立された食の伝統に大きな影響を及ぼしているとはいえ、スペイン人は依然として野菜を肉や魚とは別のコースとして供することを好んでいる。

すべては辺境で起こった

バルダーヒやドメネクなどのシェフが努力したにもかかわらず、二〇世紀半ば、あきらかにプロのスペイン料理は現代風に修正しなければならなかった。あまりにも長いあいだ過去に囚われ、足踏みしたり、他国の伝統の足跡を追ってまちがった方向に進んだりして、つねに真似をするだけですっかり創造性を失っていたのだ。

「奇妙な言語と悪しき慣習、深い森と閉ざされた山々に囲まれたこの国では、パンもワインもなく、牛乳とシードル以外、食材さえ見つからない」。これは、エイメリ・ピコーが一二世紀のカリクスティヌス写本(聖ヤコブの書)第五巻に書いたとされる一節だ。ピコーには、バスクの、さらにはスペイン他地域の食について、有望な未来など予見できなかっただろう。しかし、二〇世紀後半からこんにちに至るまで、専門家たちの創造性あふれる革新的な仕事のおかげで、スペインは世界の料理大国となった。

スペイン料理を先導する明確な「食の首都」はないが、バスク料理やカタルーニャ料理など、いくつかの代表的なスペイン料理《コシーナ》は歴史的に見ても政治の中心地の料理をしのいでおり、一九七〇年代にはその個性を主張する機会が訪れた。戦後、戦争がコシーナに与えていた悪影響はすでに過去のものとなっていた。さらに重要なのは、ほぼ四〇年にわたる独裁政権が終わりを告げ、民主主義が息づいていたことだ。カタルーニャとバスク地方はどちらも歴史的、地理的、文化的にスペインの他地域よりヨーロッパに近かったため、現在、古典的な料理がふたたび見直されている。フランスは「エスコフィエ後の不動の時代」〔エスコフィエはフランス料理界の巨匠〕と呼ばれる状況が数十年続いたあと、動き始めていた。世界の他地域――とくにバスク地方――は期待を込めて注目していた。

一九六八年五月、パリでの抗議活動が若者たちに別の道を探すきっかけを与えた。若者のなかには、アラン・シャペル、ミシェル・ゲラール、ロジェ・ヴェルジェ、トロワグロ兄弟、そしてバスク料理のシェフの代表、著名なポール・ボキューズなど、現代料理史に名を残すフランス人シェフが数多く含まれていた。これらのシェフたちは、一九七三年に「ヌーヴェル・キュイジーヌ」（新しい料理のスタイル）と呼ばれる料理革命を主導することになる。いくつかの教訓に基づき、この新たな動きはプロのキッチン界を劇的に変えた――最高級の生の材料や旬の食材を使用すると同時に、調理時間を短縮し、動物性油脂の使用を控えるといった技術の見直しもおこなわれた。ヌーヴェル・キュイジーヌ運動の背景にはシェフたちが顧客に健康によい料理を提供したいという強い願望があったことを忘れてはならない。一九七六年にマドリードで開催された美食円卓会議でポール・ボキューズの講演を聴いたふたりのバスク人シェフ――ペドロ・スビハナとフアン・マリ・アルサク――は胸を打たれた。ふたりにはわかっていた。バスク料理は、興味をそそる独創的な世界的料理として、しかるべき地位にのぼるために欠かせない特別な要素をすべて備えている。彼らが「エウスカル・スカルデリッツァ・ベリア」（新しいバスク料理《ヌエヴァ・コシーナ・バスカ》）の旗を掲げて踏み出した旅は、当初、一〇人の才能あるバスク料理シェフが支援した。時間が経つにつれ、何百人ものプロのスペイン人シェフが彼らに続き、それぞれが独自の才能と個性を打ち出し、ふたたびスペイン料理の多様性を浮き彫りにした。フェラン・アドリアが二〇一六年に出版した『バスク――創造性豊かな土地 *Basque, Creative Territory*』に載せたように、変革の道は壁だらけだった。

> ヌーヴェル・キュイジーヌ誕生に伴うドミノ効果により、当初、私たちの美食法は排除された。まず過渡期を乗り切らなければならなかった。少しずつ、スペインは他の西ヨーロッパ諸国に追いつくよう体制を整え始めた。★[18]
>
> 各地域が独自性を保持してきたスペインでは、新たな運動に対してさまざまな受け止め方があった。場合によっては、新旧のあいだで妥協点を見つけなければならなかった。

アドリアが言及した過渡期に橋渡しをするのは、けっしてヌーヴェル・キュイジーヌの単純なコピーではなく、「新しいバスク料理《ヌエヴァ・コシーナ・バスカ》」だ。まちがいなく、バスクのシェフたちが新しい秩序のもとで作っていた料理は、いまも同様、ほとんどがバスク人の着想から得たものであり、食材はバスク独特の伝統に従っていた。これは驚くべきことではない。バスク地方ほど、シェフが理想を掲げ、誇りと誠実さを胸に料理について考える地域はまずない。バスク人は、料理は国や地域の伝統の一部であり、飲食を楽しむ習慣はバスクのアイデンティティの不可欠な要素だと固く信じている。興味深いのは、プロジェクトに着手したとき、ともに働いていたバスク料理のシェフのほとんどがバスク州北部サン・セバスティアン出身だったことだ。サン・セバスティアンは伝統をそれほど熱心に育んできた地域ではない。フランス革命後、一世紀以上にわたり、サン・セバスティアンでは多国籍料理が君臨し、独創的な先住民料理が

姿を消していた。この時期を通して、とくにベル・エポックでは、サン・セバスティアンはスペイン貴族御用達の避暑地だった。お抱えの料理人やシェフは、自分たちの経験や技術を、他のプロ料理人や夏のあいだ料理作りのために雇われた地元の女性たちに伝授した。当初、バスク人シェフの多くはバスクの家庭料理とプロの多国籍料理の両方から影響を受けており、それも新たな任務に役立っていた。さらに、彼らのほとんどはビジネスのプロである一家に仕えていた。

一九八〇年代初頭、過渡期に生まれた数多くのレシピがそれを裏づけている。パステル・デ・クラバロッカ(カサゴのテリーヌ)は同名レストランのオーナー、フアン・マリ・アル

「新しいバスク料理《ヌエヴァ・コシーナ・バスカ》」の創設メンバー。

サクが考案した料理で、新鮮なトマトソース、低脂肪の生クリーム、卵、ネギ、ニンジン、バター少々、パン粉、塩、白コショウで作る。これは昔ながらのテリーヌで、鍋でじっくり火を通し、冷やしてから、ピーナッツオイルと少量のシェリービネガーで作ったマヨネーズを添えて供する。

タラを求めて大西洋を渡った漁師の子孫で、ジャーナリスト兼バスク人作家でもあるファン・ホセ・ラピッツもこの過渡期に進む運動の流れを追いかけていた。デビュー作『バスク地方の料理 *Comer en Euskalherria*』は一九八二年に出版され、古典となった。続いて『バスクの現代料理 *La cocina moderna en Euskadi*』も上梓された。これは、一九八〇年代末にサン・セバスティアンだけでなくビルバオやアラヴァ周辺で、最高級のレストランが提供する現代風バスク料理のレシピ集だ。[★19] 取り上げたレストランは、グリア、パニエ・フルーリ、カスティーリョなどで、ビルバオにあるグリアでは、「エル・レイ・デル・バカラオ」(タラの王様)としても知られるシェフ、ヘナロ・ピルダインが、バスクのレパートリーのなかから数種のおいしいソース――サルサ・ヴェルデ、ピルピル、ヴィスカイナ――で美しく盛りつけたタラの切り身料理、エル・バカラオ・デル・シェフを披露した。新しい料理運動を起こした最初のシェフ一二人のうち唯一の女性だったタトゥス・フォンベリーダがサン・セバスティアンに新しい店パニエ・フルーリをオープンした頃には、彼女の姓はすでに街で見られる最高の料理と同義になっていた。彼女は家族と馴染みだった常連が期待するスタイルのすべてを壊すことなく、かつて父親がレンテリアにある自分の店で作っていた一連の高級フランス料理とバスク料理を、自身のレストランで提供することにした。シタビラメやハタ、ロブスターやヤマシギを使った料理の名は変わらなくても――シタビラメの「フィレンツェ風」、ハタの「サン・セバスティアン風」、ロブスターの「アメリカ風」、ヤマシギの「アルマニャック風」――新たなバスク運動に寄り添った新しい取り組みが、その後何年にもわたって彼女の軌跡を刻んでいくことになった。

ホセ・ファン・カスティーリョは、かつてギプスコア県オラベリアにあった同名ホテル「カスティーリョ」のオーナーであり、新運動の創設メンバーのひとりで、興味深い経歴を持つ。新しいバスク料理《ヌエヴァ・コシーナ・バスカ》に時間と労力を費やした彼は、サン・セバスティアンの象徴だったレストラン、カーサ・ニコラサを買い取り、市民の要望を受けて伝統的なバスク料理を提供するようになった。この店では二七年間、彼の指導のもと、アルビア・ロハ（黒豆）、ジャガイモのマルミタコ（野菜とマグロで作る肉じゃがの魚版）、グイベルディーニャ・ア・ラ・プランチャ（学名*Russula virescens*、ベニタケ属アイタケ）や、モレハ・サルテアダ（胸腺のやわらか煮）などの料理が出された。

もうひとりの創設メンバー、シェフのルイス・イリサールは一九七六年にバスク地方初のケイタリング専門学校を開校した。この学校は重要な役割を果たし、ペドロ・スビハナのような優秀なシェフを輩出した。一九九〇年、サン・セバスティアンにあるレストラン、アケラレのオーナーシェフだったスビハナは、スペイン政府から、イギリスの報道陣向けにロンドンのドーチェスター・ホテルで料理を担当するよう依頼され、引き受けた。このとき初めてスペインは現代美食学を宣伝手段として利用した。ルビナ・ア・ラ・ピミエンタ・ヴェルデ（青コショウの実を添えたスズキ）は客を喜ばせたが、サン・セバスティアンのシェフはいまだ古典的なフランス料理の影響を受けていた。魚の切り身は、エシャロット、青コショウの実、オリーヴオイル、バター少量、バスク産アップルブランデー、クリーム少々

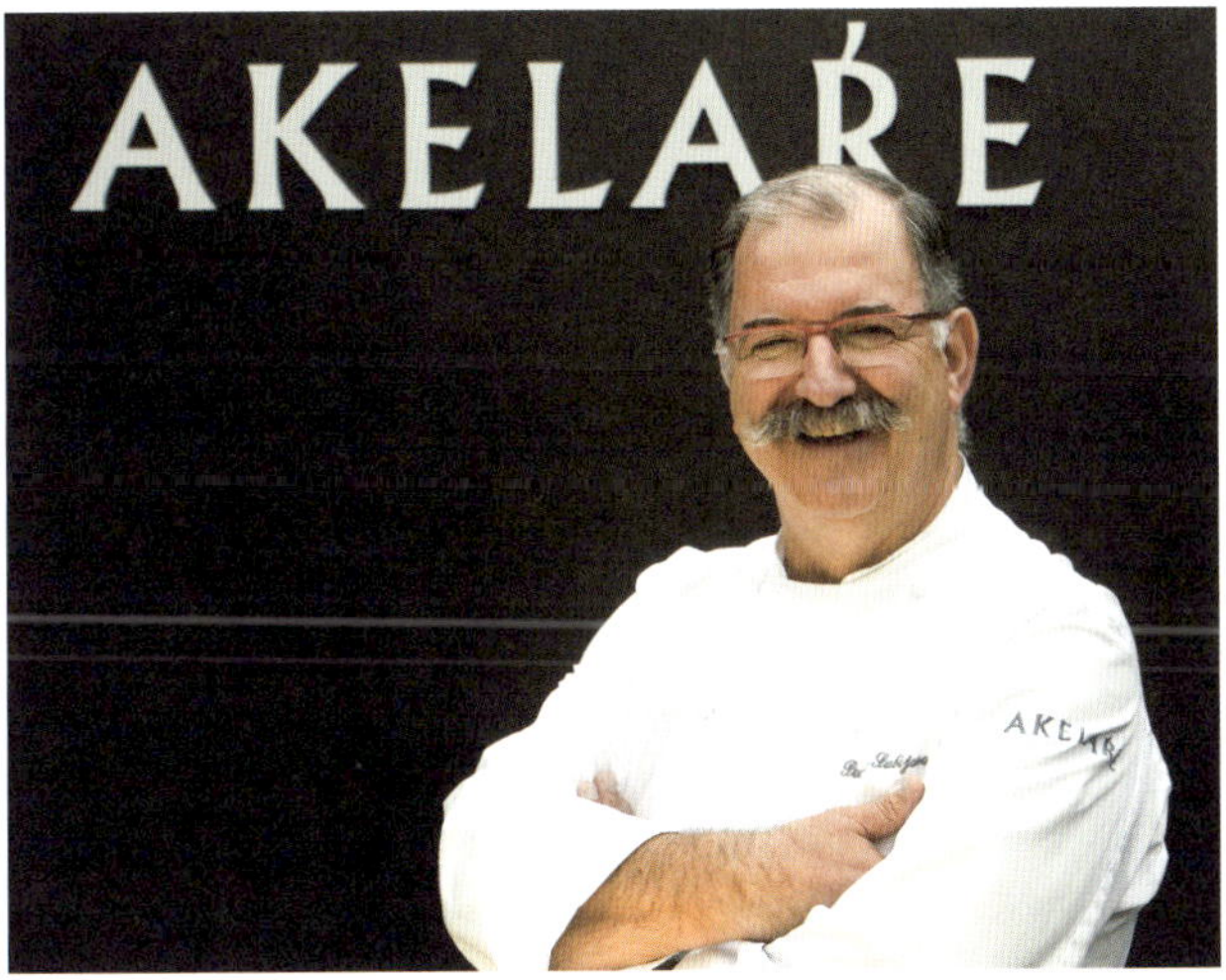

ペドロ・スビハナ。「新しいバスク料理《ヌエヴァ・コシーナ・バスカ》」創設メンバーのひとり。サン・セバスティアンにあるレストラン、アケラレにて。

を合わせた軽いソースで調理した。時間とともに、地元の伝統と現代的アプローチがさらに融合していった。スビハナが作るエンサラダ・デ・トマーテ・デル・パイ・ボニート・マリナード（地元産トマトとマリネしたマグロのサラダ）は、一見、とてもシンプルな料理だが、じつはそうではない。これは夏のごちそうだ。熟したトマトとスペイン全土でもっとも高く評価されているビンナガマグロ（学名 *Thunnus alalunga*）の上等な切り身を使う。マグロ科の他の魚よりも脂が少ないビンナガを、まずレモンの皮と適量のリンゴ酢に数時間漬け込む。次にソースを二種用意する。ひとつは塩、コショウ、レモン汁数滴で味つけしたトマトソース。もうひとつはピーマンを使ったソースで、あらかじめ下ごしらえの時間を数分みておく。盛りつけも重要だ。まず、トマトのスライス（適宜味つけする）数枚に二種のソースを軽くかけ、その上にビンナガのマリネを丁寧に重ねて仕上げる。

✣地中海地方、そしてその先へ

ジャーナリストのカルメン・カサスは著書『カタルーニャ料理 *Comer en Catalunya*』のなかで、最高のカタルーニャ料理は依然としてこの地域の北部、フランスとの国境にあるジローナ県のエル・アンプルダンのコマルカ（行政区）で見られると断言している。[★20] 時間が経つにつれ、彼女の意見はカタルーニャ自治州の他地域にもあてはめなければいけないことがわかった。以来、故サンティ・サンタマリア、誰も止められないフェラン・アドリア、カルメ・ルスカイェーダ、そしてロカ兄弟など、カタルーニャのシェフたちが伝説になっている。

カサスが自分の主張を口にしたとき、カタルーニャの一流レストラン——たくさんあった——は地方の伝統をしっかりと守りながらもより現代的なアプローチを展開していた。すでに、アグート・ダビニョン（バルセロナ）、エルドラド・プティ、エル・モーテル、エル・ラコ・デ・カン・ファベス（サンティ・サンタマリアのレストラン）も一流レストランのリストに含まれていた。一〇年後、こうしたレストランのシェフを、バルセロナとジローナで働く若い世代が引き継いだ。彼らはまだ地中海料理の特徴を色濃く残した料理を作っていたが、キッチンではすでにヌーヴェル・キュイジーヌや「新しいバスク料理《ヌエヴァ・コシーナ・バスカ》」の流儀を取り込んでいた。まもなく、フロリアン、ロイグ・ロビ、アスレテといったレストランが、シェフがたまたま美女だったからというだけでなく、その料理、とくに盛りつけが格別だという理由で街の話題になった。[★21] そのときすでに、ひとりの若いシェフが世界に影響を与えようとしていた。そう、フェラン・アドリアだ。

二〇一一年、五三歳で亡くなったサンティ・サンタマリアは、一九八一年、バルセロナ県サン・セローニにエル・ラコ・デ・カン・ファベスをオープンした。彼もまた、当初、ヌーベル・キュイジーヌ運動を支持したスペイン人シェフだった。一九九四年、エル・ラコ・デ・カン・ファベスはミシュランの三つ星を獲得した。これはカタルーニャ州にとって初めての出来事だった。当時、サンタマリアは有名な作家でもあり、ジャーナリストでもあった。亡くなった翌日、二〇一一年二月一七日、彼の生涯に感謝を込めてザ・テレグラフ紙が掲載した記事は感動的だ。記者はカン・ファベスで食事をしたときの気分をまるで詩のように語っている。

> あのときの記憶が蘇る。彼の母親が、晩餐のときに使う特別な白い布を広げ……彼は火だけを使い、生ものを料理に変える魔法を使った。すると、意識を失ってしまうほどのエビ料理や、皿に月を浮かべたような魚とジャガイモのスープが誕生した。

結局、サンタマリアの地元食材に対する熱い思いと、彼が最高だと考える地中海料理[★22]、そしてスペインの美食を脅かす料理が、プロの料理界に論争と分裂をもたらした。著書『裸の料理 *Cocina al desnudo*』では、ファストフードの台頭を嘆き、フェラン・アドリアが積極的に推進する分子料理［食材を分子レベルで物理的、科学的に分析して調理した料理］を容赦なく攻撃した。多くの人にとって、この本は必要以上に厳しかった。当時、スペインの前衛的な美食が国際的な評価や称賛を得ており、さらに、とくに一部の食材の安全性に対する問題提起が疑問視されていた時代だったのだ。嫉妬が彼の最悪の部分を引き出したのだろうか？　彼をよく知る者からすれば、まさに性格によるものだった。アドリアがシェフとして働き始めた頃そうであったように、サンタマリアも地元の食材と地中海の食文化を擁護していた。海の幸と山の幸を味わう、伝統から生まれた真の料理。最寄りの港で午後に開かれる市場で仕入れてくる魚。近くの山から採ってきたキノコや仕留めた羊のラム肉。ピレネー山脈のふもとの町ヴィックから届くソーセージと新鮮なトリュフ。すべてが地元のプロのシェフによって快楽主義の領域へと昇華していた。

バルセロナから北へ一〇〇キロメートル余り、ジョゼップ・プラが愛するカタルーニャのアンプルダンでは、フェラン・アドリアもまた、まったく異なる取り組みにより、レストラン、エル・ブジで客を喜ばせていた。成果には目を見張るものがあった。彼がたどった道はすべてが斬新だった。現代カタルーニャ文学の最高の語り手であり、並外れた料理評論家であり、カタルーニャ伝統料理の擁護者であると考えられているジョゼップ・プラは、エル・ブジで起こったことを認めるだろうか？　誰にもわからない。たとえプラであっても、料理を愛する優秀な人の能力をけっして過小評価してはならない。おそらくプラは、エル・ブジが何千人もの若いシェフ、ベテランシェフ、料理評論家の注目の的になる以前、そして、極端な前衛料理で評価されたアドリアがタイム誌の表紙を飾る以前、最初のうちは認めていたのだろう。スペインではプロの料理界がふたつに割れていた――新旧に。

ロセス港から七キロメートル離れた古来の町コスタ・ブラバの入り江に位置するラ・ハシエンダ・デル・ブジ――エル・ブジ創立当初の店名――はフランスやドイツの料理愛好家に知れわたっていた。ここはドイツ人医師ハンス・シリングとチェコスロバキア人の妻マルケッタが経営する、おいしいフランス料理を提供する地中海沿岸のレストランだった。シリング家はブジという犬種のフレンチ・ブルドッグを飼っていた。

一九七五年、ジャン・ルイ・ネイチェルがエル・ブジの料理長兼支配人に起用された。ネイチェルはアラン・シャペルの影響を強く受けており、彼の就任はのちにこのレストランが世界でもっとも革新的かつ創造的な店になる可能性を示唆していた。一九七六年、ラ・ハシエンダ・デル・ブジは初めてミシュランのひとつ星を、その後すぐ、ふたつめの星も獲得した。フランス色が濃いスタイルの高級レストランだった。

一九八一年、新しいマネージャーで先見の明のあるフリ・ソレールは、経験は少ないが才能に溢れた二二歳のカタルーニャ人シェフを雇った――献身的というより、本能で動くシェフ、フェラン・アドリアだ。また、ソレールはレストランの名前を短縮した。エル・ブジは独自のスタイルを生み出そうとしていた。ソレールとアドリアは長い試練の旅路につき、やがて、エル・ブジを世界最高のレストランに引き上げ、自分たちのユニークなスタイルや考え方も固めていった。ネイチェルが以前そうであったように、シリング夫妻の全面的な支援を受け、アドリアも数か月間、外国で修業を積んだ。一九八七年、この若きシェフはエル・ブジのキッチン責任者となっていた。

夏のあいだ、エル・ブジはランチタイムとディナータイムに一般客が利用できる。冬期は休業し、アドリアのチームは翌年のメニューを考案した。当初、着想は地中海、より正確にはエル・アンプルダンとロセス港の海岸から得ていたことはあきらかだ。ここはおいしい米料理、魚、ナシやカブを添えたガチョウ、そしてもっとも手間ひまかけて料理を作る地域だ。また、スペイン語で「マール・イ・モンターニャ（海と山）」として知られ、英語ではよく「サーフ・アンド・ターフ（波と芝）」と訳される手の込んだ料理もある。まもなく、ヌーヴェル・キュイジーヌや日本料理など、他国料理の影響がはっきりと現れてきた。エル・ブジで出されるピスタチオの天ぷらは後者の好例だ。ピスタチオの殻は食べられるのか、そして、おいしいのか？　アドリアの答えは「イエス」。世界中が同意した。

一九九三年に出版されたアドリアの第一作『エル・ブジ――地中海の味 *El Bulli: El Sabor del Mediterráneo*』は、このさ

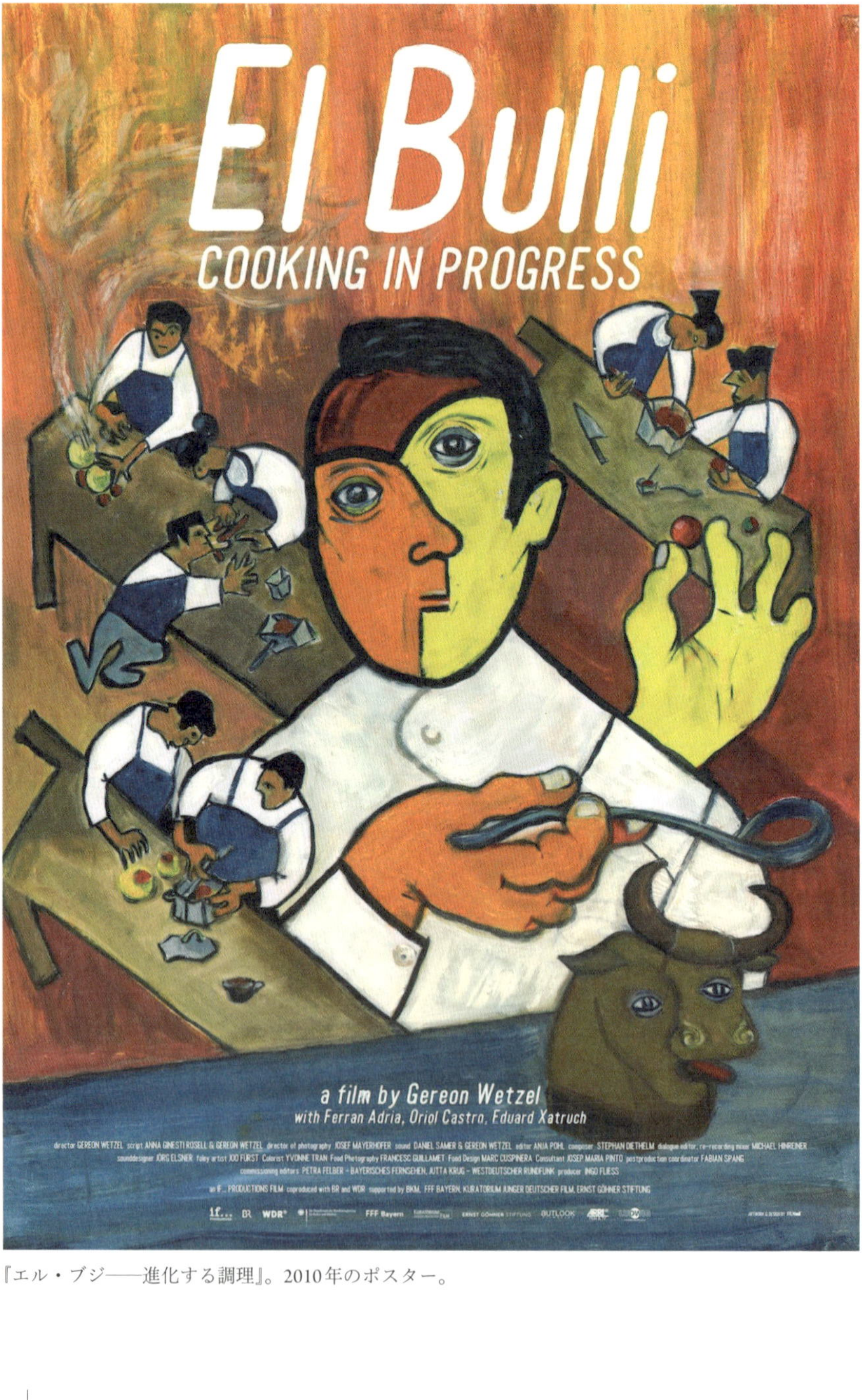

『エル・ブジ——進化する調理』。2010年のポスター。

き永遠に進化し続けるであろうキャリアを予感させるものだった。索引には、いま調理が新たな道を進み、いかに多くの工程を経ているかという解説も含まれている。芸術に基づく「ひらめき《インスピレーション》」。既存するレシピの「適用《アダプテーション》」。そして、従来はかなり無作為に組み立てられてきたさまざまな要素を取り入れた調理法。アドリアは最後のプロセスを「融合《アソシエーション》」と呼んだ。★[23] レシピ集は次の項目に分けて紹介している――タピタ（小さなタパス）、マール・イ・モンターニャ（海と山。英語ではサーフ・アンド・ターフ）、スバスタ・デ・ロセス（ロセス港の魚市場）、エル・ブジ、レセタ・バシカ（基本レシピ）。海を見渡す素晴らしいテラスで、ランチとディナーの前に数多くのタピタがよく提供された。具材と食感を絶妙に組み合わせた小さな芸術品は、たいてい、完璧にマッチする唯一のワイン――シェリー酒――が添えられていた。ナス、ベーコン、ウサギのリブ（コスティリタ）で作ったエスカリバダを添えたコカ（ピザ生地に似たパン）。ダティレ・デ・マール（地元産ムール貝）のジュレとフェンネルのスープ。ウニのグラティナード（グラタン）。髄骨とスイバ（タデ科の多年草）のソースをかけたイカ……

アドリアが第一作目の本にエル・アンプルダンの料理を載せようと決めたとき、マール・イ・モンターニャの概念からして新しいことなどなにひとつなかった。カタルーニャでは、塩味と甘味、甘味と酸味、魚と肉の組み合わせは中世にまでさかのぼる。アドリアは第一作にこう書いた――「この組み合わせがなかったら、私の料理はおそらく存在しなかった」。シェフや批評家から完璧な勝利と評されたトゥエターノ・コン・キャビアは、カリフラワー・

フェラン・アドリア。プロのキッチンで料理に革命を起こした男。

ピューレの上にローストした髄骨を乗せ、キャビアをたっぷりかけたもので、ポール・ボキューズいわく「傑出した料理」だ。他にも、ロブスターを添えたヤマウズラのエスカベーチェや、ホタテのフォアグラ添えなどがあった。カルソット（タマネギの芽）とエスパルデニエ（ナマコ）とポルチーニ茸を使った豚足料理は、舌の肥えた客が絶賛するほど手が込んでいた。その後もアドリアは料理本を数多く出版した。アドリアの指導のもと、新たな技術が率直に議論され、信奉者に引き継がれたが、ときには批評家や他のシェフに誤解されることもあった。アドリアが記事や公開討論会で新しい概念を伝えるたび、論争が巻き起こった。かつて聞いたことのない商品が、バルセロナにある彼の目立つ巨大倉庫（工房）につねに運ばれてきた。そんななかなにより大事なのは、どんな状況下でも、スペイン全土や他の多くの国から若いシェフたちが、雄牛の頭をかたどった巨大な彫像を入り口に掲げたエル・ブジを訪れ、キッチンで修業を積んでいたことだ。

革新の最先端で何年も営業したのち、おそらく当時世界でもっとも有名なレストランだったエル・ブジは閉店を決め、二〇一一年、友人たちに最後のディナーを供した［アドリアは閉店後、二〇一三年にエル・ブジ財団を設立、二〇二四年に広大な食のミュージアム、エル・ブジ1846を再始動させた。1846はアドリアが記録したレシピ数］。フェラン・アドリア、故フリ・ソレール、そしてエル・ブジは仕事を成し遂げた。あとを受け継いだのは、独創性にあふれる世界有数の国際的レストラン、カン・ロカだ。ここではロカ兄弟がエル・ブジ時代とはまったく異なる料理を提供しているが、それでもすべての活動の要にあるのは創造性と革新だ。

アドリアは言葉や新しいアイデアに事欠かず、現在はもっぱら教育と未来の食の世界に焦点を当てている。彼の偉大な貢献が歴史に承認されるのを待つ必要などない。すでに食の歴史において、目覚ましい、かつ、根源的な役割を果たしている。アドリアはいまもつねに考え、発信している。

バスク人とカタルーニャ人の第一、第二世代のシェフ、そして、スペイン全土で活躍している多くのシェフのおかげで、スペインのラ・レスタウラシオン・エスパニョーラ（レストランおよびホテル部門）はいまも世界の他地域と同等、あるいは、それ以上のペースで進化し続けている。カタルーニャが地中海世界の頂点に君臨していた中世以降、こんな状況はいちどもなかった。当初、影響力を持っていたシェフたちは、現在、第三世代の才能あるスペイン人シェフに注目している。この世代に属するのは、ファン・マリの娘エレナ・アルサク、バスク地方ムガリッツに住むアンドニ・ルイス・アドゥリス、アストゥリアスにあるレストラン、カサ・マルシアルのナチョ・マンツァーノ、そして、リオハのレストラン、エル・エチャウレンのフランシス・パニエゴだ。スペイン人シェフは現在、スペインのレストランだけでなく、他国でも多くの有名なレストランのキッチンを率い、輝きを放っている。さらに、研究家やグルメ愛好家は従来と異なる食体験も模索している。ここ数年で、スペイン人シェフはいままでより自由に自分のスタイルを追求するようになった。師の足跡をたどると決意したシェフもいれば、母親が作っていた料理や自分の菜園で育てた食材など、本来の環境に戻ることを選択したシェフもいる。みな、何をすべきか、そして、仲間が同じ目的を持って進んでもらえるよう説得する術《すべ》をきちんと心得ている。彼らが書くメニューは、バスク語、カスティーリャ語、カタルーニャ語、または、ガリシア語で書かれている。

ナチョ・マンツァーノ。伝統料理に現代的なアプローチを取り入れた。

第八章

スペイン料理《コシーナ》

二〇世紀に入るまで、多くのシェフや料理作家がスペイン各地域の郷土料理の正統性を擁護していた。こうした伝統は外界からの侵略を免れていたので、彼らはスペイン料理の真の象徴になっていると信じていた。しかし、二〇一七年にはすでに「スペイン各地域の」という表現が政治的に適切とはいえなくなっていることには気づいていなかった。本書の冒頭で述べたとおり、国民の大多数が承認した新憲法により、一九七八年、政治的に国の地域区分は自治州へと変わった。「スペイン料理《コシーナ》」はこれまで同様「〇〇(地域名)の」料理とすべきか、それとも、作っている地域で使用されている言語で名をつけるべきなのか?〔一九七八年憲法により従来の市町村と県(地方組織)をまとめ、新たな行政組織として一七の自治州が設置された。使用言語も多様性があり、スペイン語(カスティーリャ語)をはじめおもに四言語が使われ、それぞれが各自治州で公用語となっている〕。ラーラ、バルダーヒ、ドメネク、パラベーレ侯爵夫人、「陛下の料理人」、ジョゼップ・プラ、その他多くのシェフがここにいないのはとても残念だ。彼らなら、面倒な質問に対してもなんらかの答えを出してくれたはずだ。

コシーナは同じ食材を多く使う料理もあれば、料理によっては個性が強く独特なものもある。それぞれの鍋で作る料理は、地理、気候条件、水と土壌、伝統、そしてもちろん歴史が重なり合っている。コシーナの構図を描くさいには、個人の国家主義的な主張や感覚を離れ、こうした側面を考慮し、認識することが重要だ。コシーナは自身の個性を認め、擁護しながら、何世紀にもわたる歴史と文化を共有してきた。どれもイベリア半島、バレアレス諸島、カナリア諸島の複雑な食の地図上に広がっており、すべてにコシード（煮込み料理）とトルティーヤ・デ・パタタ（ジャガイモのトルティーヤ）が含まれている。これらは「国民食」と考えられるかなり数少ない料理のうちのふたつだ。また、おしゃれなタパス、おいしい米料理やパン、パーティ料理、地元のワインもある。

✣コシーナの過去と現在

ごく最近のこと、あるジャーナリストが有名なバスク料理のシェフに、他の料理人とカタルーニャを旅行するならどこで食事をしたいかと尋ねた。シェフは「イスパーニア（ヒスパニア）だよ」と答えた。パキータ・レクサックとロリータ・レクサックの姉妹が五〇年前から本格的なカタルーニャ料理を出しているレストランだ。もし質問の場所がバスク地方だったら、おそらく「サン・セバスティアンの美食協会で」と答えただろう。

スペイン人は生まれた場所や子供時代の食べ物に対して、並外れた愛着心を持ち続けてきた。スペインではどの村や町にも独自の特別料理やアレンジ料理があり、地元の人々、とくに外国に住んでいる人は、とりわけ母親が作ったものであれば、人間が口にできる最高の料理だと考えている。これはスペインにかぎったことではないかもしれないが、スペイン料理について語るときこそ、真剣に考慮すべき要素であることはまちがいない。このロカリズモ（郷土愛）は、出身地、いや、各コマルカの伝統料理に基づいている。コマルカは、地理、気候、土壌、農業、市場町によって区分された自然地域であり、多くの自治体が管理している。一九世紀に鉄道が創設され、一九五〇年代以降に主要道路が開通したため、コシーナはほぼ初めて地元以外から影響を受けた。中世には国内の移住——北部から南部

スペインの自治州。1978年。

への再流入、そして、最近では貧しい南部から工業地帯の北部や北東部への移動――があったため、地元料理は早くから自然の壁を越えていたのかもしれない。

コシーナを理解するには、過去にさかのぼってスペイン各地の独特な特徴を確認する必要がある。これほどの多様性があるとややこしい。パッチワークのようなコシーナを旅する最善の方法は、想像上の料理地図を描くことだ。そうすれば、自然にできたコマルカを通りながら、初めての風景や市場町、人々、食材、レシピ、さらには調理器具にも出会えるだろう。現代の交通機関や新たに建設した道路が、かつて田舎の個性を支援し保護していた自然の壁を崩しているかもしれない。それでも、地元市場の多くは依然として、巡回商人から近隣地域の農産物もごく一部に取り入れつつ、地元で栽培した食材を売っている。残念ながら、この現状はいま脅威にさらされている。

うなる海から高地へ

ガリシアからフランスとの国境に至るまで、轟音を立てる海、古き山々、そして半島で見られる極上の牧草地は、「緑のスペイン」の永遠なる特徴だ。ここではスペイン語でマイスと呼ぶトウモロコシが、アメリカ大陸から伝わって以来、人間だけでなく動物の食用として栽培されてきた。こうした地域はどこも、白豆、赤豆、黒豆、豚肉や豚肉製品、チーズに熱い情熱を抱いている。チーズでとくに有名なのは、ガリシアのテティージャ、アストゥリアスのカブラレ、カンタブリアのケスコ、バスクのイディアサバルだ。冬は湿気が多いため、ガリシアとアストゥリアスの農家では、昔から豚のすね、チョリソー、ブラッドソーセージを燻製にしている。カンタブリアとバスク地方ではあまり燻製は作らない。ビスケー湾や大西洋で獲れた魚介類は、貝、メルルーサ、アンコウ、ヒラメ、カツオ、イワシやアンチョヴィ［日本では塩漬けの加工食品をさすが、スペインではカタクチイワシ科の総称］、タコ、イカなど、つねに需要がある。海から見ても、高い山から見ても、北部地域にはほとんどちがいがないように見える。だが、実際はちがう。どこも同じように、霧、神秘、長い歴史、伝説の影響を受けているが、住民の人柄、言語、調理法は、それぞれに個性があり、かつ、独特だ。

ガリシア、アストゥリアス、カンタブリア、バスク地方

ガリシアの田園地帯には、海、薪の火、松、ユーカリ、シーフード、コーンブレッドの香りが漂っている。大きな

キャベツはイベリア半島北西端の土地を飾り、その葉は体を温めるスープやボリュームのあるシチューを引き立ててくれる。この地区は古代遺産法によって分割されている。ミニフンディア（小さな農場）は海岸の荒々しく険しい自然と同様、永遠に続く風景のシンボルだ。昔から、侵略者も入植者も、ここはケルト人が定住地に選んだ世界の終焉フィニス・テラエ（大地の終わり）であると信じていた。内陸部のキリスト教都市サンティアゴ・デ・コンポステーラは、救いを求める巡礼者の到着を待っている。巡礼者は聖人のローブにキスをし、地元産ワインのアルバリーニョ、バルデオラス、リベイロをグラスに注いで分かち合い、スペインで最高のスパニッシュオムレツを味わいながら長い休暇を過ごすことを楽しみにしている。滞在中は、中世の大学街

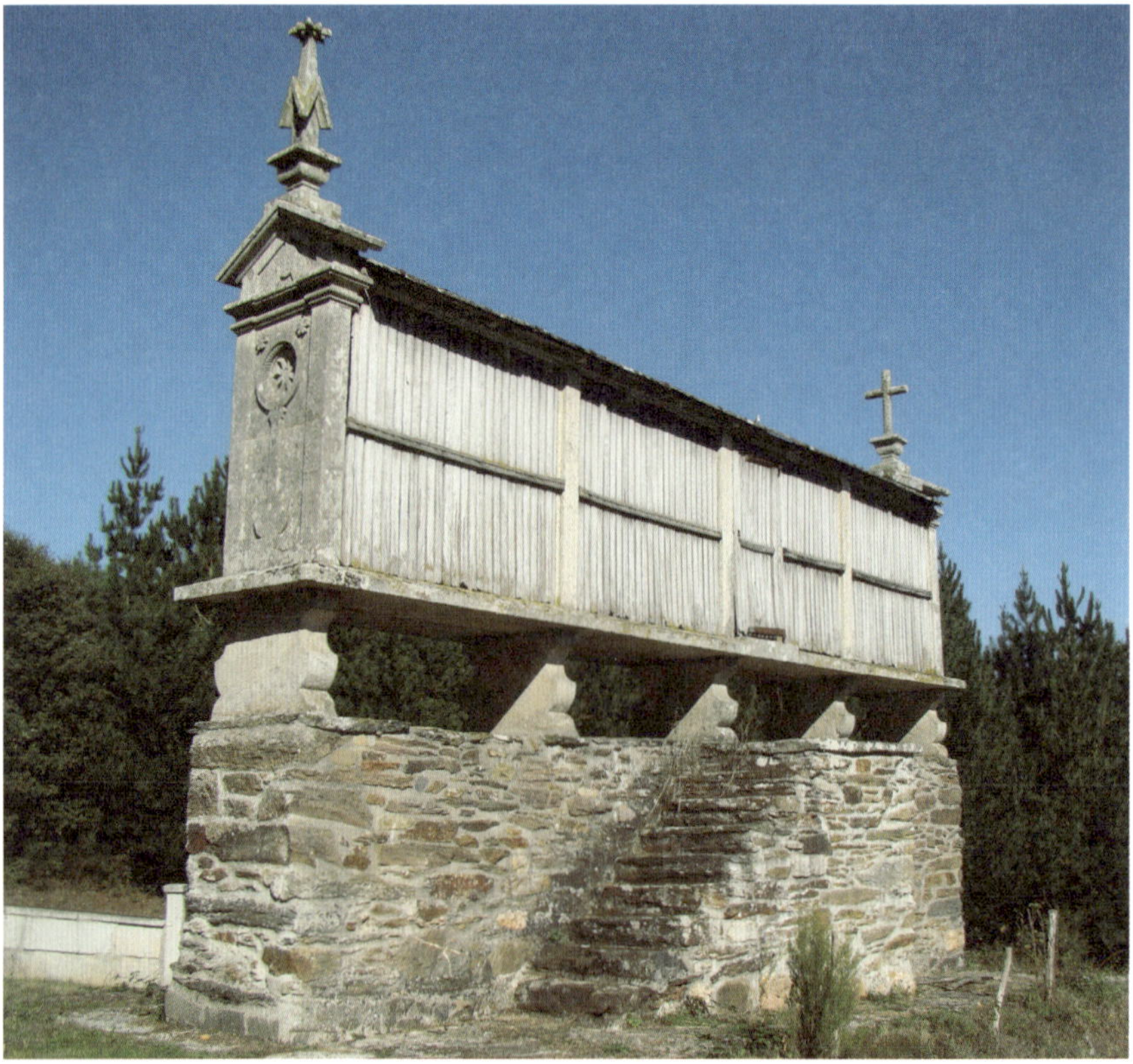

ガリシアとアストゥリアスでは、トウモロコシを昔ながらのオレオ（高床式穀物倉）で保管している。

に常時オープンしている数百の小さなレストランで、おいしいパンと、ジャガイモ、栗、牛肉、カブの葉、塩漬けや燻製の豚肉製品、そしてとくに魚介類を使ったさまざまな料理を味わう。街はいつものように、通りゆく旅行者の望みに応える。海岸沿いは灰色の石造りの家々や緑の木々と灰色の雨が混じり合い、鮮やかであかるいリアス式海岸とのコントラストを見せている。ガリシアのこの光景はずっと変わっていない。ただ、以前見られた、家畜の牛の後ろから黒い服を着て歩く女性の姿は見られなくなっている。

漁師たちの生活もすっかり変わったが、かならずしも良い方向に進んだわけではない。スペインの漁船団は競争と割り当てによって変化を余儀なくされ、もはやかつてのものではなくなっている。しかし、ガリシアには漁港やロンハ(市場)が点在しており、そこでは魚が一日二回、競りにかけられ、レストランや地元の市場、内陸の主要都市、とくにマドリードの市場に供給されている。ガリシアでは魚介類は利益の出るビジネスであり、さまざまな方法で巧みに調理されている。メルルーサは揚げたり、ジャガイモやアハダ(オリーヴオイル、ニンニク、ピメントンで作るホットソース)と一緒に煮込んだりする。新鮮なホタテ貝やムール貝と同じくらい人気だ。ここ数十年、メルルーサは、ガリシアの海岸を彩る大きな入り江を利用した保護水域で養殖に成功している。これらのリアス式海岸はノルウェーのロマンチックなフィヨルドとよく比較される。ガリシアのムール貝やホタテ貝は、ネコラとして知られる風味豊かな小ガニやとても新鮮なテナガエビとともに売れ筋商品だ。砂が細かく長い海岸で潮が引くと、別の巡礼者が地平線に現れる。砂地や浅瀬に隠れているハマグリやマテ貝を探す女性たちだ。勇敢な男たちは崖の上から、波に打ち砕かれた岩肌に降り、在来種のムール貝やグースフジツボを探す。スペインでは、グースフジツボ(ペルセベ。和名カメノテ)は海でもっとも貴重な食べ物と考えられている。

ガリシア内陸部では、心のこもった日々の食事をカルドでスタートさせる。カルドは少量のウント(豚脂)で味つけしたキャベツとジャガイモのスープだ。ウントはかなり独特な風味があるので、地元以外の人は大好きか大嫌いか、好みが分かれるだろう。このスープには、作る家、バー、レストランの数と同じくらい多くの味がある。興味深いことに、カルドという名前はスペイン全土で作られる伝統的なオリャやコシードにそっくりな別の料理にも付けられている。こちらの料理は、白インゲン豆、ジャガイモ、野菜と、豚のリブ、テール、耳、すねなどの風味豊かな部位、そして、地元産チョリソーがたっぷり入っている。豚肉と野菜は、もうひとつのガリシアの伝統料理ラコン・コン・グレロのベースだ。カブの葉と塩漬けにして燻製したラコン(ガリシア語で豚の前脚の意)を加えて調理する。

ガリシアは少し前まで国内でもっとも貧しい地域のひとつとみ

アダフィナだとさえ考えている。アダフィナを作るとき、ユダヤの料理人は、ほうれんそうやスイバの葉を、子羊や山羊の切り身、あらかじめ水に浸しておいたひとつかみのひよこ豆、多くの卵を殻ごと一緒にオリーヴオイルで炒め、それから水を加えて味つけした。ユダヤ教の安息日の法に従って、この料理は燃え殻で加熱した。鍋の蓋の上に熱い残り殻を載せたため、料理にゆっくりと火が入り、翌日まで保温できた。

1950年代後半、圧力鍋が導入され、とくに都市部のスペイン人主婦は自由を手に入れた。いまでもシチューの調理にオーヴンが使用されることはほとんどなく、長時間煮込む伝統料理には圧力鍋が広く使用されている。家庭料理は別として、マドリードでおいしいコシード・マドリレーニョを提供するレストランを見つけるのは難しいが、不可能ではない。コシードは準備ができたらすぐ、最高の状態で供さなくてはならない。そうしないと、ひよこ豆のやわらかさ、ジャガイモと肉の食感がそこなわれてしまう。完璧なコシードの王国では再加熱は禁忌だ。現在でも、レスタウランテ・エコノミコ、つまりお手軽な地元のレストランでは、ほぼ毎日、多くのコシードやシチューなど、さまざまな伝統料理を曜日替わりで提供している——月曜日はコシード・マドリレーニョ、火曜日はポテ・アストゥリアーノ、水曜日はエスクデージャ、木曜日はレンズ豆とチョリソー、金曜日はポタヘ・デ・ヴィジリア(肉抜きポタージュ)、土曜日はファバダ(インゲン豆の煮込み)、日曜日はアロス(米料理)またはパエリアだ。

なされていたが、夏を象徴する料理に満ちた楽しい祝祭は惜しみなく開催している。千にも及ぶ祭りやロメリア(聖像の行列)があり、守護聖人や聖母マリアを讃えるピクニックを楽しむ。タコはガリシアの祭り料理だ。あれこれと理由を付けては大きな銅鍋を火にかけ、地元で獲れた大きなタコを茹でる。プルポ・ア・フェイラは専門の屋台で調理する。茹でたジャガイモをオリーヴオイルとピメントンで和えて敷き詰め、その上に茹でたてのタコを載せる。通常、木の皿に盛りつけて供される。エンパナーダパイも大切な一品だ。ガリシア人は、エンパナーダパイのない夏の小旅行、海辺での一日、家族の再会など、想像するこ

✣コシード

まさにコシーナを代表する一品があるとすれば、オリャとしても知られるコシードだ。カスティーリャ語のコシード(cocido)は、煮るという動詞コサル(cocer)に由来する。あるひとつの料理名ではなく一連の料理の総称で、材料も多岐にわたり(野菜、豆類、ほとんどの場合パスタ、肉、ソーセージなど)、名称も地元の伝統や国内各地域で話されている言語によって変わる——カタルーニャのコシード・マドリレーニョやエスクデージャ・イ・カルン・ドーラ、アストゥリアスのポテ、カンタブリアのコシード・モンターニェ、アンダルシアのプチェロなどなど。通常、牛肉、家禽、ソーセージを使い、その量と質は家族が持つ経済力の表れになる。一部のコシードは3コースで提供される——スープ、次に豆を添えた野菜、そしてソーセージと肉だ。たいてい、スープを作るときは出汁にパスタを加える。マドリードではよく肉料理に作りたてのトマトソースを添えるが、長時間加熱するといくらか水分が飛んでしまう。カスティーリャとアンダルシアのコシードは基本的にひよこ豆を入れる。かたや、ガリシア、アストゥリアス、またカタルーニャでは、インゲン豆やカタルーニャ産ガンチェットなど多種の豆を使う。

一部の歴史家によると、簡単に作れるうえ、多くの材料を使う点を考慮すると、コシードは地元の産物を最大限に活用する料理として、さまざまな場所で自然発生的に現れたことは否めない。また、別の歴史家は、コシードは中世のオリャ・ポドリーダの質素版か、あるいは、その起源は安息日の金曜日に作るセファルディ料理

ともできなかった。季節に応じて、エンパナーダはトウモロコシ粉や小麦粉で生地を作り、サルディーナ（イワシ）、マグロ、ムール貝、ザルガイや、サルタナとサフランで味つけした塩タラを詰める。鳩、野ウサギ、ウサギ、鶏を使うこともある。この地域では栗が豊富で、収穫してすぐ、地元の料理人が濃厚なソースやジビエの鳥類や雄鶏の詰め物に使う。スペインの多くの他地域と同様、クリスマスには七面鳥ではなく雄鶏を使い、中に乾燥させたアプリコット、プラム、甘い栗を詰める。雄鶏の詰め物はオーヴンでローストし、少量の豚脂を塗り、繊細な栗のピューレを添える。最近、一部の料理作家は、アーモンドで作るタルタ・デ・サンティアゴと、ユダヤ人追放前にガリシアに住んでいた大規模なセファルディのコミュニティとの関連性を指摘している。しかし、これまでのところ、それを裏づける文書は見つかっていない。

　一四世紀以降、スペイン王後継者はアストゥリアス王子または王女の称号を授かってきた。アストゥ

アストゥリアスのクディリェロス港。人々が広場の日傘の下でシードルとピシン(アンコウ)を楽しんでいる。

リアス公国は、ガリシア、カンタブリア、レオンに囲まれている。ここは、ほとんどの時間、霧に覆われた古典的な美しい田園の世界だ。狭い海岸沿いには北部でも有数のロマンチックな場所が点在し、その先には高い山々がそびえ、渓谷からはときおり採掘の音だけが響いてくる。この地では、何世紀にもわたって農民、船員、鉱夫がボリュームたっぷりで栄養満点の料理を食べてきた。おそらく、アストゥリアスがビスケー湾に面する他地域と大きくちがう点は、海より陸の影響が大きいことだろう。アストゥリアスでは農民であることが心からの誇りになる。漁が重要ではないという意味ではなく、ここでは農業が一番、漁業は二番なのだ。

　アストゥリアスはじめスペインでは、アインコーン（学名 *Triticum monococcum*）、エンマー小麦（*T.dicoccum*）、スペルト小麦（*T.spelta*）など、古代からある殻付きのイネ科コムギ属が流行している。アストゥリアスでの発掘を機に、学者たちが小麦について見直し始めた。アストゥリアスは大西洋気候の影響を受けており、ごく最近まで、新石器時代の農業や昔から小麦が繁栄していた地域を調査する研究者がほとんど注目していなかった。しかし、そんなアストゥリアスで考古学者らが紀元前五〇〇〇年にさかのぼる穀物の花粉を発見した。というのも、殻付き小麦は特殊な性質を持ち、現地の厳しい気候条件に耐え、生き延びてきたからだ。殻付き小麦には丈夫な包穎《ほうえい》（穀）があり、悪天候のさいも貯蔵中も内部の粒を保護する。痩せた土壌でも生長し、病気にも強い。アストゥリアスは、現在、数世紀前と同じように古代穀物を栽培しているスペイン唯一の地域だ。ここでは農民がいまでも手で穂を摘んだり、木の棒で作った伝統的なメソリアを使って収穫したりしている。

　通説どおり、アストゥリアスの料理はふたつのおもなコシーナに関係している――ポテとカルデレータだ。ポテはコシードの一種。カルデレータは大西洋とスペイン沿いの地中海で働く漁師が作る、魚とジャガイモのシチューの地元版だ。しかし、アストゥリアスとの融合がはっきり見られるのは、ガリシア、フランス北西部、そして影響の度合いは低いがアイルランドの料理だ。結局、ここはケルト人の土地なのである。

アストゥリアスの首都オヴィエドのバーならどこでも、アンコウをさっと揚げたピシンと地元のシードルがメニューに載っている。シードルは多くの魚料理でおもな材料としても使われる。好例は鯛のシードル煮(チョパ・ア・ラ・シドラ)だろう。また、この地域の代名詞となっているもうひとつの料理はファベ・コン・アルメハ(白インゲン豆とあさりの煮込み)だ。海から離れ、山から流れ落ちてくる急流の川にはマスやサケが豊富に生息している。トウモロコシは多くのレシピで使用される。マスはまずトウモロコシの粉で衣をつけ、ベーコンで香りづけした油で揚げる。メキシコのトルティーヤに似た平らなパンの一種トルトもトウモロコシの粉で作り、通常は揚げる。アストゥリアスでは、ボロナというトウモロコシ粉のパンが、トウモロコシ粉、水、塩で作った粥ファラペと同じくらい人気だ。ファラペはかつてはかなり貧しい最下層の人々の食事だったが、いまはだいぶ改善されている。

アメリカの作物はアストゥリアス料理にすぐさま溶け込んだ。トウモロコシは一六〇四年にアストゥリアスに持ち込まれ、小麦が育ちにくい地域ですぐに栽培が始まった。一七世紀末には地元の食生活が大幅に向上していた。ガリシア同様、アストゥリアスでも、オレオのない田園地帯など想像できない。オレオは収穫したトウモロコシの穂軸を保管しておく伝統的な高床式の納屋で、木と花崗岩でできている。冬におすすめのファバダは、本来は燻製の塩漬け肉で風味づけした豆料理で、料理史家のネストール・ルーハンとファン・ペルチョ[★01]はじめ、他の多くの料理作家がコシーナの柱のひとつとみなしている。アストゥリアスで最高の豆「ファベ」(アメリカの影響を受ける前の「ファヴァ」と混同しないように)は、アメリカ原産で非常に特殊な変種デ・ラ・グランハだ。[★02]ファバダの見事なオレンジ色は、チョリソー、つまりサフランをひとつまみ加えた燻製ブラッドソーセージ(血入りソーセージ)が出している。

首都オヴィエドでは、街の中心にある大聖堂やサンフランシスコ広場と同じくらいケーキ屋を訪れる人が多い。ライスプディング、ビスケット、リンゴやヘーゼルナッツのケーキを除き、菓子やデザートはほとんど家では作らない。レースや紙のように薄いフリクスエロ(アストゥリアスではフィユエラやファユエレ「クレープ」としても知られ、カーニヴァルのときによく食べる）はアストゥリアス全域で作られている。また、国内の多くの他地域でも異なる名前で売られており、ガリシアではフィロア、カスティーリャではオフエラだ。一七世紀の王室担当シェフ、フランシスコ・マルティネス・モンティーニョは、著書『コシーナ、ペストリー、ビスコチョ、保存食の芸術 *Arte de cozina, pastelería, vizcochería y conservería*』のなかで、牛乳、ワイン、小麦粉、卵、塩を混ぜ、たっぷりの豚脂で揚げてハチミツや砂糖をまぶしたフルータ・デ・フリクスエロ（果実のクレープ）というレシピを紹介している。★03 彼はきっとこの料理を雇主であるアストゥリアス王子、将来のフェリペ三世に供したのだろう。細心の注意を払う料理人モンティーニョは、フリクスエロを仕上げるさいに気をつける濃度や色について、細かく読者に指示している。アストゥリアスでは、ライスプディングは時とともに原形が失われてしまったが、キャラメル化したシュガークラストをふって供する。カサディエレはクルミのクリームを詰めて揚げたペストリーで、ローマ発祥と考えられているが、現代風のアストゥリアスのケーキ屋や菓子屋が誕生したのは一九世紀だった。オヴィエドのカルバイヨンの材料は、パイ生地、レモンの皮、アーモンドだ。

アストゥリアスとバスク地方のあいだに位置するカンタブリアは牛乳とレモンの産地であり、その歴史はカスティーリャと強く結びついている。カンタブリアはカスティーリャが海にアクセスするさいに重要な地域だったからだ。こんにち、カンタブリアは自治州として繁栄している。高い山々はけっして遠く離れてはいない。山脈ピコス・デ・エウロパは絵画のように美しい多くの渓谷の様子を見守っているが、アストゥリアスに比べると山地が奥まっているため、山と海を移動するルートが穏やかでそれほど険しくはない。

モンターニェはカンタブリアで敬意を込めて口にする言葉だ。これは山、そして、心温まるコシードも意味する。地元産の緑色のキャベツを肉やひよこ豆と同じくらい大切にする料理だ。カンタブリアにはオリャ・フェロヴィアリア（鉄道）と呼ばれる料理もある。この名の由来には大きな炭火コンロが関係している。列車の運転士や車掌が移動中に食事を用意するためにコンロを使用していたのだ。列車が蒸気を上げて線路を走行すると、先頭車両で作った料理の食欲をそそる香りが、乗客がよく持ち込むトルティーヤ・デ・パタタ(ジャガイモのオムレツ)、鶏足の冷製ロースト、リンゴの香りと混じり合った。さらに南で生産されていたワインは、通常、男性が革袋ボタに入れて運び、ときには仲間の旅行者と回し飲みすることもあった。独特なコンロはとうの昔に姿を消したが、カンタブリアの町マタポルテラで年に一度開催される地元の品評会では、さまざまなオリャ・フェロヴィアリアを味わうことができる。

ラレド、コミーヤス、サンタンデール(カンタブリア州都)、そしてどこよりも歴史的なサンティリャーナ・デル・マルには、夏のあいだ、おいしい食べ物と先史時代のアルタミラ洞窟を求めて何千人もの観光客が集まってくる。ラレドでは、ビーチで見られる大規模なバーベキューの光景が、真っ赤な炭でさっと焼いた新鮮な旬のイワシの香りと同じくらい魅力的だ。カンタブリア人は、最初に揚げ物の技術を習得したアンダルシア人同様、魚を揚げる。ラバは、オリーヴオイルで揚げた表面がカリカリで中身がやわらかい一風変わったイカ料理をさす地元の通称だ。地元の料理人はイカを輪切りにせず、フライドポテトのような形に切る。

初夏、ぜひアンチョヴィ(カタクチイワシ)を求めて村やバーを訪れるといい。生はボカルテとして知られているが、地元民は塩漬けをアンチョアと呼んでいる。ラレドから湾を隔てたサントーニャは、カスティーリャ同様、イタリア語の名前を持つ人が多い地域だ。一九世紀に多くのシチリア人家族がこの地に移住し、家内工業をもたらすと、すぐに北部の海岸で重要なビジネスとなった。彼らはアンチョヴィを塩漬けにして保存する方法を地元民より詳しく知っていた。

おもに乳製品を使ったデザートは家庭で手作りされ、また、客の多い伝統的なレストランでも提供されている。レチェ・フリータ(揚げた牛乳)と聞くと遠慮したい気分になるが、じつは称賛に値するデザートだ。地元の農場で作ったバターと牛乳、小麦粉、砂糖、地元産レモンの皮を使った、ふんわり軽いベシャメルで作るのが最高だ。生地ができたら、小さな正方形に切り分け、形崩れしないよう小麦粉を軽くまぶし、卵にくぐらせてオリーヴオイルで揚げる。意外にも、海からもさほど遠くなく、カンタブリアとバスク地方を隔てる自然の境界からもさほど遠くないカンタブリアの田園地帯ではレモンが繁茂している。

「スペインでいちばんおいしい料理を作るのはどこですか?」とスペイン人に尋ねたら、誰しもがバスク地方だと答えるだろう。バスクでは人間と料理の完璧な共存が強迫観念になるほどあたりまえになっている。ここでは、アマチュアでもプロでも、男性でも女性でも、誰もが料理人になれる素質を持っているのだ。

謎を秘めたバスク人が先史時代から住んでいる土地は、ピレネー山脈西端近くに位置する。歴史あるバスク地方六領域のうち三領域は、山脈の北、フランスにあり、スペイン側はバスク州三県とナヴァラ州の計四領域だ。バスク州は西の海岸沿いにギプスコア県とビスカヤ県、内陸部にアラヴァ県がある。たとえ三県の全員が同じ言語を話し、同じようにトウガラシに情熱を抱いていたとしても、フランス系バスク人は肉料理を好み、スペイン系バスク人の大部分は魚料理を作る。★04

バスクの郷土料理を正確に定義するのは難しい。バスク料理には農民の料理から裕福な中産階級の食事までさまざまな着想が

魚の保存技術は、カンタブリア沿岸全域で世代から世代へと受け継がれてきた。

あり、それぞれが伝統と慣習に忠実だ。内陸部のアラヴァ県と海岸沿いのギプスコア県やビスカヤ県の料理には若干の相違があるが、いずれも地元の旬の食材を使用することに誇りを持っている。春になると、カセリオ(地元の農場)の菜園から出荷する初物の若いエンドウ豆(小さいほど良い)が市場に出回る。グイサンテ・サルテアド・コン・セボレータ(小タマネギと一緒にソテーするエンドウ豆)などは、野菜や豆の料理にスペインでよく使うハムの助けは必要ない。初秋には、ナヴァラやリオハでポチャとして知られるやわらかい豆のあかるい色が同じように注目を集めるが、つねにカセリオの主食のひとつとなっているのは黒豆――ギプスコア県の町トロサで採れるアルビア――だ。バスク地方とナヴァラ北部では数キロおきにカセリオが点在している。これらの孤立した農場は経済的および社会的に独立した単位であり、地域の農村生活の中心であり続けている。バスク人の象徴主義からすると、カセリオは善を表し、内に存在するすべてのものを保護する。それぞれのカセリオに名前があり、通常、住んでいる家族にちなんで名づけられている。ここでは、少し前までは一年中毎日食べていたアルビアを、豚バラ肉、タマネギ、少量のオリーヴオイル、豚リブ、ブラッドソーセージ、地元産のキャベツやニンニクと合わせて調理する。青いうちに収穫して保存しておいたピパラトウガラシを数本添えて供する。

何世紀にもわたり、バスク人男性は男友達と会って飲食ができる場所を探してきた。バスク地方では、中世にさかのぼるシードルハウスと一九世紀の美食社会がいまも健在だ。サン・セバスティアンからそれほど遠くないアスティガラガなどの小さな町では、シードルハウスは、通常、シードルが瓶詰めされる準備が整った一月から四月まで一般公開されている。ここでは、客がシードルを発酵させる大きな木桶から直接試飲することができる。ときには、客がチュレトネ(牛肉のカルビ)や大きな鯛を持ち込んでシードルハウスの共同キッチンで焼いたり、タラのフライや塩タラのオムレツなど、このタイプの店の代名詞となっている自家製料理を口にしたりする。タラのオムレツは想像よりもはるかにおいしい料理で、じっくり炒めた甘いタマネギ、ピーマン、フレーク状にほぐした塩抜きタラ、卵で作る。

バスク料理には、魚の調理技術のほか、肉、野菜、数え切れないほどのデザートやジャム類を作る特別な技術がある。バスク料理に独特の個性と威厳を与えているのは、まちがいなく海産物の下処理と調理法だ。

これは、スペインの科学者、歴史家、哲学者、作家であるグレゴリオ・マラニョンが、一九七九年、著書『ニコラサの料理 *La cocina de Nicolasa*』の序文で書いた言葉だ。

バスク人は、魚の品質、多様性、鮮度について、天気と同じくらい、そして、政治の話題と同じように深い情熱を持って語り合う。クリスマスの時期には、ウナギ（アングラ）や鯛（ベスゴ）の値段が驚くほど高騰する。ウナギの調理時間はわずか一分。陶製のカスエリータにオリーヴオイル、ニンニク、乾燥トウガラシを入れて加熱するだけだ。

夏が来るとマグロの到来を祝う。マルミタコは、ジャガイモ、トマト、ピーマン、そしてボニート・デル・ノルテとして知られる淡色のビンナガマグロを使った漁師のシチューだ。新鮮なアンチョヴィのベルメオ風、アル・エスティーリョ・デ・ベルメオは、友達とシェアするのに最適な料理。新鮮なアンチョヴィをひとりあたり三〜四匹用意し、鍋にオリーヴオイルをたっぷり注ぎ、香りづけのトウガラシとニンニクを入れて熱し、少しずつ一分ほど揚げる。

揚げても、オーヴンで焼いても、濃厚なソースで調理しても、メルルーサは本当に新鮮であればバスク人に高く評価される。しかし、メルルーサ・エン・サルサ・ベルデ（メルルーサのグリーンソース添え）を非常に立派な料理に変えるには、美食協会の料理人の忍耐とちょっとした腕が必要だ。男性が集まってトランプをしたり、歌を歌ったり、そしてなによりも自分の食事を作ったりするような平等主義社会は、バスク、ナヴァラ、リオハの至るところに見られる。こうした風潮は二世紀近く前に誕生したが、いま、バスク人の生活様式における根本的な変化がその存在を脅かしている。美食協会は、つい最近まで女性の参加を禁じていた。現在は特定の曜日にメンバーからランチやディナーに招待されるようになっているが、いまも女性はキッチンへの立ち入りを禁止されている。社会における真の精神を擁護する人々に対し、協会側は「女性は調和を乱す」と主張する。彼らにとって、ここは男の空間だ。協会を創設したのは、母親や祖母から学んだ料理を、自分だけ、あるいは他の男性が楽しめるよう、伝統的な陶製のカスエラを使って頻繁に作っている男性だった。魚だけでなく小さなジビエもこうした組織のごちそうだ。

料理作家のなかには、バスク地方でジビエ料理に人気が集まる理由は、ジビエ料理を評価しているというより地元で昔からおこなわれていた狩猟が影響していると考える人もいるだろう。だが、そうともいいきれない。バスクのジビエ料理はあきらかにフランスのほか、ナヴァラ北部やリオハの料理の影響を受けている。コドルニセ・コン・サルサ・デ・マンサナ(リンゴ、ニンジン、タマネギ、ネギ、白ワイン、シードル、地元のブランデーで作ったソースで調理したウズラ)は、バスク料理、シードルハウス、美食社会の背後にある考え方を凝縮した料理だ。

一月一九日の夜、サン・セバスティアンにある美食協会は、おそらく一年でもっとも重要な祭典ラ・タンボラーダを開催し、会員に門戸を開く。軍服を着た太鼓奏者と白い調理服を着たシェフの小さな行列が、ひと晩中、歴史ある通りを練り歩く。太鼓奏者とシェフの行列、つまりタンボラーダは、それぞれ美食協会に属している。行進が終わると、全員で夕食を用意する。タンボラーダの起源については諸説ある。城壁に囲まれた都市サン・セバスティアンを、民間人より多くの兵士が占拠していたナポレオン戦争にさかのぼると考える人もいる。毎朝五時、衛兵交代がおこなわれているかたわら、街のパン屋は公共の水飲み場から水を汲み、運んでいた。ときおり、からかい半分でパン屋はピッチャーや水桶をたたき、衛兵の太鼓と音を合わせていた。現在のタンボラーダの料理人は、昔のパン屋を象徴しているのだろうか？　そうかもしれない。また、別の説を支持する人もいる。タンボラーダの起源は、意匠を凝らした服装で街を練り歩きながら歌い、権力者を嘲笑するカーニヴァルのコミカルなチャランガ(ダンス音楽)なのかもしれない。あきらかなのは、いまも続くこのフェスティバルを一八七一年に初めて主催した団体のひとつが、サン・セバスティアンで最初期に設立された美食団体ユニオン・アルテサナだったということだ。一月一九日には、協会から、クルミとマルメロのペーストを添えたチーズ、続いてマミア(ジャンケット。ミルクゼリー)、そして、パステル・ヴァスコ、アーモンドペーストのフランジパーム(どちらも焼き菓子)など、伝統的なデザートが提供される。

サン・セバスティアンからそれほど遠くないピレネー山脈のふもと、ナヴァラのカセリオの名物、古《いにしえ》のインツァウルサルサは、クルミ、砂糖、シナモン、水、牛乳を混ぜた甘いスープで、バスク人のアモナ(おばあちゃん)が作っている。クルミを厚い白い布で包み、木槌で滑らかなペースト状になるまで叩きつぶす。次に、クルミのペーストをシナモンと一緒に沸騰した湯に入れ、ほぼ蒸発するまで加熱したら牛乳と砂糖を加える。これを煮詰めて軽めのクリーム状にし、挽いたシナモンをさっとふって供する。

サン・セバスティアンの祭り、ラ・タンボラーダを祝うため、シェフや兵士に扮した人々。

ピレネー山脈周辺

スペイン側のピレネー山脈に沿って、ナヴァラ北部、アラゴン北部、カタルーニャ北西部に多くの小さな町が誕生した。町の名は、カトリック教会、サンティアゴへの巡礼路、フランス人とバスク人による中世の戦いが由来だ——ハカ、ラ・セウ・ドゥルジェイ、ロンセスヴァーリェス。

サンティアゴ巡礼路はフランスからスペインに入るコースがふたつあり、それぞれピレネー山脈のふもとを通ってリオハ州、そして、カスティーリャ・イ・レオン州に向かう。スペインのスタート地点は、ひとつはナヴァラのロンセスヴァーリェス、もうひとつはアラゴンのハカだ。ふたつの道は、アダム・ホプキンスが刺激的な著書『スペイン旅行 *Spanish Journeys*』[★05]で「地上もっとも美しい田園地帯」にある小さな町と描写したプエンテ・ラ・レイナで合流する。

中世にはフランスから来た修道会が多くの修道院や慈善施設を開設し、ピレネー山脈を越えてサンティアゴまで長い旅をするたくさんの巡礼者に質素な食事を無料で提供していた。春になり、高山の雪が溶け、巡礼者たちがふたたび国境を越え始める頃、地元民は川釣りやキノコ採りなどの穏やかな暮らしを満喫する。

アルト・エブロ——川沿いの野菜畑

エブロ川はカンタブリアから地中海に流れている。アルト・エブロとして知られるリオハ、ナヴァラ南部、アラゴン地域を通り、数百キロメートルにわたって乾燥した土地を緑豊かな野菜畑に変えた。この肥沃な土地では、一〇世紀にアラブ人が設置した灌漑システムをいまも利用している。一年を通して、季節の野菜が、メネストラ(ミネストローネ)やクリスマスの時期に供されるカルドエン・サルサ・デ・アルメンドラ(カルドンのアーモンドソース添え)などの地元料理を飾っている。メネストラは季節料理の総称で、五〜六種類の野菜——エンドウ豆、アーティチョーク、アスパラガス、カルドン、ソラ豆、ルリヂサ、チャードの白い部分など——がそれぞれ異なる風味と食感を与える。野菜によっては、最初に別々に茹でたり、チャードの白い部分のように茹でてから小麦粉と卵をまぶして揚げたりする。メネストラには、タマネギ、小麦粉、アスパラガスの茹で汁で作るさっぱりしたソースを添える。また、ニンニクとハムの小片で作ったソフリトで風味を付けることもある。

パン、塩タラ、ラム肉、そしてなによりさまざまなトウガラシ属を使った料理は、この地域の食文化の特徴だ。パンを主材料として作る料理の多くは、この地域だけでなくスペイン全土に定着している。ソパは、スープと、どこにでもあるミガス［スペイン語でパンくずの意。元来、残ったパンで作る料理］を作るパンの両方を意味する。もともと羊飼いが屋外で作っていたミガスは、すでにローマ時代に食されていた。ナヴァラのウフエは丘の上にある村で、一三世紀の教会と高品質のパンとミガス（メキシコとテキサス州ではトルティーヤ）を使った料理が有名だ。ウフエでは、この素朴な料理が、毎週末、地元のレストランに何百人もの観光客を惹きつける特別なごちそうとなっている。乾燥したパンを切って水で湿らせ一晩おいておくと、軽くてふわふわになる。次に、スプーン数杯の自家製トマトソース、チョリソー、パンチェッタ（塩漬けの豚肉）の小片を加え、大きな鉄鍋で加熱する。初秋にはパンチェッタを少し減らしてブドウを加える。

大西洋の漁港から出荷される塩タラは、前世紀同様、こんにちもアルト・エブロで食されている。いまははるかに魅力のある製品となり、塩分を減らし、水分を多く含んだ状態で市場に出荷されている。バカラオ・コン・レーチェはタラに牛乳、タマネギ、松の実を加えて煮たもので、バカラオ・アル・アホアリエーロはおもに赤トウガラシで味つけしている。エブロ川沿いでは、昔ながらのコネホ・コン・アニ（ウサギにアニシード、シナモン、ブラックペッパーを添えた料理）がいまでも多くの村で作られている。長い歴史はないが、同じような郷土料理コルデロ・アル・チリンドロンは、乾燥した赤トウガラシ、ピーマン、パセリ、ニンニク、そして多くの場合ジャガイモで作る濃厚なソースを使ったラム肉料理だ。この地域の多くの町や村では、バルコニーに吊るして天日干ししたトウガラシの香りが漂っている。ナヴァラとリオハでは、あらゆる色、形、さまざまな名前のトウガラシ属を多くの料理に利用している——ピキージョの詰め物、ローストしたエントレヴァラード(紫緑と赤の斑入り)、または瓶詰めにするピメント・デル・クリスタル。春にはホワイトアスパラガスも大切にされ、自家製マヨネーズを添えたり、酢を少し加えた湯で茹でたりして食べる。質のいい野菜で有名な町トゥデラのアーティチョークも需要がある。最近、一部のレストランがピンクのカルドンを提供し始めた。地元のシェフが絶滅の危機から救出した古い品種で、一七世紀にサンチェス・コタンが美しく描き上げたカルドンと同じ品種だ。昔からクリスマスの時期に濃厚なアーモンドソースをかけて食する。クレマ・デ・アルビアは、鮮やかな白と赤のカパロン豆、豚バラ肉、ネギ、ニンジン、ピーマン、タマネギを使った古典的な料理で、昔ながらの圧力鍋を使って、個人だけでなくレストランでもよく作られている。じっくりローストするゴリンはナヴァラ州の子豚料理で、食欲をそそるパチパチとした音とともに出てくるのが特徴だ。

リオハ、ナヴァラ、アラゴンでは、ワイン生産のために栽培しているブドウの木が、オリーヴ畑、果樹園、菜園と土地を共有している。ブドウの木は初冬に剪定され、なにひとつ無駄は出ない。ブドウの枝は、細いチストーラソーセージ、地元のチョリソー、ラムチョップを焼く燃料として使用される。ラムチョップは毎年九月二一日にリオハの

コゴージョ(ミニレタス)。ナヴァラのエブロ川沿いで栽培されている。

首都ログローニョで開催されるヴィンテージ・フェスティバルの目玉だ。祭りではワイン作りの守護聖人である聖ミカエルに敬意を表し、市内のあらゆる通りで何千ものラムチョップを焼いている。

アルト・エブロのワイナリーは、美味しいワインを一〜二ケース、そして料理を求めてやってくる訪問者に扉を開いている。地元のチョリソー風味のパタタ・ア・ラ・リオハナ、ジャガイモのオムレツ、ピーマンの詰め物、とくにチュレティージャ(ラムチョップ)はつねに用意されているメニューだ。ここ一〇年、一部のワイナリーは、地元の名物、超現代的な料理、ワインの試飲を提供する最先端のレストランやホテルに投資している。

✣カスティーリャ――古国の原動力

カスティーリャの中心部、半島の高原はつねに国の他地域を見守ってきた。かつて古スペイン王国で君臨し、最強の地位を手にしていたカスティーリャは、現在、ふたつの独立した自治州――カスティーリャ・イ・レオン州とカスティーリャ・ラ・マンチャ州――に分割されている。

一二世紀、サンティアゴ巡礼路を旅する巡礼者は、おいしい食べ物が手に入らなくなり、暴食による肥満が解消され、通常は肉への食欲がおさまると感じていた。何世紀も経ったいまでも、サンティアゴ巡礼路は多くの巡礼者を魅了している。ただし、みな、自分が求めるおいしい食べ物が奪われることはけっしてないとわかっている。旅の初めにナヴァラをあとにした多くの巡礼者は、サンティアゴ巡礼路の主要ルートを何百キロメートルも歩いた。まずはリオハ、次にドウロ川の北側沿い、ブルゴス、バリャドリッド、レオンを通過し、ついにガリシアに入り、最終目的地サンティアゴ・デ・コンポステーラ大聖堂に到着する。長いルートを選べば何百ものロマネスク様式の礼拝堂を通りすぎる。その規模とシンプルな建築様式はキリスト教でもっとも印象深いふたつの建築物、レオンとブルゴスにあるゴシック様式の大聖堂に匹敵する。アヴィラ、サモラ、ソリア、セゴヴィア、バリャドリッド、サラマンカもカスティーリャ・レオンの一部だ。現在は自治州となっているリオハとバスク地方の一部を除き、現代のカスティーリャ・イ・レオン全土は、一三世紀初頭、キリスト教徒によって最終的に統一された同名の古王国カスティーリャ・レオンと事実上一致している。

これほど広範囲に及ぶ地域の食の伝統について、完全に解説することは不可能に近い。ただ、ラム肉、豚肉、シャルキュトリ(食肉加工品)、素晴らしいパン、豆類、そして五種の原産地呼称ワイン――リベラ・デル・ドゥエロ(ドゥロ)、トロ、ルエダ、シガレス、エル・ビエルソ――に対する愛情はみな同じだ。エル・ビエルソからそれほど遠くないレオンのコマルカ、ラ・マラガテリアの料理、コシード・マラガトはカスティーリャのコシードと同じ方法で作られるが、ここでは肉を最初に食べ、スープは最後になる。じつは、これには理由がある。一九世紀初頭、ナポレオン率いるフランスから脱しようとしていた独立戦争のさなか、一部の人々がボリュームのあるスープを楽しむ準備をしていたところ、敵の接近に邪魔された。生死に関わる決断をしなければならず、彼らは急いでメインの肉とソーセージを口に入れ、悲しいかな、ひよこ豆と、もちろんスープも手付かずだったのだ。

カスティーリャ・イ・レオンの経済は、つねに国内最高の穀物とパンの生産能力に依存してきた。パン屋では、モレタ、オガサ、テレラ、トルタ・デ・アランダ・デ・ドゥエロなど、多くの名物を購入できる。イースターに焼く祝いのホルナソには、茹で卵、チョリソー、生ハムが詰まっている。ローマ人はカスティーリャ・レオンの大部分の土地に注目し、穀物の生産を向上させ、パンを作り、ローマ軍に食料を供給した。ローマが選んだ土地は、のちにスペインの穀倉地帯として知られることになるサモラ県のラ・ティエラ・デル・パンとラ・ティエラ・デ・カンポで、伝統的に二種類の生地を使ってパンを作っている。カリカリとしたくずれやすい食感を特徴とするスポンジ状のパンは、フラマという生地で作る。いっぽう、長い思い出とカスティーリャの土地への愛着を持つ人々が好むパンはカンデアル粉が材料で、生地の名前もカンデアルという。カンデアルは水をほとんど使わずに作るため、生地をこねることができない。家で作るときは、パイ生地を作るときのように麺棒で何回も伸ばす。カンデアルの生地は一度しか発酵させない。できあがるパンはどっしりと重く、光沢があり、耳はじつにやわらかい。表面に軽く芸術的な模様を付けた場合はパン・レチュジーノと呼ばれる。フラマもカンデアルも、通常、オガザという大きな丸パンにし、焼く前にナイフで深い切り込みを入れる——切り分けるときに役立つのだ。

かつて、豆類は貧しい人々の食べ物であり、有力なカスティーリャ人にも愛されていたが、現在はその多くが独自の原産地呼称制度により法外な価格で販売されているため、富裕層の食材になっている。フディア・デル・バルコはアヴィラで生産される非常にクリーミーな豆だ。小粒のアロッシーナや大粒のフディオンも珍重されている。

カスティーリャ全土において、肉は薪を使ったオーヴンで焼いており、つねに高度な技が必要とされた。こうした高温調理は特別な技術で、父から息子へと受け継がれてきた。オーヴンでは牛乳で育てた子羊(コルデロ・レチャル)、子山羊(カブリト)、子豚(コチニージョ)をローストした。水曜日には見事な赤ワインを生産するリベラ・デル・ドゥエロの小さな町ロアで市場が開催される。地元のメソン(宿屋)が一般向けに食事を提供するのも、唯一、水曜日だ。メニューは好評でずっと変わっていないし、おそらく今後も変わらないだろう——子羊のロースト、焼きたてのパン、オリーヴオイル、酢、塩で和えたレタス、トマト、タマネギ

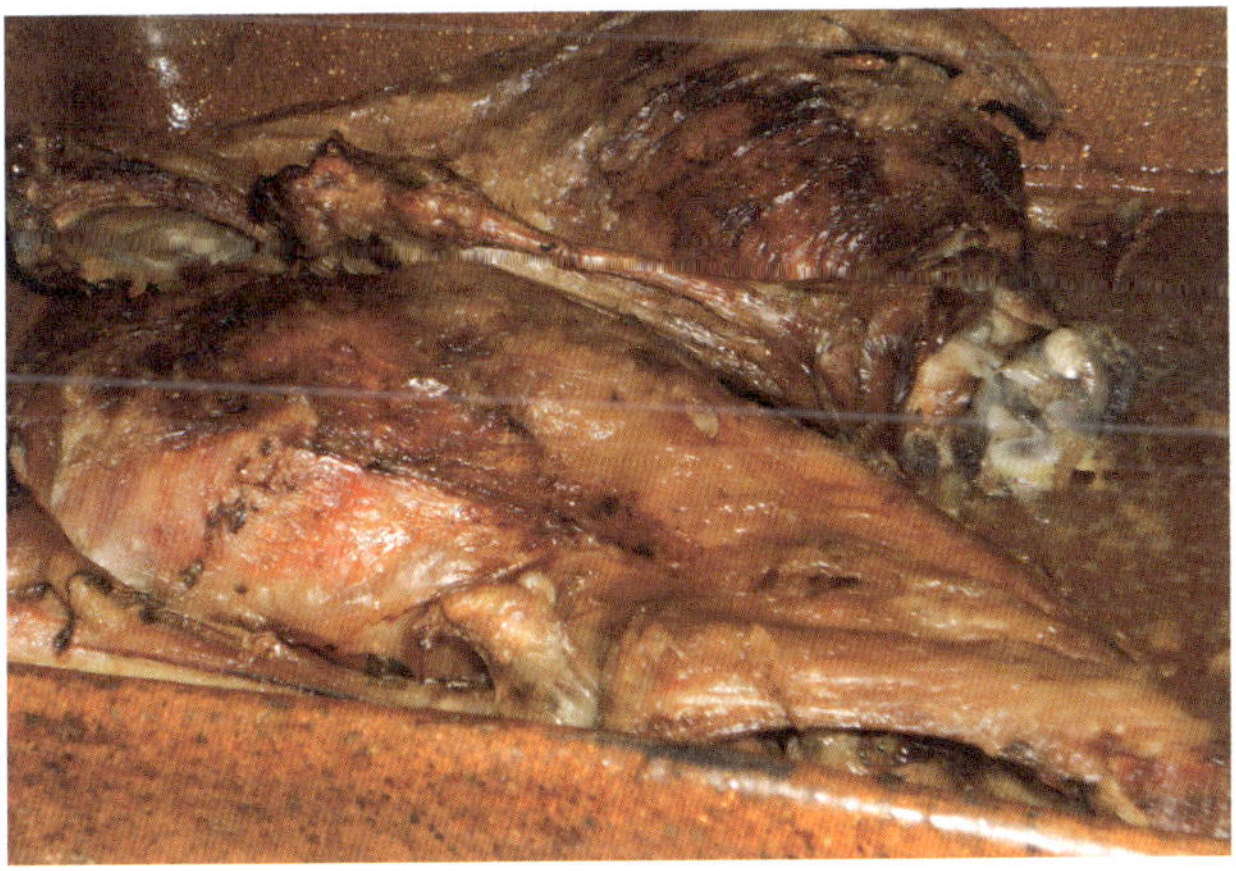

陶製のカスエラでローストしたラム肉。カスティーリャにて。

の新鮮なサラダだ。午後二時になるとテーブルを待つ人たちが行列を成し、数通り離れた市場まで伸びる。パンは同じオーヴンを使って一晩かけて焼き、昼になると肉を焼く。しっかりとした皮、オレンジ色に染まったスポンジ状の大きな丸パンは、芳醇な肉汁を吸い取るのに最適だ。子羊は丸ごと大きな楕円形の陶製の器に入れ、少量の水と塩を加えてローストする。

セゴヴィアの街はローマ時代の壮大な水道橋で有名だ。さらに、町の名物コチニージョ(子豚)を提供する象徴的なレストランが数多くある。子豚を焼くのは簡単ではない。薄い皮をカリカリに、中の肉はジューシーに保たなくてはならない。極上のやわらかさを証明するため、シェフは客の目の前にあるサイドボードで、ナイフの代わりにディナー用の皿を使って肉を切り分ける。

フレッシュチーズ(ケソ・デ・ブルゴス)とスペインでもっとも有名なブラッドソーセージ(モルシーリャ・デ・ブルゴス)はスペイン全土で需要がある。ケルトイベリア起源の町ブルゴスは一一世紀にカスティーリャの首都になった。二世紀後、壮大なゴシック様式の大聖堂の建設が始まった。一三三二年、アルフォンソ一一世はブルゴスに珍しい中世の騎士団、ラ・バンダ(肩帯)勲章騎士団を設立した。キリスト教徒としてのおもな任務とは別に、この騎士団に所属する騎士は全員、テーブルクロスのかかったテーブルに座り、清らかな料理をゆっくり食すという規律があった。また、適度な飲酒と適切な睡眠も必要だった。この頃、マルタ騎士団の例に倣い、多くの修道会オスピタラリアが病人や貧しい人々、とくに巡礼者に門戸を開いた。最終的に、ドウロ川の北側に三〇を超えるオスピタラリア修道院が設立された。なかでも、ラス・ウエルガスの強力な修道院の付属施設オスピタル・デル・レイは気軽に訪れられるため人気があった。この施設では三つの階を使って十分な食事と一~二杯のワインが配られた――スープ、肉、白パン、ワインはすべて無料で、神の愛に捧げられた。卵料理は特権階級のみ口にすることができた。おそらく、卵は食料貯蔵庫に鍵をかけて厳重に保管されていた。だからこそ、この地域では卵が大人気なのだろう。

ウェヴォ・エスカルファド・コン・ピストは、割りほぐして焼いた卵に、タマネギ、ピーマン、ズッキーニ、トマト、ジャガイモをオリーヴオイルでじっくり炒めた濃厚な野菜ソースをかける。レヴエルト(スクランブルエッグ)は、古いレシピを現代風にアレンジしたものだ。卵と二〜三種類の材料を大胆に組み合わせる。そのうちのひとつ、レヴエルト・デ・アヘテ・イ・ガンバに入れるのはニンニクの芽と新鮮なエビだ。

カスティーリャのジャガイモのうち内部が黄色い品種はパレンシアとブルゴスで栽培され、パタタ・ア・ラ・インポルタンシア(大切なジャガイモ)にして好まれている。これは一九五〇年代、学校や病院で好まれた安価なレシピだった。人気の理由はあきらかで、味の評価が非常に高かったからだ。皮をむいたジャガイモを輪切りにし、小麦粉と卵をまぶしてオリーヴオイルで揚げ、薄めの出汁または水に入れて煮込む。水分が飛ぶとコクが出ておいしくなる。一九七〇年代には数人の革新的なシェフがあっさりした魚の出汁とアサリを使ってアレンジし、値段は一気に上がった。興味深いのは、ジャガイモを使った料理名には、「ア・ラ・インポルタンシア(大切な)」、「ア・ロ・ポブレ(貧しい人の)」、「ア・ラ・ブラーヴァ(トマトとトウガラシのソース添え)」など、多くに説明が添えられている点だ。

カスティーリャ北部には地元オリジナルのデザートは少ないが、それを補っているのが、修道院、地元のパン屋、菓子屋でよく作られている、職人のペストリー、卵菓子、ビスケット、パステリート(プチケーキ)など、昔ながらの豊かなスイーツだ。かつては(ときにはいまも)日曜日になると、祖父母や養父母がティータイムに食べるおやつを買っていた。歴史あるロスキージャはパーティや聖人の祝日に口にする。これは、卵、オリーヴオイル、砂糖、小麦粉、アニスリキュール、ブランデーで作ったドーナツに粉糖でアイシングしたものだ。フエソ・デ・サント(聖人の骨)はもう少し手が込んでいる。レモンシロップ、炒ったアーモンド、卵白、アイシング用シュガーで作ったペストリーで、中に卵のカスタードクリームかとろとろのマルメロペーストが詰まっている。ブルゴスの小さな町ブリヴィエスカのアルメンドラ・ガラピニャーダは、キャラメルで薄くコーティングしたアーモンド。いっぽう、レオンのマンテカード・デ・アストルガは、アヴィラの修道院を出てパン屋として成功することを決意した修道女が初めて作った菓子だ。

春はメセタ南部を旅する季節だ。メセタ南部は数百キロメートルにわたって伸び、西のトレド山地と北のグアダラマ山脈、ふたつの山岳地帯で分断されている。そこには雄大な大草原とミゲル・デ・セルヴァンテスの想像力を刺激した独自の魔法が潜んでいる。アラブ人はこの地を「平らで乾燥した土地」を意味する「アル・マンチャラ（ラ・マンチャ）」と呼び、真冬に採取できるようサフランを植えて飾った。以降、毎年一一月になると家族や友人が集まり、世界でもっとも高価なスパイス、サフランの収穫に専念する。早朝、一年でいちばん厳しい時期を迎えた土地が一変する。サフランの花が咲くと、一面が藤色の見事な絨毯に変わり、日の出とともにその色が濃くなる。花摘みは朝一番に手作業でおこなう。各花の中にある赤と黄色の三本の雌しべを傷つけないよう保管するため、効率よく、かつ、迅速に進めなければならない。骨の折れる作業だ。その日のうちに雌しべはサフランになる。鮮度と品質を保つため、何千何万もの花が夕方には地元の村々に運ばれる。各家で、家族みなが貴重な荷物を受け取る準備をして待っている。花ひとつひとつから雌しべを摘み取り、目の細かいメッシュの容器に入れる。次はもっとも難しい乾燥で、作業は家長が担当する。ゆっくりと遠火であぶり、保管して販売の準備をする。残念ながら、高い評価を得ているスペイン産サフランは、市場の自由競争や、国内外のあまり好ましくない取引の実情に苦慮している。

西ゴート族の帝国都市トレドは、なんとか時の流れに打ち勝った。一六世紀後半、エル・グレコが『アルガス伯爵の埋葬』を描いて以来、この街はほとんど変わっていない。古くて狭い通り、シナゴーグ、モスク、キリスト教の教会がいまもムーアの城壁で守られ、近代的な建物が開発されることはない。田園地帯には、ブドウ畑、ニンニク畑、オリーヴ畑が広がっている。

まちがいなく、二〇年ほど前ならラ・マンチャの地元のレストランや販売店で郷土料理らしい料理を見つけることはまず不可能だった。ラ・コシーナ・マンチェガ(ラ・マンチャ料理)はもともと農民食で、まったく無視されていた。さらに、革新に向けたある程度の混乱や希望は、かならずしも成功につながったり正当化されたりするわけではなく、やり方にもよるが、この素朴で充実した料理を現代社会にすんなりと適応させようとするにはかえって邪魔になった——ラ・マンチャ料理を絶滅から救えたかもしれない唯一の道だったのだが。ただ、多くの地元シェフが尽力したおかげで、ラ・マンチャ料理はそのアイデンティティを失うことなく、新しく、そして、いくらか洗練されて戻ってきた。あちこちにある新旧のレストランやバーのキッチンが、地元の伝統に魅了された権威あるシェフの足跡をたどろうとしている。アンダルシアでアルボロニアとして知られるアルモロニアは以前より旨味を増した。この野菜料理はムーア人やユダヤ人とのつながりを保ち続け、こんにちではトマト、ピーマン、タマネギ、ナスを使い、クミンで味つけする。食材ごとに適した加熱時間で調理し、過去からの脱却を図っている。以前はすべての材料を一緒に入れ、ほぼペースト状になるまで加熱し、色も食感も魅力的とはいえなかった。

ラ・マンチャでは多くの伝統料理に興味深い名前が付けられている。大半は皮肉や比喩といっていい。ピミエンタホ(トウガラシニンニク)は、炒った赤トウガラシ、つぶした完熟トマト、ニンニク、クミンシード、オリーヴオイルで作るディップソースだ。卵とハムを使ったソパ・デ・パルトゥリエンタ(妊婦のスープ)は、いまでも産後の母親に与えられている。その他、ふたつの伝統的なレシピ、アンドラホとロパ・ヴィエハはどちらも「古着」を意味する風変わりな名前だが、想像どおり残り物を使って作る。アンドラホはベシャメルソースを使った豆のシチュー、ロパ・ヴィエハはコシードで余った肉を使ったシチューだ。一部の歴史家いわく、デュエロ・イ・クエブラント(傷と悲しみ)という料理名は、羊を一〜二頭失ったときに農民が感じる悲しみを表しているらしい。農民たちは一年の決算をする日、聖ペテロの日にもこの料理を食べていた。現在は、卵、揚げた豚の脂身、ハム、チョリソーで作る。また、トフントは、「トド(todo、全部)」と「junto(フント、一緒に)」の略称で、すべての材料を最初から混ぜて調理する料理だ——牛肉または鶏肉、ウサギまたはヤマウズラ、タマネギ、ニンニク、ローレル、コショウの実、クローヴ、サフラン、トウガラシ、ジャガイモ、そしてグラス一杯の辛口白ワインなどなど。

紫ニンニクはクエンカ県の町ラス・ペドロニェラス周辺で栽培されている。ニンニクは、パン、ピメントン、ニンニク、水、オリーヴオイルに卵を加えた伝統的なニンニクスープ、ソパ・デ・アホ・カステリャーナの主役だ。ガスパチョ・ガリアーノまたはガスパチョ・デル・パストールはラ・マンチャの古典的なレシピで、いまでも羊飼いが羊や山羊の世話をしながら作っている。ムーア起源でベジタリアンのレシピである有名なアンダルシアのガスパチョとはほとんど関係がない。ガリアーノは野ウサギ、鶏肉、ウサギ、発酵させていないパン、ピメントン、塩、コショウで作る。★06

メセタ南部では各地でジビエが調理されており、現代風スタイルのレストランでも伝統的なレシピを採用する傾向がある。ヤマウズラなど小さな獲物の狩猟は中世の人気を取り戻した。スペインで知られる最高のヤマウズラ料理のひとつ、ペルディス・ア・ラ・トレダーナはシンプルそのもの。まず、ニンニク一片で香りを付けたオリーヴオイルでヤマウズラをソテーし、次に、ローレル、ブラックペッパーの実、ニンジンを加えたら完成だ。トレド山地周辺でも獲れる野生のイノシシが市場に出回ることはない。狩人たちが集まり、戦利品を屋外で串焼きにする。また、肉を分け合って持ち帰り、お気に入りの料理を作ることもある。エストファド・デ・ハバリは、大きく切り分けたイノシシの肉を贅沢に使った濃厚なシチューだ。

マジパンは中世初期からトレドと深くつながっており、通常、クリスマスパーティで食べる。トレドの年代記編者らによると、カスティーリャ王アルフォンソ八世がムーア人との戦闘で勝利したことを祝うために、サンクレメンテ修道院の修道女たちが納屋に保管してあった砂糖とアーモンドを使って特別なパンを作ることを思いついたようだ。トレドではアーモンドと砂糖をマサ(木槌)で叩いて作るこの菓子にマサパンという名前が付けられたが、当然、ヴェネツィア人なら誰もがいうように、最初からマサパンという名前だったわけではない。フィギュリタ・デ・マサパンはトレドに根づく多文化で寛容な過去を彷彿とさせ、何百もの形があり、シンボルとしても作られている。小さな三日月型は地元のパステレリア（ペストリー店）で作られ、かわいいリンゴ型や羊型は街中に点在する多くの修道院の名物になっている。

マドリードの心臓はメセタ南部の調べに合わせて鼓動している。マドリード（かつてトレドで栄えた西ゴート王国の一部だったときはマゲリット）は、フェリペ二世がその地に宮廷を移した一五六七年、スペインの首都になった。当時もっとも強力かつ厳格だったフェリペは、山を越えて吹いてくる新鮮な空気とコチニージョ（子豚）の丸焼きの香りが大好きだった。いまでも、この上なく美しい旧市街地マドリード・デ・ロス・アウストリアス（ハプスブルク家のマドリードの意）は、マドリード出身者や本物の地元の味を求める外国人の注目を集めている。こここそまさに、カスティーリャのメソン（宿屋）や、ラ・マンチャやヴァルデペーニャの伝統料理とワインをいまも提供している古き良きレストランが集まるマドリードである。一六二六年、このマドリードにスペイン初となるレストランのひとつオステリア・ボティンがオープンした。クチレリョス通りにあるボティンでは、現在も心温まる農家スタイルを保持し、ボリューム満点、飛び切りのオリジナル料理を提供している。マドリード発祥の料理にはコシード・マドリレーニョのほか、カヨ・ア・ラ・マドリレーニャ（胃袋のマドリード風）、フディア・デル・ティオ・ルーカ（ルーカおじさんの白インゲン豆）、レンテハ・ア・ラ・マドリレーニャ（レンズ豆のマドリード風）、質素だが濃厚なソパ・デ・アホ（ニンニクのスープ）などがある。これらはみな、スペインの他地域からこの都市にやってきたさまざまな名物料理と競い合わなければならなかった。一六世紀から一七世紀にかけて、街が成長するにつれ国中から人々が集まり、それぞれが伝統料理のレシピを持ち込んだ。次々と、ガリシア、バスク、バレンシア、アンダルシアの料理を提供するレストランが開店した。

一八世紀、ブルボン家がやってくると、パリの強い影響がマドリードにもたらされ、都市のインフラを変えた。都市はふたたび発展し始め、長い大通りや背の高い家が見られるようになった。貴族の食卓では外国のしゃれた言葉が飛び交った。カルロス三世が王位に就くと、流行に敏感なマドリードはイタリアに目を向けた。一七七二年、ヴェローナ出身のシェフ、ホセ・バルバランは、フォンダ(飲食店)、カフェ、ビリヤード場を備えたラ・フォンタナ・デ・オロを創設した。ここは政治の飛び地となり注目を浴びた。いっぽう、他のマドリード市民は自分たちの大切な料理に忠実であり続けた。

マドリード市民はいまでも年に二回、守護聖人——サン・イシドロ・エル・ラブラドール(聖イシドロ農夫)とサン・アントニオ・デ・ラ・フロリダ——の教会の周りに集まる。まず仕事と愛のために祈り、それから祖先と同じように一晩中食べたり踊ったりする。ナポレオン下のフランス軍との戦争(一八〇八年勃発)[スペイン反乱。独立戦争。ナポレオンがスペイン統治をもくろみ、フランス軍がマドリードに侵攻。スペイン民衆が蜂起したが鎮圧された]により、マドリードには飢餓と絶望が広がっていた。一九世紀半ばには、貴族や上層中流階級の住むマドリードもヨーロッパの他地域に続き、おもにフランス風の卓越した美食を追求していた。マドリードは伝統と混沌が入り乱れる都市となり、とくに食の分野ではコシードが銀製の食器で提供され、個性も希望もなく、メニューには外国の名前と法外な値段が付いた手の込んだごちそうが並んでいた。ほんの三〇年前まで、世界中のスペイン大使館で提供されるメニューには、たとえスペインの郷土料理であっても名前はフランス語で表記されていた。二〇世紀初頭は政情不安が顕著だった。富裕層と貧困層の二極化があまりにも進んでいたため、無政府主義者の思想だけでなく新しい社会主義者の影響も強まっていった。なにかを変える必要があり、そして、実際に変わった。昔から続く社会的階級の構造を改め、権力の弱い貴族、強い上層中流階級、新たな都市中流階級、商人、そして、成長する労働者に変えたのだ。伝統的な郷土料理と他地域の料理がさらに人気を博した。残念ながら、有名なホテルやレストランのキッチンはフランス人シェフやその後継者が率いることが多く、あまり魅力のない多国籍料理が提供されていた。他の多くの地域と同様、マドリードでもスペイン内戦(一九三六〜一九三九)がふたたび飢餓と絶望をもたらしていた。そんななか、希望の光が見えたのは一九七〇年代の終わりだ。これまでになかったアルタ・コシーナ・エスパニョーラ(高級スペイン料理店)が、満足のいく料理や贅沢な食材が詰まった貯蔵庫に注目する新しいタイプの顧客に扉を開いたのである。

マドリードの南西にはエストレマドゥーラ(極限の地)がある。イベリコハム、コンキスタドール、コルテス、フランシスコ・ピサロ、探検家ヌーニェス・デ・バルボアゆかりの地。エストレマドゥーラからは、まだ発見されていない料理が見つかるかもしれない。エストレマドゥーラ料理はカスティーリャ・ラ・マンチャの料理に近いが、小さな町や村の調理を見ると、オリジナルのレシピが豊富にあると同時に未知の料理でもあることがわかる。使用するのは国内最高級の食材で、エストレマドゥーラのキッチンならどこにでもイベリコ豚の製品がある。これは驚くべきことではない。この地域の南部にはデエサ[森林農業をおこなう土地]が広がっている。前菜として出てくるのは、高価な生ハム、肩肉、ロースのごく薄いスライスだ。充実した料理には、チョリソー、ブラッドソーセージ、最高のマンテカ(豚脂)、おいしい塩漬け豚バラ肉を使い、その多くは地元産ピメントンで味つけしている。半島にトウガラシ属が伝わって以来、深紅のピメントンが人気料理に風味を添え、それまでくすんでいた肉の色をあかるく染めた。ピメントンはスペイン東部のムルシア地方でも生産されているが、ラ・ヴェラのコマルカではスペイン伝統料理におけるナンバーワンのこのスパイスが、

ハンガリー産パプリカと混同してはいけない。エストレマドゥーラ、ラ・ヴェラ産のピメントン。

燻製、非燻製、甘口、辛口、そしてアグリドゥルセ（甘酸と酸味がある）の五タイプで販売されている。

エストレマドゥーラでは野鴨のレバーやトリュフなどの洗練された食材をいつでも入手できる。この自治州の山地には大小のジビエが豊富に生息している。ネストール・ルーハンとファン・ペルチョの著書『スペイン料理の図書館 *El libro de la cocina española*』では、この地域のジビエ料理に多くのページが割かれている。彼らが選んだレシピのなかでは、地元のトリュフで風味づけしたヤマウズラと、キノコ、ワイン、山のハーブを添えたウサギ料理がトップツーだ。[★07] 一九八〇年、バルセロナで、イサベル・ガルシア・エルナンデスとカルメン・ガルシア・エルナンデス姉妹が記した手稿『おいしいエストレマドゥーラ料理 *La mejor cocina extremeña*』が出版された。[★08] これは数世代前にさかのぼり、一九世紀から二〇世紀にかけてのスペイン郷土料理をまとめた、もっともリアルで印象的な個人記録のひとつといっていい。五八六のレシピを含む広範な料理本で、一部は材料別、一部は調理法別に、ランダムに並べられている。まずはスペインらしい肉やハムが入ったスープから始まる。野菜料理には、アスパラガス、タガルニナ（野生のカルドン）、ほうれんそう、キャベツなどを使う。また、コシード、カルデレータ（シチュー）、マカローネ（マカロニ）、フィデオ・レフリト・コン・サルサ・デ・カルネ（焼き麺とミートソース）、トマーテ・イ・クエソ（トマトとチーズ）、エスカベーチェ（マリネ）、パエリア、各種アロセ（米料理）もある。魚、肉、ジビエを使ったレシピを見れば、これが裕福な家庭の食事であることはあきらかだ。著者ふたりの母方の曽祖母は、かつて著名な地主のキッチンで働いていたようで、最高の地元食材や輸入食材を使って贅沢な料理を作っていた。魚料理のリストにあるのは、ソパ・デ・カソン（アンダルシア料理とエストレマドゥーラ料理で使う小さなサメのスープ）、鯛の詰め物、イワシの詰め物、エビとアサリのマカロニ、メルルーサのマカロニ、タラのオムレツに添えるソースなどだ。当然ながら、いちばんページを割いているのは肉と肉製品の項目だ。地元のソーセージやその他のエンブティード（塩漬け肉）の調理法は、野菜や果物の保存法と同じくらい印象的だ。昔ながらのペストリー、アイスクリーム、新鮮なレモネード、数多くのリキュール、さらに

セラーノとイベリコハム

マドリードのプラド美術館に展示されている「エル・ボスコ」(ヒエロニムス・ボス)による16世紀の絵画『聖アントニウスの誘惑』では、聖人が子豚と一緒に祈る様子が描かれている。聖アントニウスは、動物、とくに豚に対する愛情でよく知られており、豚を街路で自由に歩き回らせ、慈悲深い人がエサを与えてくれることを望んでいた。やがて、彼は豚の肉を貧しい人や病弱な人の食事にした。

スペインでは、豚は国の長い歴史を通じて、悲惨な時代だけでなく豊かな時代も人々の食料となってきた。ガリシアのケルト人は、南部出身のバエティカ人同様、豚を大切にしていた。

セラーノとは、スペイン人が塩漬けハム、つまりハム全般に付けた総称だ。伝統的に、豚をつぶし(マタンサ)たあと高山地で塩漬けにする。これは家族や地元民の儀式であり、少し前までは、おもに冬、村や小さな農場でおこなわれていた。いくつかの例外を除き、おもにエストレマドゥーラとアンダルシアでは、家庭でのマタンサは事実上過去のものとなった。現在、セラーノにはヨーロッパの白豚のハムや肩肉も含まれ、大部分は国内のあちこちにある優良な製造工場が量産している。アラゴンのハモン・デ・テルエルは、原産地呼称制度に保証された高品質のセラーノハムの一例だ。在来種であるイベリコ豚のハム、肩肉、その他の塩漬け製品は、かつて数十年にわたりヨーロッパと北アメリカの規制によって国の機密として保護されていたが、いまではデエサ周辺に住んでいる人だけでなく、買う余裕のある人たちも享受している。デエサはスペイン西部にあるイベリコ豚の野生生息地で、森林の地面にどんぐりが敷き詰められている季節に豚が自由に歩き回っている。イベリコハムと肩肉は、新鮮などんぐりや栗、花、ハーブが大好きな豚から作られる。イベリコ豚は昼寝をしたり、毎日、浅い水たまりで水浴びしたりするのが好きで、泥だらけになればなるほど旨味が増す。多くのイベリコ豚は原産地呼称によって保護されている――サラマンカのギフエロ、エストレマドゥーラのデエサ・デ・エストレマドゥーラ、そしてアンダルシアの有名なハブーゴだ。

はトイレ用石鹸の作り方まで載っている。きりりと冷たくして供するスペインで人気の飲み物レチェ・メレンガダもある。材料は、牛乳、レモンの皮、砂糖、卵白、シナモンで、分離しないようしっかり混ぜ合わせてから柑橘類の果汁とスパイスをふりかける。

地中海沿岸地域

カタルーニャ北部からムルシアに至るまで、多くの土地、そして人々も、オリーヴとブドウの木、すりこぎと鉢、甘口のニョーラトウガラシのある地中海世界に囲まれている。トウガラシが半島に到着する頃、アラゴン王国の領土拡張派が地中海で繰り広げていた冒険はもう終わっていた。冒険は四〇〇年近く続き、そのあいだ、カタルーニャ、スペイン東部地中海沿岸地域レヴァンテ、バレアレス諸島、ムルシアのほとんどの地域で人々の想像を超えるほど食が豊かになった。

九世紀、分裂したキリスト教スペインで戦争が蔓延していたとき、先見の明がある、かなり野心的なイタリア、サルデーニャの貴族「ウィルフレッド・ザ・シャギー」がバルセロナ家を創設した。彼の意図はあきらかだった。周囲の領土を王ひとりの支配下で統一しようとしたのだ。新しい領土がどれほど広大になるか、このときは想像もできなかっただろう。彼の子孫のひとりラモン・バランゲーは、強力なアラゴン王国の女王ペトロニラと結婚した。そして、アラゴンとカタルーニャの地中海地域領土拡大と料理交流の歴史が始まった。★09

カタルーニャ料理はほぼそのままの形で現代に伝わっている。細かくいえば、何世紀もの月日が過ぎゆくうちに、地理や歴史でつながりのある他の文化の影響も受けてきた。一九三〇年代後半のスペイン内戦により悲惨な状況に陥り、残念ながらカタルーニャのオリジナル料理は一部が失われ、あるいは、仕方なく変更された。いま、本物志向への関心が高まっているなか、シェフ、評論家、作家の協力を得て、本来の料理が復活しつつある。アラブが中世カタルーニャ料理に及ぼした影響は、ローズウォーターなど一部の材料こそ使われなくなったが、現在も見て取ることができる。アーモンド、ドライフルーツ、生の果物、生のハーブと乾燥したハーブ、シナモン、サフラン、柑橘系果物の皮はいまも利用されている。

おもに口承で引き継がれてきたスペインの他地域の食文化とは対照的に、エリート層が楽しむカタルーニャ料理は、一四世紀から一五世紀にかけて、ヨーロッパ最古の料理本のなかで生き続けている。こうした本には『セント・ソヴィの書』や『料理書』がある。メニューには、各種の肉、アーモンドミルク、卵、スパイスで作る、モルテロ（すりこぎ）が由来のモルテロールや、カボチャ、豚脂、アーモンドミルク、肉スープ、チーズ、卵黄、コリアンダー、「サルサフィナ」（ショウガ、シナモン、白コショウ、クローヴ、メース、ナツメグ、サフラン）で作るカラバス・ア・ラ・モリスカなどがある。[★10] 一二世紀から一五世紀後半にかけて、地中海世界におけるアラゴン王国拡大の影響がはっきりと現れた。シチリア島は一三世紀に、サルデーニャ島は一四世紀に、ナポリは一五世紀に統合された。ただ、アラゴン王国は地中海における支配力の一部を失った。これは、スペイン東部に恩恵をもたらしてきたスパイスの流通と地中海料理の伝統に影響を与えた。その結果、カタルーニャ料理は約二〇〇年にわたり孤立していた。一八世紀末から一九世紀後半にかけて、イタリアとフランスのプロのシェフがバルセロナのレストランに磨きをかけるいっぽう、おそらくは思いがけず、他の地域ではカタルーニャのコマルカが生み出す素晴らしい田舎料理が何世代にもわたって守られてきた。

実際、カタルーニャ料理を単に地中海料理として定義することはできない——あまりにも多様すぎる。土地の半分は海抜五〇〇メートルで作物の栽培が不可能な地形だ。こうした地域では調理油にオリーヴオイルではなく豚脂を使うが、沿岸のキッチンでは地中海料理が独特の個性を発揮している。フランスとイタリアを広範囲に旅行した、評判

✣パスタ

フィドー(フィデオ)と呼ばれるパスタをスペインに持ち込んだのはアラブ人だ。フィデューエというパスタ職人のギルドが、中世初期からスペインの地中海沿岸地方で記録されている。そのときから、そしてそれ以前から、さまざまな形のパスタがスペインの食生活を彩ってきた。14世紀のカタルーニャの料理本には、フィデオのアラビア語名イトリアに由来するアレトリアのレシピが記載されている。

スペイン人はパスタをきちんとルールに従って調理する。いちばん細いフィデオ、カベージョ・デ・アンヘル(天使の髪のパスタ)はスープに加える。フィデオ・ゴルドはイタリアのスパゲッティーニに近いが、長さはわずか数センチで、アストゥリアスではアサリと一緒に、アンダルシアではサフランで風味を付ける漁師のシチューに入れる。スペイン東部地中海沿岸地域レヴァンテでは、アリカンテのガンディアと呼ばれるビーチリゾートで、毎夏、その年の最高のフィデウアを決めるコンテストが開催される——フィデウアは魚介類と細いフィデオをパエリア鍋で調理する比較的現代風の料理だ。以来、おもにイタリア発祥の他のパスタがアラブ料理のレパートリーを豊かにしてきた。スペインでカナローネ、エスパゲティ、マカローネと呼ばれる料理は、どういうわけか本格的なイタリア料理の雰囲気が欠けている。それでも、19世紀にカタルーニャとスペイン北部で富を得た中産階級のために出稼ぎにきた多くのイタリア人シェフが残した遺産だ。イタリアの伝統料理、カネロニ・ロッシーニをアレンジしたカナロン・ア・ラ・バルセロネサは、カタルーニャではまぎれもなくカタルーニャ風に調理されている。まず、あらかじめカナロンを数分茹でておき、たっぷりのソフリト(タマネギ、ニンニク、トマトで作った調味液)と肉を混ぜる。具は、細かく挽いた鶏肉、鶏レバー、豚肉、子牛肉を、卵黄とパン粉とともにソフリトでソテーし、タイムとナツメグで味つけして塩とブラックペッパーをふる。カナロンと具を和えたら、昔ながらのベシャメルソースをかけ、すりおろしたパルメザンチーズをふりかけ、オーヴンで焼けばできあがりだ。

の高いカタルーニャ人ジャーナリスト兼作家のジョゼップ・プラは次のように書いている。「私たちの料理を、バターや牛肉をたっぷり使ったフランスの中産階級の料理と比較したり関連づけたりすることなどできない」[★11]。プラはカタルーニャ北部にあるエル・アンプルダンの料理や、彼が「家庭料理」と表現するスペイン料理について語っているのだ。

都市バルセロナでは、おもに家庭で食事を作るカタルーニャの他地域とは状況が異なっていた。一八世紀以降、マドリードやセヴィーリャでも珍しいプロのシェフがいるレストランが流行していた。一〇〇年後、フランスやイタリアの名前をもつ一流レストランは、ヨーロッパで最高とされる料理に匹敵する逸品を提供していた。こうした店はカタルーニャの中産階級が好む料理を出す店と共存していた。後者には、サルスエラ・デ・ペイス(魚介類のシチュー)、バカラ・ア・ラ・リャウナ(タラのフライ)のほか、アーティチョークやイカ墨で作った米料理アロ・ネグレなど、イタリアよりバレンシアの影響を受けた料理も数多くある。スペインや他の国々から発信された新しいトレンドが人気を博すにつれ、古典的なフランス料理やイタリア料理のレストランはほとんど姿を消したが、イタリア料理に関しては、カタルーニャ人がカタルーニャ風に調理したパスタへの情熱を失うことはなかった。バルセロナではカネロニが高く評価され、クリスマスパーティの代名詞になっているほどだ。カタルーニャにはアラブの遺産を引き継いだショートマカロニを使うパスタ料理もいくつかある。

カタルーニャ人とフランス人の共通点のひとつは、高品質の食材と毎週開かれる市場への思い入れだ。全体的に見て、カタルーニャの市場はスペインの他地域の市場より活気がある。どこの村でも小さな町でも、巡回市場や常設市場では、地元で厳選された果物や野菜、チーズやハム、パン、ビスケット、ハチミツ、マルメロのペースト、豆類(乾燥豆や鞘《さや》入り)、新鮮なハーブや乾燥したハーブなどが販売されている。春や秋になるとカタルーニャ人はかのバスク人に匹敵するほどキノコを求め、その飽くなき欲求は十分に満たされる。地元のバーやレストランでは、種類豊富な塩漬け肉やオムレツ、豆料理、パ・アンブ・トマケット（パンとトマト）など、充実したカタルーニャ風朝食が、伝統的なグラス、ポロンに注がれた赤ワインやロゼワインとともによく提供されている。

大きな町や都市では、造りに趣のあるテント市場が、週六日、朝夕に開催され、いまでも多くの人を魅了している。ただ、現在は、高い土地代、女性のプロ世界への進出、そして、スペインの日常生活にスーパーマーケットが進出してきたことによって存在が脅かされている。しかし、バルセロナでは、ランブラス通りの有名なサン・ジョゼップ（ラ・ボケリア）など、毎日、二七の市場がにぎわっている。市場によっては野菜や肉を買う場所にとどまらない。商人、客、観光客に朝食、ランチ、ディナーを提供する多数のこぢんまりとしたレストランも並んでいる。こうした一見質素なレストランが、多くの本格的なカタルーニャ料理を守っているのだ。マテ貝、イカ、作りたてのブティファラソーセージなど、市場で購入した食材を使って作るものもある。また、魚、肉、豆で作ったシチューもあり、多くの場合、素晴らしいカタルーニャ風ソースで味つ

市場ラ・ボケリア。

けされている。ピカダソースは、鶏肉や魚の肝臓、ニンニク、アーモンド、サフラン、シナモン、パン、さらには甘いビスケットなど、さまざまな材料を組み合わせる。ソフリトの材料はタマネギ、またはタマネギとトマトだ。ロメスコはニョーラトウガラシとニンニクなどを混ぜる。このソースを、タラゴナで作られる同名の魚のシチューと混同しないこと。中世のアリオリはニンニクとオリーヴオイルの完璧な融合作品だ。

カタルーニャでは、通常、食事はパン一～二片とトマトから始める。全国各地の地元のレストランでは、オリーヴオイル、レモン汁、パセリ、ニンニクでマリネしたり、アリオリを添えたりした特製ア・ラ・プランチャ（鉄板料理）を客がリクエストすることもよくある。やわらかいアーティチョークのア・ラ・プランチャは早春がいちばんおいしい。有名なカタルーニャ料理は、とくにカタルーニャ内陸部で人気の地元レストランで提供されている。なかでも有名なのは、アネク・アンブ・ペレ（鴨とナシ）とエスクデージャ・イ・カルン・ドーラ（野菜と肉のシチュー）だ。カタルーニャの農民は、週に六日、質素なエスクデージャを食べていた。同名の祝祭料理エスクデージャは、子牛のすね肉、鶏肉、豚肉（腹、鼻、耳、足、骨）を使ったごちそうだ。その他、ひよこ豆、ジャガイモ、四～五種の野菜、パン粉、パセリ、ブラックペッパー、サフラン、塩など、多くの材料も含まれている。他のコシードと同様、濃厚なスープのあと、肉、ソーセージ、野菜が続く二コース仕立てになっている。

カタルーニャ州四県のうちのひとつタラゴナは、ローマ時代の面影とその建築物、アーモンドやヘーゼルナッツの木、香りのよいハーブ、そしてこの地域全体で生産される評価の高いワインが有名だ。一二世紀にさかのぼると、スカラ・デイのカルトゥジオ修道院では修道士たちがミサで使用する甘口ワインを作っていた。一九八八年、オーストラリア人ジャーナリストの故トニー・ロードは著書『スペインの新しいワイン *The New Wines of Spain*』で次のような言葉を残している。

タラゴナの港付近に拠点を置くワイナリー、デ・ミュラーは、一世紀以上にわたってローマ法王にワインを献上してきた。これは甘口の酒精強化ワイン、モスカテルまたはマカベオで、古いアメリカンオーク樽で熟成させ、時の流れを経てブドウの芳醇な香りを呈している。[★12]

タラゴナ県はカルコート（街路で焼き、ロメスコソースをかけて食べる甘いタマネギ）の祭りも有名だ。米はエブロ川のデルタ地帯で栽培されている。

川の対岸はスペインの東部地中海沿岸地域レヴァンテで、カステリョン県都カステリョン・デ・ラ・プラナ、バレンシア県、アリカンテ県がある。こうした地域は地中海沿岸に細長く広がっている。西側に連なるのは、この地域に多様性と恵みの雨をもたらしている山脈だ。山地では古代から、松林、オークの森、野生の花やハーブがこの土地を飾ってきた。海岸と高地のあいだにはイベリア半島でもっとも肥沃な土地が広がり、綿、オレンジ、レモン、そしてもちろん米が栽培されている。

さらに南のムルシア地方も含めたレヴァンテの食文化は、さまざまな食材や調理法で作る「一皿の米料理」に隠れているといえる。沼地や湿地が多く、他の作物の栽培が難しかった海岸に住む人々が、遠い昔、必要に迫られて考案したのが米料理だ。バレンシアからさほど遠くないアルブフェラ湖周辺では、米とウナギが貧困と飢餓から人々を救うようになった。

レヴァンテの食べ物は、米、オレンジ、新鮮な野菜以外にもたくさんある。内陸に位置するか海岸沿いに位置するかにかかわらず、多くのコマルカには強い個性があり、外部の人間が評価したり他地域と関連づけたりすることがほとんどない歴史深い独特のコシーナ（料理）を守り続けている。カステリョン・デ・ラ・プラナのエルス・ポルツにあるコマルカ、モレーリャでは、黒トリュフとセシーナ（塩漬け牛肉）が販売されている。軽く塩漬けしたセシーナは、数滴のオリーヴオイルと挽きたてのブラックペッパーをかけて食べる――「モレーリャはかつて繁栄していたユダヤ人コミュニティが暮らす地域だった。ユダヤ人はハムが大好きだが、豚肉は食べられなかった。そこで牛肉からハムを作り、その伝統がいまも続いているのだ」[★13]。パタタ・ア・ラ・モレリャーナ（ローストポテト）もモレーリャ発祥だ。ジャガイモの皮をむいて半分に切り、いくつか深い切り込みを入れたら、オリーヴオイル、新鮮なニンニク、甘口ピメントンを混ぜた調味液に数時間漬け、皮面を上にしてローストする。もうひとつ、ユダヤ発祥とされている初期のスイーツ、フラオは、リコッタチーズまたは新鮮な羊乳の無塩チーズを詰めた小さなペイストリーだ。生地は、小麦粉、水、オリーヴオイル、砂糖、少量のアグアルディエンテ（ブランデー。地元のオードヴィー《生命の水》）を練り、具は新鮮なチーズ、アーモンド、卵、砂糖、シナモンを混ぜて作る。モレーリャのフラオは、中世からイビサ島やフォルメンテーラ島で焼かれてきた同名のチーズタルトとは別物だ。

ムーア人はスペインのレヴァンテに火薬と花火をもたらした。以来、首都バレンシアの花火師は中国の達人に並び、世界最高峰に位置づけられている。最初のロケット花火があでやかな光と音の饗宴の始まりを告げ、ブニュエロのフリッターと冷たいオルチャータ（タイガーナッツで作った飲み物）が出てくると、観衆は期待に胸が膨らんで口をぽかんと開けてしまう。

若返りと春到来への賛歌であるラス・ファリャスは、バレンシアで最大規模、かつ、もっとも騒がしい祭りの名だ。また、燃やされる運命にある木とボール紙で作った大きな像の名でもある。ファリャスの起源となったのは、かつて地元の大工ギルドが守護聖人の聖ヨゼフを祝い、不要な木材や削りくずを路上で燃やしていた祭典だ。現在、政治社会の風刺をテーマに地元の芸術家が作った六〇〇点以上のポップアートを、毎年三月一九日の夜、バレンシアのおもな広場で燃やしている。

バレンシアの中央市場はモスク近くの旧アラブ地区にあり、狭い通りや小さな広場が入り組んだ迷路に囲まれ、現在でもバレンシアでどこよりも魅力的な場所だ。一五世紀以降、この市場は都市の中枢だった。夜が明けると、田舎町から荷車いっぱいの果物や野菜が到着する。ジェノヴァ人やカタルーニャ人の船乗り、女性とその付き人、学生、そして、都市生活の光景を見たり経験したりしたい人たちが頻繁に訪れた。一九二八年、現代的な中央市場をオープンしたのはアルフォンソ一三世だ。建築スタイルはまさに現代風で、世紀の変わりめの雰囲気も漂わせている。建材は、レンガ、鉄製品、ブニョール石と大理石、地中海地域で発展したモザイク、色とりどりのガラス窓の組み合わせだ。市場内に張り巡らされた路地を歩きながら、豊富な種類の野菜や果物がまるで芸術品のように陳列され、誇らしげに売られている光景に見とれるのも趣きがある。冬になると、新鮮なオリーヴが、保存処理するさいに風味を与えるハーブ、とくにフェンネルと一緒に売られている。市場の出店者のほとんどは女性で、レースのエプロンを着け、

高温に熱し、肉を炒めてから、刻んだトマトと甘口ピメントンを加え、かき混ぜる。次に、適量の冷水を加え、地元でガラフォンとして知られるリマ豆を含む3種の異なる豆を入れ、あらかじめ少量のスープに浸しておいたサフランの雌しべ数本を加える。サフランは見た目の色よりも風味が強いため、使用量は控えめに。スープが沸騰して肉がほぼ柔らかくなったら米を手で均等に散らす(かき混ぜないこと)。20分ほどで薪火は消え、米がスープをすべて吸収する。米ひと粒ひと粒がパラパラで、歯ごたえと豊かな香りが残るパエリアの完成だ。

その他の米料理はアロセと呼んでいる。魚介類を使う場合は、あらかじめ大量のスープを用意しておく。いったん米を鍋に入れたあとスープを足す場合は、かならず熱してから追加する。アロセ・デ・ペスカド・イ・マリスコ(魚介類の米料理)の場合、スープは甘口のニョーラトウガラシで味つけすることが多い。

❖米料理

スペインの地中海沿岸地域には、米をベースにした料理が数百種ある。スープや水を使い、作りたい料理に応じてさまざまな食材を選べる——野菜、豆類、ナッツ、魚介類、鶏肉、肉、ジビエ、シャルキュトリ、ハーブ、そして、ピメントン、ニョーラトウガラシ、サフランなどのスパイスだ。

スペインの米料理は、材料だけでなく、調理器具、調理法、加える液体の量によっても区別される。アロス・セコ(汁気のない米料理)は、平らなパエリア鍋や深めの琺瑯《ホーロー》皿を使って火にかけるか、陶製のキャセロールを使ってオーヴンで焼く。しっとりとしたアロセ・メロソ(ハチミツのような食感の米料理)は深めの鍋を使い、アロセ・カルドソ(スープ入り)は土鍋または金属製の大釜を火にかける。米に加える液体の量は、作る料理によって異なる。通常、セコでは2倍、メロソは2.5倍、カルドソなら3倍だ。

有名なスペイン料理、パエリア・バレンシアーナは、可能なら薪火を使い、パエリア鍋で調理する。パエリアはバレンシアのアルブフェラ湖周辺の平原で生まれ、屋外で男性が作ることが多い祝いの料理になった。スペイン国外、ましてや国内でも、ほとんどの人が、パエリアは貝類、鶏肉や豚肉、さらにはソーセージを入れて作ると信じているが、バレンシア生まれの純粋な料理人にとって、これは異例だ。もともとパエリアは農民の料理で、アルブフェラのラグーン周辺の野原で見つけたいろいろな具材を入れて作っていた。地域と人々が進歩するにつれ、鶏肉、ウサギ、カタツムリ(ローズマリーの小枝で代用可)がバレンシア産パエリアのおもな材料となった。

屋外での調理。ウサギ、鶏肉、豆を使った本格的なパエリア・バレンシアーナ。スープはすべて米に吸収される。

パエリアを作るのは簡単ではない。まずパエリア鍋を使って薪火でオリーヴオイルをきれいな髪を艶めかせている。

おそらくスペインでいちばん美しいこの市場は、山で採れるハーブと生ハムの香りが漂っている。パンを売る屋台では、サツマイモのパイ、アニシード・ロール、あらゆる種類のペストリーやパステリート(プチケーキ)も販売している。魚のコーナーでは、コクのあるスープや出汁が取れる薄色のガレラ(シャコ)も買える。アラン・デイビッドソンは『ペペおじさんのスペインとポルトガルのシーフードガイド *Tio Pepe Guide to the Seafood of Spain and Portugal*』でガレラを次のように述べている。

> エビでもカニでもなく、これらとは別の口脚目(学名 *Stomatopoda*)に属する奇妙な生き物である。「口脚目」という名前が示すとおり前脚は口の延長で、海のカマキリといっていい。★14

淡水に棲むウナギも、国内の他地域ではめったに見られないこの市場の名物だ。大きな金属製の水槽で販売されており、淡水の中で泳いでいる様子を見ることができる。ウナギを売るときは、客の目の前で鋭利な包丁を使って人道的に一瞬でさばく。鮮度はまちがいない。アングイラ・オール・イ・ペブレ(ウナギのニンニクとトウガラシ風味)は、バレンシア、アルブフェラ湖畔にある地元のレストラン地区エル・パルマルでぜひ食べてほしいごちそうだ。マヨルカ島でも人気がある。

サラダ抜きにバレンシア料理を理解することはできない。パンとオリーヴに添えられているのは、新鮮な葉野菜、ピクルス、マグロのモハマ(塩漬け天日干し)やボラの卵巣の塩漬けボッタルガ(カラスミの一種)などを入れた多種のサラダだ。サラダは季節によって材料や質がかわる。新鮮なサラダの基本材料は、レタス、フリゼレタス、または若いキャベツのやわらかい葉であることが多い。バレンシア人にとって、サラダのドレッシング作りは各食材が持つ役割を理解しなければならない芸術の技である。一般に、伝統的なスペインのドレッシングは材料の種類が少ないが、準備には四人必要だと考えられている――オリーヴオイルは寛大な人［たっぷり］、酢はケチ［少々］、塩は相談役［適量］、そしてそれを混ぜる狂人［しっかり攪拌］だ。

さらに南、アリカンテのアルコイ市で作られる興味深い料理は、フィエスタ・デ・モロス・イ・クリスティアーノス（ムーア人とキリスト教徒の祭典）で食べる。インゲン豆、ブラッドソーセージ、ハムで残った骨、チャードを合わせたオレータ・デ・ムジーカ（音楽家の鍋）だ。ヒラボイクス（すりこぎを回すという意味）は、マール・イ・モンターニャ（海と山の幸）の伝統料理のひとつで、塩タラ、ジャガイモ、ブラッドソーセージ、その他、塩漬けソーセージ、アーティチョーク、タマネギ、ニョーラトウガラシ、トマト、固茹で卵で作る。コケ（具を乗せた平パン）は、カタルーニャやバレアレス諸島と同様、レヴァンテでも昔から食べられている。甘いタイプや塩味をきかせたタイプ、プレーンや具沢山など、さまざまな材料でアレンジできる。コケ・アンブ・トニーニャは、塩漬けや新鮮なマグロ、新鮮なピーマン、ローレル、トマト、松の実で作るフリタンガというソフリト（ソース）をかける。パン生地の材料は、小麦粉、豚脂、熱したオリーヴオイルだ。豚脂を入れると食感が軽くなる。一〇～一五年前までは主婦が毎日自宅でコケを作っていた。現在はほとんどが工場で量産しているか、地元のパン店が焼いている。

レヴァンテの暦にはふたつの祝祭日があり、スペインの他地域とともにフィエスタ（祭典）が開かれ、祭りそのものと同じくらい料理が重要になる。フィエスタは数日から数週間続く。祝祭のひとつはクリスマスから公現祭［東方の三博士のベツレヘム来訪を祝う日。クリスマスの一二日後］まで、そしてもうひとつはエルサレム入城の日［キリスト復活の一週間前］から復活祭の日曜日までだ。現在は最大の祝宴がノチェブエナ（クリスマスイブ）のイベントとともに午後一〇時頃に始まる。ただ、少し前までは長い祝祭の皮切りとなる宴を楽しむには真夜中のミサが終わるまで待たなければならなかった。カトリックの暦では、クリスマスイブは成人にとって禁欲の日だった。ミサのあと、家族は古びた農家の暖炉の周りに集まった。大きな鉄板パリーリャを置き、熱い石炭が赤く輝くなか、レヴァンテの人々はラムチョップ、冷製エンブティード(腸詰)ソーセージ、ハムで祝った。サラダは大きなエンダイブの葉を使い、香り豊かな砕いたオリーヴとたっぷりのアリオリをかける。野菜、ソーセージ、その他の肉をうまく組み合わせた豪華な祝いのコシード(シチュー)を作る家庭もあった。祝祭料理のコシードには、ピロテ・デ・ナダル(豚挽き肉、豚脂、パン粉、チーズ、シナモン、ニンニクで作るオレンジ大のミートボール)などが含まれていた(いまも作られている)。この料理には多くのバリエーションがある。甘い緑色の冬メロンは皮をむいてスライスし、いまでもデザートとして供されている。フルーツのあとにはクリスマスのスイーツが続く。砂糖漬けのアーモンドと松の実、硬いアリカンテとやわらかいヒホナ・トゥロン(ヌガー)の小片、そしてチョコレートでコーティングしたドライフルーツ。復活祭の伝統的な菓子のひとつ、コケ・デ・パスクア(その他の地域ではモナ)はブリオッシュタイプのパン生地のまん中に茹で卵を乗せて焼く。こうしたコケは基本的に小麦粉、卵、イースト、水、オリーヴオイル、砂糖で作る。

復活祭の日曜日には、野菜のメネストラ(ミネストローネ)やアルボンディガ・デ・バカラオ(タラ、茹でたジャガイモ、パセリ、卵、松の実で作ったミートボール)などが食卓に並ぶ。復活祭に食べるアルナディィは、半島で知られる最古のプディングのひとつとされている。ハティヴァ周辺で作られるアルナディィもユダヤ発祥のようだ。ハティヴァには大規模なユダヤ人コミュニティと見事な菜園があった。こんにち私たちが知るアルナディィは、大きなカボチャを半分に切って種を取ったら、砂糖、皮をむいたアーモンド、クルミ、サルタナ(種なし白ブドウ)を入れ、少量のオリーヴオイルとブラックペッパーをかけ、オーヴンに入れて焼く。一時間ほど経つと、カボチャに焼き色が付く。中身をすくい取り、清潔な大きなタオルに入れ、一晩かけて水気を切る。器に盛ってアーモンドを飾れば完成だ。

ブドウやイチジクの果汁を煮詰めて作るシロップは、スペインではカタルーニャ語でアロペ(アロプ)として知られている。もうひとつ、忘れられつつある伝統のごちそうは、さほど遠くない昔、旅の行商人が村や小さな町に持ち込んだアロプ・イ・タヤデーテだ。タヤデーテとは、カボチャ、プラム、桃、その他の果物を小さく切り、ごく薄い石灰水にひと晩浸けてカリッとさせたものだ。アロプ・イ・タヤデーテは、まず沸騰した湯で果物を数分間茹で、果肉をやわらかくする。このアロプがほぼできあがった段階で、火にかけたままタヤデーテを加えればできあがり。パイ生地で作るブニュエロはバレンシア特有のものではなく、スペイン全土で作られている。カタルーニャでは聖ヨセフの日や聖ディオニシオの日などの祭日を祝うために、家庭で作る伝統的な軽いペストリーだ。専門店でも揚げている。いちばん人気のブニュエロは、小麦粉、水に少量のイーストを加え、生地ができたら、熱したオリーヴオイルに少量ずつ入れ、中身がふわふわで周囲が黄金色になるまで揚げる。できたての熱々にアイシングの砂糖をかけて食べる。また、ブニュエロ・デ・ヴィエントは熱い生地に溶き卵を加えてなめらかにする。水にオリーヴオイルを加えて沸騰させ、そこに小麦粉を少しずつ足しながら絶えずかき混ぜる。冷めたら卵を加えてしなやかな生地にする。ブニュエロはやわらかいカボチャのペーストでも作ることができる。

バレンシア対岸にある地中海のバレアレス諸島は、つねに旅行者や侵略者を魅了してきた。戦略的な場所に位置し、古代世界の主要人物が簡単にたどり着けたこれらの島々は、旅行者、戦士、農民の舞台となり、その遺産はこんにちも残っている。ローマとギリシアの伝統にならい、塩漬けオリーヴには野生のフェンネルで香りを付ける。甘味の強いアーモンドを使うのは、諸聖人の日を祝うアイスクリームと、一八世紀の菓子パネイエットだ。何百ものレシピがあり、その多くが中東発祥であることは否めないが、アーモンド、ジャガイモ、サツマイモを含むパネイエットは北ヨーロッパのスイーツの伝統とも関係している。

最初にアラゴンとカタルーニャの連合王国が、その後さらにイギリスとフランスの入植者が、島々の食料庫と食卓を豊かにした。ふたつの最大の島、マヨルカ島とメノルカ島は土壌がかなり肥沃で、イビサ島はビーチと海塩のフロール・デ・サルが有名だ。フォルメンテーラ島とカブレラ島は非常に小さいが、シーフードをベースにした独創的な料理を売りとしており、つねに生鮮食品の不足に直面してきた。マヨルカ島の伝統はカタルーニャの土地と強く結びついている。しかし、ローマ人が名づけたメノルカ島(小さな島)は、大きな島にはないイギリス的な、そしていくぶんフランス的な特徴が残っている。一七一三年、ユトレヒト条約締結の結果、メノルカ島は大英帝国の一部となった。イギリス人の入植とともに貴重な牛ホルスタインが持ち込まれ、活発な牛乳生産が始まった。それまで山羊と羊しかいなかった土地では考えられないことだった。まもなく、バターとチーズの生産を目的とした酪農が確立され、農村社会の生活が改善された。メノルカ島では、一八世紀、大々的に派遣されたイギリスの水兵や、もともと島にいた兵士のためにジンが蒸留され、のちにイギリスの遺産となった。メノルカ島は一時フランス領となり、しばらくロブスターとマオネーサ(マヨネーズ)が人気となったあと、一八〇二年、島と首都のマオンがスペインに返還された。

一九二八年、「ラ・サルサ・マオネーサ(マヨネーズソース)」という小冊子を書いたアラゴン人シェフ、テオドロ・バルダーヒは、自身が全冷製ソースの女王に位置づけたマヨネーズの起源と発祥国について断固とした意見を述べている。

> この調味液の名はマヨネーサではなくマオネーサだが、バレンシア、バレアレス諸島、カタルーニャ、アラゴン、そして実際にはスペイン全土で非常に人気のあるアリオリの正統な娘であり……マオネーサは世界のために生まれた。古代のソース、アホリオにいささか似ているが、ニンニクを除いているため不快な臭いがなく、きわめて繊細な味覚を持つ者を満足させるよう研究しつくされたソースである。★15

スペイン人は、フランス軍司令官リシュリュー公爵がマオン包囲中にこのペブレ・レモシン(レモンドレッシング)「オリーヴオイル、卵黄、レモン汁で作ったとされる」を口にしたと信じている。彼はこれを気に入り、レシピをフランスに持ち帰ったのだ。

一九五〇年代後半以降、島々、とくに大きな島の地主や栽培者は、自分の土地を不動産開発業者や観光産業に売りたいという誘惑にかられてきた。興味深いのは、バレアレス諸島では伝統的に男性が耕作用の土地を相続し、海岸沿いの土地は女性に与えられていたという点だ。これによって女性たちは最終的に驚くほど裕福になり、社会にも進出するようになった。一九六〇年代後半以来、ジャガイモ畑と何ヘクタールもの野菜畑がゴルフコースや美しい別荘に変わった。オーナーたちは、紫ニンジン、小さな甘いナス、トマトの一種トマティガ・デ・ラメリエットをはじめ、食品、陶器、地元のレースが飛ぶように売れる色鮮やかな地元の市場に魅了されている。トマティガはトマトの品種で、灌漑なしで栽培され、冬のあいだは玄関の屋根下や天井からひもで吊るし、半乾燥状態で保管する。また、地中海沿岸で取れる生ハーブと乾燥ハーブ、新鮮なアーモンド、地元のオリーヴオイル、ワイン、リキュールも需要がある。味わい深いパンは塩を入れない生地が特徴だ。マヨルカ島とメノルカ島の牛乳から作られたチーズやソブラサダなどの絶品シャルキュトリ(食肉加工品)は島の特産品となっている。最高のソブラサダは、マヨルカ島の黒豚ポルク・ネグレを使い、細かく刻んだ腹部の脂肪と挽き肉から作る。一〇月には摘みたてのグリーンオリーヴを木槌で軽く砕き、数時間水にさらして水気を切る。その後、ガラス製か陶製の容器に移し、塩水、新鮮なタイム、レモンの葉、ニンニク、クローヴ、ローレル、そして有名な野生のフェンネルを入れて密封する。

この島々には六〇〇以上の伝統的なレシピがある。一部の専門家は、バレアレス諸島の料理と他のスペイン料理のちがいは、地元の食材よりも過去の調理法にあると考えている。たとえば、アンダルシアとはちがって食材を揚げることはほとんどない。ようするに、中温でゆっくり調理するのだ。

ローマ軍の野営地として設立され、ヴァンダル人に襲撃され、ビザンチン帝国に征服され、ムーア人に植民地にされ、一三世紀にアラゴン王ハイメ一世によって再征服されたパルマ・デ・マヨルカは、印象的なゴシック様式の大聖

保存用にトマトを紐でつなげ、垂木に吊るす女性。

堂がある近代的な都市だ。観光業の成功とは別に、農業はほぼ奇跡ながら経済的に第二位の地位を死守している。この島で豊かな食文化の成功物語の背景にいるのは、牛ではなく豚、とくに黒豚のポルク・ネグレ・マヨルキだ。マヨルカ島の黒豚はエストレマドゥーラやアンダルシアの黒豚よりも毛深く、首からは大きくてやわらかい奇妙な突起物がふたつ垂れ下がっている。一八三六年の冬、ショパンの恋人ジョルジュ・サンドが、結核を患っていた彼を看病するためマヨルカ島で過ごしていた。サンドは島の料理は嫌いだと公言していたが、島の生活と食事において豚と豚肉製品が重要であることは気づいていただろう。最近、有名になっているイベリコ豚と比較すると、同じように特別なはずのマヨルカ島の黒豚についてはほとんど知られていない。マヨルカ島の黒豚はどんぐりを食べず、アルファルファ、レーズン、新鮮なハーブ、豆を食べて成長する。マヨルカ島では、いくつかの例外を除き、生の豚肉がキッチンで使用されることはまずない。例外のふたつは、ロモ・エン・サルサ・ドゥルセ(甘口ソースをかけたロース肉)とロモ・エン・サルサ・デ・グラナダ(ザクロのソースをかけたロース肉)で、ポルセラ同様、生の肉を使う。ポルセラは、子豚の中に、豚足、肝臓、心臓、パン粉、さまざまなスパイスやハーブを詰めた料理だ。フリート・マヨルキンは豚の内臓、ジャガイモ、フェンネルで作る。ラム肉のローストは、珍しくまずオリーヴオイルではなく豚脂を刷毛で塗る。「豚は歩く宴会だ」というスペイン人の信念に基づき、バレアレス諸島ではポルク・デ・スーヤ(スーヤは豚脂を意味し、広義では豚の食肉処理を意味する)を含むシャルキュトリはつねに食の重要なテーマだった。カマヨットは、豚肉の数部位、血、パンチェッタ、豚脂を使用し、ブラックペッパー、ピメントンなどのスパイスで味つけする。

肉や魚とは別に、栽培野菜や自生野菜も島民の食生活に欠かせない。サンファイヤ、イラクサ、チコリ、セントジョーンズワートは、アーティチョークやチャードと同じように高く評価されている。マヨルカ産のナスは色が淡く、とても甘い。ナスに肉や魚を詰め、ベシャメルをかけ、野菜のピスト(ラタトゥイユ)を添える。トゥンベットは地元のトマト、ピーマン、ナスで作る。ソパ・マロルキナは、かつて農民が毎日食べていた、パンとキャベツで作る古代のベジタリアン・スープが由来で、パンが特徴だ。現在、これらのスープは、みじん切りのネギ、タマネギ、トマト、ニンニク、ピーマン、キャベツ、パンが入っている。詩人ロバート・グレイヴスの息子でマヨルカ島に生まれたトマス・グレイヴスは『パンと油 *Pa amb oli*』を出版した。彼はカタルーニャのパ・アンブ・トマケット（パンとトマト）のバレアレス版を、トマトを使わない質素な料理にしてこの本に捧げた。そして、「バレアレス諸島でも地中海沿岸の他地域でも、トマトがキッチンに登場するまでの二〇〇〇年以上、私たちはパンと油を口にしていた」と書いている。★16 甘いコカや塩味のコカ［コカはピザ生地のようなパン］、ペストリー、パイは、オリーヴオイルを使用する四旬節を除き、真白な豚のマンテカ（豚脂）で調理する。ココロワは、ほうれんそう、カラント、松の実、オリーヴオイル、ピメントン、海塩で作った具を詰めたパイだ。

数滴のアニスリキュール、松の実、砂糖で作られた甘いコカの他に、ケーキやペストリーには旬の季節に取れたおいしい果物がたっぷりと使われている。コカ・ダルベルコ（アプリコット）はカタルーニャやバレンシアのコカではなく、イビサ島発祥のフラン（オープンパイ）だ。つねに豚脂を使って調理する。エンサイマーダは、大量生産ができない、きわめて繊細でユニークなペストリーだ。名前はマヨルカ島のサイム（最高級の豚脂）に由来している。生地の中に大きな気泡ができるまで、根気よく、こね、引っぱり、押し、伸ばせる者のみ、作ることができる。その後、二回発酵させ、さらに引っぱったり伸ばしたりしたあと、各層に豚脂をごく薄く刷毛で塗って重ねた生地をエンサイマーダ独特の形に丸めて焼く。ペストリーの起源となったエンサイマーダによって、作家や画家の想像力が自由に飛び回ることになった。エンサイマーダの起源は、中世や、ムーア人とキリスト教徒の暗闇の時代に消え去ったと信じる者もいる。その形は改宗してキリスト教徒となった中東人のターバンにそっくりだ。いっぽう、マヨルカ島、対、イビサ島とフォルメンテーラ島の連合とのあいだで宣戦布告がおこなわれた。後者ふたつの小さな島はずっと名声を汚されてきた。実際、イビサ発祥である特産品フラオを、マヨルカ島側はマヨルカで誕生したのだと豪語している。この三島が含まれるバレアレス諸島のフラオは、小麦粉、オリーヴオイル、アニスリキュール、アニシード、水で作ったオープンタルトに、砂糖、卵、新鮮な地元のチーズ、ミントの葉で作った軽いクリームを乗せ、オーヴンで焼く。これまでのところ、カステリョン・デ・ラ・プラナ県モレーリャの料理人たちは、以前からフラオの発祥地はモレーリャだと主張しているにもかかわらず、論争には参戦していない。

✣アンダルシア

かつて、アンダルシアといえば、水っぽいガスパチョとペスカイト・フリート(魚のフライ)、惨め、空腹というイメージが、スペインだけでなく外国でも広まっていた。しかし、料理に関するかぎり、真実とはほど遠い。イベリア半島南部の記録は多数残っているが、古代以降、自分自身や他人に喜びを与えるために歌ったり踊ったりしてきた人々が作った料理については正当な評価がほぼなされていない。実際、ヨーロッパできわめてカリスマ性のあるアンダルシアの料理は、比類なき独特の文化遺産が何層にも重なり、豊かさが凝縮されている。ここはアフリカに近い広大な領土だ。地中海と大西洋に接し、建物や土地をつねに最高の状態に輝かせてくれる気高く澄んだ陽光に恵まれている。山地の松とどんぐりの森がデエサ(牧草地)を飾り、イベリコ豚が自由に歩き回る。渓谷では桜とオレンジの花が五感を圧倒する。

「アンダルシア四王国」は、一八世紀、現在のアンダルシアをカスティーリャ王国が支配していた時期の総称だ——コルドバ王国、ハエン王国、セヴィーリャ王国(セヴィーリャ、カディス、ウエルヴァ)、そしてグラナダ王国(グラナダ、アルメリア、マラガ)。この古い区分はアンダルシア料理の複雑な関係性を理解するのに役立つ。

モサラベ料理やアンダルシア料理という呼び名は、コルドバとグラナダのみならず他地域でもよく使われる。モサラベとはムーア人の支配下でアル・アンダルスに住んでいたイベリア人キリスト教徒に与えられた名称で、一部のアラブ人やベルベル人のキリスト教徒も含まれる。また、キッチンでモサラベといえば、イスラム侵略以降、アンダルシアとモロッコの一部地域で作られた数多くの料理の総称だ。カブリート・ア・ラ・ミエル(ハチミツで調理した子山羊)をモサラベ料理の代表だとみなす人もいる。アルボンディガ・モサラベ・コン・サルサ・デ・アルメンドラ・イ・アサフラン(アーモンドとサフランを添えたミートボール)やラペ・モサラベ(松の実とサルタナを添えたアンコウ)も食欲をそそる。コルドバの観光名所とは別に、最近、パエリア・デ・カンピーニャとして知られるかなり魅力的な米料理があるが、これはじつはパエリアではない。オリャ(深鍋)に、ハム、豚バラ肉、鶏肉、チョリソー、ブラックペッパー、クローヴ、タマネギ、ローストガーリック、ローレル、米、水を入れて煮込んだ料理だ。

セヴィーリャはコルドバと同じくらい美しく、スペインのみならずおそらく世界の歴史とかかわりがあるが、高級レストランを探そうと思ったら最適な場所ではない。セヴィーリャは、ここ数年で世界中に知られるようになったタパスの誰もが認める中心地だ。本格的なタパスはいまやロンドンやニューヨークでも見つけることができるが、なにかが欠けている。今後もスペイン以外で作ればそうなるだろう。タパスはスペインの食材と地元ならではの独特な小皿料理の域をはるかに超えている。誕生したときのような純粋なタパスは、食べ物というより、事実、真似することができない生き様そのものだ。タパスの歴史は、一九世紀、セヴィーリャを流れるグアダルキヴィル川の右岸、トリ

ガスパチョ・アンダルス(夏のガスパチョ)。

アナ地区で生まれたと考えられている。バーからバーへと移動し、コピタ(シェリー酒のフィノまたはマンサニーリャを注いだグラス)を手に、バーテンダーや他の客と会話しながら無料のオリーヴ数個や地元のシャルキュトリをつまむ。セヴィーリャ人がなにより愛するひととき――温かい交流の神髄――だ。堂々と黒板で宣伝しているタパスや、ウェイターがすすめるタパスをひとつふたつ注文した場合は料金を支払う。友人とシェアするために、大盛り版のラシオネを注文することもできる。タパスという言葉は「覆う」という動詞「タパール」に由来している。もともと、バーテンダーが無料で提供するハムやチョリソーのスライスを蓋付きグラスのコピタに載せる習慣があったからだ。

セヴィーリャのあかるい朝、バーやカフェテリア、とくに食品市場内の店がすいていることはけっしてない。コーヒーやカラヒージョ(少量のブランデーを加えたもの)には、トーストしたモレーテが添えられることがよくある。モレーテはオリーヴオイルをふんだんにかけたパン、または、マンテカ・コロラ(ピメントンで色づけした豚脂)をたっぷり塗ったパンだ。朝は熱いチョコレートドリンクを添えたフリッターのチュロスも人気がある。通常、コーヒーショップやバーで軽食を取った日、とくに冬は、自宅でしっかりと昼食と夕食を食べる。セヴィーリャで評判のフレイドゥリア(揚げ魚の店)では、オリーヴオイルで揚げた魚を店内で食べることもできるし、持ち帰ることもできる――油っこさはなく、いつでもサクサクだ。セヴィーリャの家庭料理は社会全体でほとんど変わっていない伝統的なレパートリーに従い、シンプルかつ風味豊かだ。ラテン語のプルタリウ(家禽)に由来するプチェロは小麦粉と水で作らない。コシードのアンダルシア版で、材料は、肉少々、塩漬けの豚骨、野菜、ひよこ豆だ。ガスパチュエロは冷製スープではなく、トマトも入っていない。卵白、大きなエビ、メルルーサを使った上品な温かいスープだ。アロス・ア・ラ・セヴィリャーナは高価な一品で、あきらかにパエリアとはちがう。ザリガニ、アンコウ、アサリ、イカ、ハム、チョリソー、ニンニク、エンドウ豆、パセリ、炒った赤トウガラシ、タマネギ、オリーヴオイルで作る祝祭料理だ。

セヴィーリャ西部のアルハラフェはローマ時代のヴェルゲトゥム(果樹園)であり、ここから大量のオリーヴオイルと甘口ワインがローマに輸出されていた。アロス・ドゥルセ・デ・アルハラフェは、エビ、アンコウ、トマト、タマネギ、セロリ、米、クミンシード、地元の甘口ワインで作る。オリーヴは古典的なポロ・ア・ラ・セヴィリャーナの特徴だ。まず鶏肉を揚げ、次にローズマリーとミントでマリネし、それから陶器のカスエラでゆっくり加熱する。そして最後にオリーヴを加える。もともとこの料理はアブラナ科のカキネガラシを加えて美しい黄色を呈していた。ペスティニョはあきらかにアンダルシア地方発祥のペストリーで、現在ではめったに家庭で作らない。祝祭日に地元の有名なケーキ屋で購入する。これはビターオレンジの皮で風味づけしたオリーヴオイルへの賛歌で、特徴のある形に丸めた小さな生地にオリーブを混ぜて揚げた菓子だ。生地は小麦粉、白ワイン、シナモン、アニシード、ゴマ、炒ったアーモンド、クルミ、アニスリキュール、卵、イースト、ハチミツで作る。とにかく甘いイエマ・デ・サン・レアンドロはセヴィーリャからの究極の贈り物だ。これらは一六世紀のレシピそのままに、卵黄、シュガーシロップ、フォンダンシュガー、レモンで作られ、市の中心部にあるサン・レアンドロの有名な修道院でキッチンを担当する修道女が販売している。エストレマドゥーラのメリダに向かう途中でセヴィーリャから少し寄り道すると、アラセナ山脈と、ロマンチックでかつては危険だったシエラ・モレナ山脈のふもとにあるハブーゴ村に出られる。ハブーゴ村は原産地呼称制度により、生ハム、肩肉、ロース、シャルキュトリの生産が保護されている。ここはイベリコ豚、そして、さらに北、エストレマドゥーラの中心部まで広がる古代のオークの森、デエサの王国だ。

アンダルシア南西部、ヘラクレスの柱からほど近いラ・タシタ・デ・プラタ（小さな銀杯）はスペイン最古の都市カディスの別名だ。フェニキア人が築いたこの古い都市は海に囲まれ、細長く、面積が小さい。この変わった地形が文化の流出を抑え、過去を保護している。北端にある白塗りの壁と金色のドームを持つ教会が、絵のように美しいラ・ビーニャ地区とサンタマリア地区を飾っている。ここでは、狭く曲がりくねった通りが小さな広場やにぎやかで親しみやすいおもなテント市場につながっている。湾の向こう側、プエルト・デ・サンタマリアとサンルカル・デ・バラメダは、さらに内陸のヘレス・デ・ラ・フロンテーラと同様、古典的なワイン、シェリー生産の世界だ。湾周辺のナヴァソでは国内最高峰の野菜が数種類栽培されている。ナヴァソは海の上げ潮によって地下の淡水が湧き出る砂丘で、さまざまな農産物が植えられており、その多くはもともと船員や宣教師とともにアメリカ大陸から渡ってきたものだ。結局、大西洋を越える冒険の多くはここから始まった。スペインでも食料が豊富なこの地域では、不足するものなどなにひとつない。古代のアルマドラバ漁網法は、大西洋からやってきて海岸を通過するマグロを確実に捕獲する。グアダルキヴィル川の河口からトラファルガー岬までは魚介類が豊富だ——テナガエビやアカエビ(ランゴスティーノ)、大エビ(カマロネ)、ヒラメ(アセディア)、イソギンチャク(オルティギーリャ)、オオニベ(コルヴィナ)、キダイ(デントーネ)などなど。

ヘレス・デ・ラ・フロンテーラにはいくつか食の伝統があるが、そのなかにはけっして混じり合うことのない料理もある。二作の著書、ラロ・グロッソ・デ・マクファルソン著『シェリーで料理を *Cooking with Sherry*』[17]とマヌエル・ヴァレンシア著『ヘレスのジプシー料理 *La cocina gitana de Jerez*』[18]がすべてを物語っている。ラロは母方はボストン人、父方はアンダルシア人、夫はスコットランド系で、彼女自身はイギリスで教育を受けた。最終的に彼女はヘレスにある多くのワイナリー——オズボーン、ゴンサレス・ビアス、ドメック——でケイタリング係として成功を収めた。ヘレスでは上流階級の料理は地元の貴族だけでなくフランス人やイギリス人の影響も受けており、ほとんどの場合、プロの料理人によってシェリー酒をたっぷりと加えて調理され、スペインや外国の名前が付いた濃厚なソースが添えられることも多い。[19]

マヌエル・ヴァレンシアはジプシー出身の著名なシェフで、革新を支持しながら祖先のオリジナル料理を改良し、すでに多大な貢献を果たしている。彼は著書のなかに、ジプシーが困難な時期にも平和な時期にも作ってきた料理の詳細を書き留めた。一五世紀初頭にさかのぼる記録では、この地域でジプシーの集団が暮らしていたことがわかる。

ジプシーはフランスからピレネー山脈を渡ってきたと考える歴史家もいれば、アフリカからやってきたと考える歴史家もいる。一四九九年、ジプシーは無理強いされ、遊牧生活を捨てて定住し、仕事を見つけ、スペインの慣習に倣った服を着るよう迫られた。だが、これはほぼ不可能だった。数世紀後、彼らは強制されてヘレス周辺のコルティホ(農家)で仕事に就き、ブドウ畑の手入れをするようになった。その報酬として、家族のための寝床と、豚バラで味を付けたオリーヴオイルで作る豆料理を手に入れていた。それ以外、食料は野生から得たものだった。結局、ジプシーはつねに自然が無料で与えてくれる食材を集める専門家だった。彼らはエスパラガスという料理の作り方に従い(野生のアスパラガス料理と同様)、ホンゴとヘタ(野生キノコとヒラタケ)、タガルニナ(スペイン産アザミ)を茹で、オリーヴオイル、ニンニク、揚げパン、ピメントンで作ったソースをかけた。ジプシーのオリジナル料理は多くが消えてしまったが、市場の外ではジプシーの女性がいまでもタガルニナや、カブリーリャと呼ばれるカタツムリを、調理するさいに使う香りのよいハーブと一緒に販売している。彼らはその売り上げ金で、新鮮なイワシ、アンチョヴィ、サバ、牛ハラミ、いまでは「忘れられた部位」と呼ばれる食材を購入する。ガンディンガ(牛の尾、豚の頬と胃袋)を使った料理は、現在も彼らの食事となっている。[18]

カディスの南東トラファルガー岬のすぐ先は、バルバテ港と漁村アサハラ・デ・ロス・アトゥネスだ。ジブラルタル、マラガ、グラナダ古王国へは簡単に移動できる。マラガの街では、麦わらのカンカン帽、上質なレースのブラウス、かわいい絵柄が施された綿の日傘はもう歴史の彼方に消えてしまったかもしれない。マラガの曽祖父母たちが楽しんでいた古き良き料理も何十年ものあいだ気にも留められなかったが、いま、プロの料理人や料理作家が救いの手を伸ばし始めている。一九八〇年代初頭、マラガ料理は悲惨な状況に直面していた。それを感じ取った地元の弁護士エンリケ・マペッリが、著名な作家に依頼して地元料理のレシピ集や関連する多くの記事を執筆してもらい、出版することに決めた。彼はマラガの家庭料理が優れていることに気づいていた。マラガの名物料理はガスパチョやチリンギトというビーチバーで出されるペスカイト・フリート(魚のフライ)だけではなかった。さらに、公の儀式や富裕層の食卓で供される国際的な料理を超えた存在でもあったのだ。

アロス・ア・ラ・パルテ(コースの一品として出てくる米料理)は、一世紀前のように囲炉裏や屋外で調理されることはなくなった。これは鍋にさまざまな魚介類を入れ、濃厚な出汁をとり、魚介類を取り除いてから米を加えて炊く。次に、ソテーしたニンニク、揚げてからすりつぶしたパン、トウガラシ、パセリ、オレガノ、ワインで作ったソースで味つけする。いかにもスペインらしい伝統的な食事は、スープ、魚介類、米料理の三コースで提供される。パタタ・ア・ロ・ポブレ(貧民のジャガイモ)はあちこちで作られている。これはジャガイモを丸くカットして揚げたフライドポテトを、ブラックペッパー、クミン、パン粉、水、少量の酢、ピメントンを混ぜたソースで味つけしたもので、ソースはジャガイモを揚げた油を使ってあらかじめ加熱しておく。

マラガの食の真髄はモラガで楽しむイワシ料理にいまも凝縮されている。モラガは友人たちの会合で、暖かい夏の晩、ただビーチで新鮮なイワシを食べるという目的で集まる。獲れたてのイワシを金串に刺し、燃えさかる火の周りに垂直に立て、みなエンリケ・マペッリが称賛する地元ワインを飲みながら辛抱強く焼けるのを見守る。マペッリが残したレシピ集には、パルド・バサン伯爵夫人がマラガワインの美徳を讃えるために考えた七面鳥の料理が載っている。パヴィポロ・アル・ヴィーノ・デ・マラガは、豚バラ肉、タマネギ、ニンジン、ワイン、スープに、ローレルとタイムを加えて調理する。マラガ産のパサ(レーズン)、イゴス・セコ(乾燥イチジク)、アーモンドは、地元料理の材料としてあちこちに載っている。アーモンドはアホ・ブランコに欠かせない材料だ。コルドバで作るものと同じレシピだが、マラガでは供する前に新鮮なウヴァ(ブドウ)を加える。ガスパチョの一種ともされるアホ・ブランコ・コン・ウヴァは甘みが強く、ほんのり苦みがあり、アーモンド、ニンニク、パン、オリーヴオイル、酢、水、塩で作る。

セヴィーリャ、マラガ、グラナダが接する内陸部、アンテケラでは早くから歴史が刻まれてきた。紀元前二五〇〇年から一八〇〇年に建てられた支石墓（巨大墓）が、この興味深い都市の外周を守っている。ここはムーア人との長い戦いのあと、若きカスティーリャ王子フェルナンドが自身の名［通称アンテケラ・デ・フェルナンド（アンテケラのフェルナンド）］に冠したアンテケラであり、王子は一五世紀初頭、壺の騎士団とグリフィンの騎士団を創設した。まさにキリスト教らしい料理マンテカド・デ・アンテケラは、ラ・ペルラとベレンの修道院でいまも作られている古典的な焼き菓子で、アンダルシアのクリスマスに出されるスイーツの伝統とつながりがある。オリジナルレシピの材料は、軽く炒った小麦粉、砂糖、豚脂、卵、シナモン、ゴマだが、ときにはアーモンドを足す。

アンテケラに到着すると、グラナダの街、荘厳なアルハンブラ宮殿、エル・アルバイシンのタパス・バーには簡単に足を運べる。街の中心部にあるアルバイシンはイスラム文化最古の中心地のひとつであり、最高のグラナダ料理を味わうにはうってつけの場所だ。アンテケラからそれほど遠くないラス・アルプハラとエル・バイエ・デ・レクリンの肥沃な土地は、ジェラルド・ブレナンやベナヴィデス・バラハスなどの作家に称賛されてきた。ムーア人とモリスコのスペインにとって最後の砦となった場所に四月が訪れると、ハバ（ソラ豆）と小ぶりのアーティチョークがいっせいに収穫される。この時期、どちらも小さめでとてもやわらかい。ハバ・ヴェルデ・ア・ラ・グラナディナ（グラナダ風ソラ豆）は、地元のバーやレストランでよく提供されている。ソラ豆はまず茹でて水気を切り、トマト、タマネギ、ニンニクのソースに水を加えて煮る。さらにラミレーテ・アルバイシネロ（ローレル、ミント、パセリ）とアーティチョーク六個をそれぞれ四分の一にカットして加え、風味を添える。アーティチョークがやわらかくなったら、クミンシード、サフラン、ブラックペッパーを足す。モサラベ風のレシピには、その他、コシード・デ・イノホ（フェンネルのコシード）やパティィタ・デ・コルデロ・エン・サルサ・デ・アルメンドラ（子羊足のアーモンドソース添え）がある。

『グラナダの南へ』［岡住正秀・渡邉太郎訳。現代企画社。一九九二年］は、ジェラルド・ブレナンが何年も暮らしたアルプハラの辺境の村イェゲンで書いた自伝的な作品だ。著名な作家でヒスパニック系のブレナンは、同書のなかで九月か

✣ヴィクトリアと呼ばれるアンチョヴィ

ディオニシオ・ペレス(ポスト・テビュセム)は、『おいしいスペイン料理の手引き *Guía del buen comer español*』で、情熱を込め、大げさに、エステポナとネルハの町沿いに広がるマラガ沖で獲れるアンチョヴィ(カタクチイワシ)について書いた。彼いわく、このアンチョヴィは世界最高だ。しかし、カンタブリアのラレドとバスク地方のベルメオの人々は反論しただろう。このふたつの漁港も、人間が味わうことのできる最高のアンチョヴィに熱を入れている。19世紀、マラガのアンチョヴィは料理作家や美食家だけでなく、ペドロ・アントニオ・デ・アラルコンなど、有名な小説家の想像力をもかきたてた。デ・アラルコンによれば、ディオニシオ・ペレスの意見と同様、マラガのアンチョヴィはとにかく優れていたらしい。こうした作家が旅行者を混乱させないよう、けっして触れなかったことがある。マラガでは、アンチョヴィは、ボケロン、あるいは、マラガの勝利の聖母(守護聖人)の日である9月8日前後に漁獲されることにちなんでヴィクトリアーノ(英語でヴィクトリア)と呼ばれているのだ。コスタ・デル・ソルの典型的な自治体エル・リンコン・デ・ラ・ヴィクトリアではおしゃれな祭りを開催してアンチョヴィを称える。あちこちの通りで調理したてのアンチョヴィが食欲をそそる香りを漂わせる。ここでは地元民や世界各国から足を運んだ何百人もの観光者がヴィクトリア(ボケロン)を使ったさまざまな料理を味わうことができる。レシピのリストはかなり印象的だ。たっぷりの熱いオリーヴオイルでアンチョヴィを揚げるボケロン・フリートを作るには、アンダルシアの女性がもつ秀でた専門知識が欠かせない。揚げて残ったボケロンは、ニンニク、サフラン、クミン、オレガノ、酢またはレモン、オリーヴオイルで和えることが多い。自家製ボケロン・エン・ヴィネグレ(アンチョヴィの酢漬け)は、アンチョヴィが海から上がったらすぐに処理する。生のまま丁寧に洗って切り身にし、塩、酢、水を混ぜた液に数時間漬けたあと洗い、オリーヴオイルを数滴ふり、みじん切りのパセリ、ニンニクを添えて供する。

ら四月まで天井からブドウを吊るして保存していたキッチンと貯蔵庫について包括的に説明している。貯蔵庫内には、柿とマルメロ、オレンジとレモン、そしてアルプハラ産のハムが一～二本入ったバスケットもたくさん置かれていた。

それから野菜。干しトマトと薄切りナスは棚に置き、ピーマンは天井から吊るす。塩漬けオリーブ、干しアンズ、干しイチジクなどは瓶に、エジプト豆、レンズ豆、その他の豆類はイグサの籠に入れる。

また、ブレナンは、一九五〇年代初頭、ラス・アルプハラでは、豚肉加工品、ときどき食肉処理する子山羊、トレヴェレス産の祝いのハム以外、ほとんど肉を食べていなかったと書いている。さらに、「魚はほぼ年中、夜のうちに海岸から騾馬で運び上げられる。鰯、片口鰯、鰺科のフレール、タコ、など」と付け加え、スペイン料理についてこう記している――「スペイン料理の評価は人によってまちまちである」[★20]。彼自身が好んだ料理はカスエラで、米、ジャガイモ、葉野菜を、魚や肉、トマト、ピーマン、タマネギ、ニンニク、アーモンド、サフランと一緒に煮込んだシチューだった。また、サラダと夏と冬のガスパチョが大好物だった。逆に、地元のコシードやイェゲン版のプチェロ、そして塩タラ（質が悪いもの）を使った数種の料理は忌み嫌った。その他の大好物は、ウサギ、野ウサギ、ヤマウズラを使った料理や、地元のパンだった――「他の国のパンとちがって、風味と甘味がある」。彼によれば、これは小麦が完熟してから収穫したからだ。［以上、引用部分は前述邦訳書より］

何年も経った現在でも、ラス・アルプハラに住む地元民はブレナンが記録した材料を使っていくつかの料理を作っている。ここはグラナダ南部に外国人やスペイン人観光客を惹きつける、際立った美しさと風格を持つ場所だ。最近出版され、料理作家や批評家から評価を得ている料理本がもう一冊ある。デイヴィッド・イルズリーとエマ・イルズリーによる『ラス・チメネアス──アルプハラ村のレシピと物語 *Las Chimeneas: Recipes and Stories from an Alpujarran Village*』だ。同書も、アンダルシア人が食品に愛着を持ち続け、その起源や伝統をけっして忘れていないことを教えてくれる。アルプハラス山脈の中心部にある小さなホテル兼レストラン、ラス・チメネアスのキッチンでは、一年中、米の代わりにフィデオ(パスタ)を使ってカスエラを作る。早春には地元のハムやソラ豆もカスエラ料理にする。オレンジ、煮崩れしないジャガイモ、最高級の塩タラ、ブラックオリーヴ、ザクロの種を使ったオリジナルサラダ、レモホンは、ベレンヘナ・コン・カーニャ・デ・ミエル(糖蜜をかけたナス)同様、正統な郷土料理だ。ひとつ、確かなことがある。ブレナンはプチェロが嫌いだと公言していたが、ずっとラス・チメネアスで働いていたふたりの料理人、ソリとコンチが頻繁に作る豆とフェンネル入りの豚のシチュー、プチェロ・デ・イノホならきっと満足していたはずだ。[21]

カナリア諸島

モロッコの海岸線から西に約一四五キロメートル、大西洋沖に点在するカナリア諸島はアメリカ大陸へ向から途中の寄港地として重要な役割を果たした。一四九二年以降、スペインの船は大洋を渡るさい、食料や水の補給、休憩のためカナリア諸島に寄るようになった。はるか昔から、カナリア諸島とアトランティスにまつわる伝説は古代への関心を集めていた。あきらかにプラトンは失われた大陸の存在を信じていた。プトレマイオスは諸島の位置を正確に特定し、イエロ島の向こうは世界の終わりにほかならないと船員に警告した。一四世紀に入り、多数のヨーロッパ人が到着してようやく、この島々は実在する世界だと認識されるようになった。一四七九年九月四日のアルカソヴァス条約調印により、スペインとポルトガルのあいだに平和が訪れ、残酷なカスティーリャ継承戦争が終結した。他の諸協定によって、ポルトガルがカーボベルデ、マデイラ島、ギニアとともにアゾレス諸島を占有することが決まった。スペインはカナリア諸島を手に入れたが、それまで同地はスペイン人、ポルトガル人、ジェノヴァ人、フランドル人貿易商の単なる行楽地だった。

それ以来、また、それ以前から、グアンチェとカナリアという言葉は謎と伝説に包まれてきた。グアンチェは、スペイン人がテネリフェ島の原住民、そして、のちには諸島全体に充てた名前だ。島名の由来は現代の歴史家のあいだで意見の相違がある。グアンチェはラテン語に由来し、アザラシ(学名*Monachus monachus*、地中海モンクアザラシ)の大群を指すのだろうか? アザラシはカネ・マリノ(海の犬)としても知られ、毎年、いまでもこの地域にやってきてイカを狩ったり子供を産んだりしている。それとも、カナリ族からきているのだろうか? カナリ族はアフリカのアトラス山脈出身のベルベル族で、反逆の罰としてローマ人によってこの諸島に追放された。その瞬間から中世に至るまで、これらの島は人々に夢も富も与えられず、ヨーロッパから渡ってくる人もなく、忘れ去られ、何世紀にもわたってほぼ石器時代のままだった。かつてカリブ海に住んでいたタイノ族と同じように、ヨーロッパ人が到着してから数世紀以内にグアンチェ族はこの地球上から完全に姿を消した。

まもなく、アフリカから渡ったサトウキビが広い地域に植えられ、モリスコとアフリカ人奴隷によって栽培、収穫されるようになった。諸島の一部で土壌と気候の条件が合い、繁茂した。同時に、テネリフェ島のブドウ畑ではイギリスやアイルランドのワイン貿易商を魅了する豊かな品種マルヴァジアを栽培し始めた。ジャガイモとトウガラシは大西洋を渡る食品交易によって島々に伝わった。パパとパピタ(小型のパパ)は、アンデスから持ち込み、カナリア諸島で育てたジャガイモの名前だ。カナリア諸島、とくにテネリフェ島は適度な降水量があり、ジャガイモには理想的な栽培地だった。一六世紀半ばにはすでに、ジャガイモを詰めた樽がグラン・カナリア島とテネリフェ島からフランドル地方に輸出されていた。ロペス・デ・ゴマラがジャガイモの存在を記録したのは、一五三二年にフランシスコ・

テネリフェ島では、グリルしたメロに、ジャガイモのアルガダとモホ・ピコンを添える。

ピサロがペルーで初めて目にしてから三〇年後だった。したがって、旧世界にジャガイモがもたらされたのは、直接スペイン本土にではなく、最初はカナリア諸島だった可能性がある。[★22]

トマトもカナリア諸島で栽培に成功した作物だ。一九世紀にはすでにイギリスや北ヨーロッパに大量輸出していた。しかし、一九世紀に入ってかなりたつまで、島民の大部分が取る食事はひどく、温かい料理を食べることはほとんどなかった。木材も肉と同様、希少であまりに高価だった。彼らの食事はパンとゴフィオ(低品質の穀物を炒って作る粉、さらには豆やシダの根を挽いた粉)が基本だった。最高級のパンでも材料は大麦だった。シダの根もグアンチェ族の食事にとっては重要で、不足分は山羊の脂肪、肉、乳、あるいは魚で補っていた。昔の記録やヨーロッパ人の当初の考えに反して、グアンチェ族はかなり洗練された調理法を知っていたようだ。肉や魚を焼いて旨味を引き出し、消化をしやすくし、脂肪は陶器の壺に入れて保存した。また、挽いた大麦を炒ってから水と乳で煮て、ハチミツをかけて食べていた。

こんにちカナリア料理とされているものは、さまざまな料理が融合している。そのうち最高の料理はイベリア半島、とくにアンダルシアとカリブ海地域の影響を受けた伝統料理だ。コネホ・エン・サルモレホは、ニンニク、クミン、トウガラシ、塩、オリーヴオイル、酢、ワインでマリネしたウサギを焼く。パパ・アルガダ(ジャガイモを海塩を入れた湯で茹で、しわが寄るまでほぼ乾燥させたもの)は、あきらかにカリブ海地域かメキシコ発祥のさまざまなモホ(ソース)をかけて供する。モホ・ピコンは赤くてとても辛い。材料はクミン、ニンニク、オリーヴオイル、酢、トマト、赤トウガラシだ。通常、魚料理に添えるモホ・ヴェルデはコリアンダーを使う。濃厚なスープは、魚のキダイ(学名 *Dentex dentex*)と、ジャガイモ、クミン、サフランで作る。エスカベーチェ・デ・ペスカドはオレンジ、アーモンド、レーズンを使うが、アンダルシアの同名料理に使用する材料とはちがう。ただ、使用するスパイスの種類を見ると、カナリア諸島とスペイン南部にはしっかりとした関係があることがわかる——シナモン、アニシード、ナツメグ、クローヴ、ブラックペッパー、ショウガ、クミン、サフランだ。カナリア諸島でも鶏肉入りの米料理はセヴィーリャと同じくらい人気があり、肉を詰めたエンパナディージャパイはスペインの他地域と同様に好評だ。諸島全体で作られる菓子ウェヴォ・モレ(ふわふわ卵)は、あきらかにポルトガル発祥で、各地域の好みにアレンジしている。材料は、卵黄、砂糖、水、マルヴァジアワイン、シナモン。バニョ・マリア(湯煎鍋)で絶えずかき混ぜ、砂糖シロップと卵黄を濃縮したクリーミーなデザートだ。

いっぽう、カナリア諸島先住民たちの救いだったゴフィオ粉は、子孫が過去とのつながりを確認する食品であり続けている。半島では小麦で作るパンがいつでも大事だった。それを思い出させるのが、大麦や、ときにはトウモロコシの粉さえ使うゴフィオだ。カナリア諸島の人々はいまでもほぼ毎日、ゴフィオを牛乳や人気の料理に加え、味わっている。★23

スペイン特産のチーズ

一〇年前まで、マンチェゴを唯一の例外として、スペインのチーズはスペイン国外や、さらには自国の生産地以外でほとんど知られていなかった。しかし、長い歴史を持つ個性的なチーズがいまも国内各地で作られている。スペインのチーズ文化は古い伝統と新しい技術の組み合わせだ。過去三〇年にわたり、グルメ愛好家やチーズ生産者はチーズを絶滅の危機から救い出し、独自の一覧表を完成させた。現在、この表には一〇〇を超える品種が含まれており、うち二〇種以上がその正統性を保証する「原産地呼称」を与えられている。スペインで生産されるチーズの種類が幅広いのは、国のさまざまな地形や気候、飼育している動物の多様性を反映している。

羊と山羊はスペイン各地で見られる。とくに山羊はカタルーニャからジブラルタル海峡まで、地中海沿岸の厳しい条件にも適応する。羊は昔から、メセタ、ナヴァラ、アラゴン、エストレマドゥーラなどの内陸部に多く、乳牛はガリシアからピレネー山脈のふもとに至る緑豊かな北部で元気に育っている。スペインの多くのチーズには二〜三のヴァリエーションがある――新鮮なフレスコ、熟成期間が短いセミクラード、完全に熟成させたクラードだ。

スペイン産チーズの大部分(全品種の約半分)は、降雨量が乳牛にとって最適な環境を生む北部で生産されている。乳牛はルビア・ガレガやアストゥリアナなどの在来種がホルスタインなどの外来種と共存している。農家によっては、牧草が乏しく牛乳の質が低下する季節になると少数の羊や山羊を飼い、数種の乳をブレンドしてチーズを作る。この慣習のもとになっているのは、夏にすべての家畜を高地に移し、二〜三種類の乳からチーズを作る羊飼いの伝統だ。

ガリシア、アストゥリアス、とくにカンタブリアでは、ほんの数年前まで、田舎に住む家族にとって乳牛を二〜三頭飼うことが夢だった。家の近くで飼育している貴重な牛から牛乳を搾って、地元の牛乳屋に販売したり、新鮮な牛乳、自家製チーズ、そしてもし残ったらおいしい祝祭用プディングなどを作って自宅で味わったりした。いまでも昔と同じように自分の農家でチーズを作っている女性もいるが、その数はますます少なくなってきている。EUの規制により、所有している牛が七頭未満の場合、農家から地元の牛乳屋に牛乳を販売することは認められていない。そのため、多くの人が古くから大切にしてきた生活様式を失ってしまった。

ガリシアのテティージャチーズは、その目立つ形(女の子の胸に似ている。テティージャは「おっぱい」の意)にちなんで名づけられた。スペイン全土で人気があり、滑らかでバターのような食感を持ち、酸味と甘味のバランスがいい。ケソ・デ・アルスーアはテティージャに似ているが、丸い形をした伝統的な自家製チーズだ。ルーゴ産のサン・シモンはスペインで数少ない燻製チーズのひとつ。現在は小規模な工房と量産工場の両方が急成長し、これらのチーズが広範囲に流通しているが、ガリシア人は今後も地元の市場で買うようだ。ガリシアの市場では農家が飼っている牛から乳を搾り、不規則な形のおいしいチーズを販売している。

さらに東に進むと、アストゥリアスの渓谷や村落、とくにカンタブリア山脈の中心部、鋸山が連なる見事なピコス・デ・エウロパ周辺では、イベリア半島の他地域だけでなく、多くのチーズ生産国と比べても群を抜いたさまざまなチーズを生産している。アフエガル・ピトゥは特徴的な円錐形で、手で成形したフレッシュまたは熟成したやわらかめのチーズだ。変わった名前は地元の方言が由来で、「雄鶏を窒息させる」という意味がある。雄鶏が飲み込めないほどクリーミーで濃厚なのだ！

ラ・ペラル、ガモネド、そしてなにより珍重されるカブラレスなど、酸っぱくて芳醇な多くのブルーチーズは、アストゥリアスの石灰岩の洞窟で熟成させる。カブラレスは通常、低温殺菌しない牛乳（山羊の乳ではない）で作られるが、一年のうち特定の時期だけ、牛乳、山羊乳、羊乳のブレンドを使うこともある。洞窟内は一年中温度が低く湿度が高いため、ブルーチーズでは珍しく青カビが外皮で自然発生し、チーズの中心部にまでいきわたる［通常、ブルーチーズは熟成中にチーズ内部に青カビを入れて繁殖させる］。

スペイン国外で見つけやすいヴァルデオンもブルーチーズだ。味はカブラレスよりもクリーミーで目立った個性はなく、カスティーリャ・イ・レオンとの国境で作られている。チーズを保護、保存するためにいまも何枚ものカエデの葉で包んでいるのが特徴だ。

歴史的に見ても、チーズ生産は小規模農家や羊飼いだけの仕事ではなかった。修道院も地域のチーズ開発にひと役買っていた。カンタブリアの山脈や渓谷の周囲に点在する多くの修道院では、中世と同じようにいまでも地元のチーズを製造している。コブレセスはカンタブリア海岸にある小さな村で、庭や通りを飾るみずみずしいレモンで有名だ。この地の修道院は、ケソ・デ・ナタ（クリームチーズ）と、ユニークな特徴を持つ小さくてクリーミーな牛乳チーズ、ケスコを販売して収入を補っている。カンタブリアのパスヴァレーでもプレスせずに作った崩れやすいクリーミーなチーズ、ケソ・デ・ラス・ガルミラを作っていて、二枚の耐油紙に挟んで販売している。地元のシェフは、このチーズが繊細で、新しい料理のコンセプトやレシピに活用しやすいため、生産を奨励している。バスクの美食会や地元のシードルハウスでの宴会を、燻製にしたイディアサバルチーズとクルミなしでお開きにすることなど想像もできない。イディアサバルは古くから地元の農家やバスクの羊飼いが生産してきた。イディアサバルという名前は、ウルビア平原とアララル山脈の中心部にあるギプスコア県の小さな地域が由来だ。燻製していないイディアサバルには、豊かな夏の牧草地でエサを食べた羊を想起させる、独特かつ純粋な羊乳の特徴がある。燻製タイプはより歴史が古く、かつて羊飼いが山の上にある肌寒い避暑地の囲炉裏でチーズを熟成させたら自然に燻製になったのを機に生産するようになった。

ピレネー山脈周辺では牛と羊が牧草地を共有している。ナヴァラでもっとも美しい渓谷のひとつロンカルは、地元の羊飼いが作るスペイン最古のチーズにその名前を授けた。ロンカルはマンチェゴなど他の伝統的な羊乳のハードチーズと形は似ているが、羊が一生を過ごす山地や渓谷の急斜面をつねに覆っている新鮮な草や野の花のおかげで非常に独特な香りがある。羊が放浪する性質は、その伴侶であり飼育係でもある羊飼いのユニークかつ厳格な生き様を物語っている。羊飼いはスペインの文学や民間伝承のロマンチックな登場人物であると同時に、高度な技術を有するチーズ製造職人だ。

羊はエストレマドゥーラ、カスティーリャ・イ・レオン州、カスティーリャ・ラ・マンチャ州の景観で際立った特徴であり、多くの在来種が生息している。有名なのはカスティーリャ・イ・レオンのチュラとマンチェガの二種だ。かつて、おもに優れた羊毛とおいしい肉を目的に飼育されていたメリノ種の乳も、スペインの特徴あるチーズ数種の原料になっている。毎年、初冬のある日、マドリードの主要幹線道路をすべて通行止めにして、中央高原の北から南へ向かう羊の大群に道を譲っている。羊に街なかを歩かせるとは大胆なイベントだが、毎年、この日、民衆は一二世紀にカスティーリャ王アルフォンソ六世がスペインの羊飼いに与えた権利に思いを馳せる。

メセタ北部産のサモラーノと、メセタ南部ラ・マンチャ産のマンチェゴ。このふたつの歴史ある羊乳チーズには忘れられない過去がある。ヒスパニアにいたローマ人はメセタ産のチーズを食べて生産を奨励した。カスティーリャ語でチーズについて最初に触れた文書は、九世紀にレオンのロズエラにあるサン・フスト修道院で働いていた修道士ヒメノが書いた『チーズについてNoticia de Kesos』だ。また、アブ・ザカリーヤーは一二世紀のスペインの農業について記しており、アラブ人がスペイン中央部で家畜、とくに羊の飼育の改良に重点を置いていたと述べている。アラブ人はマトン(羊肉)に興味を持っていたが、地元の羊飼いが作ったチーズ、アル・ムヤッバーナ(現在のマンチェゴ)も需要があった。

一一世紀に王アルフォンソ六世がムーア人の築いた首都トレドを占領すると、スペイン中央部の経済、宗教、社会構造は劇的に変化した。キリスト教徒軍がトレドを占領したあと、アラブ人、ユダヤ人、そしてキリスト教徒が所有する典型的な小規模農場が、アルフォンソに仕える貴族用の地所として少しずつ統合されていった。キリスト教軍が南に移動すると、それまでムーア人が世話していた多くの地域が空き地になった。その土地にふたたび人を住まわせることは厄介な問題だった。カスティーリャ・レオン出身の臣下のほとんどは、故郷を離れて田舎で過酷な生活をするつもりなどなかったため、南への移動に多額の報酬を求めた。アルフォンソは羊毛を生産するための広大な土地を与えるしかなかった——当時は非常に儲かる商売だったのだ。そして、チーズ

エスパルトグラス(アフリカハネガヤ)で織ったプレイタ[チーズを固めるさいに使う道具]。多くのカスティーリャ産チーズの表面にはこの特徴的な模様が付いている。

作りは限界を迎えた。一七世紀まで、ラ・マンチャでは羊毛の生産が主流だったが、同世紀、人口が増加したため穀物を栽培するようになった。やがて冬の牧草地は過去のものとなり、移動する羊の大群も姿を消した。遊牧民の羊飼いは農民に道を譲った。羊毛の生産は減少したが、マトンとマンチェゴチーズの生産は重要性が高まった。

エストレマドゥーラはつねにメセタの羊たちが冬を過ごす避難場所となっている。現在、地元の農家はメリノ種の乳を使用し、個性豊かな二種類のチーズを生産している――トルタ・デル・カサールとケソ・デ・ラ・セレナだ。牧草地がもっとも茂る一一月から六月に最高の味を出す。いちばん人気のあるチーズは、地元産カルドン（学名 *Cynara cardunculos*、アーティチョークの一種）から得られる植物性レンネット［凝乳酵素］を使い、職人が作っている。カルドンを使うと、独特のわずかな苦みを持つ、とろみのある格別なチーズができる。

地中海に面したスペイン東部では、君臨している山羊の乳からソフトタイプのフレッシュチーズとハードタイプの熟成チーズを作っている。新鮮な山羊乳チーズはローマ時代からずっと地元や都市の需要に応えてきた。チーズ貿易はカタルーニャからカディス県のヘラクレスの柱まで、主要都市と港のあいだで何世紀にもわたって盛んにおこなわれていた。マトはカタルーニャの多くの農場で生産されるフレッシュチーズで、ハチミツをかけたり（メル・イ・マト）、ドライフルーツやナッツを添えたりすると完璧なデザートになる。

マンチェゴチーズはマンチェガ種の羊乳から作る。

バレンシアではカソレータ（小さな火山の形をした木型）やギリシアのフェタチーズに非常に近いセルヴィレータ（ナプキン）など、チーズを作る型や布地から名前を取った製品もある。あまりに新鮮でホエイ（乳清）が染み出すものもあれば、壊れにくくするために熟成させたものもある。地名にちなんで名づけられたムルシアチーズは、少し前までは羊飼いだけが生産していた。熟成版のムルシア・アル・ヴィーノはワインに浸すため、外皮が独特な赤紫色に染まっている。

スペインの地中海沿岸地域では山羊の存在が際立っているが、唯一の競争相手は、バレアレス諸島、とくにメノルカ島だ。この地域は、冬は風雨が強く、夏は暑くて乾燥するという気まぐれな天候に直面し、地元の農家は農作物の栽培より乳牛の放牧に頼って暮らしている。チーズの品質は、一七世紀にイギリス人がバレアレス諸島を占領し、生産性の高い品種の牛をメノルカ島に導入したのを機に大幅に改良された。メノルカ島の主要な町マオンは、この島で生産される極上チーズの名になっている。アルティザン・マオンは殺菌していない牛乳を使用し、綿布を使って角の丸い独特な四角形に成形する。伝統的にこのチーズの外皮はオリーヴオイルかバター、またはバターと甘口ピメントンの調味液を塗り、魅力的なオレンジ色を呈している。わずかな酸味と少し塩気があるマオンチーズは、しっかり熟成させると、パルメザンチーズのようなほろほろとした心地よい歯ざわりになる。

カナリア諸島にはハードタイプの山羊乳チーズ作りに秀逸な伝統がある。各島に独自のチーズがあるが、ランサローテ島ではスペインでも特筆すべき山羊乳チーズ、マホレロが生産されている。完熟した果実の深い風味を持ち、外皮にヤシの葉の柄が施された大きな丸型のチーズだ。

スペインの年配世代は、「パン、チーズ、ワインがあれば旅は無事に終わる」と口をそろえる。しかし、スペイン料理が何世紀にもわたってたどってきた道のりにはさらに多くの食材が関係している。また、先史のアタプエルカ［カスティーリャ・イ・レオン州の遺跡。世界遺産。第一章参照］の時代から一九七〇年代初頭まで、スペインの食はアイデンティティを絶えず追求しながらゆっくりと進歩してきたといえる。このアイデンティティを見出し、いまも多様性に富んだスペイン料理は、ついに成熟し、唯一無二といえるほどの名声を得た。もうひとつ重要なのは、スペイン人はますます冒険心が強くなり、人里離れた名所を探して旅するさい、食べ慣れない料理も楽しむようになったということだ。彼らが出会うのは、その地域ならではの郷土料理の場合もあれば、創造力を駆使した革新的な美食の場合もある。スペインは食にまつわるあらゆる問題において、今後どのような方向に進むのか？　これは予測が難しい。現在、政治経済の不確実性による混乱の嵐がヨーロッパだけでなく世界の多地域でふたたび吹き荒れており、すでにスペイン料理およびレストラン業界の一部にも影響を与えている。すでに確立されたスペイン料理の品質への関心と専門家の献身的な取り組みによって、スペインが必要以上に妥協することなく、起こり得る変化に適応できることを願おう。今後どうなるのか？　数年後、歴史だけが答えてくれるだろう。

原注

序章

★01——J. H. Elliott, *Imperial Spain: 1469–1716* (London, 2002), p. 13.（『スペイン帝国の興亡—— 1469–1716』、藤田一成訳、岩波書店）

第一章　見知らぬ世界の果て

★01——Roger Collins, *Spain: An Oxford Archaeological Guide* (Oxford, 1998).

★02——José Miguel de Barandiaran and Jesús Altuna, *Selected Writings of José Miguel de Barandiaran: Basque Prehistory and Ethnography* (Reno, NV, 2007), pp. 39–45.

★03——María José Sevilla, *Life and Food in the Basque Country* (London, 1989), pp. 70–71.

★04——Mattias Jakobsson et al., 'Ancient Genomes Link Early Farmers from Atapuerca in Spain to Modern-day Basques', *pnas (Proceedings of the National Academy of Sciences of the United States of America)*, CXII/38 (2015).

★05——Jan Read, *The Wines of Spain* (London, 1982), p. 27.

★06——Sebastián Celestino and Carolina López-Ruiz, *Tartessos and the Phoenicians in Iberia* (Oxford, 2016), pp. viii, 70–72, 191–6.

★07——H. C. Hamilton and W. Falconer, trans., *The Geography of Strabo*, vol. III (London, 1857).（『ギリシア・ローマ世界地誌 I』、飯尾都人訳、龍溪書舎）

★08——Carmen Gasset Loring, *El arte de comer en Roma: alimentos de hombres manjares de dioses* (Merida, 2004).

★09——Cato, *Cato: On Farming* [1998], trans. Andrew Dalby, ebook (London, 2016).

★10——Mark Cartwright, 'Trade in the Roman World', *Ancient History Encyclopedia* at www.ancient.eu, 12 April 2018.

★11——Eloy Terrón, *España encrucijada de culturas alimentarias* (Madrid, 1992), pp. 45–6.

★12——Paul Fouracre, ed., *The New Cambridge Medieval History: c. 500–700*, vol. I (Cambridge, 2005), p. 357.

★13——Stephen A. Barney et al., eds and trans., *The Etymologies of Isidore of Seville* (Cambridge, 2009).

第二章　ムーア人、ユダヤ人、キリスト教徒

★01——Garci Rodríguez de Montalvo, *Amadís de Gaula* (Barcelona, 1999).

★02——Juan Lalaguna, *A Traveller's History of Spain* (London, 2011), pp. 22–3.

★03——Joseph F. O'Callaghan, *History of Medieval Spain* (New York, 1983), pp. 49–54.

★04——Emilio Lafuente y Alcántara, *Ajbar Machmua: cronica anonima del siglo xi, dada a luz por primera vez* (Charleston, SC, 2011).

★05——Lucie Bolens, *La cocina andaluza un arte de vivir: siglos xi–xiii*, trans. Asensio Moreno (Madrid, 1992), pp. 43–6, 49–51, 71–2.

★06——José Moreno Villa, *Cornucopia de México* (Mexico City, 2002), p. 381.

★07——Manuel Martinez Llopis, *La dulceria española: recetarios histórico y popular* (Madrid, 1990), pp. 20–24.

★08——Juan Antonio Llorente, *History of the Inquisition of Spain from the Time of Its Establishment to the Reign of Ferdinand vii*, ebook (London, 1826).

★09——Elena Romero, *Coplas sefardies: primera selección* (Cordoba, 1988).

★10——Harold McGee, *On Food and Cooking: An Encyclopedia of Kitchen, Science, History and Culture* (London, 2004).

★11——Gil Marks, *Encyclopedia of Jewish Food* (New York, 2010), p. 561.

★12——Martinez Llopis, *La dulceria española*, pp. 24–5.

★13——Carolyn A. Nadeau, 'Contributions of Medieval Food Manuals to Spain's Culinary Heritage', *Cincinnati Romance Review*, XXXIII (2012).

★14——(原文) 'Nunca dexaron el comer a costunbre judaica de manjarejos e olletas de adefinas e manjarejos de cebollas e ajos refritos con aceite; e la carnen guisaven con aceite, o lo echaven en lugar de tocino e de grosura, por escusar el tocino. El aceite con la carne e cosas que guisan hace oler muy mal el resuello, e asi sus casas e puertas hedian muy mal a aquellos manjarejos: e ellos esomismo tenian el olor de los judios, por causa de los manjares . . . No comian puerco sino en lugar focoso, comian carne en las cuaresmas e vigilias e quatro tenporas en secreto . . . comian el pan cenceño, al tiempo de los judios e carnes tajale.' Andrés Bernáldez, *Memorias del reinado de los Reyes Catolicos, que escribia el bachiller Andrés Bernáldez, cura de los palacios*, ed. Manuel Gomez-Moreno and Juan de M. Carriazo (Madrid, 1962), pp. 96–7. スペインではオリーヴオイルと豚脂(マンテサ・デ・セルド、溶かした豚脂が最適)は、国内各地でつねに料理や菓子作りに使用されてきた。

★15——Jaime Roig, *Spill o Llibre de les Dones. Edición critica con las variantes de todas las publicadas y las de ms de la Vaticana, prologo, estudio y comentarios por Roque Chabes* (Barcelona, 1905).

第三章 城での生活

★01——Juan Cruz Cruz, *Gastronomía medieval*, vol. ii: *Dietetica, Arnaldo de Vilanova: Régimen de Salud* (Navarre, 1995), pp. 8–9.

★02——Rudolf Grewe, *Llibre de Sent Sovi, llibre de totes maneres de potages de menjar*, ed. Amadeu Soveranas and Juan Santanach, 2nd edn (Barcelona, 2009).

★03——Francesc Eiximenis, *Lo Crestià* [1379–1484] (Barcelona, 1983).

★04——Eiximenis, *Com usar bé de beure e menjar: normes morals contigudes en el Terc del Crestia*, ed. Jorge J. E. Gracia (Barcelona, 1925).

★05——Enrique de Villena, *Arte cisoria*, ed. Felipe-Benicio Navarro (Barcelona, 2006).

★06——Angus Mackay, 'The Late Middle Ages, 1250–1500', in *Spain: A History*, ed. Raymond Carr (Oxford, 2000), p. 108.

★07——Julius Klein, *La Mesta: A Study in Economic History between 1273 and 1836* (Cambridge, MA, 1920).

★08——Henry Kamen, 'Vicissitudes of a World Power, 1500–1700', in *Carr*, ed.,

Spain, p. 53.

★09——Eloy Terrón, *España encrucijada de culturas alimentarias: su papel en la difusion de los cultivos americanos* (Madrid, 1992), p. 71.

★10——José Pardo Tomas and María Luz López Terrada, *Las primeras noticias sobre plantas americanas en las relaciones de viajes y cronicas de Indias* (Valencia, 1993).

★11——Manuel Zapata Nicolas, *El pimiento para pimenton* (Madrid, 1992).

★12——Bernabe Cobo, *Historia del nuevo mundo* [1653], Google ebook (Seville, 1891).

★13——Carolyn A. Nadeau, *Food Matters: Alonso Quijano's Diet and the Discourse of Food in Early Modern Spain* (Toronto, 2016), p. 90.

★14——Garcilaso de la Vega (El Inca), *Royal Commentaries of the Incas and General History of Peru*, ed. Karen Spalding, trans. Harold V. Livermore (Indianapolis, IN, 2006).

★15——Redcliffe Salaman, *History and Social Influence of the Potato*, ed. J. G. Hawkes (Cambridge, 1985), pp. 68–72.

★16——José de Acosta, Historia *natural y moral de las Indias* [1590], ebook (Madrid, 2008).

★17——Sophie D. Coe, *The True History of Chocolate* (London, 1996), p. 133.（『チョコレートの歴史』、樋口幸子訳、河出書房新社）

★18——Martha Figueroa de Dueñas, *Xocoalt: Chocolate, la aportacion de México al mundo, recetas e historia* (Mexico City, 1995), p. 11.

★19——Diego de Landa, *Yucatan Before and After the Conquest*, trans. William Gates (Mineola, NY, 2014).

★20——Gabriel Alonso de Herrera, *Libro de agricultura general de Gabriel Alonso de Herrera*, ed. Real Sociedad Económica Matrileña (Madrid, 1818–19).

★21——Text trans. Robin Carroll-Mann, 2001.

★22——同上

★23——Juan Cruz Cruz, *Gastronomía medieval*, vol. I: *Cocina, Ruperto de Nola: Libro de los Guisados* (Navarre, 1995), pp. 74–6.

第四章　スペイン黄金世紀

★01——Juan Sorapán de Rieros, *Medicina española en proverbios vulgares de nuestra lengua* (Madrid, 1615).

★02——Otto Cartellieri, *The Court of Burgundy* (Abington, 2014).

★03——Diana L. Hayes, 'Reflections on Slavery', in Charles E. *Curran, Changes in Official Catholic Moral Teaching* (Mahwah, NJ, 2003), pp. 65–9.

★04——Nicholas P. Cushner, *Lords of the Land: Sugar, Wine and Jesuit Estates of Coastal Peru, 1600–1767* (Albany, NY, 1980), pp. 38–40.

★05——Mitchell Barken, *Pottery from Spanish Shipwrecks, 1500–1800* (Pensacola, FL, 1994).

★06——Regina Grafe, 'Popish Habits vs. Nutritional Need: Fasting and Fish Consumption in Iberia in the Early Modern Period', *Discussion Papers in Economic and Social History*, 55 (Oxford, 2004).

★07——Rosa García-Orellán, *Terranova: The Spanish Cod Fishery on the Grand Banks of Newfoundland in the Twentieth Century* (Irvine, CA, 2010).

★08——Julio Camba, *La casa de Lúculo o el arte de comer* (Madrid, 2010), p. 45.

★09——Juan Ruiz, *Libro del Buen Amor* [1432], ed. Raymond S. Willis (Princeton, NJ, 1972).

★10——Francisco Abad Nebot, 'Materiales para la historia del concepto de siglo de oro en la literatura española', *Analecta Malacitana*, III/2 (1980), pp. 309–30.

★11——（原文）'Yo señora, pues me paresco a mi aguela que a mi señora madre y por amor de mi aguela me llamaron a mi Aldonza, y si está mi aguela bivia, sabía más que no sé, que ella me mostr ó guissar, que en su poder deprendi hacer fideos, empanadillas, alcuzcuz con garbanzos, arroz entero, seco, grasso, albondiguillas redondas y apretadas con cilantro verde, que se conocian las que yo hazia entre ciento. Mira, señora tía que su padre de mi padre dezía: !Estas son de mano de mi hija Aldonza! Pues adobado no hacia? Sobre que cuantos traperos avia en la cal de la Heria querian provallo, y maxime cuando era un buen pecho de carnero. Y !que miel! Pensa, señora que la teniamos de Adamuz y zafran de Penafiel, y lo mejor de la Andaluzia venía en casa d'esta mi aguela. Sabia hacer hojuelas, prestinos, rosquillas de alfaxor, textones de canamones y de ajonjoli, nuegados . . .' José Carlos Capel, *Pícaros, ollas, inquisidores y monjes* (Barcelona, 1985), p. 186.

★12——Linnette Fourquet-Reed, 'Protofeminismo erotico-culinario en *Retrato de la Lozana Andaluza*', *Centro Virtual Cervantes*, aiso, Actas VII (2005), at https://cvc.cervantes.es.

★13——Juan Luis Vives, *The Education of a Christian Woman: A Sixteenth-century Manual*, ed. and trans. Charles Fantazzin (Chicago, IL, and London, 2000).

★14——Miguel de Cervantes, *Don Quixote* (Part ii), trans. Edith Crossman (London, 2004), pp. 582–91. (『ドン・キホーテ』、岩根圀和訳、彩流社)

★15——María del Carmen Símon Palmer, *Alimentación y sus circunstancias en el Real Alcazar de Madrid* (Madrid, 1982), pp. 45–53.

★16——Carolyn A. Nadeau, 'Early Modern Spanish Cookbooks: The Curious Case of Diego Granado', *Food and Language Proceedings of the Oxford Symposium on Food and Cooking*, ed. Richard Hoskings (Totnes, 2009).

★17——Domingo Hernández de Maceras, *Libro del arte de cocina* [1607] (Valladolid, 2004), pp. 3–71.

★18——William B. Jordan and Peter Cherry, *Spanish Still Life from Velazquez to Goya* (London, 1995), p. 36.

★19——William B. Jordan and Peter Cherry, *Spanish Still Life from Velazquez to Goya* (London, 1995), pp. 152–62.

第五章 マドリード、ヴェルサイユ、ナポリ、そしてなによりチョコレート

★01——María de los Angeles Pérez Samper, *Mesas y cocinas en la España del siglo XVIII* (Jij ó n, 2011), p. 153.

★02——Eva Celada, *La Cocina de la Casa Real* (Barcelona, 2004), p. 26.

★03——Ken Albala, *Beans: A History* (Oxford and New York, 2007), pp. 71, 19.

★04——Fernando García de Cortázar and José Manuel González Vargas, *Breve Historia de España* (Madrid, 2015), pp. 342–7.

★05——Montesquieu, 'Consideraciones Sobre las Riquezas de España' [c. 1727–8], ed. Antonio Hermosa Andujar, *Araucaria*, XXXIX (2018), pp. 11–17.

★06——Montesquieu, *The Spirit of the Laws*, ed. Anne M. Cohler (Cambridge, 1989).

★07——(原文) 'En el mismo instante que forzado de la obediencia me hallé en el empleo de la cocina, sin director que me ensenara lo necesario para el cumplimiento de mi oficio, determine, cuando bien instruido, escribir un pequeno resumen or cartilla de cocina, para que los recien profesos, que del noviciado no salen bastante instruidos, encuentren en el sin él rubor de preguntar que acuse su ignorancia quanto pueda ocurrirles en su oficina.' Juan Altimiras, *Nuevo arte de cocina sacado de la Escuela de la Experiencia Económica* (Madrid, 1791), p. 21.

★08——Antonio Salsete, *El cocinero religioso*, ed. Manuel Sarobe Puello (Pamplona, 1995), p. 112.

★09——Christopher Columbus, *The 'Diario' of Christopher Columbus's First Voyage, 1492–1493*, ed. and trans. Olive Dunn and James E. Kelly Jr (Norman, OK, and London, 1989).

★10——Enriqueta Quiroz, 'Del mercado a la cocina: La alimentacion en la Ciudad de México en él siglo xvii: entre tradicion y cambio', in Pilar Gonzalbo Aizpuru, *Historia de la vida cotidiana en México*, vol. III (Mexico City, 2005), pp. 17–44.

★11——Elisa Vargas Lugo, *Recetario novohispano, México, siglo XVIII* (Anónimo) (Mexico City, 2010); Dominga de Guzman, *Recetario de Dominga de Guzman* [1750] (Mexico City, 1996); Jerónimo de San Pelayo, *El libro de cocina del Hermano Fray Gerónimo de San Pelayo*, México, siglo XVIII (Mexico City, 2003).

★12——María Paz Moreno, *De la Pagina al Plato: El Libro de Cocina en España* (Gijón, 2012), p. 60.

★13——Zarela Martinez, *The Food and Life of Oaxaca: Traditional Recipes from México's Heart* (New York, 1997), pp. 160–61.

★14——María del Carmen Símon Palmer, 'La Dulceria en la Biblioteca Nacional de España', in *La Cocina en su Tinta*, exh. cat. (Madrid, 2010), pp. 63–81.

★15——Fernando Serrano Larráyoz, ed., *Confiteria y gastronomía en él regalo de la vida humana de Jua NV, alles*, vols IV–VI (Pamplona, 2008).

★16——Miguel de Baeza, *Los cuatro libros del arte de confitería* [1592], ed. Antonio Pareja (2014).

★17——Juan de la Mata, (原文) 'El café disipa y destruye los vapores del vino, ayuda á la digestion,conforta los espiritus, é impide dormir con exceso', in Mata, *Arte de repostería* [1791] (Valladolid, 2003).

★18——Joseph Townsend, *A Journey through Spain in the Years 1786 and 1787, with Particular Attention to the Agriculture, Manufacturers and Remarks in Passing through a Part of France* (London, 1791), pp. 265–6.

★19——Carolyn A. Nadeau, Food Matters: *Alonso Quijano's Diet and the Discourse of Food in Early Modern Spain* (Toronto, 2016), p. 96.

★20——Sidney Mintz, *Sweetness and Power: The Place of Sugar in Modern History* (New York, 1985). (『甘さと権力』、川北稔・和田光弘訳、平凡社)

★21——Joan de Deu Domènech, *Chocolate todos los días. a la mesa con él Bar ó n de Malda: un estilo de vida del siglo XVIII* (Albacete, 2004), p. 255.

★22——Tom Burns in David Mitchell, *Travellers in Spain: An Illustrated Anthology* (Fuengirola, 2004), p. 1.

★23——同上、p. 8.

★24——Madame d'Aulnoy, *Travels into Spain*, Google ebook (London, 2014).

第六章 食卓での政治

★01——Néstor Luján, *Historia de la gastronomía* (Barcelona, 1988), p. 156.

★02——Lucien Solvay, *L'Art espagnol: Précede d'une introduction sur l'Espagne et les Espagnols*, ed. J. Rouan (Paris, 1837).

★03——Leonard T. Perry, 'La Mesa Espanola en el Madrid de Larra', *Mester*, X/1 (Los Angeles, CA, 1981), pp. 58–65.

★04——Isabel González Turmo, *200 anys de cocina* (Madrid, 2013), pp. 65–8.

★05——María Carme Queralt, *La cuynera catalana* [1851], Google ebook (London, 2013).

★06——Richard Ford, *Manual para viajeros por España y lectores en casa: observaciones generals* (Madrid, 2008).

★07——Fernando García de Cortázar and José Manuel González Vesga, *Breve historia de España* (Barcelona, 2013), pp. 456–7.

★08——(原文) 'Je crois que Madrid est le lieu de la terre ou l'on prend de meilleur café; que cette boisson est délicieuse! plus délicieuse cent fois que toutes les liqueurs du monde . . . le café égaie, anime, exalte, electrife; le café peuple la tete d'idées . . .' Jean-Marie-Jerome Fleuriot de Langle, *Voyage de Figaro, en Espagne* (Saint Malo, 1784).

★09——Edward Henry Strobel, *The Spanish Revolution, 1868–75* (Boston, MA, 1898).

★10——Fernando Sánchez G ó mez, *La cocina de la critica: historia, teoria y práctica de la critica gastronómica como genero periodistico* (Seattle, WA, 2013), p. 124.

★11——Mariano Pardo de Figueroa, *La mesa moderna: cartas sobre el comedor y la cocina cambiadas entre él Doctor Thebussem y un cocinero de S.M.* (Valladolid, 2010), pp. 23–39.

★12——Angel Muro, *El practicon: tratado completo de cocina al alcance de todos y aprovechamiento de sobras* [1894] (Madrid, 1982).

★13——María Paz Moreno, 'La Cocina Antigua de Emilia Pardo Bazán: Dulce Venganza e Intencionalidad Multiple en un Recetario Ilustrado', *La tribuna, cadernos de estudios da Casa Museo Emilia Pardo Bazán, 4* (2006), pp. 243–6; Emilia Pardo Bazán, La cocina española moderna (Madrid, 1917).

★14——Rebecca Ingram, 'Popular Tradition and Bourgeois Elegance in Emilia Pardo Bazán's Cocina Espanola', *Bulletin of Hispanic Studies*, XCI/3 (2014), pp. 261–4.

★15——Lara Anderson, *Cooking up the Nation* (Woodbridge, 2013), p. 105.

★16——Alvaro Escribano and Pedro Fraile Balbín, 'The Spanish 1898 Disaster: The Drift towards National Protectionism', *Economic History and Institutions, Series 01. Working Paper* (Madrid, 1998), pp. 98–103.

★17——Eladia M. Carpinell, *Carmencita o la buena cocinera: manual práctico de cocina española, americana, francesa* (Barcelona, 1899), pp. 65–6.

第七章 飢餓、希望、成功

★01——Ismael Díaz Yubero, *Sabores de España* (Madrid, 1998), p. 9.

★02——Mariano Pardo de Figueroa, *La mesa moderna: cartas sobre el comedor y la cocina cambiadas entre el Doctor Thebussem y un cocinero de S.M.* (Valladolid, 2010), p. 180.

★03——Dionisio Pérez, *Guia del buen comer espanol: historia y singularidad regional de la cocina española* [1929] (Seville, 2010).

★04——Dionisio Pérez and Gregorio Marañon, *Naranjas: él arte de prepararlas y comerlas* (Madrid, 1993).

★05——Dionisio Pérez, *La cocina clásica española* (Huesca, 1994).

★06——María Mestager de Echague (Marquesa de Parabere), *Platos escogidos de la cocina vasca* (Bilbao, 1940).

★07——Ursula, Sira y Vicenta de Azcaray y Eguileor, *El amparo: sus platos clasicos* (San Sebastián, 2010), p. 217.

★08——Gerald Brenan, *The Spanish Labyrinth: An Account of the Social and Political Background of the Spanish Civil War* (Cambridge, 1969), p. 86.

★09——Ermine Herscher and Agnes Carbonell, En la mesa de *Picasso* (Barcelona, 1996).

★10——Carmen de Burgos ('Colombine'), *Quiere usted comer bien?* (Barcelona, 1931), pp. 5–6.

★11——Laurie Lee, *A Moment of War* (London, 1992), pp. 115–18.

★12——Juan Eslava Galan, *Los anos del miedo: la Nueva España* (1939–52) (Barcelona, 2008).

★13——Antonio Salsete, *El cocinero religioso*, ed. Victor Manuel Sarobe Pueyo (Pamplona, 1995), p. 124.

★14——Manuel María Puga y Parga (Picadillo), *La cocina práctica* (A Coruña, 1926), p. 15.

★15——Ignacio Domènech, *Cocina de recursos* (Gijon, 2011).

★16——Ignacio Domènech, *La nueva cocina elegante española* (Madrid, 1915).

★17——Ana María Herrera, *Manual de cocina (recetario)* (Madrid, 2009), pp. 47–8.

★18——Pedro Subijana et al., *Basque, Creative Territory: From New Basque Cuisine to the Basque Culinary Centre, a Fascinating 40-year Journey* (Madrid, 2016), pp. 15–17.

★19——Juan José Lapitz, *La cocina moderna en Euskadi* (Madrid, 1987), pp. 27–55.

★20——Carmen Casas, *Comer en Catalunya* (Madrid, 1980), p. 170.

★21——Caroline Hobhouse, *Great European Chefs* (London, 1990), pp. 174–88.

★22——Santi Santamaria, *La cocina al desnudo* (Barcelona, 2008).

★23——Ferran Adria, *El Bulli: El sabor del Mediterraneo* (Barcelona, 1993), pp. 15–71.

第八章 スペイン料理《コシーナ》

★01——Néstor Luján and Juan Perucho, *El libro de la cocina española, gastronomía e historia* (Barcelona, 2003), p. 158.

★02——Ken Albala, *Beans: A History* (Oxford, 2007), p. 198.

★03——Francisco Martinez Montino, *Arte de cozina, pasteleria, vizcochería y conserveria* (Madrid, 1617).

★04——Nicolasa Pradera (with Preface by Gregorio Marañon), *La cocina de Nicolasa* (San Sebastian, 2010).

★05——Adam Hopkins, *Spanish Journeys: A Portrait of Spain* (London, 1992), p. 45.

★06——Lorenzo Díaz, *La cocina del Quijote* (Madrid, 2005), p. 80.

★07——Luján and Perucho, *El libro de la cocina española*, p. 395.

★08——Isabel and Carmen García Hernández, *La mejor cocina extremena escrita por dos autoras* (Barcelona, 1989), pp. 53–86.

★09——Colman Andrews, *Catalan Cuisine* (London, 1988), pp. 15–17.

★10——Josep Lladonosa i Giró, *La cocina medieval* (Barcelona, 1984), pp. 71–80.

★11——Josep Pla, *Lo que hemos comido* (Barcelona, 1997), p. 18.

★12——Tony Lord, *The New Wines of Spain* (Bromley, 1988), p. 51.

★13——D. E. Pohren, *Adventures in Taste: The Wines and Folk Food of Spain* (Seville, 1970), p. 193.

★14——Alan Davidson, *The Tio Pepe Guide to the Seafood of Spain and Portugal* (Jerez de la Frontera, 1992), p. 141.

★15——Teodoro Bardají, *La salsa mahonesa: recopilacion de opiniones acerca del nombre tan discutido de está salsa fría . . .* (Madrid, 1928).

★16——Tomas Graves, *Bread and Oil* (London, 2006), p. 107.

★17——Lalo Grosso de Macpherson, *Cooking with Sherry* (Madrid, 1987).

★18——Manuel Valencia, *La cocina gitana de Jerez: tradicion y varguandia* (Jerez de la Frontera, 2006), pp. 18–20, 34–35.

★19——Enrique Mapelli, *Papeles de gastronomía malaguena* (Malaga, 1982), pp. 101, 142, 239, 31.

★20——Gerald Brenan, *South from Granada* (Cambridge, 1957), p. 125.（『グラナダの南へ——スペイン農村の民族誌』、岡住正秀・渡邊太郎訳、現代企画室）

★21——David and Emma Illsley, *Las Chimeneas: Recipes and Stories from an Alpujarran Village* (London, 2016) pp. 31, 136.

★22——J. G. Hawkes and J. Francisco-Ortega, 'The Early History of the Potato in Europe', *Euphytica*, LXX/1–2 (1993), pp. 1–7.

★23——José Juan Jimenez González, *La tribu de los canarii, arqueologia, antiguedad y renacimiento* (Santa Cruz de Tenerife, 2014), pp. 173–4.

参考文献

✣ Abu Zakariyya'Yaliya ibn Muhammad ibn al-'Auwam, Sevillano, *Kitab al-falahab, Libro de Agricultura*, trans. José Antonio Banqueri [1802], e-book (Madrid, 2011)

✣ Agulló, Ferràn, *Libre de la cocina Catalana* [1924] (Barcelona, 1995)

✣ Ainsworth Means, Philip, *The Spanish Main: Focus of Envy, 1492–1700* (New York, 1935)

✣ Alcala-Zamora, José, *La vida cotidiana en la España de Velázquez* (Madrid, 1999)

✣ Aldala, Ken, *Food in Early Modern Europe* (Santa Barbara, CA, 2003)

✣ Allard, Jeanne, 'La Cuisine Espagnole au Siecle d'Or', *Mélanges de la Casa de Velázquez*, XXIV (1988), pp. 177–90

✣ Almodóvar, Miguel Angel, *Yantares de cuando la electricidad acabo con las mulas* (Madrid, 2011)

✣ Alperi, Magdalena, *Guía de la cocina asturiana* (Gijón, 1987)

✣ Apicio, *La cocina en la Antigua Roma*, ed. Primitiva Flores Santamaría and María Esperanza Torrego (Madrid, 1985)

✣ Aram, Bethany, *Juana the Mad: Sovereignty and Dynasty in Renaissance Europe* (Baltimore, md, 2005)

✣ ——, and Bartolomé Yun Casadilla, eds, *Global Goods and the Spanish Empire, 1492–1824* (London, 2014)

✣ Arbelos, Carlos, *Gastronomia de las tres culturas, recetas y relatos* (Granada, 2004)

✣ Azorín, *Al margen de los clasicos* (Madrid, 2005)

✣ Azurmendi, Mikel, *El fuego de los símbolos: artificios sagrados del imaginario de la cultura vasca tradicional* (San Sebastian, 1988)

✣ Badi, Meri, *La cocina judeo-española*, trans. Carmen Casas (Barcelona, 1985)

✣ Balfour, Sebastian, 'Spain from 1931 to the Present', in Raymond Carr, ed., *Spain: A History* (Oxford, 2000)

✣ Balzola, Asun, and Alicia Rios, Cuentos *rellenos* (Madrid, 1999)

✣ Barandiaran, José Manuel, *La alimentacion doméstica en Vasconia, ed. Ander Monterola* (Bilbao, 1990)

✣ Bardaji, Teodoro, *La cocina de ellas* (Huesca, 2002)

✣ ——, *Indice culinario* (Huesca, 2003)

✣ Barragán Mohacho, Nieves, and Eddie and Sam Hart, *Barrafina: A Spanish Cookbook* (London, 2011)

✣ Benavides Barajas, Luis, Al-Andalus, *la cocina y su història, reinos de taifas, norte de Africa, Judios, Mudejares y Moriscos* (Motril, 1996)

✣ ——, *Al-Andalus, el Cristianismo, Mozarabes y Muladies* (Motril, 1995)

✣ Bennison, Vicky, *The Taste of a Place: Mallorca* (London, 2003)

✣ Bermúdez de Castro, José María, *El chico de la Gran Dolina* (Barcelona, 2010)

✣ Bettonica, Luis, *Cocina regional española: trescientos platos presentados por grandes maestros de cocina* (Barcelona, 1981)

✣ Blasco Ibanez, Vicente, *Canas y barro* (Madrid, 2005)

✣ Bonnín, Xesc, *La cocina mallorquina: pueblo a pueblo, puerta a puerta* (Mallorca, 2006)

- Bray, Xavier, *Enciclopedia del Museo del Prado* (Madrid, 2006)
- Brenan, Gerald, *The Face of Spain* (London, 2006) (『素顔のスペイン』、幸田礼雅訳、新評論)
- Burns, Jimmy, *Spain: A Literary Companion* (Malaga, 2006)
- Butrón, Inés, *Comer en España: de la subsistencia a la vanguardia* (Barcelona, 2011)
- Cabrol, Fernand, 'Canonical Hours', in *The Catholic Encyclopedia*, vol. VII (New York, 1910)
- Capel, José Carlos, and Lourdes Plana, *El desafio de la cocina Española: tres décadas de evolución* (Barcelona, 2006)
- Caro Baroja, Julio, 'De la Vida Rural Vasca', *Estudios Vascos*, V (San Sebastian, 1989)
- ——, *Los Vascos* (Madrid, 1971)
- Carr, Raymond, *Modern Spain, 1875–1980* (Oxford, 1980)
- Casas, Carmen, *Damas guisan y ganan* (Barcelona, 1986)
- Castellano, Rafael, *La cocina romantica: una interpretacion del xix a traves de la gastronomía* (Barcelona, 1985)
- Chela, José H., *Cincuenta recetas fundamentales de la cocina canaria* (Santa Cruz de Tenerife, 2004)
- Chetwode, Penelope, *Two Middle-aged Ladies in Andalusia* (London, 2002)
- Cieza de León, Pedro de, *Crónica del Peru* (Lima, 1986) (『激動期アンデスを旅して』、染田秀藤訳、岩波書店)
- Civitello, Linda, *Cuisine and Culture: A History of Food and People* (London, 2003) (『食と人の歴史大全——火の発見から現在の料理まで』、栗山節子・片柳佐智子訳、柊風舎)
- Cobo, Bernabe, *Historia del Nuevo Mundo, trans. Roland Hamilton* (Austin, TX, 1983)
- Collins, Roger, *Visigothic Spain, 409–711* (Hoboken, NJ, 2004)
- Columbus, Christopher, *The Log of Christopher Columbus* [1492], trans. Robert H. Fuson (Camden, ME, 1991)
- Cooper, John, *Eat and Be Satisfied: A Social History of Jewish Food* (Northvale, NJ, and Jerusalem, 1993)
- Corcuera, Mikel, *25 años de la Nueva Cocina Vasca* (Bilbao, 2003)
- Cordon, Faustino, *Cocinar hizo al hombre* (Barcelona, 1989)
- Cruz Cruz, Juan, 'La cocina mediterránea en el inicio del renacimiento: Martino da Como "Libro de Arte Culinaria"', in Ruperto de Nola, *Libro de guisados* (Huesca, 1998)
- Cunqueiro, Alvaro, *La cocina gallega* (Vigo, 2004)
- Dawson, Samuel Edward, *The Lines of Demarcation of Pope Alexander vi and the Treaty of Tordesillas, ad 1493 and 1494* (Ottawa and Toronto, 1899)
- De Benitez, Ana María, *Pre-Hispanic Cooking* (México City, 1974)
- De Herrera, Alonso, *Ancient Agriculture: Roots and Applications of Sustainable Farming* [1513] (Layton, ut, 2006)
- De Miguel, Amando, *Sobre Gustos y Sabcres: Los Españoles y la Comida* (Madrid, 2004)
- Del Corral, José, *Ayer y hoy de la gastronomía madrileña* (Madrid, 1992)
- Delgado, Carlos, *Cien recetas magistrales: diez grandes chefs de la cocina española* (Madrid, 1985)
- Della Rocca, Giorgio, *Viajar y comer por el maestrazgo* (Vinaroz, 1985)
- Díaz, Lorenzo, *La cocina del Barroco: a gastronomía del Siglo de Oro en Lope, Cervantes y Quevedo* (Madrid, 2003)
- Díaz del Castillo, Bernal, *Historia verdadera de la conquista de la Nueva España* [1632] (Madrid, 1955) (『メキシコ征服記 三』、小林一宏訳、岩波書店)
- Doménech, I., and F. Marti, *Ayunos y abstinencias cocina de Cuaresma* (Barcelona, 1982)
- Domingo, Xavier, *La mesa del buscón* (Barcelona, 1981)

✣ Domínguez, Martí, *Els nostres menjars* (Valencia, 1979)

✣ Domínguez Ortiz, Antonio, *Carlos III y la España de la ilustracion* (Madrid, 2005)

✣ ——, *La sociedad Española en el siglo XVII* (Madrid, 1992)

✣ Eichberger, Dagmar, Anne-Marie Legaré and Wim Husken, eds, *Women at the Burgundian Court: Presence and Influence* (Turnhout, 2011)

✣ Elexpuru, Inés, *La cocina de Al-Andalus* (Madrid, 1994)

✣ Escoffier, A., *A Guide to Modern Cookery*, trans. James B. Herdon Jr (London, 1907) (『エスコフィエフランス料理』、角田明訳・井上幸作技術監修、柴田書店)

✣ Espada, Arcadi, *Las dos hermanas: medio siglo del restaurante hispània* (Barcelona, 2008)

✣ Fàbrega Colom, Jaume, *Cuina monastica* (Barcelona, 2013)

✣ Fatacciu, Irene, 'Atlantic History and Spanish Consumer Goods in the Eighteenth Century: The Assimilation of Exotic Drinks and the Fragmentation of European Identities', *Nuevo Mundo, Mundos Nuevos* (27 June 2012)

✣ Fear, A. T., *Prehistoric and Roman Spain*, in Raymond Carr, ed., Spain: A *History* (Oxford, 2000)

✣ Fidalgo, José Antonio, *Asturias: cocina de mar y monte* (Oviedo, 2004)

✣ Fletcher, Richard, *The Early Middle Ages, 700–1250*, in Raymond Carr, ed., *Spain: A History* (Oxford, 2000)

✣ Font Poquet, Miquel S., *Cuina i menjar a Mallorca: història i receptes* (Palma de Mallorca, 2005)

✣ García Armendáriz, José Ignacio, *Agronomia y Tradición Clásica: Columela en España* (Seville, 1994)

✣ García Mercandal, José, *Lo Que España Llevo a América* (Madrid, 1958)

✣ García Paris, Julia, *Intercambio y difusion de plantas de consumo entre el nuevo y el Viejo mundo* (Madrid, 1991)

✣ Gautier, Theophile, *A Romantic in Spain* (Oxford, 2001)

✣ Gitlitz, David M., *Secrecy and Deceit: The Religion of the Crypto-Jews* (Albuquerque, NM, 2002)

✣ Glick, Thomas F., *Irrigation and Society in Medieval Valencia* (Cambridge, MA, 1970)

✣ Gonzalbo Aizpuru, Pilar, *Historia de la vida cotidiana en México*, vol. III: El *siglo XVIII: entre tradicion y cambio* (México City, 2005)

✣ González, Echegaray J., and L. G. Freeman, 'Las escavaciones de la Cueva del Juyo (Cantabria)', *Kobie* (Serie Paleoantropologia), XX (1992–3)

✣ Gracia, Jorge J. E., 'Rules and Regulations for Drinking Wine in Francesc Eiximenis' "Terç del Crestià" (1384)', *Traditio: Studies in Ancient and Medieval History, Thought, and Religion*, XXXII/1 (1976), pp. 369–85

✣ Granado, Diego, *Libro del arte de cocina* (Madrid, 1971)

✣ Grewe, Rudolf, 'The Arrival of the Tomato in Spain and Italy: Early Recipes', *The Journal of Gastronomy*, VIII/2 (1987), pp. 67–81

✣ ——, 'Hispano-Arabic Cuisine in the Twelfth Century', in *Du manuscript à la table: Essais sur la cuisine au Moyen Age et rèpertoire des manuscrits médiévaux contenant des recettes culinaires*, ed. Carole Lambert (Montreal, 1992), pp. 141–8

✣ ——, *Llibre de Sent Soví: receptari de cuina* (Barcelona, 1979)

✣ Haranburo Altuna, Luis, *Historia de la alimentacion y de la cocina en el pais vasco, de Santimamine a Arzak* (Alegia, Guipúzkoa, 2009), pp. 264–6

✣ Hayward, Vicky, *New Art of Cookery: A Spanish Friar's Kitchen Notebook by Juan Altamiras* (London, 2017)

✣ Herr, Richard, 'Flow and Ebb, 1700–1833', in Raymond Carr, ed., *Spain: A History* (Oxford, 2000)

✣ Herrera, A. M., *Recetario para olla a presión y batidora eléctrica* (Madrid, 1961)

✣ Herrero y Ayora, Melchora, and Florencia Herrero y Ayora, *El arte de la cocina: fórmulas* (para desayunos, tes, meriendas y refrescos) (Madrid, 1914)

✣ Huertas Ballejo, Lorenzo, 'Historia de la producción de vinos y piscos en el Peru',

Revista Universum, IX/2 (Talca, 2004), pp. 44–61

✣Huici Miranda, Ambrosio, trans., *La cocina hispano-magrebi durante la epoca almohade: segun un manuscrito anonimo del siglo xiii*, a preliminary study by Manuela Marín (Gijón, 2005)

✣Humboldt, Alexander von, *Ensayo politico sobre el reino de la Nueva España* (México, 1978)

✣Johnson, Lyman L., and Mark A. Burkholder, *Colonial Latin América* (Oxford, 1990)

✣Juan de Corral, Caty, *Cocina balear* (León, 2000)

✣——, *Recetas con Angel* (Madrid, 1994)

✣Juderias, Alfredo, *Viaje por la cocina hispano-judia* (Madrid, 1990)

✣Kamen, Henry, *The Disinherited, Exile and the Making of Spanish Culture, 1492–1975* (New York, 2007)

✣——, *The Spanish Inquisition: A Historical Revision* (New Haven, CT, 1999)

✣Keay, S. J., Roman *Spain (Exploring the Roman World)* (Oakland, CA, 1988)

✣Kurkanski, Mark, *The Basque History of the World* (London, 2000)

✣Lacoste, Pablo, 'La vid y el vino en América del Sur: el desplazamiento de los polos vitivinícolas (Siglos xvi al xx)', Revista *Universum*, XIX/2 (2004), pp. 62–93

✣Lana, Benjamin, *La Cucina de Nacho Manzano* (Barcelona, 2016)

✣Lladonosa Giro, Josep, *Cocina de Ayer, Delicias de Hoy* (Barcelona, 1984)

✣López Castro, José Luis, 'El poblamiento rural fenicio en el sur de la peninsula iberica entre los siglos vi a iii a.c.', *Gerion*, xxvi/1 (2009), pp. 149–82

✣López Mendiazábal, Isaac, *Breve història del país vasco* (Buenos Aires, 1945)

✣Luard, Elisabeth, *The Rich Tradition of European Peasant Cookery* (London, 1986)

✣Luján, Néstor, *El menjar* (Coneixer Catalunya) (Madrid, 1979)

✣Mackay, Angus, *The Late Middle Ages: From Frontier to Empire, 1000–1500* (New York, 1977)

✣March Ferrer, *Lourdes, El Libro de la paella y los arroces* (Madrid, 1985)

✣Marín, Manuela, and David Waines, *La alimentacion en las culturas islamicas* (Madrid, 1994)

✣Marti Gilabert, Francisco, *La desamortizacion española* (Madrid, 2003)

✣Martínez Yopis, Manuel, *Historia de la gastronomía española* (Huesca, 1995)

✣——, and Luis Irizar, *Las cocinas de espana* (Madrid, 1990)

✣Mendel, Janet, *Traditional Spanish Cooking* (London, 2006)

✣Menéndez Pidal, Ramón, *Crónicas Generales de España* [1898] (Whitefish, MT, 2010) Menocal, María Rosa, *The Ornament of the World: How Muslims, Jews and Christians Created a Culture of Tolerance in Medieval Spain* (New York, 2002) (『寛容の文化――ムスリム、ユダヤ人、キリスト教徒の中世スペイン』、足立孝訳、名古屋大学出版会)

✣Miguel-Prendes, Sol, 'Chivalric Identity in Enrique de Villena's Arte Cisoria', *La Coronica: A Journal of Medieval Hispanic Languages, Literatures and Cultures*, XXXII/1 (2003), pp. 307–42

✣Monardes, Nicolas, *La història medicinal de las cosas que se traen de nuestras Indias Occidentales, 1565, 1569 and 1580* (Madrid, 1989)

✣Montanary, Massimo, *The Culture of Food*, trans. Carl Ipsen (Oxford, 1994)

✣——, *El hambre y la abundancia, història y cultura de la alimentación en Europa* (Barcelona, 1993)

✣Morris, Jan, *The Presence of Spain* (London, 1988) (『スペイン』、仙名紀訳、図書出版社)

✣Motos Pérez, Isaac, 'Lo Que Se Olvida: 1499–1978', *Anales de Historia Contemporanea*, XXV (2009)

✣Munoz Molina, Antonio, Cordoba de los *omegas* (Seville, 1991)

✣Norwich, John Julius, The Middle *Sea* (London, 2006)

✣Obermaier, Hugo, *El hombre fosil* (Madrid, 1985)

✣ Ortega, Simone, and Inés Ortega, *1080 Recipes* (London, 2007)

✣ Ortega, Teresa María, ed., *Jornaleras, campesinas y agricultoras: la història agrarian desde una perspectiva de género* (Zaragoza, 2015)

✣ Pan-Montojo, Juan, 'Spanish Agriculture, 1931–1955. Crisis, Wars and New Policies in the Reshaping of Rural Society', in *War, Agriculture, and Food: Rural Europe from the 1930s to the 1950s*, ed. Paul Brassley, Yves Segers and Leen van Molle (New York, 2012), Chapter Five Pelauzy, M. A., *Spanish Folk Crafts* (Barcelona, 1982)

✣ Pérez Samper, María de los Angeles, 'Los recetarios de cocina (siglos XV–XVIII)', in *Codici del gusto* (Milan, 1992), pp. 154–75

✣ Pisa, José María, *El azafran en Aragón y la gastronomía* (Huesca, 2009)

✣ ——, *Bibliografia de la paella* (Huesca, 2012)

✣ Pla, Josep, *Lo que hemos comido* (Barcelona, 1997)

✣ Pritchett, V. S., *The Spanish Temper* (London, 1973)

✣ Quiróz, Enriqueta, 'Comer en Nueva España: privilegios y pesares de la sociedad en el siglo XVIII', *Historia y Memoria*, 8 (2014)

✣ Remie Constable, Olivia, 'Food and Meaning: Christian Understanding of Muslim Food and Food Ways in Spain, 1250–1550', *Viator, Medieval and Renaissance Studies*, XLIV/3 (2013), pp. 199–235

✣ Revel, Jean-Francois, *Un Festin de Palabras, trans. Lola Gavarrón and Mauro Armino* (Barcelona, 1996)

✣ Rios, Alicia, and Lourdes March, *The Heritage of Spanish Cooking* (London, 1992)

✣ Roca, Joan, *La cocina catalana de toda la vida: las mejores recetas de mi madre* (Barcelona, 2004)

✣ Rose, Susan, *The Wine Trade in Medieval Europe, 1000–1500* (London, 2011)

✣ Sánchez, Marisa, and Francis Paniego, *Echaurren: el sabor de la memoria* (Barcelona, 2008)

✣ Sánchez Martínez, Verónica, 'La fiesta del gusto: construccion de México a través de sus comidas', *Opcion*, xxii/51 (Maracaibo, 2006)

✣ Sand, George, *A Winter in Majorca* [1842], trans. Robert Graves (Valldemossa, Mallorca, 1956)

✣ Santamaría, Santi, *Palabra de cocinero: un chef en vanguardia* (Barcelona, 2005)

✣ Santich, Barbara, *The Original Mediterranean Cuisine: Medieval Recipes for Today* (Totnes, 1995)

✣ Seaver, Henry Latimer, *The Great Revolt in Castile: A Study of the Comunero Movement of 1520–1521* (Cambridge, 1928)

✣ Serradilla Munoz, José V., *La mesa del emperador: recetario de Carlos v en Yuste* (Barcelona, 1997)

✣ Serrano Larrayoz, Fernando, *Un recetario navarro de cocina y reposteria* (Siglo XIX)

✣ (Gijón, 2011)

✣ Settle, Mary Lee, *Spanish Recognitions: The Roads to the Present* (New York, 2004, and Oxford, 2015)

✣ Sevilla, María José, 'Pasus: A Basque Kitchen' in Alan Davidson, *The Cook's Room* (London, 1991)

✣ Shaul, Moshe, Aldina Quintana and Zelda Ovadia, *El gizado sefaradi* (Zaragoza, 1995)

✣ Sokolov, Raymond, *Why We Eat What We Eat* (New York, 1991)

✣ Spataro, Michela, and Alexander Villing, eds, *Ceramics, Cuisine and Culture: The Archaeology and Science of Kitchen Pottery in the Ancient Mediterranean World* (Oxford, 2015)

✣ Subijana, Pedro, *Akelarre: New Basque Cuisine* (London, 2017)

✣ Sueiro, Jorge Victor, *Comer en Galicia* (Madrid, 1989)

✣ Tannahill, Reay, *Food in History* (New York, 1998)（『食物と歴史』、小野村正敏訳、評論社）

✣ Thibaut i Comelade, Eliana, *La cuina medieval a l'abast* (Barcelona, 2006)

✣ Thomas, Hugh, *The Spanish Civil War* (London, 1965)（『スペイン市民戦争』、都築忠七訳、みすず書房）

✣ Torre Enciso, Cipriano, *Cocina gallega 'enxebre': asi se come y bebe en Galicia* (Madrid, 1982)

✣ Vallverdu-Poch, Josep, et al., 'The Abric Romani Site and the Capellades Region', in *High Resolution Archaeology and Neanderthal Behavior: Time and Space in Level J of Abric Romani (Capellades, Spain)*, ed. Eudald Carbonell i Roura (2012), pp. 19–46

✣ Van Hensbergen, Gijs, *In the Kitchens of Castile* (London, 1992)

✣ Vázquez Montalbán, Manuel, *Las recetas de Carvalho* (Barcelona, 2004)

✣ Vázquez Ramil, Raquel, *Mujeres y educacion en la España contemporanea: La Institucion Libre de Ensenanza y la Residencia de Senoritas de Madrid* (Madrid, 2012)

✣ Vicens Vives, Jaume, *Aproximacion a la història de España* (Madrid, 1952)

✣ ——, *España contemporanea, 1814–1953* (Barcelona, 2012)

✣ Watson, Andrew M., 'The Arab Agriculture Revolution and Its Diffusion: 700–1100', *Journal of Economic History*, XXXIV/1 (1974), pp. 8–35

✣ Weiss Adamson, Melitta, *Food in Medieval Times* (Westport, CT, 2004)

✣ Welch, Kathryn, ed., *Appian's Roman History: Empire and Civil War* (Wales, 2015)

✣ Wittmayer Baron, Salo, *A Social and Religious History of the Jews*, 2nd edn (New York, 1969)

✣ Zamora, Margarita, *Language, Authority and Indigenous History in the Comentarios Reales de los Incas* (Cambridge, MA, 1988)

✣ Zapata, Lydia, et al., 'Early Neolithic Agriculture in the Iberian Peninsula', *Journal of World Prehistory*, XVIII/4 (2004)

謝辞

本書はスペインの料理とワインの研究に長年取り組んできた成果だ。執筆と出版に多大な影響を与えてくれた数多くの人々に感謝申し上げる——私の家族、料理作家やジャーナリスト、学者や写真家、そして、スペインにおける長き思い出を有する料理人、シェフ、食品やワインの生産者たちに。

感謝リストには、まずリークション・ブックスの発行人マイケル・リーマンを載せなければならない。マイケルは世界の多くの国における生活と食の理解に貢献している本シリーズ *Foods and Nations* に多大な時間と労力を費やしている。彼は必要に応じて私をリードし、可能なかぎり正しい判断と正確な記述ができるよう導いてくれた。これだけ豊かな文化を持つスペイン、ならびに、スペイン人作家を相手にすることは容易ではない。我が夫デイヴィッド・スワン、編集者兼ジャーナリストのパトリシア・ラントン、そして歴史家で並外れた言語学者のサラ・コドリントンは、私の英文法が誤っていないことを確信させてくれた。さらに、リークション・ブックス編集長マーサ・ジェイに感謝の意を表したい。彼女は忍耐強く才能あふれる女性で、なくてはならない存在だ。我が息子ダニエル・J・テイラーは、私が挑んだ現代テクノロジーとの格闘に手を貸してくれた。贈るメダルはひとつでは足りない。

感謝リストは、そもそもスペインの料理やワインを詳しく調べるよう私にすすめてくれた人々の名前を挙げなければ成り立たない。まずは、小説家で傑出したマーケティング立案者のパトリック・グーチ。そしてもちろん、ロンドンのスペイン大使館で商務参事官として働いていたファン・カラボソ。評価の高い雑誌スペイン・グルメツアーの発行人で才能あふれるキャシー・ボリアックは、故マイケル・ベイトマン、マイケル・ラファエル、フィリッパ・ダベンポートなど、他のジャーナリストと同様、私に刺激を与えてくれた。

過去三〇年間、私はオックスフォードの食と料理に関するシンポジウムに参加してきた。このシンポジウムが独自の研究と人脈の素晴らしい源であることはまちがいない。オックスフォードでは多くの真の専門家が手掛ける仕事に感銘を受けた。彼らは、私らしい仕事や、料理史や食に関する私らしい書き方を教えてくれた。アラン・デイヴィッドソンとは魚への情熱を分かち合った。ソフィー・コーはチョコレートの歴史を語ってくれた。ジェーン・グリグソンは野菜と豆類、そして、クラウディア・ローデンはセファラドの世界を。また、オックスフォードでは、スペイン料理とスペイン文化の擁護者であり権威となったヴィッキー・ヘイワードに会えた。遠い昔、私たちはバスク料理の世界で多くの味を体験した――忘れられない思い出だ。スペインを深く理解しているエリザベス・ルアード、そして、知識と才能に長けた女性ジル・ノーマンとの友情は、何年も前にオックスフォードで始まった。近年、私はキャロリン・ナドーの講義のひとつに参加した。彼女はスペインの中世およびバロック時代の食に関して執筆している。食の歴史家チャールズ・ペリーがアル・アンダルスの料理に与えた幅広い貢献と同様、重要な文献だ。パス・モレノ教授の講義も受けた。教授はスペインとアメリカ大陸における女性の執筆活動を支援し、おかげで私のような作家にも新たな道が開かれた。ロンドンにあるセルヴァンテス研究所の図書館、そして、アンダルシアの小さな町アラセナにある図書館は、なにかもうひと味足したいと考えていたときに大きな助けとなってくれた。

幸運にも、食を研究している多くのスペイン人歴史家に出会うことができた。故ネストール・ルーハンとその友人ファン・ペルチョ、多作のフリアン・フェルナンデス・アルメスト、著名なフリオ・カロ・バローハ、そして、すごぶる律儀なイスマエル・ディアス・ユベロ。残念ながら、ジョゼップ・プラやジェラルド・ブレナン(スペイン人といっていい)にはお目にかかることができなかった。ジョゼップ・プラの『私たちの食事 *Lo Que Hemos Comido*』と、ブレナンの『スペインの迷宮』および『グラナダの南へ』は、郷土愛とスペインの農地問題に対する理解を深めるうえで必読の書だ。

見事な料理をともにしたふたりのシェフにも触れなければならない。素晴らしいことに、スペイン料理について、プロのキッチンにおける食の進化というテーマで議論することができた。ペドロ・スビハナと故サンティ・サンタマリアだ。ふたりが書いた数多くの本や記事が彼らの存在意義を代弁している。

また、研究や出版物にスペイン料理を取り入れてくださった多くの学者のかたがたにも心から感謝の意を届けたい。スペインでは、マリア・デル・カルメン・シモン・パルマーとマリア・デ・ロス・アンヘレス・ペレス・サンペール。アメリカではトム・ペリー、ケン・アルバラ、レベッカ・イングラム。また、メルボルン大学のスペインおよびラテンアメリカ研究の上級講師ララ・アンダーソンにも同様に感謝している。彼女のスペイン料理に対する意見は、私の当初の考えを見直すきっかけになった。

その他、スペイン人かどうかにかかわらず、多くのスペイン史家に感謝したい。彼らのスペイン史に関する研究書は、過去六年間ずっと私の机の上に積んであった。ジョゼフ・F・オキャラハン、フェルナンド・ガルシア・デ・コルタサル、ホセ・ルイス・ロイグ、ポール・プレストン、ヘンリー・ケイメン、レイモンド・カー、そしてとくにジョン・H・エリオットと故ハウメ・ヴィセンス・ヴィヴェスの著書には永遠に感謝を忘れない。

挿絵の検索は私にとって初めてとなるかなり魅力的な作業で、寛大な才能ある友にたくさん出会うことができた。とりわけ、ファン・マヌエル・ガルシア・バレステロスとルス・グティエレス・ポラスを紹介しなければならない。ポラスは私にマドリード農業省の写真アーカイブの検索を許可してくれた。また、テネリフェ島でアメリカ食品を専門とするフランシスコ・ハヴィエル・スアレス・パドラン。サン・セバスティアンのオスカー・アロンソ。ブリュッセルのサンティアゴ・メンディオロス。ナヴァラ州観光局のフリアン・フェルナンデス・ラブロウ。みなさん、どうもありがとう。

ラヤ・ア・ラ・ナランハ・アマルガ 046
ラルディ，アグスティン 243
ラロ・グロッソ・デ・マクファルソン 349
ランダ，ディエゴ・デ 120
ランダラウツ 037

り

リヴェラ，ミゲル・プリモ・デ 258
リオハワイン 009
リキュール 089, 138, 186, 205, 257, 317, 324, 341, 344, 348
リスゴー，ウィリアム 220
『料理およびペストリー、ビスケット、ジャムを作る秘訣』165
『料理技術の書』161
料理史 069, 079, 124, 160, 176, 233, 258, 279, 302, 382
『料理書』124, 125, 126, 127, 187, 327
『料理人と食材』172
『料理の芸術』165, 166, 187, 234
『料理の手引書』276, 277, 278
『料理の秘訣』053, 163
リョレンテ，フアン・アントニオ 066
リンゴ 021, 051, 071, 072, 111, 114, 164, 168, 201, 264, 284, 302, 304, 308, 321

る

ルイス，フアン 145, 150
ルーハン，ネストール 224, 302, 324, 382
ルシタニア 021, 026
ルパート・デ・ノーラ 111, 124, 125, 160, 187, 275
ルビナ・ア・ラ・ピミエンタ・ヴェルデ(青コショウの実を添えたスズキ) 283

れ

レヴァンテ 052, 056, 326, 328, 332, 333, 337
レーズン 076, 150, 162, 200, 274, 343, 351, 358
レカレド王 033, 035
レクサック，パキータ 293
レクサック，ロリータ 293
レケスウィント 033
レコンキスタ 005, 037, 039, 077, 079, 084, 089, 090, 101, 104, 106, 122
レセタリオ・ドメスティコ（家庭料理の本）233
レチェ・インペリアル 216
レバナダ(スライスしたパン) 074
レフレスコ 215, 216
レモン 042, 062, 071, 074, 075, 113, 124, 158, 166, 190, 217, 236, 255, 284, 303–305, 317, 324, 331, 332, 340, 341, 348, 352, 353, 361
レモンピール 062, 075
レルマ公 173
レンズ豆 014, 070, 072, 083, 152, 180, 221, 298, 321, 354

ろ

ロイグ・ロビ 285
ローズウォーター 051, 076, 081, 126, 127, 128, 173, 326
ローストチキン 166
ロースト肉 029, 099, 250, 260
ローマカトリック教会 037, 072, 202
『ローマ史』023
ローマ人 005, 014, 015, 022, 025–033, 041, 042, 045, 048, 051, 054, 090, 104, 137, 193, 314, 339, 356, 362
ロカ兄弟 284, 290
ロスキージャ(ドーナツ) 205
ロデリック王 037, 038
ロブスター 093, 096, 127, 164, 282, 290, 340
ロブスターの「アメリカ風」282
ロモ・エン・リルサ・デ・グラナダ(ザクロのソースをかけたロース肉) 343
ロモ・エン・サルサ・ドゥルセ(甘口ソースをかけたロース肉) 343
ロンカル 362

わ

ワインヴィネガー 061

ムワラドゥーン 043

め

メキシコシティ 192, 193, 195, 196, 198
メスキータ 045, 048
メスタイエ・デ・エチャグエ，マリア 259
メソアメリカ 110, 113, 119, 120, 195, 197, 211
メソポタミア 040, 041, 047, 104
メネストラ（ミネストローネ）310, 338
メリエンダ 129, 148, 217
メリンドロ 217
メルカド・セントラル 055
メレンゲ・コン・クレマ 262
メレンデス，ルイス・エディジオ 181
メロン 042, 070, 168, 170, 182, 338

も

モーレ・ポブラノ・デ・グアハロテ（七面鳥のトウガラシソース）122
モサラベ 043
モサラベ料理 345, 346
モスタチョン（カステラ）205
モツ 152, 179, 191
桃 070, 076, 338
モリーナ，ティルソ・デ 115
モリスコ 064, 078, 084, 172–174, 193, 352, 356
モルカヘテ 198, 199
モレーハ 177
モレハ・サルテアダ（胸腺の柔らか煮）283
モンティーニョ，フランシスコ・マルティネス 162–164, 187, 189, 191, 234, 303
モンテスマ 113

や

焼いた羊の頭 049
八百屋 042
焼き菓子 081
ヤコブソン，マティアス 012, 013
ヤツメウナギ 020, 021, 164
ヤマウズラ 051, 164, 166, 177, 181, 209, 221, 222, 225, 226, 229, 235, 239, 261, 262, 290, 319, 320, 324, 354
ヤマシギ 282
ヤマシギの「アルマニャック風」282
ヤマナシ 164

ゆ

『優雅な新スペイン料理』273
ユダヤ教徒 032, 067, 075, 082, 083, 124
ユダヤ人コミュニティ 067, 075, 081, 332, 338
ユダヤ人追放令 067
ユトレヒト条約 175, 340
ユベロ，イスマエル・ディアス 257

よ

『ようこそ！　ミスター・マーシャル』276
「養生書」091
羊毛 100, 101, 103, 132, 133, 139, 141, 208, 362, 363, 364
ヨム・キプル 065, 072, 075, 076

ら

ラーラ，マリアーノ・ホセ・デ 231, 244
ライム 042, 188, 274
ライ麦 015, 095, 107, 109, 186
ラヴェダン，アントニオ 214
ラヴェンダー 081
『ラサリーリョ・デ・トルメスの生涯』146, 151, 152
『ラス・チメネアス――アルプハラ村のレシピと物語』354
ラ・タンボラーダ 308, 309
ラディッシュ 071
ラティフンディウム 040
ラ・ハシエンダ・デル・ブジ 286
ラピッツ，フアン・ホセ 282
ラペ・モサラベ（松の実とサルタナを添えたアンコウ）346
ラ・ペラル、ガモネド 361
ラ・マンチャ 052, 053, 152, 174, 242, 294, 313, 318–321, 323, 362, 363
ラム脂 061
ラムチョップ 312, 313, 337
ラム肉 049, 061, 064, 071, 072, 099, 191, 196, 222, 235, 260, 286, 311, 312, 314, 315, 343

『ヘレスのジプシー料理』349
ヘンリー七世 123

ほ

ボアブディル 084, 173
ほうれんそう 042, 051, 071, 162, 189, 261, 278, 298, 324, 344
ポートワイン 229
ボキューズ，ポール 279, 290
干しブドウ 042
ポスカ 025
ポスト・テビュセム 247, 250, 259, 353
ホセ・デ・カストロ・イ・セラーノ 247, 248
ボッタルガ（カラスミの一種）336
ホットチョコレート 075, 177, 212, 213, 226
ボデゴン 169, 170
ホプキンス，アダム 310
ボリヴァル，シモン 253
ポリッジ 025
ポルヴォラ・ドゥケ 094
ポレアダ 031
ボレカ・オー・エンパナディージャ 072
ポレンタ 023, 249
ボロー，ジョージ 219, 237

ま

マカローネ（マカロニ）270, 324, 328
マグロ 017, 018, 020, 027, 158, 164, 283, 284, 300, 307, 336, 337, 349
マサパン 062, 063, 148, 320
マジパン 063
マスタード 104
マッツォ 074
マテ貝 330
マト・デ・モンハ 236
マトン 032, 071, 073, 088, 130, 147, 164, 191, 209, 363, 364
マニタ・デ・セルド・オ・デ・コルデロ（羊と豚の足）179
マペッリ，エンリケ 350, 351
マホレロ 365
マヤ族 109, 119–121, 211, 213
マヨール，コシネロ 161, 163, 165
マラニョン，グレゴリオ 259, 307
マリアーノ・パルド・デ・フィゲロア 248
マルジパーネ 063
マルシャル 029
マルセイユ 017
マルティネス，フェラン 068
マルメロ 051, 070, 081, 166, 168, 182, 202, 203, 222, 309, 317, 329, 352
『マルメロ、キャベツ、メロン、カリフラワーの静物画』182
マンセリーナ 177, 212, 213
マンチェゴ 362
マンチェゴチーズ 009, 155, 364
マンチャマンテーレ 200, 201
マンツァーノ，ナチョ 291
マンテカ（豚脂）323, 344
マンナ（甘味料）164
マンハー・ブランコ 126–128, 160, 164, 167, 216, 236
マンハー・ブランコ・デ・ペスカド 126, 127
マンハー・レアル 164

み

ミートボール 049, 063, 086, 147, 164, 191, 242, 338, 346
ミッチェル，ディヴィッド 220
ミヌタ（メニュー）278
ミラウステ 128
ミルカ 051
ミルクプディング 202, 222
ミントティ 055

む

ムール貝 297
無発酵のパン 071, 075, 082, 108, 153
ムハンマド・イブン・ユスフ・イブン・ナスル・アルアフマル 083
ムラーヴィト朝 067, 077, 079
ムルシア州 051
ムロ，アンヘル 149, 247, 250–252
ムワッヒド王朝 060
『ムワッヒド朝期の北アフリカ・アンダルスの料理書』080

フィギュリタ・デ・マサパン 063, 320
フィゲロア，D・マリアーノ・パルド・イ 247
フィッシュ・アンド・チップス 148
フィッシュパイ 074
フィデオ 061, 064, 147, 150, 239, 324, 328, 355
フィデオ・レフリト・コン・サルサ・デ・カルネ（焼き麺とミートソース） 324
フィリピン 006, 133–135, 192, 253, 254
フィロア 072, 303
フーデリア 066, 068
フェニキア人 005, 017–019, 022, 027, 032, 041, 348
フェリパ・デ・エギレオール 260
フェリペ二世 076, 119, 134, 139, 151, 155, 156, 160–163, 165, 168, 185, 321
フェリペ三世 151, 163, 165,–169, 172–174, 204, 303
フェリペ四世 151, 175
フェリペ五世 175, 176, 182, 206
プエルト・デ・サンタ・マリア 046
プエルトリコ 254
フェルナンド一世 077, 098
フェルナンド二世 096, 097, 123
フォード，リチャード 236– 240, 246
フォンベリーダ，タトゥス 282
豚肉 032, 034, 070–073, 082, 088, 177, 179, 191, 196, 201, 226, 260, 295, 297, 298, 311, 314, 328, 331, 332, 335, 343, 354
豚のリブ 029, 298
豚バラ肉 178, 201, 306, 312, 323, 346, 351
プチェロ（スープ） 179
ブティファラソーセージ 222, 265, 330
ブドウ栽培 016, 089, 103, 104, 138, 242
ブニュエロ 049, 075, 076, 149, 173, 197, 222, 261, 333, 339
ブニュエロ・デ・ヴィエント 075, 339
ブニョル 075
プラ，ジョゼップ 286, 292, 327, 382
ブラッドソーセージ（豚の血入りソーセージ） 130
プラトン 029, 355
フラポッリ，フランチェスコ 109
プラム 070, 113, 300, 338
フランコ首相 006
プランテーション 136, 202, 211, 218, 253
プランテン（調理向けバナナ） 201
ブランマンジェリ 126
ブリーム（鯉） 096
フリターダ 071
フリタ・デ・パリダ 074
フリッター 040, 049, 167, 173, 212, 222, 261, 333, 347
ブリューゲル（父），ピーテル 144, 145
フルータ・デ・サルテン 148, 149, 155, 174
フルータ・デ・フリクスエロ 303
プルーン 051, 076
『古きスペイン料理』 252
ブルゴーニュ 131
ブルボン王朝 006, 176
ブルメンタール，ヘストン 099
ブレナン，ジェラルド 263, 264, 352, 354, 382
ブレマ 072
ブロエテ・デ・マダマ 094
フロリアン 285
分子料理 286

へ

陛下の料理人 248–250, 258, 274, 292
ベーコン 028, 153, 166, 167, 191, 289, 302
ヘーゼルナッツ 075, 081, 124, 172, 186, 211, 217, 274, 302, 331
ベスキート 217
『ペストリーを作る技術』 204, 205
ヘブライ語 065
『ペペおじさんのスペインとポルトガルのシーフードガイド』 336
ヘラクレス 020, 060, 348, 364
ペルシア 040, 041, 047, 050, 135
ペルチョ，フアン 302, 324, 382
ベルナルデス，アンドレス 082
ベルベル人 005, 014, 036, 038, 040, 043–045, 050, 053, 055, 078, 101, 193, 345
ベルムデス・デ・カストロ，ホセ・マリア 010
ベルランガ，ルイス・ガルシア 276
ペレス，ディオニシオ 247, 250, 258, 353

281
パステローネ(パイとフラン) 164
ハタ 282
『裸の料理』 285
パタタ・ア・ラ・モレリャーナ(ローストポテト) 333
パタタ・フリタ(フライドポテト) 117
ハタの「サン・セバスティアン風」 282
パチェーコ，フランシスコ 169
ハチミツ 027, 039–042, 049, 062, 072, 074–076, 081, 147, 149, 162–164, 173, 191, 195, 203, 204, 274, 303, 329, 335, 346, 348, 358, 364
発酵 016–018, 027, 040, 042, 046, 061, 071, 073, 075, 082, 108, 153, 165, 166, 306, 315, 320, 344
バナナ 042, 201
パニエゴ，フランシス 291
パニエ・フルーリ 282
パニス・ミリタリス 025
パピラ(ポリッジ) 095
ハプスブルク家 106, 116, 123, 124, 130, 131, 133, 143, 146, 156, 157, 159, 161, 170, 175, 182, 184, 207, 321
パプリカ 049, 081, 088, 323
ハミナド 073, 074
バランディアラン 011
ハリサ・ア・ラ・ミガ・デ・パン・ブランコ 061
ハリッサ 061
『パリの王室御用達パティシエ』 225
パルガ，マヌエル・マリア・プガ・イ 247, 274
バルダーヒ，テオドロ 248, 275, 276, 277, 278, 340
バルボア，ヌーニェス・デ 323
バルマキヤ 051
パルマ・デ・マヨルカ 341
パルメザンチーズ 270, 328, 365
バレアレス諸島 022, 025, 077, 082, 090, 217, 293, 294, 326, 337, 339–344, 365
バレンシア州 025, 040, 051, 055, 056
バレンシア，マヌエル 349
バローハ，ピオ 254, 265
パン・デ・マイス(トウモロコシのパン) 110
パン・ドゥルセ 062

ひ

ピーチ 164
ピーマン 108, 110, 115, 284, 306, 307, 312, 313, 316, 319, 337, 343, 354
ビール 014, 018, 032, 034, 094, 129–132, 143, 157, 160, 250
ピカソ，パブロ・ルイス 265
ヒカラ 212, 213
ピサロ，フランシスコ 106
ピジョーテ(小さなミートボール) 086
『美食史』 224
ビスカヤ県 011, 305, 306
ビスケット 026, 107, 108, 147, 165, 177, 202, 205, 207, 212, 216, 242, 302, 317, 329, 330
ビスコチョ・デ・パサ 076
ヒスパニア 005, 022, 023, 026–032, 053, 066–069, 145, 173, 195, 293, 362
ヒスパニア・キテリオール 026
ビターオレンジ 042, 046, 047, 071, 348
ビブロス 017
ヒポクラテス 091
ピミエンタ 106, 108, 120, 283, 319
ピミエンタ・デ・ラ・インディア 120
ピミエント・デル・パドロン 112, 138
ピミエント・デル・ピキーリョ 112
ピルダイン，ヘナロ 282
ビルバオ 008, 142, 159, 259, 260, 261, 262, 272, 275, 282
ピレネー山脈 005, 007, 012, 013, 015, 027, 032, 067, 079, 099, 172, 175, 204, 218, 219, 222, 227, 265, 286, 305, 309, 310, 349, 359, 362
ピロテ・デ・ナダル 338
ビンナガマグロ 284, 307

ふ

ファーティマ朝 057
フアナ女王 130
ファルネーゼ，エリザベッタ 177, 180, 206
フアン二世 095, 096
フィエスタ(祭典) 337
フィエスタ・デ・モロス・イ・クリスティアーノス(ムーア人とキリスト教徒の祭典) 337

117, 240, 273, 293, 304
トレド教会会議 037, 067
トロワグロ兄弟 279
『ドン・キホーテ』152
どんぐり 015, 016, 022, 023, 325, 343, 345
豚脂 032, 053, 072, 082, 088, 094, 107, 121, 126, 142, 149, 165–167, 174, 178, 189, 197–222, 239, 255, 263, 274, 275, 297, 300, 303, 323, 327, 337, 338, 343, 344, 347, 352
豚足 166, 197, 290, 343

な

ナヴァス・デ・トロサの戦い 062, 079
ナヴァラ王国 086, 088
『ナスの歌』071
ナスル朝 083, 173
ナッツ 011, 040, 075, 076, 081, 108, 118, 124, 172, 186, 190, 211, 217, 274, 282, 302, 331, 333, 335, 364
ナドー，キャロライン・A 211
ナポレオン・ボナパルト 227
『名もなきアンダルシア料理』053, 061, 080, 081
『名もなきトスカーナ料理』126

に

『肉の切り分け方』095, 096
『肉のシチュー、野菜を中心とした贅沢な料理と簡単な料理』125
煮込み料理 024, 073, 088, 153, 189, 222, 238, 270, 293
『ニコラサの料理』307
西ゴート王国 032, 033, 037, 039, 041, 043, 045, 048, 060, 067, 077, 088, 101, 321
『二〇〇年の料理史』233

ぬ

「ヌーヴェル・キュイジーヌ」279, 280, 285, 287
ヌエバ・エスパーニャ 191, 192, 195–199, 213, 271
『ヌエバ・エスパーニャの料理書』198
ヌガー 063, 075, 167, 203–205, 216, 222, 338
ヌマンシア 022, 023

ね

ネイチェル，ジャン・ルイ 287

の

『農業書』123
『農業論』029

は

バイソン 011
パイナップル 201
ハイメ一世 090, 341
ハイメ二世 091
バイロン卿 237
パヴィポロ・アル・ヴィーノ・デ・マラガ 351
パヴォ・レアル 122
バエティカ 026, 027, 325
ハエン王国 345
バカラーダ 142
バカラ・ア・ラ・リャウナ（タラのフライ）329
バカラオ 141–143, 261, 262, 282, 311, 338
バカラオ（塩タラ）141
バカラオ・ア・ラ・ヴィスカイナ 262
バグダード 045, 048, 050, 057, 063, 080
バサン，エミリア・パルド 247, 251, 252, 269
バサン，パルド 247, 251–253, 269, 351
ハシエンダ 029, 286, 287
バスク運動 282
バスク人 005, 011, 013, 015, 022, 039, 057, 105, 140–143, 260, 262, 279–282, 290, 305–310, 329
バスク地方 008, 102, 182, 187, 241, 260–263, 275, 279–283, 291, 293, 295, 303–308, 314, 353
『バスク地方の料理』282
ハスクトマト 114
バスクの家庭料理 281
『バスクの現代料理』282
パスタ 051, 061, 064, 076, 086, 147, 150, 239, 260, 270, 299, 328, 329, 355
パスティス・デ・ベレム 262
パステル・デ・アロス・デ・ビルバオ（米粉ケーキ）262
パステル・デ・クラバロッカ（カサゴのテリーヌ）

タルタ・デ・マンサナ（アップルパイ）262
タルテッソス 018, 019, 020, 021, 022
断食 061, 065, 076, 082, 088, 121, 126, 142–145, 149, 189
ダンディ・マーマレード 046

ち

『チーズについて』363
チェリー 164, 169
チェリー，ピーター 169
中央アメリカ 111, 116, 136, 192, 211, 254
中世スペイン 064, 066, 074, 079, 087, 091, 092, 101, 182
中東 018, 037, 040, 041, 051, 054, 063, 089, 111, 123, 136, 204, 339, 344
チュレトネ（牛肉のカルビ）306
チュロス 148, 149, 212, 347
チョウザメ 027
チョコラーテ・ア・ラ・タサ 136, 214
チョコレート 004, 075, 106, 107, 116, 119–122, 136, 175, 177, 178, 190, 194–196, 205, 210–217, 220, 222, 226, 242, 244, 338, 347, 382
チョコレートドリンク 136, 195, 205, 210, 212, 214–216, 347
『チョコレートの性質と品質に関する興味深い論文』210
チョリソー 083, 226, 295, 302, 347

て

ディアシトロン 164
ディエゴ・アルヴァレス・チャンカ 110
デイビッドソン，アラン 336
ティルス 017, 022
デ・ウナムーノ，ミゲル 254
デーツ 042, 076, 173
テーブルマナー 050
デ・カルピネル，ドーニャ・エラディア・M 255
デ・ケヴェド，フランシスコ 151
テティージャチーズ 360
デ・ノーラ，ルパート 111, 124–128, 160–162, 187, 216, 275
デ・バエサ，ミゲル 204
デ・マセラス，エルナンデス 053, 163, 164
デ・マセラス，ドミンゴ・エルナンデス 053, 163
デ・ミュラー 331
デュマ，アレクサンドル 237
デ・ラ・マタ，フアン 204, 205
デ・レデスマ，アントニオ・コルメネロ 210

と

トゥエターノ・コン・キャビア 289
ドゥエロ・イ・クエブラント 153
トウガラシ 061, 108–114, 119–122, 138, 153, 172, 178, 181, 190, 194, 197, 199, 201, 210, 211, 213, 215, 221, 239, 261, 262, 305, 306, 307, 311, 312, 317, 319, 323, 326, 331, 334–337, 347, 351, 356, 358
トウガラシペースト 061
動物性レンネット 012, 072
「ドゥム・ディヴェルサス」137
トウモロコシ 106–110, 117–122, 183, 186, 194–198, 236, 242, 295, 296, 300, 302, 359
トウモロコシのエンパナーダパイ 110
トゥルデタニア 019, 020
トゥロン 063, 204, 338
トーラー 069, 072
トマーテ・デ・ラミレッテ 070
トマティーヨ 114, 115, 201
トマトソース 242, 270, 281, 284, 299, 311
『ドミンガ・デ・グスマンの料理書』198, 199, 201
ドメネク，イグナシ 248, 253, 273, 274, 275, 276, 278, 292
ドライフルーツ 040, 061, 190, 327, 338, 364
トラスタマラ家 096
トラピチェ 064
トラヤヌス 027
鶏肉 051, 071, 126, 164, 167, 196, 199, 201
トリハス 074, 148, 149
トリポリ 017
トリュフ 166, 229, 286, 323, 324, 332
トルタ 015, 016, 021, 025, 075, 107, 164, 179, 314, 364
トルティーヤ 108, 110, 117, 120, 197, 198, 240, 273, 293, 302, 304, 311
トルティーヤ・シン・ウェヴォ・デ・ガリーナ 273
トルティーヤ・デ・パタタ（スペイン風オムレツ）

『ジャガイモの歴史的および社会的影響』118
シャペル，アラン 279, 287
シャルキュトリ 259, 314, 335, 341, 343, 346, 348
ジャンケット 012, 309
『宗教の料理集』190
『修道士ヘロニモ・デ・ペラーリョの料理書』198
シュガーシロップ 074, 075, 199, 205, 262, 348
祝祭料理 093, 099, 161, 189, 249, 331, 338, 347
女王イサベル 042, 097, 102, 105, 106, 122, 173, 242, 243, 245
ジョーダン，ウィリアム・B 169
『食卓のごちそう、および、最高の食材と料理』080
『食品問題』211
女性活動局 277
『女性の書』083
シリアル 025
シリング，ハンス 286
ジルヤーブ 050, 051, 054, 058
白パン 023, 026, 061, 087, 088, 155, 197, 316
『新世界の歴史』113
腎臓のケバブ 049
『新大陸自然文化史』119

す

スイーツへの情熱 064
ズィヤード，ターリク・イヴン 036
スインティラ王 067
『スープと料理のマナー全書』093
スカッピ，バルトロメオ 162, 164
ストラボン 015, 019–021, 029, 239
スピハナ，ペドロ 279, 283, 383
スペイン内戦 026, 184, 260, 267, 268, 271, 322, 326
『スペインの迷宮』263, 382
『スペイン料理の図書館』324
『スペイン旅行』310
『スペイン旅行者と本国の読者のためのハンドブック』236, 237

せ

聖イシドルス 033
製粉機 023, 064
セヴィーリャ王国 345
『セヴィーリャの水売り』170
セファラド 005
セファルディ 069–076, 150, 299, 300
セモリナ粉 061, 150
セラーダ，エヴァ 176
セラーノ 204, 247, 248, 325
セラーノ，ホセ・デ・カストロ・イ 247, 248
セルバンテス，ミゲル・デ 008, 152, 318
前衛料理 286
前菜 051, 098, 112, 163, 166, 259, 260, 323
『セント・ソヴィの書』053, 093, 094, 126, 128, 236, 327
『千夜一夜物語』043, 063

そ

ソーテルヌ 250
ソパ・ヴェルデ・プラド 261
ソパ・デ・パン・デ・チルラス 261
ソパ・ボバ 188, 189
ソラ豆 083, 311, 352, 355
ソルヴェイ，ルシアン 225
ソル・フアナ・イネス・デ・ラ・クルス 201
ソレール，フリ 287, 290

た

鯛 127, 158, 159, 164, 172, 302, 306, 307, 324
ダイダイ 042, 046
第二共和政 268
タイファ 042, 058, 060, 067, 077, 078
大プリニウス 029
多国籍料理 114, 163, 191, 251, 260, 280, 281, 322
タサホ（牛肉）083
タジン 026, 051, 061
タパス 112, 138, 289, 293, 346, 347, 352
『卵を調理する老婆』170, 171
ダマスクス 038, 044, 045
タラ 024, 093, 102, 112, 139–143, 153, 189, 216, 229, 239, 242, 248, 261, 264, 282, 300, 306, 311, 316, 324, 329, 331, 332, 337, 338, 354, 355
タラゴナ 024, 093, 102, 331, 332
タルタ・デ・サンティアゴ 075, 300

コチニージョ(子豚) 316, 321
『古典的なスペイン料理——卓越した料理、享楽、歴史、レシピの書』 259
コボ，ベルナベ 113
ゴマラ，フランシスコ・ロペス・デ 108, 356
コマルカ 179, 222, 258, 271, 284, 293, 294, 314, 323, 327, 332
ゴメス，ライムンド 188
米料理 051, 053, 054, 061, 072, 147, 216, 240, 265, 287, 293, 298, 324, 329, 332, 334–346, 351, 358
コルティホ 029, 030, 350
コルテス，エルナン 106, 113, 119, 122, 194, 195, 210, 228, 323
コルドバ王国 345
コルドバ・カリフ国 057, 067
コルメラ 029
コロンブス，クリストファー 105, 106, 110, 111, 121, 133, 194, 197
コンヴェルソ 065–067, 070, 076, 146, 147
コンキスタドール 106, 117, 323
ゴンサレス・トゥルモ，イサベル 233
コン・フレサ 262

さ

サアグン，ベルナルディーノ・デ 108, 113
サクランボ 113
ザクロ 042, 076, 081, 164, 197, 343, 355
サツマイモ 108, 109, 117, 118, 201, 336, 339
砂糖菓子 099, 150, 177, 202, 204, 205, 220
サトウキビ 040, 041, 064, 083, 116, 132, 135, 136, 195, 202, 204, 217, 218, 253, 356
ザフラー宮殿 050, 057–059
サラゴサ 024, 058, 066, 077, 079, 084, 099, 134, 271
サラマン，レッドクリフ 118
ザリガニ 096, 261, 347
サルサ・デ・パヴォ 128
サルサ・フィナ(高級ソース) 093
サルスエラ・デ・ペイス(魚介類のシチュー) 329
サルセテ，アントニオ 190, 275
サルタナ 076, 222, 300, 338, 346
サルディーニャ島 017, 022
サルムエラ(塩水) 074
サレルノ医学校 092
サン・シモン 360
サン・セバスティアン 206, 245, 260, 280–283, 293, 306, 308, 309, 383
サンタマリア，サンティ 284, 285, 383
サンタ・マリア・ラ・ブランカ教会 068
サンチョ・パンサ 152, 164, 189
サンティアゴ巡礼 079, 089, 310, 313
サンティマミニェ洞窟 011
サンド，ジョルジュ 343
サンペール，マリア・デ・ロス・アンヘレス・ペレス 176, 383
サンルカル・デ・バラメダ 046, 133, 348

し

シードル 278, 300, 302, 306, 308, 361
シエラ・モレナ山脈 064, 208, 348
シェリー酒 179, 239, 250, 289, 346, 349
塩漬けのタン 163
鹿 011
四旬節 065, 072, 074, 082, 088
ヒメネス・デ・シスネロス，ゴンサロ 122
『仕立て屋の引き出し』 216
シタビラメ 282
シタビラメの「フィレンツェ風」 282
七面鳥 063, 114, 122, 128, 166, 167, 194, 196, 226, 300, 351
シチュー 053, 071, 086, 088, 092, 095, 113, 117, 125, 126, 142, 152, 164, 179–190, 196, 199–222, 235, 239, 296, 298, 301, 307, 319, 320, 324, 328–331, 338, 354, 355
『実践的料理』 250, 251
シナゴーグ 067, 068, 078, 318
ジビエ 040, 071, 085, 095, 130, 153, 156, 164, 166, 170, 177, 181, 182, 222, 242, 260, 261, 265, 300, 308, 320, 323, 324, 335
『ジビエ、野菜、果物の静物画』 182
ジブラルタル 017, 019, 039, 060, 067, 083, 175, 350, 359
ジャガイモ 106, 107, 113, 116–118, 153, 179, 211, 217, 221, 222, 241, 273, 278, 283, 285, 293, 297, 298–301, 304, 307, 312, 313, 317, 319, 331, 333, 337–339, 341, 343, 351, 354–358

069, 077, 080, 104
キノコ 031, 166, 286, 310, 324, 329, 350
キノコ狩り 031
キャベツ 015, 071, 168, 179, 182, 296, 297, 303, 306, 324, 336, 343
『宮廷の侍女たち　ラス・メニーナス』169
宮廷料理 165, 187, 206
キューバ 006, 106, 217, 218, 253, 254
郷土料理 006, 063, 064, 069, 079, 187, 190, 221–234, 240, 242, 247, 248, 252–255, 258, 259, 263, 269, 271, 274, 292, 305, 311, 318, 322, 324, 355, 366
『恐怖の時代——ヌエバ・エスパーニャ』271
魚醤 005, 027
ギリシア人 005, 014, 018, 019, 041, 104
『ギリシア・ローマ世界地誌』015, 019
キリスト教王国 087, 089

く

グアダルキヴィル 019, 026, 027, 051, 078, 115, 346, 349
グアハロテ(七面鳥) 122
グアンチェ 356, 358
グイサンテ・サルテアド・コン・セボレータ(小タマネギと一緒にソテーするエンドウ豆) 306
グースフジツボ(カメノテ) 297
クエンカ 024, 266, 320
クジャク料理 096
クジラ肉 020, 096
クスクス 051, 061, 063, 147
クミン 061, 064, 150, 190, 201, 319, 347, 351, 352, 353, 358
グラナダ王国 064, 083, 123, 135, 345
グラナダ料理 352
グラナド，ディエゴ 161, 162
グラン・ドリーナ 010
グリア 282
クリームコロッケ 242
グリーントマト 114
クリオーリョ 191, 196–199
クリスマス 063, 070, 078, 149, 158, 166, 170, 274, 300, 307, 310, 312, 320, 329, 337, 338, 352
クリバヌス 026
クルド人 050
クルミ 072, 076, 081, 108, 303, 309, 338, 348, 361
グレイヴス，トマス 344
グレイヴス，ロバート 343
グレゴリウス一三世 121
『黒と金の額縁に入れた小さな果物の静物画。中央には割ったメロン』168
燻製 074, 112, 158, 295, 297, 298, 302, 323, 360–362

け

ケソ・デ・ラス・ガルミラ 361
ケバブ 049
ゲラール，ミシェル 279
ケルトイベリア人 015, 022, 023
ケルト人 005, 014–016, 296, 301, 325
ゲルニカ 011
『厳選バスク料理』259, 260
『現代の食卓』248, 250, 258
『現代のスペイン料理』252, 253

こ

交易 005, 018, 021– 023, 026–028, 040, 052, 096, 106, 121, 197, 356
子牛肉 071, 328
紅茶 214
コーシャワイン 073
ゴーティエ，テオフィル 237
コーヒー 116, 205, 214, 217, 218, 244, 347
コーンブレッド 016
『語源論』033, 035
ココアバター 121, 215
コサ・ドーモ 072
コシード(煮込み料理) 073, 222, 242, 243, 293, 298–301, 303, 314, 319, 321, 322, 324, 331, 338, 347, 352, 354
コシード・マラガト 314
コシーナ 006, 264, 279, 292–294, 299, 301–303, 318, 322, 332
『コシーナ、ペストリー、ビスコチョ、保存食の芸術』303
コタン，フアン・サンチェス 168, 170

『菓子作りの技術』204
『菓子、ペストリー、エントレメス、食前酒、サラダ』259
カシュルート 082
カスエラ 061, 071, 093, 095, 189–200, 255, 261, 308, 315, 348, 354, 355
カスエロ・チコ 071
カスティーリャ・イ・レオン 010, 294, 365
カスティーリャ王 060, 077, 082, 088, 095, 096, 098, 100, 101, 115, 133, 139, 320, 345, 351, 362
カスティーリャ・レオン王国 060, 097
カスティーリョ 282
カスティーリョ, ベルナル・ディアス・デル 108, 113, 213
カスティーリョ, ホセ・フアン 282
カステリョン 332
カステリョン・デ・ラ・プラナ 332, 345
カストロ, ホセ・マリア・ベルムデス・デ 010
ガスパチョ・ガリアーノ 153, 320
ガゼット, ホセ・オルテガ・イ 255
カタツムリ 080, 096, 335, 350
カタニエ 217
カタルーニャ州 025, 051, 285, 331
カタルーニャの市場 329
『カタルーニャ料理』234, 235, 284
カタルーニャ料理 092, 094, 124, 222–236, 279, 284, 293, 326, 327, 330, 331
ガチャ 031, 095, 107, 274, 275
カディス 017, 018, 024, 027, 029, 046, 047, 115, 133, 140, 145, 210, 228, 230, 233, 245, 345, 348, 350, 364
ガディル 017
カナリア諸島 106
カナリア料理 358
カブラレス 361
カブリト・ア・ラ・ミエル(ハチミツで調理した子山羊) 346
カボチャ 071
鴨 029, 088, 168, 172, 209, 226, 229, 262, 323, 331
カヨ・ア・ラ・マドリレーニャ(胃袋のマドリード風) 321
カラスパラ米 009
ガラン, フアン・エスラヴァ 271
ガリェータ 026
ガリシア州 014, 015
カリフ制度 067
カルコート 332
カルタゴ 017, 021, 022, 026, 027, 048
カルタゴノヴァ 027
カルディーリョ・デ・ペッロ 046
カルドエン・サルサ・デ・アルメンドラ(カルドンのアーモンドソース添え) 310
カルドン 029
カルネ・デ・メンブリージョ 070
カルネ・メチャダ(ミートローフ) 232
カルピオ, ソル・マルセラ・デ・サン・フェリクス 115
ガルム(魚醤) 005, 027, 051
『カルメンシータ――優れた料理人』255, 256
カルメン・デ・ブルゴス 269
カルロス一世 119, 129, 133, 134, 139, 145, 151, 156, 160, 164, 185, 195, 203
カルロス二世 175
カルロス三世 180, 206–208, 217, 222, 226, 265, 321
カルン・ア・タサル(スモークした牛肉の塊) 083
『華麗なる菓子職人』225
カレーム, マリー・アントワーヌ 224
ガレノス 091, 114
カロ・ア・ラ・マドリレーニャ(胃袋トリッパのマドリード風) 242
川魚 096
乾燥ソーセージ 025
カンタブリア 011, 012, 022, 024, 039, 139, 142, 294, 295, 299, 301, 303–305, 310, 353, 360, 361
カンタブリア人 012, 022, 039, 304
カンデアル 088, 314, 315
『完璧な料理』259
カン・ロカ 290

き

飢餓 004, 006, 023, 026, 062, 091, 107, 116, 146, 151, 168, 180, 183, 186, 194, 208, 222, 257, 265, 270–275, 322, 332
ギソ・デ・ガリーナ 199
北アフリカ 014, 026, 037–040, 046, 051, 060, 061,

え

「エウスカル・スカルデリッツァ・ベリア」280
エキストラ・ヴァージン・オリーヴオイル 024
エスカベーチェ 074, 164, 290, 324, 358
エスクディージャ 086, 087
エスクデージャ 086, 222, 265, 298, 299, 331
エスクデージャ・イ・カルン・ドーラ（野菜と肉のシチュー）331
エスコフィエ，オーギュスト 229, 279
エストレマドゥーラ料理 323, 324
エストレマドゥーラ州 025, 051
エチケット 086, 129, 131, 235
エチャグエ，マリア・メスタイエ・デ 247, 259, 274
『エラスの料理』277
エリオット，J・H 006
『エル・アンパロ——伝統料理』260
エル・アンプルダン 284, 287, 289, 329
エル・インミグラード 044, 045, 048, 049, 057
エル・エチャウレン 291
エルカノ，フアン・セバスティアン 134
エル・カランボロ 018
エル・シッド 077
『エルチェの貴婦人』021
エルドラド・プティ 284
エル・バカラオ・デル・シェフ 282
エル・フーヨ洞窟 011
エル・ブジ 286–290
『エル・ブジ——地中海の味』287
エル・モーテル 284
エル・ラコ・デ・カン・ファベス 284, 285
エレーラ，アナ・マリア 277
エンサイマーダ 217, 344
エンサラダ・デ・トマーテ・デル・パイ・ボニート・マリナード（地元産トマトとマリネしたマグロのサラダ）284
エンドウ豆 005, 013, 014, 261, 306, 311, 347
エンパナーダ 110, 129, 164, 166, 167, 261, 299, 300
エンパナーダ・イングレーザ 164
エンパナーダパイ 110, 129, 166, 167, 299
エンパラード 054
エンブティード（塩漬け肉）324
エンリケ四世 096

お

『おいしいエストレマドゥーラ料理』324
『おいしいスペイン料理ガイド——スペイン料理の歴史と地域的特徴』258
『おいしく食べたいですか？』269
オヴィエド，フェルナンデス・デ 108
『王室の料理』176
オーツ麦 015
オオブドウホオズキ 115
大麦 012–016, 023, 030, 066, 085, 095, 107, 186, 197, 358, 359
『オペラ——料理の芸術』162
オリーヴオイル 005, 017
オリャ（煮込み料理）088, 238
オリャ・フェロヴィアリア 303, 304
オリャ・ポドリーダ 152, 164, 166, 249, 299
オルノワ夫人 220, 221
オルミーゴ 274, 275
オレウム 033
オレータ・デ・ムジーカ（音楽家の鍋）337
『オレンジ——準備と食べ方の芸術』259
オロロソ 179
雄鶏 088, 099, 129, 164, 166, 209, 222, 232, 300, 361

か

カーサ・ニコラサ 283
カール五世 129
貝類 259, 335
カカオ 119–122, 183, 196, 210–215
『鏡』083
カキ 011, 096, 250, 348
隠れユダヤ教徒 082, 083
カサガイ 011
カサス，カルメン 284
カサス，バルトロメ・デ・ラス 108
カサ・マルシアル 291
カサルス，ガスパール 109
菓子職人 063, 204, 205, 225

アルボンディガ・エン・サルサ（濃厚なソースのミートボール） 242
アルボンディガ・デ・バカラオ 338
アルボンディガ（ミートボール） 049, 062, 063, 242, 338, 346
アルボンディガ・モサラベ・コン・サルサ・デ・アルメンドラ・イ・アサフラン（アーモンドとサフランを添えたミートボール） 346
アルミバル 070
アルミレス 061, 172
アルムニェーカル 017, 036, 044
アルモドローテ 070, 071
アルモハバナ 049, 149
アレトリア（極細麺） 064, 328
アロス・コン・ポジョ（鶏肉入り米料理） 240
アロプ・イ・タヤデーテ 338
アロンソ・デ・エレーラ，ガブリエル 123
アングイラ・オール・イ・ペブレ（ウナギのニンニクとトウガラシ風味） 336
アングラ・エン・カスエラ 261
アンコウ 295, 300, 302, 346, 347
安息日 065, 070, 073, 074, 082, 298, 299
アンダルシア州 019, 025, 047, 051
『アンダルシアのロサナの肖像』 146, 147, 150
アンダルシア四王国 345
アンチョヴィ 295, 304, 307, 350, 353
アンテケーラ，フェルナンド・デ 097, 098
アンデルセン，ハンス・クリスチャン 237
アンフォラ 018, 024, 025, 026
アンプルダン 286

い

イカ墨 187, 329
イサベル一世 096, 097, 102, 122
イサベル二世 245
イスラム・アンダルシア料理 040
イスラム教徒 005, 036, 040, 057, 064, 068, 076, 078, 089, 090, 101, 173
イスラム原理主義 060, 067
イチジク 042, 076, 090, 124, 338, 351, 354
イディアサバル 295, 361, 362
イドュロミエル 042
イノシシ 011, 029, 272, 320
イバニェス，ブラスコ 255
イブン・ラージン・アル・トゥジビー 080
イベリア系ユダヤ人 082
イベリア種の豚 028
イベリア人 005, 013–015, 019–023, 043, 240, 345
イベリコハム 009, 063, 323, 325
イベリコ豚 028, 177, 323, 325, 343, 345, 348
イリサール，ルイス 283
イルズリー，エマ 354
イルズリー，デイヴィッド 354
イワシ 110, 158, 164, 166, 295, 300, 304, 324, 350, 351, 353
インカ・ガルシラソ・デ・ラ・ヴェガ 117
『インカ皇統記』 117
イングラム，レベッカ 252, 383
インクラン，バリェ 254
インディアス 107

う

ウァッロ 029
ヴァニラ 107, 121, 211, 212, 213, 215
ヴァリェス，フアン 203
ヴァルデオン 361
ウィティザ 037
ヴィネグレットソース 051, 239
ヴィノ・メラド 042
ヴィラノヴァ，アルナルドゥス・デ 091, 092, 104
ウェヴォ・エスカルファド・コン・ピスト 316
ヴェネツィア 062, 063, 090, 104, 105, 146, 320
ヴェラスケス，ディエゴ 169, 171
ヴェルジェ，ロジェ 279
ヴェルジュ 042, 190, 239
ウサギ 029, 072, 087, 154, 167, 172, 189, 239, 255, 262, 272, 289, 300, 311, 319, 320, 324, 335, 354, 358
ウナギ 020, 021, 078, 093, 164, 261, 307, 332, 336
ウニ 012, 289
馬 011, 035, 049, 060, 126, 232, 246, 354
ウマイヤ朝 038, 044, 045, 048, 049
ウマイヤ朝カリフ 038

索引

あ

アーティチョーク 042, 072, 081, 083, 311, 312, 329, 331, 337, 343, 352, 364
アーモンドソース 093
アヴィケンナ 091
アウグストゥス 026
アグアルディエンテ（ブランデー） 333
アグート・ダビニョン 284
アグラス 042, 190, 239
揚げ魚 049, 347
アコスタ，ホセ・デ 108, 119
『アザミ、シャコ、ブドウ、アイリスの静物画』 182
アシトロン（サボテン） 164, 199, 200
アシメニス，フランセスク 094, 104
アスカライ姉妹 262
アステカ族 062, 109, 113, 114, 118–122, 136, 192, 193, 195, 210, 211, 213
アストゥリアス 016, 039, 057, 072, 107, 109, 110, 112, 180, 240, 274, 291, 294–296, 299–303, 328, 360, 361
アスパラガス 031
アスレテ 285
アソリン 254, 265
アゾレス諸島 355
アダフィナ 067, 073, 082, 298, 299
アタプエルカ 010, 012, 365
新しいバスク料理 280, 281, 283, 285
アッバース朝 044, 045, 048, 050
アッピアノス 023
アドゥリス，アンドニ・ルイス 291
アドリア，フェラン 280, 284–290
アナゴ 020, 093, 158, 164
アナフィ 062
アナフェ（コンロ） 049, 054, 073
アニシード 061, 064, 211, 311, 336, 344, 348, 358
『アピキウスの料理帖』 029, 053
アフエガル・ピトゥ 361
アブ・ザカリーヤー 051, 054, 363
アブド・アル・ラフマン一世 044, 048, 057
アブド・アル・ラフマン二世 049, 050
アブド・アル・ラフマン三世 045, 050, 057
アプリコット 070, 164, 300, 344
アペタイザー（前菜） 051
『アマディス・デ・ガウラ』 036
アメリカ大陸 062, 106, 107, 115, 119, 122, 133, 195, 207, 211, 217, 295, 349, 355, 382
アモンティリャード 179
アラヴァ 282, 305, 306
アラゴン，エンリケ・デ 095
アラゴン王国 086
アラブ人 005, 031, 040, 043–047, 051, 054, 055, 063, 064, 072, 132, 135, 150, 163, 165, 190, 193, 310, 318, 328, 345, 363
ア・ラ・プランチャ（鉄板料理） 283, 331
アリオリ（ニンニクとオリーヴオイルのソース） 117, 331, 338, 340
アリカンテ 186, 272, 328, 332, 337, 338
アル・アンダルス 005, 037–053, 057–063, 066, 067, 077–081, 084, 089, 101, 126, 345, 382
アル・エスティーリョ・デ・ベルメオ 307
アルカサル宮殿 066
アルカンタラ・ア・ラ・モード 229
アルクスクス 061
アルサク，エレナ 291
アルサク，フアン・マリ 279, 281
アルタミラ 011, 012, 304
アルティミラス，フアン・デ 188–190, 205, 234
アル・ハカム二世 049, 050
アル・ハカム一世 049, 050
アルフォンス一世 126
アルフォンソ六世 060, 077, 362, 363
アルフォンソ八世 079, 320
アルフォンソ一〇世 101
アルフォンソ一一世 096, 098, 316
アルフォンソ一二世 244–246, 248, 257, 263
アルフォンソ一三世 257, 263, 334

図版謝辞

著者および出版社は、以下の図版提供および複製許可に感謝します。

Alamy: pp. 14 (José Lucas), 21 (blickwinkel), 30 (David Noton Photography), 34 (Danita Delimont), 38 (Classic Image), 134 (The Florida Collection), 225 (blickwinkel), 271 (World History Archive), 288 (Everett Collection, Inc); akg Images: pp. 264 (Musée Picasso/© Sucession Picasso/dacs, London 2019); Oscar Alonso Algote: p. 309; Annual (cc by 3.0): p. 18; A. Barra (cc by sa 4.0): p. 42; Markus Bernet (cc by sa 3.0): p. 300; © The British Library Board: p. 69; Juan Mari Camino: p. 281; Cellers Scala Dei, Catalonia: p. 89; Diego Delso (cc by sa 4.0): p. 253; Dungdung: p. 281; © Juantxo Egaña/Akelarre: p. 283; Eurocarne: p. 130; Getty Images: p. 342 (Fran & Jean Shor/National Geographic); Jglamela (cc by sa 4.0): p. 252; Lucy Hollis: p. 294; Kunsthistorisches Museum: p. 144; Louvre, Paris: p. 154; Photo courtesy of Nacho Manzano: p. 291; Ministerio de Agricultura, Pesca y Alimentación. Secretaría General Técnica: pp. 100, 110 (Javier López Linaje), 266, 267 top and bottom, 364 (Courtesy Fernando Fernández); Museo de Teruel, Aragon: p. 87 middle; Museum of the Americas, Madrid: p. 116; Museum of Fine Arts, Budapest: p. 131; The Museum of Fine Arts, Houston: p. 159 top (Accession number 94.245); Museo Nacional del Prado, Madrid: pp. 87 top, 97, 170, 181, 206, 224; Museo Nacional y Centro de Investigaciones de Altamira, Cantabria: p. 12; Paul Munhoven: p. 44 (cc by sa 3.0); nasa/ jpl/nima: p. 105; Patrimonio Nacional de España: p. 177; National Gallery, Dublin: p. 171; National Museum, Warsaw: p. 158; PixofSpain (icex Inversion y Exportaciones): pp. 52, 289 (Pablo Neustadt); Rasbak (cc by sa 3.0): p. 16; María José Sevilla: pp. 76, 112, 148, 159 bottom, 180, 240, 256, 262, 357; Scottish National Galleries: p. 171 top (Accession Number: ng 2180); Servicio de Marketing Turístico, Reino de Navarra: p. 312; Shutterstock: p. 47 (Inu); David Swan: pp. 13, 29, 45, 55, 58, 59 bottom, 61, 64, 86, 199, 204, 219, 251, 269, 272, 270, 305, 323, 363; Tamorlan (cc by 3.0): pp. 212, 214, 240, 346; Jo Soc De Torrent (cc by sa 2.0): p. 335; Daniel James Taylor: p. 294; unesco: p. 56 (José Jordan); Rufino Uribe (cc by sa 2.0): p. 136; Contando Estrellas por Vigo: p. 245 (cc by sa 2.0); Valdavia (cc by sa 3.0): p. 315; Villa Romana La Olmeda, Palencia: p. 31 (cc by sa 3.0 ig0).

［著者］
マリア・ホセ・セビージャ
María José Sevilla
一九四九年生まれ。料理人であり、料理とワインなどスペインの食文化に関する執筆および英国のテレビ番組の放送作家として活躍。ロンドンのスペイン対外貿易協会（ICEX）の「スペインの食品とワイン」部の責任者を長年務め、市場アナリストとして、英国市場への輸出や設立に関心を持つスペイン企業の食品部門に助言を行った。著書に『バスクの暮らしと食』（一九八九年）などがある。ロンドン在住。

［訳者］
内田智穂子
Chihoko Uchida
学習院短期大学英語専攻課卒業。翻訳家。訳書に、エドワーズ『雑草の文化誌』（花と木の図書館シリーズ）、フッド『ジャム、ゼリー、マーマレードの歴史』、フォス『ラム酒の歴史』（「食」の図書館シリーズ）、エリオット『図説バラの博物百科』、デサールほか『蒸留酒の歴史』、ファロー『公式ハリー・ポッター魔法の料理帳』（以上、原書房）ほか多数。

Delicioso: A History of Food in Spain
by María José Sevilla

Delicioso: A History of Food in Spain by María José Sevilla was first published by Reaktion Books, London, 2019, in the Foods and Nations series.

Japanese translation published by arrangement with Reaktion Books Ltd through The English Agency (Japan) Ltd.

［図説《ずせつ》］食《しょく》から見《み》るスペインの歴史《れきし》と文化《ぶんか》

二〇二四年一〇月一〇日　初版第一刷発行

著者……マリノ・ホセ・セビージャ
訳者……内田《うちだ》智穂子《ちほこ》
発行者……成瀬雅人
発行所……株式会社原書房
〒一六〇-〇〇二二
東京都新宿区新宿一-二五-一三
電話・代表〇三-三三五四-〇六八五
http://www.harashobo.co.jp
振替・〇〇一五〇-六-一五一五九四
ブックデザイン……小沼宏之［Gibbon］
印刷……シナノ印刷株式会社
製本……東京美術紙工協業組合

ISBN978-4-562-07459-4
Printed in Japan